Günter Stemberger
Juden und Christen im Heiligen Land

GÜNTER STEMBERGER

Juden und Christen im Heiligen Land

Palästina unter Konstantin und Theodosius

VERLAG C.H.BECK MÜNCHEN

Mit 3 Karten im Text

CIP-Kurztitelaufnahme der Deutschen Bibliothek

Stemberger Günter:
Juden und Christen im „Heiligen Land“ : Palästina unter Konstantin u. Theodosius / Günter Stemberger.
– München : Beck, 1987.
ISBN 3 406 32303 0

ISBN 3 406 32303 0

Umschlagentwurf: Bruno Schachtner, Dachau
Umschlagabbildung: Teil der Außendekoration der Synagoge von Karfanaum: Die Bundeslade auf einem Wagen. (Government Press Office, Tel Aviv)

Gesamtherstellung: Hieronymus Mühlberger GmbH, Gersthofen
Printed in Germany

Für E. und J. Maier
und meine Kölner Hörer

Inhalt

Einführung

„Judentum und Christentum sind bis auf den heutigen Tag in vielfacher Weise Religionen des vierten Jahrhunderts.“ Diese Feststellung von *J. Parkes*[1] mag vielleicht übertrieben klingen; doch ist die entscheidende Bedeutung des 4. Jahrhunderts für die Entwicklung des Christentums nicht zu leugnen. Und auch für das Judentum mit seiner wechselhaften Geschichte bahnten sich in dieser Zeit Entwicklungen an, die das weitere jüdische Leben in vielfältiger Weise bestimmen sollten. Dies gilt sowohl für die innere Ausformung jüdischen Gemeindelebens und jüdischer Geistigkeit als auch für die Beziehungen des Judentums zur Außenwelt: Diese sind seit damals weithin, wenn auch durchaus nicht so umfassend, wie vielfach geglaubt, durch die christliche Judengesetzgebung jener Periode geprägt.

Zwei Daten bilden den zeitlichen Rahmen dieser Darstellung: 324 und 438. Im Jahre 324 siegte Konstantin in der Schlacht von Chrysopolis auf der asiatischen Seite des Bosporus, dem späteren Konstantinopel gegenüber, über Licinius, seinen Rivalen um die Reichsregierung im römischen Osten. Damit wurde er Alleinherrscher des römischen Reiches; damit wurde aber auch das Edikt von Mailand, welches das Christentum zur erlaubten Religion erklärt hatte, auch in der östlichen Reichshälfte voll wirksam. Im Jahre 438, mit dem unsere Untersuchung enden soll, veröffentlichte Theodosius II. seine große Gesetzessammlung, den Codex Theodosianus: Dieser faßte die rechtliche Entwicklung von etwas mehr als einem Jahrhundert zusammen und nahm auch jenes Gesetz von 380 auf, welches die katholische Ausprägung des Christentums zur Reichsreligion erhob. Innerchristlich gesehen war der Abschluß der Entwicklung, an deren Anfang das Konzil von Nizäa von 325 stand, das Konzil von Chalzedon im Jahre 451.

Auch aus jüdischer Sicht war das Jahr 324, zumindest zurückblickend, ein entscheidendes Datum: Mit der Hinwendung des römischen Reiches zum Christentum waren die Weichen für die gesamte weitere Entwicklung gestellt. Die im Codex Theodosianus von 438 für immer festgelegte Abschaffung der zentralen jüdischen Führung, des Patriarchats, die zwischen 415 und 429 erfolgt war, bezeichnete das Ende einer Epoche; der etwa zur selben Zeit anzusetzende Abschluß des palästinischen Talmud unterstreicht dies. Wie entscheidend dieser Einschnitt war, sollte allerdings auch wieder erst der Rückblick lehren.

Zentrum der ganzen Entwicklung war Palästina. Um dieses Land bemühten sich Christentum wie Judentum. Auch das Heidentum war hier immer noch eine Macht, mit der man rechnen mußte. Somit sind es nicht nur die mangelnden Kenntnisse über das Diasporajudentum jener Periode, die eine Konzentration der Darstellung auf das Heilige Land empfehlen. Hier allein hatte das Judentum eine Ausgangsposition, die das Kräftemessen mit dem Christentum nicht ganz hoffnungslos erscheinen ließ. Und wie diese Studie zeigen wird, hielt sich das Judentum in dieser Auseinandersetzung in der Tat lange Zeit hindurch erstaunlich gut.

Eine Geschichte der Juden Palästinas zwischen Konstantin und Theodosius II. läßt sich nur schreiben, wenn man dabei auch die Entwicklung der anderen Bevölkerungsgruppen im Land gebührend berücksichtigt, Christen, Heiden und Samaritaner in die Darstellung mit einbezieht. Vor allem war es natürlich das Christentum, dem gegenüber sich die Juden Palästinas zu behaupten hatten. Es geht hier nicht vordergründig um eine Geschichte des christlich-jüdischen Verhältnisses in Palästina zwischen Konstantin und Theodosius; dennoch müssen wir der Darstellung der innerchristlichen Entwicklung mehr Gewicht zumessen, als es üblicherweise in einer Darstellung der jüdischen Geschichte geschieht. So sind dem christlichen Kirchenbau und dem Pilgerwesen je eigene Kapitel gewidmet: Leitendes Interesse ist allerdings auch hier immer das Judentum, das ja durch das Wachstum christlicher Institutionen bedrängt und von ihnen beerbt wird. Jüdische Traditionen bestimmen das palästinische Christentum in erstaunlicher Weise und beherrschen weithin auch christliche Pilgertraditionen. Haben wir darin Zeichen jüdischen Einflusses oder einfach christliche Usurpation biblisch-jüdischer Überlieferung zu sehen? Schnittpunkt beider Traditionen wäre natürlich das Judenchristentum. Doch spielte dieses im 4. Jahrhundert noch eine nennenswerte Rolle? Schon mit solchen Beispielen ist angedeutet, daß die jüdische Entwicklung nicht ohne die christliche zu verstehen ist.

Bei der Darstellung der jüdischen Geschichte Palästinas in dieser Zeit hält man sich gewöhnlich im wesentlichen an den Codex Theodosianus und die ihm entnommene Entwicklung der die Juden betreffenden Gesetzgebung; nur wenige historische Ereignisse wie etwa der Aufstand gegen Gallus und der versuchte Wiederaufbau des Tempels unter Julian ergänzen das Bild. Ist jedoch der Codex wirklich eine brauchbare Geschichtsquelle? Wenn man die Gesetze, die Juden betreffen, isoliert liest und nicht in die allgemeine Rechtsgeschichte einordnet, läuft man Gefahr, aus ihnen eine mehr oder weniger geradlinige Geschichte der Verschlechterung der Rechtslage der Juden herauszulesen. Doch Gesetzgebung und politische Wirklichkeit stimmen oft nicht miteinander überein. Die tatsächliche Bedeutung eines Gesetzes ist oft erst das Ergebnis einer langen Entwicklung nach der Zeit, zu der es erlassen wurde. Gesetze des 4. Jahrhunderts hatten vielfach nur regionale Geltung und waren in weiten Gebieten des Reiches unbekannt. Erst durch die Aufnahme in den Codex Theodosianus wurden sie allgemeine Reichsgesetze; doch auch danach hielt man sich in der Praxis vielfach nicht daran.[2]

Um die Wirksamkeit der Gesetze klarer zu erfassen und zu einer den Tatsachen stärker entsprechenden Darstellung zu gelangen, bedarf es einer möglichst umfassenden Auswertung sämtlicher Quellen, die uns zur Verfügung stehen. Vor allem die *Archäologie* bietet hier wertvolle Aufschlüsse und Kontrollmöglichkeiten; deshalb geht diese Darstellung recht ausführlich auf die Ausgrabungen von Synagogen und Kirchen aus dieser Zeit ein, auch wenn dabei immer nur eine Momentaufnahme der ständig voranschreitenden Forschung möglich ist und obwohl auch archäologische Fakten erst gedeutet werden müssen, also durchaus nicht so objektive Zeugnisse sind, wie man vielfach meint. Doch können die Grabungsergebnisse auch wirtschaftsgeschichtlich und bevölkerungspolitisch konkretere Auskünfte vermitteln als die in solchen Fragen meist nicht sehr ergiebigen literarischen Quellen.

Innerhalb der *literarischen Quellen* versuchen wir, uns möglichst auf zeitgenössische und auch geographisch dem Geschehen nahe Texte zu beschränken. Bei *rabbinischen Texten* bedeutet dies, daß wir nur ausnahmsweise den babylonischen Talmud zitieren, auch späte Midraschim so wenig als möglich heranziehen; Hauptquelle ist der palästinische Talmud; dazu kommen die frühen rabbinischen Bibelkommentare, die gegen Ende der hier dargestellten Periode in Palästina redigiert worden sind, nämlich vor allem die Midraschim zu Genesis, Levitikus, zum Hohenlied und zu den Klageliedern. Die in diesen Texten palästinischen Rabbinen der vierten und fünften Generation, also Männern des 4. Jahrhunderts zugeschriebenen Erlebnisse und Aussagen scheinen mir damalige Zustände und Stimmungen im großen und ganzen verläßlich wiederzugeben, auch wenn methodische Probleme, dies zu überprüfen, nicht zu leugnen sind. Bei solchen Zuschreibungen in späteren Midraschim ist natürlich infolge des zeitlichen Abstands größere Vorsicht geboten.

Auch bei *Schriften der Kirchenväter* sind selbstverständlich jene Autoren zu bevorzugen, die damals in Palästina oder im angrenzenden Syrien gelebt haben und als Augenzeugen gelten können: so etwa Eusebius (260/265–339/340), seit 313 Bischof seiner Heimatstadt Caesarea, der Provinzhauptstadt Palästinas; der aus dem Süden Judäas stammende Epiphanius (315–403), seit 367 Bischof von Salamis auf Zypern, doch weiterhin an der Entwicklung in Palästina interessiert und beteiligt; Kyrillus, zwischen etwa 350 und 386, wenn auch mit Unterbrechungen, Bischof von Jerusalem; schließlich der aus Dalmatien stammende Gelehrte Hieronymus, der sich jahrzehntelang in Bethlehem seinen biblischen Studien widmete (331/345–419). Von Interesse sind aber auch die Berichte der frühen Heiliglandpilger, wie der des anonymen Pilgers von Bordeaux, der 333

Palästina besuchte, oder der leider nur teilweise erhaltene Text der reiselustigen Egeria, die um 380 nach Jerusalem kam.

Schließlich sind auch eine Reihe *heidnischer Autoren* zu nennen; gelegentlich sind sie unbefangenere Zeugen als die an der Auseinandersetzung hauptsächlich beteiligten Christen und Juden: so Julian „der Apostat", 361–363 Kaiser, auf den sich für kurze Zeit die Hoffnungen der traditionellen heidnischen Bildungsschicht richteten, vor allem aber zwei Antiochener, nämlich Ammianus Marcellinus (etwa 330–395), ein lateinischer Geschichtsschreiber, der im Gefolge des Generals Ursicinus auch Palästina kennenlernte, und der große Rhetoriklehrer Libanius (314–393), zu dessen Lehrern zwei Professoren aus Palästina zählten, Ulpian von Aschkelon und Zenobius von Elusa; zu seinen Schülern gehörte nicht nur Johannes Chrysostomus, sondern auch ein Sohn des jüdischen Patriarchen.

Gewiß bleiben auch nach Verwendung all dieser und weiterer Quellen noch zahlreiche weiße Flecken auf der Landkarte. Doch sollte diese damit schon hinreichend detailliert und plastisch geraten, um zumindest einige üblich gewordene Verzeichnungen der Periode korrigieren zu können. Naturgemäß steht die Darstellung in ständigem Dialog mit *M. Avi-Yonah*, auch wo dies nicht ausdrücklich gesagt wird. Seine „Geschichte der Juden im Zeitalter des Talmud", 1946 hebräisch erschienen, später auch in deutscher und englischer Übersetzung veröffentlicht, ist längst zum Klassiker geworden. *Avi-Yonah*, auch einer der großen Archäologen Israels, beherrschte die Quellen in hervorragender Weise. Wenn wir heute trotz aller Abhängigkeit von ihm in wesentlichen Punkten nicht mehr mit ihm übereinstimmen können, so nicht nur wegen der Fortschritte, die in der Archäologie Palästinas nach ihm erreicht wurden, sondern vor allem wegen bestimmter Grundvorstellungen jüdischer Historiographie, denen er verhaftet war und die aus der Entstehungszeit des Buches verständlich sind: Im Grunde ist es noch immer die Idee der jüdischen Geschichte als einer Geschichte von Leiden und heldenhaftem Widerstand, die auch *Avi-Yonah* manches als Fakten annehmen ließ, was genauerer Nachfrage nicht standhält. Die Auseinandersetzung mit ihm muß natürlich in ständiger Überprüfung der Quellen erfolgen – zu einigen wichtigen Eckdaten wie der Einführung des festen Kalenders hat *Avi-Yonah* bezeichnenderweise gar keinen Beleg gebracht, so selbstverständlich galten sie ihm. Im Vergleich zu seiner auch erzählerisch glänzenden Darstellung findet der Leser hier eher eine Diskussion vieler Details, die erst langsam sich zu einem Gesamtbild zusammenfügen, mehr Fragezeichen als sichere Aussagen: Bis zu einer neuen, verantwortbaren erzählenden Geschichte Palästinas in frühbyzantinischer Zeit ist noch viel Arbeit notwendig; inzwischen ist das Verlernen früherer Gewißheiten eine nicht zu verachtende Aufgabe.

I. Verwaltung, Wirtschaft, Bevölkerung

Bevor wir uns der Entwicklung Palästinas und seiner Bevölkerungsgruppen zwischen Konstantin und Theodosius im einzelnen zuwenden, sei kurz der äußere Rahmen nachgezeichnet, in dem diese Entwicklung vor sich ging. Die politische Geographie, das Wirtschaftsleben und die Aufteilung der Bevölkerung Palästinas sollen hier vor allem im Hinblick auf die Ausgangslage zu Beginn des 4. Jahrhunderts kurz skizziert werden; doch seien auch schon einige spätere Entwicklungen vorweggenommen.

1. Politische und militärische Verwaltung

Seit der Niederschlagung des Bar Kokhba-Aufstandes durch Kaiser Hadrian im Jahre 135 hieß die römische Provinz Judäa *Syria Palaestina*. Ihre Hauptstadt war, wie schon früher, nicht Jerusalem, sondern Caesarea. Das Gebiet der Provinz war wesentlich kleiner als das des modernen Staates Israel: im Süden fehlte der Negeb, im Norden ein beträchtlicher Küstenstreifen – etwa ab Haifa –, der zur phönikischen Provinz gehörte; der Golan und ein schmaler Streifen östlich des Jordan andererseits gehörten zur Provinz.

Diokletian teilte in seiner Reichsreform zahlreiche allzu große Provinzen; die einzelnen Statthalter sollten nicht zu mächtig werden. Die Zahl der Provinzen wurde etwa verdoppelt, was Lactantius zur – sicher unfairen – Bemerkung reizte: „und damit alles mit Schrecken erfüllt werde, wurden auch die Provinzen in Scheiben zerschnitten: viele Statthalter und zahlreiche Ämter lasteten auf den einzelnen Gebieten und nahezu schon auf den einzelnen Städten."[3]

Die Provinz Palästina hingegen gewann im Rahmen dieser Reform zu einem nicht näher datierbaren Zeitpunkt nach 284 umfangreiche Gebiete dazu. Die im Bereich des heutigen Jordanien gelegene Provinz Arabia erhielt im Norden einige Gebiete der Provinz Syria, nämlich die Auranitis, Trachanitis und Batanaea. Dafür mußte sie den südlich des Arnon gelegenen Teil diesseits wie jenseits des Jordan an die Provinz Palästina abtreten. Damit kam der Negeb mit den Nabatäerstädten Elat und Petra zu Palästina. Was Petra betrifft, ist diese Verschiebung erstmals im biblischen Ortsnamenverzeichnis, dem Onomastikon des Eusebius, um 307 bezeugt. Doch legt die Übernahme der Zeitrechnung von Bostra in der Auranitis um etwa 295 nahe, daß schon damals die Grenzen neu gezogen wurden. Dora an der Nordküste Palästinas, erstmals beim Pilger von Bordeaux als Stadt Palästinas belegt, könnte ebenfalls schon damals zur Provinz gekommen sein.

Der Statthalter der Provinz Palästina hatte somit ein gegenüber der Zeit vor Diokletian bedeutend vergrößertes Gebiet zu verwalten. Dem entsprach auch eine Aufwertung des jeweiligen Amtsträgers: Konstantin stufte neben einigen anderen Provinzen auch Palästina als konsularische Provinz ein, um auch Senatoren wieder für den Dienst als Statthalter zu gewinnen.[4] Andererseits vollzog schon Diokletian in vielen Provinzen eine Trennung der zivilen und der militärischen Gewalt; später wurde dies zur fast allgemeinen Regel. Dem Statthalter blieben nur die zivilen Befugnisse, die Rechtsprechung und die Finanzverwaltung (für die früher gewöhnlich ein Prokurator zuständig war); das militärische Kommando einschließlich der Verwaltung der Grenzgebiete, des *Limes*, stand einem eigenen Beamten mit dem Titel *Dux* zu; dieser hatte in der Regel eine bedeutend längere Dienstzeit als der gewöhnlich höchstens ein oder zwei Jahre amtierende Provinzstatthalter, was seine Stellung sicherlich festigte.

Im weiteren Verlauf des 4. Jahrhunderts wurde die Provinz Palästina zweimal geteilt. Die erste Teilung erfolgte um 358 (belegt in Brief 337 des Libanius), als der unter Diokletian dazugewonnene Süden wieder abgetrennt und als *Palaestina Salutaris* eine eigene Provinz wurde; deren Hauptstadt war wohl anfangs die Nabatäerstadt Elusa im Negeb, bis im 5. Jahrhundert Petra an deren Stelle trat.[5] Um etwa 400 wurde dann das ursprüngliche Gebiet der Provinz Palästina zweigeteilt: Judäa, Samaria und der Küstenstreifen bildeten nunmehr die Provinz *Palaestina Prima*, deren Hauptstadt Caesarea blieb; Galiläa, der Golan und Teile der Dekapolis bildeten die neue Provinz *Palaestina Secunda* mit Skythopolis, dem alten Bet Schean, als Hauptstadt. Die bereits selbständige Provinz *Palaestina Salutaris* wurde nun als *Palaestina Tertia* gezählt.

Die der Provinz nachgeordneten Verwaltungseinheiten im Palästina dieser Zeit waren vor allem die *Städte mit ihren Gebieten*. Schon früher hatte die römische Verwaltung die Hellenisierung des Landes vorwiegend mit Städtegründungen vorangetrieben. Solche Gründungen sind auch in der Zeit Diokletians und Konstantins mehrfach belegt: Diocletianopolis nahe Aschkelon und Maximianopolis auf dem Gebiet von Caparcotna (Legio) gehören in die Regierungszeit des ersten; Konstantin verlieh im Interesse der Christianisierung des Landes dem Hafen des heidnischen Gaza, der vorwiegend christlich war, eigenes Stadtrecht als Constantia Maiumas (auch Neapolis genannt); von der jüdisch dominierten Stadt Diocaesarea (Sepphoris) löste er Stadtgebiete sowohl für Helenopolis (nahe Nazaret, einschließlich des Tabor) als auch für Naim (Come Nais) heraus. Die neuen Gründungen wurden also durchwegs mit Territorien bedacht, die zuvor anderen Städten gehört hatten, denn zu Beginn des

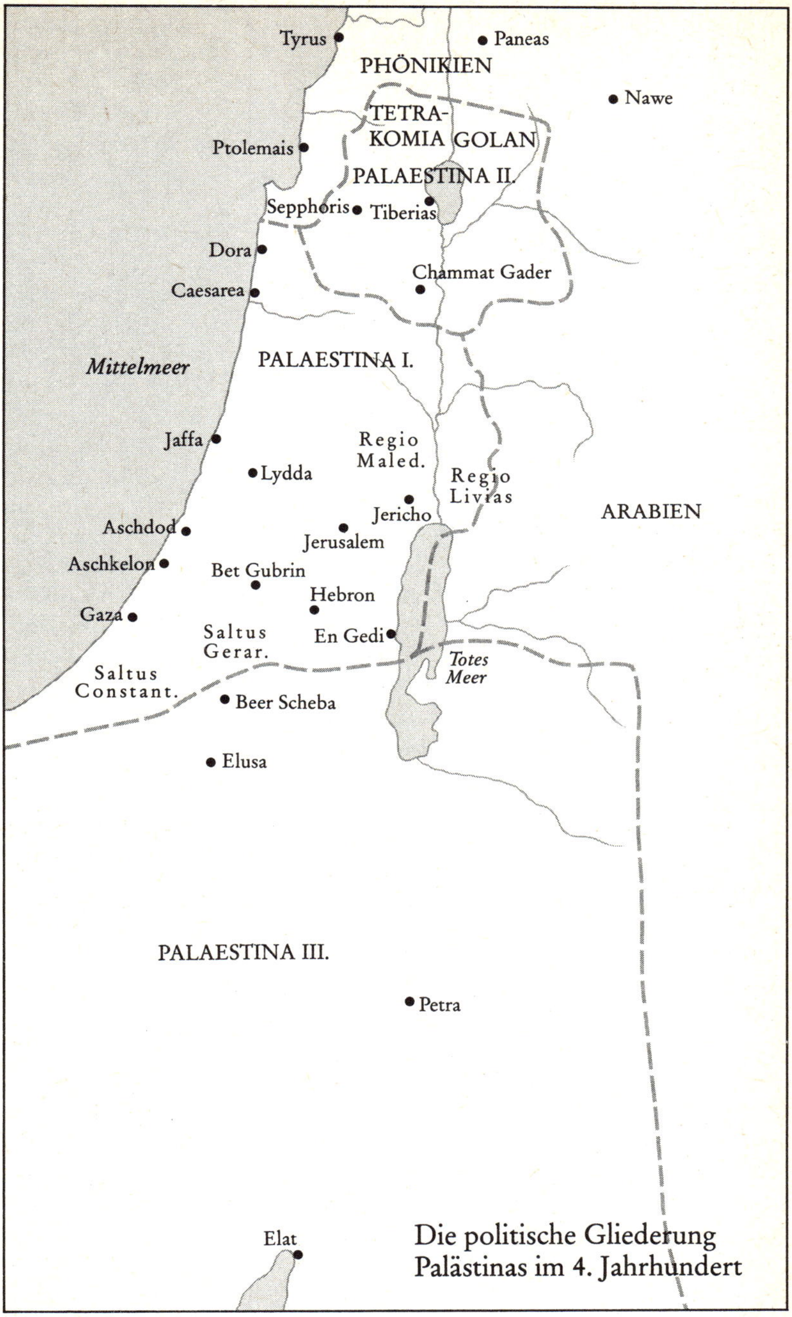

Die politische Gliederung
Palästinas im 4. Jahrhundert

4. Jahrhunderts war Palästina schon weitgehend auf Stadtgebiete aufgeteilt. Allerdings verloren die Städte immer mehr ihre Eigenständigkeit gegenüber der Provinzverwaltung, sowohl was die Steuerhoheit betrifft – schon Konstantin nahm ihnen wohl ihre wesentlichen Steuereinnahmen, die *vectigalia* – als auch hinsichtlich der gerichtlichen Befugnisse, von denen ihnen nur noch Spuren verblieben, da nahezu alle Verfahren an den Statthalter geleitet wurden.[6]

Nichtstädtische Gebiete waren von städtischer Jurisdiktion und Besteuerung frei. Sie unterstanden einem Prokurator, der wiederum direkt dem Provinzstatthalter verantwortlich war. Für diese Verwaltungsform waren vielfach politische Gründe maßgeblich, so etwa im überwiegend jüdisch bevölkerten Nordostgaliläa, das sich offenbar aus traditionell-religiösen Gründen einer städtischen Organisation entzog. Das Gebiet wurde als *Tetrakomia* (die „vier Dörfer") bezeichnet. Die im römischen Reich dieser Zeit relativ seltene Dorfverwaltung bestand in der Reichsdiözese des Orients vor allem in den Provinzen Arabia, Palaestina Secunda und Tertia.[7] Mitunter gab es für die nichtstädtische Verwaltungsform auch militärische Gründe: so wurden vom Gebiet von Eleutheropolis (Bet Gubrin) im Süden der *Saltus Constantiniaces* und der *Saltus Gerariticus* abgetrennt; das untere Jordantal wiederum war in vier *regiones* geteilt, wofür allerdings wohl nicht nur militärische Gründe den Ausschlag gaben, waren hier doch weite Gebiete traditionell Besitz des römischen Kaisers.

Militärisch war die Provinz Palästina seit der Zeit Hadrians mit zwei Legionen belegt. In Aelia Capitolina, dem ehemaligen Jerusalem, war die *Legio X. Fretensis* stationiert; die *Legio VI. Ferrata* hatte ihren Standort in Caparcotna nahe dem alten Megiddo. Sie wurde Mitte des 3. Jahrhunderts nach Damaskus verlegt.[8] Ob sie später wieder nach Palästina zurückkam, läßt sich nicht nachweisen. Zwar wurde die Vermutung geäußert, daß die Legion im späten 3. oder frühen 4. Jahrhundert nach Udruh bei Petra verlegt worden sei; damals sei dieser Teil der Provinz Arabia zur Provinz Palästina geschlagen worden.[9] Die *Notitia Dignitatum*, eine Art Amtskalender des römischen Reiches, um etwa 420 entstanden und für den Reichsosten wohl unverändert erhalten, erwähnt jedoch diese Legion nicht mehr; sie muß also wohl in der Zwischenzeit aufgelöst worden sein.

Gesichert ist hingegen die Verlegung der zehnten Legion von Aelia Capitolina nach Aila(th), dem heutigen Elat. Gewöhnlich datiert man sie in die Zeit Diokletians, doch könnte sie auch schon etwas früher, unter Aurelian, erfolgt sein.[10] Eusebius bezeugt als erster diese wichtige militärische Veränderung in seinem Onomastikon zum Stichwort Ailath: „An der äußersten Grenze Palästinas; dort sitzt die römische Legion mit dem Beinamen ‚Die Zehnte'"; Hieronymus braucht in seiner lateinischen Bearbeitung des Werkes gegen Ende des Jahrhunderts nichts zu ändern.[11]

Auch die *Notitia Dignitatum* erwähnt noch die zehnte Legion in Elat. Die meisten militärischen Stützpunkte befinden sich im Süden, wo im 4. Jahrhundert das militärische Hauptgewicht in Palästina liegt. Zum Schutz des Südens ist, wohl unter Diokletian, auch der *Limes Palaestinae* errichtet worden.[12]

Hintergrund dieser Entwicklung war nicht nur die Tatsache, daß die jüdische Bevölkerung sich längst mit der römischen Regierung abgefunden hatte. Im Inneren der Provinz waren somit kaum Unruhen zu erwarten. Aber von der Wüste her wurden die arabischen Stämme eine immer stärkere Bedrohung, weniger für die Grenze als für die Siedlungen innerhalb der südlichen Regionen der Provinz; Streifzüge räuberischer Sarazenenbanden führten bis in die Nähe Jerusalems.[13]

Auch wirtschaftliche Gründe sprachen für die Verlagerung des Militärs in den Süden. Die ständigen Schwierigkeiten mit dem Perserreich ließen es geraten erscheinen, sich für den Osthandel nicht völlig auf die durch persisches Gebiet führenden traditionellen Handelsrouten zu verlassen. Um eine Umgehung dieser Routen mit dem Seeweg durch das Rote Meer zu ermöglichen, baute man daher Elat als Handelshafen aus. Von Elat nach Gaza oder Aschkelon mußte man die Handelsgüter auf dem Landweg transportieren. Die Sicherheit dafür hatte das Militär zu garantieren.

Was die Gesamtstärke der in Palästina stationierten Truppen betrifft, sind wir auf Vermutungen angewiesen. Eine Legion zählte sicher nicht mehr 6000 Mann wie unter dem Prinzipat, sondern wohl zwischen 1000 und 3000. Dazu kamen die Hilfstruppen, über die das Onomastikon des Eusebius und vor allem die spätere *Notitia Dignitatum* (Oriens 34) informieren. In Aelia Capitolina war maurische Kavallerie stationiert; halben Weges zwischen Aelia und Jericho lag das Kastell der *Cohors prima salutaris*, am Jordan selbst – östlich der heutigen Allenbybrücke – das Lager der *Cohors secunda Cretensis*. Dies waren die einzigen Truppeneinheiten nördlich von Hebron. Etwas südlich von Hebron kam ein Kastell für eine Reitertruppe, *Equites scutarii Illyriciani*; alle weiteren, zahlreichen Militärposten befanden sich im ursprünglichen Limes-Streifen zwischen Mittelmeer und Totem Meer (fünf Stützpunkte) beziehungsweise noch weiter südlich (etwa zehn Stützpunkte). Ebenfalls dem *Dux Palaestinae* unterstellt waren eine Reihe von Kastellen im nabatäischen Gebirge östlich des Jordangrabens, die jedoch außerhalb unseres direkten Interesses liegen. Wenn wir diese Hilfstruppeneinheiten mit je 500 bis maximal 1000 Mann ansetzen, wäre mit einer militärischen Besatzung von etwa 10 000 Mann zu rechnen, doch ist die große Unsicherheit dieser Schätzung zu betonen.[14]

Auch über die Rekrutierung der Truppen sind wir wenig informiert. Neben den (zumindest ursprünglich) illyrischen Einheiten sind die *limitanei*, die Grenztruppen, im allgemeinen wohl lokal rekrutiert worden.

Zumindest vereinzelt haben sicher auch Juden als Soldaten gedient, wie schon ihr späterer gesetzlicher Ausschluß aus dem Militärdienst hinreichend belegt; doch dürften sie gewöhnlich die Bezahlung eines Ersatzmannes *(aurum tironicum)* vorgezogen haben, da sonst Probleme mit der Sabbateinhaltung und den Speisegesetzen aufgetreten wären. Auch die Söhne von Soldaten mußten im allgemeinen Militärdienst leisten, was sicher zu einer stärkeren Ortsgebundenheit der Truppen beitrug. In Friedenszeiten war das Militär mit dem Bau der Militärlager und Befestigungen beschäftigt; ebenso war der Straßenbau, traditionellerweise primär an militärischen Interessen ausgerichtet, im wesentlichen Soldatenarbeit. Landwirtschaftliche Arbeit als Wehrbauern hingegen haben Soldaten dieser Zeit im allgemeinen wohl noch nicht geleistet; dies war noch eher Sache der Veteranen.

2. Die wirtschaftliche Lage

a) *Währung, Preise, Steuern*

Die große Wirtschaftskrise, die das römische Reich in der Zeit der Militäranarchie des 3. Jahrhunderts getroffen hatte, machte sich selbstverständlich auch in Palästina in vollem Umfang bemerkbar. Die enorme Inflation führte zu einer ständigen Verschlechterung der Silbermünzen; die ausschließlich den Städten zugestandene Prägung von lokalen Bronzemünzen wurde in der Folge zu kostspielig und daher eingestellt. Als Ergebnis kam die Geldwirtschaft zumindest im öffentlichen Leben weithin zum Erliegen. Nicht nur bezogen Soldaten und Beamte den größten Teil ihres Einkommens in Form von Naturalien; auch die Steuern wurden immer mehr durch Naturalabgaben und Arbeitsleistungen ersetzt. Erst ab Ende des 4. Jahrhunderts wurden Beamtengehälter, Sold und Naturalsteuern nach und nach wieder in Goldzahlungen umgerechnet.[15]

Um 301 versuchte Diokletian eine große Wirtschaftsreform. Vor allem reformierte er die Geldwirtschaft durch Einführung des Goldstandards, womit er wohl nur den *status quo* rechtlich anerkannte. Zugleich erließ er ein umfangreiches Verzeichnis der erlaubten Höchstpreise. Bisher sind dafür vor allem kleinasiatische Belege bekannt, die aber nicht unbedingt für Palästina ausgewertet werden dürfen, denn in den Lebenshaltungskosten gab es regional beträchtliche Unterschiede. Unter Umständen konnten also die im Edikt Diokletians festgelegten Höchstpreise höher sein als die zuvor in einer Provinz tatsächlich geltenden Preise. Die Preise für Lebensmittel und auch die Arbeitslöhne waren z. B. in Ägypten nur etwa halb so hoch wie in Palästina, in Palästina wiederum nur halb so hoch wie in Rom.

In Gold berechnet, ergibt sich für die Preise um 300 gegenüber jenen des 2. Jahrhunderts kaum eine Steigerung. Das war jedoch für die einfache Bevölkerung, die wenig mit Gold(münzen) zu tun hatte, kein Trost. Wie sehr sich die Lage für das einfache Volk im 3. Jahrhundert verschlechtert hat, zeigt ein Ausspruch des R. Levi in HldR 2,5: „Früher, als es noch Geld gab, hörten die Leute eifrig Vorträge in Mischna, Halakha und Talmud. Nun aber, da kein Geld mehr zu finden ist und man unter den Bedrängnissen leidet, will man nur noch Worte des Segens und des Trostes hören."[16]

Die Währungsreform Diokletians war kein Erfolg, da er nicht genügend Goldmünzen prägen konnte, um die Parität zwischen den Metallen zu halten. Hier war Konstantin erfolgreicher, der den *solidus* einführte (72 pro Pfund Gold) und ab 324 auch neue Silbermünzen prägen ließ (ebenfalls 72 pro Pfund). Der Denar war allerdings weiterhin einer starken Inflation unterworfen und die Rückkehr zur Geldwirtschaft nur ganz allmählich zu erreichen, vor allem auch wegen der ständigen Angst vor Verfälschungen der Münzen.[17]

Diokletian bemühte sich auch um eine Steuerreform. Für Palästina belegen dies eine Reihe von Grenzsteinen, die ein gewisser Aelius Statutus in der Zeit der Tetrarchie im Nordosten Galiläas wie auch im Golan und in der Region von Damaskus aufstellen ließ. Er hatte wohl ein über die Grenzen der Provinz hinausgehendes Steueramt, war vielleicht *censitor*, mit der Vermessung des nutzbaren Landes beauftragt: Diese mag notwendig geworden sein, als man die vorher immer *ad hoc* unregelmäßig eingehobene *annona* in eine regelmäßige Naturalsteuer umwandelte.[18] Bis dahin waren Naturalsteuern je nach Bedarf durch außerordentliche Steuerforderungen requiriert worden *(indictiones extraordinariae)*; nunmehr sollten diese Forderungen durch eine entsprechende Vorausberechnung des Bedarfs überschaubarer und regelmäßiger werden.

b) Die Landwirtschaft

Wenn Palästina im 4. Jahrhundert auch zum größten Teil in Stadtgebiete aufgeteilt war, bildete doch die Landwirtschaft nach wie vor seine wirtschaftliche Grundlage. Allerdings hatte sie sich infolge der Krise des 3. Jahrhunderts einschneidend verändert. Die Jahrzehnte von der Mitte des 3. bis ins frühe 4. Jahrhundert waren in Palästina eine Zeit großer Dürreperioden, nach denen es dann wieder zu einer Abkühlung des Klimas mit mehr Niederschlägen kam.[19] Diese klimatischen Veränderungen sind auch durch die damals besonders häufig von Rabbinen ausgerufenen Fasten um Regen zu belegen. Zahlreiche Hinweise darauf finden sich zu. B. in jTaan II,1,65 a–b; in 65 b wird z. B. R. Berekhja zitiert: Auch ein dreizehntägiges Fasten um Regen habe einmal keinen Erfolg gehabt; am

Schluß seien sogar noch Heuschrecken gekommen und hätten das wenige, das gewachsen war, auch noch aufgefressen. Die Folge waren zahlreiche Hungersnöte. Belege dafür haben wir z. B. für die Jahre 324 und 333; um 350 verkaufte Bischof Kyrill von Jerusalem sogar Kirchengeräte, um den Armen Nahrung kaufen zu können.[20]

Diese Verhältnisse führten ab dem 3. Jahrhundert zu einer Abnahme der Bevölkerung. Es setzte aber auch eine starke Landflucht ein, verursacht durch die allgemeine Verarmung und das Steuersystem, das fast ausschließlich an Landbesitz und Ernteertrag orientiert war; die städtische Bevölkerung zahlte praktisch keine direkten Steuern, ausgenommen die unter Konstantin eingeführte Gewerbesteuer, die *collatio lustralis*, die, wie der Name besagt, einmal in fünf Jahren zu leisten war und wegen der vielen Klagen darüber im späten 5. Jahrhundert wieder abgeschafft wurde (schon ab 374 galt sie für die ländlichen Handwerker nicht mehr).

Klagen über Steuern waren zwar immer üblich. Doch müssen die Abgaben im späten 3. Jahrhundert besonders schwer auf der Landbevölkerung gelastet haben. Vielfach wurden den Bauern ihre Erträge sofort nach der Ernte als *annona* für die Versorgung der Truppen abgenommen; in der Zeit der Soldatenkaiser war Palästina ja wiederholt Schauplatz von Feldzügen. Einquartierungen von Soldaten und die Verpflichtung, Zugtiere und Arbeitskräfte für das Militär zu stellen *(angaria)*, trugen zusätzlich zur Verarmung der kleinen Bauern bei. In schlechten Jahren kam es vor, daß den Bauern ihre gesamte Ernte abgenommen wurde und sie selbst in der Stadt um Brot betteln mußten. Auf diesem Hintergrund ist wohl die rabbinische Klage über die römische Verwaltung in ExR 31,17 zu sehen: „Die Statthalter, *duces* und Eparchen ziehen in die Dörfer und rauben und plündern, und wenn sie zurückkehren, sagen sie: bringt uns die Armen herbei, damit wir sie versorgen!“ Unter diesen Umständen drohte man auch der Regierung immer wieder mit Landflucht, wenn nicht die Steuern ermäßigt würden. Im allgemeinen war dies aber erfolglos, wie auch eine Erzählung über Diokletian im Norden Palästinas, in Paneas, zeigt (jSchebi IX, 2,38 d).

Bisher war für Palästina die kleine Familienwirtschaft typisch gewesen. Doch nun verschwanden, vor allem infolge der hohen Verschuldung und der Landflucht, die kleinen Bauern immer mehr. Nutznießer war der Großgrundbesitz. Dieser bestand allerdings nicht, wie in anderen Provinzen, aus zusammenhängenden Latifundien, sondern gewöhnlich aus vielen kleinen, weit verstreuten Grundstücken. Zum Teil bewirtschafteten die früheren Bauern nunmehr als Pächter das Land, so daß sich die ursprünglichen Wirtschaftseinheiten kaum veränderten; zum Teil lag das Land aber auch einfach brach (das Problem der *agri deserti* gab es natürlich auch sonst im römischen Reich, es beschäftigte die Gesetzgebung immer wieder). Die vorher übliche kleine Terrassenwirtschaft brach weithin zusammen und die arbeitsintensive Bewirtschaftung wich immer mehr der Schafzucht.[21] Das Desinteresse der Pächter, mehr noch die Aufsplitterung des Großgrundbesitzes in kleinste Einheiten verhinderte aber auch die Einführung neuer Methoden, mit welchen man die Vorteile größerer Besitzungen wirtschaftlich hätte ausnützen können. Da andererseits der Streubesitz auch steuerliche Vorteile bringen konnte, fehlte ein wesentlicher Anreiz zur Grundzusammenlegung.

Wie *D. Sperber* in seiner umfassenden Untersuchung der Landwirtschaft Palästinas zwischen 200 und 400 feststellt, war in der Zeit zwischen 300 und 350 die kleine Familienwirtschaft schon fast völlig verschwunden.[22] Auch die rabbinischen Texte setzen nunmehr die Ausbeutung der Pächter durch die Aufseher *(epitropoi)* als den Normalzustand in den Dörfern voraus (z. B. PRK, Aser Te^{c}aser 2, M.161). Ab etwa 250 warnen rabbinische Prediger in zunehmendem Maß vor den *Patroni*, von denen die Bauern immer abhängiger wurden.[23] Innerhalb dieser Entwicklung fällt nur auf, daß das Kolonat, welches den Bauern erblich an die Scholle bindet, in Palästina erst relativ spät eingeführt worden ist, nämlich erst um 386 (CJust 11,51,1; allgemein schon 332: CTh V,17,1); im Negeb zumindest scheint es auch später noch nicht üblich gewesen zu sein.

Ab der Mitte des 4. Jahrhunderts ist dann aber eine wesentliche Verbesserung in der Lage der Landwirtschaft festzustellen. Dies ist sicher nur zu einem Teil mit den erwähnten klimatischen Veränderungen zu begründen, zum anderen dürften die Ursachen in verbesserten Wirtschaftsbedingungen zu suchen sein. Ein zeitgenössischer Augenzeuge ist Ammianus Marcellinus, der in seinen *Res Gestae* XIV,8,11 schreibt: „Der letzte (Teil) Syriens ist Palästina, das sich über ein großes Gebiet erstreckt und überreich ist an bebautem und wohlgepflegtem Land." Der etwa zeitgleiche Autor der *Expositio totius mundi*, wie Ammian ein Heide, schreibt von Aschkelon und Gaza, es seien „hervorragende Städte mit blühendem Handel und Überfluß an allem, die nach ganz Syrien und Ägypten guten Wein exportieren" (§ 29)[24] – im Höchstpreisedikt Diokletians war von Weinexport aus Palästina noch nicht die Rede! Nach Aufzählung der wichtigsten Orte der Textilindustrie, unter denen der Autor auch Skythopolis, Caesarea, Neapolis und Lydda nennt, fügt er § 31 hinzu: „Alle zuvor genannten ruhmreichen Städte sind aber auch fruchtbar an Getreide, Wein und Öl; auch haben sie an allem Überfluß"; bei Jericho erwähnt er anschließend die Nikolausdatteln, Pistazien und jegliche Art von Obst.

3. Die Bevölkerung

Jeder Versuch, die Bevölkerung eines Landes oder einer Stadt in der Antike zu schätzen, ist äußerst problematisch und das Ergebnis wenig zuverlässig. Dies gilt natürlich auch für Palästina. Es gibt keine Studie, die diese Frage speziell für das 4. Jahrhundert untersucht. Dagegen gibt es mehrere Versuche für das 1. Jahrhundert und die Zeit nach dem Bar Kokhba-Aufstand. *M. Avi-Yonah* schätzt für Palästina einschließlich des Ostjordanlandes um das Jahr 140 etwa 2,5 Millionen Einwohner; etwa 700 000 bis 800 000 davon seien Juden gewesen (gegenüber 1,3 Millionen vor dem Aufstand). In Galiläa hätten sie etwa dreiviertel der Bevölkerung ausgemacht, in der Küstenebene und jenseits des Jordan etwa ein Viertel.[25]

Wenn wir mit einer Zunahme der Bevölkerung und insbesondere auch mit einer Erholung des jüdischen Anteils in den Jahrzehnten unter den Antoninen und Severern rechnen dürfen, die ja Zeiten der Ruhe und Sicherheit waren, hat andererseits die Krise des 3. Jahrhunderts zu einer Bevölkerungsabnahme geführt. Somit könnten wir die Zahlenangabe *Avi-Yonahs* vielleicht auch auf das 4. Jahrhundert übertragen. Doch sind ihre Voraussetzungen viel zu unsicher.

M. Broshi kommt für die Blütezeit Palästinas unter der byzantinischen Herrschaft zu weitaus niedrigeren Ziffern, die durch die ihnen zugrundeliegenden Kriterien viel zuverlässiger erscheinen. Unter Berücksichtigung der Wasserversorgung, der Getreideproduktion und der Bevölkerungsdichte in den Städten errechnet er, daß Palästina diesseits des Jordan nie die Millionengrenze überschritten habe.[26] Diese Zahl sei das Maximum für die Zeit um 600 gewesen. Nun müssen wir aber in Betracht ziehen, daß der beträchtliche Bevölkerungsschwund infolge der Krise des 3. Jahrhunderts erst allmählich wieder aufgeholt wurde, was sich auch in der verstärkten Bautätigkeit des 5. und 6. Jahrhunderts niederschlägt. Daher werden wir wohl die Gesamtbevölkerung Palästinas westlich des Jordan unter Diokletian und Konstantin kaum höher als mit einer halben Million ansetzen dürfen.

Noch problematischer ist die Aufteilung dieser Bevölkerungszahl auf die einzelnen Gruppen, Juden, Samaritaner, Heiden und Christen. Die *christliche Bevölkerung* Palästinas bildete sicherlich die kleinste dieser vier Gruppen. Eusebius verzeichnet in seinem Buch über die Märtyrer Palästinas nur 37 Personen, die in den Verfolgungen unter Diokletian und nach ihm bis zum Jahr 311 hingerichtet wurden; dazu kommen noch acht Märtyrer aus Ägypten. Diese geringe Zahl ist sicher nicht nur mit der laxen Durchführung der Verfolgungsdekrete durch die Provinzbehörden zu erklären. Auch die Tatsache, daß Palästina beim Konzil von Nizäa im

Jahr 325 mit etwa vierzehn Bischöfen vertreten war, unter ihnen Eusebius von Caesarea und Makarius von Jerusalem, läßt nicht notwendig auf die Existenz von ebensovielen bedeutenden Christengemeinden schließen. Verbreitet waren die Christen vor allem in den hellenistischen Städten, aber auch in verschiedenen Dörfern Judäas, vorwiegend im Süden, wie aus dem Onomastikon des Eusebius hervorgeht. Archäologische Belege für die Verbreitung des Christentums vor Konstantin, etwa durch Kirchenbauten, lassen sich jedoch nur ganz vereinzelt erbringen.

Die *heidnische Bevölkerung*, aus der die christliche zu einem großen Teil hervorgegangen war, finden wir vor allem in den Städten. Von den etwa fünfundzwanzig Städten Palästinas westlich des Jordan hatten nur Tiberias und Sepphoris eine jüdische Mehrheit, Skythopolis, Caesarea und wohl auch Lydda bedeutende jüdische Gemeinschaften. Aelia Capitolina – und zwar nicht nur die Stadt, sondern ebenso ihr ausgedehntes Territorium (die drei Verwaltungsbezirke Herodion, Gophna und Oreine) – war ja Juden überhaupt verboten und als Garnisonsstadt bis Konstantin vorwiegend heidnisch. Dasselbe gilt wohl von Caesarea als dem Sitz der Provinzverwaltung. Ein weiterer Schwerpunkt der heidnischen Bevölkerung war der Süden mit der Küstenstadt Gaza, wo das Heidentum selbst noch um 400 sehr stark war, und den Siedlungen des Negeb, der erst ziemlich spät christianisiert wurde. Aber auch in Samaria dürfen wir eine relativ starke heidnische Bevölkerung annehmen. Daß Heiden schließlich auch außerhalb der Städte gut vertreten waren, ist eine Folge unter anderem der Landflucht des 3. Jahrhunderts, als immer mehr Landbesitz in nichtjüdische Hand überging, wogegen sich das jüdische Religionsgesetz mit zunehmender Schärfe, doch weithin erfolglos wandte. Römische Beamte und Veteranen kauften gerne den verschuldeten jüdischen Bauern ihren Besitz ab; Veteranen bekamen dafür staatliche Gelder und erhebliche Steuererleichterungen (CTh VII,20,3–4 aus den Jahren 320 bzw. 325), was sicher wesentlich zu dieser Entwicklung beitrug. Im frühen 4. Jahrhundert ist jedenfalls der größere Teil des Bodens in Palästina schon in nichtjüdischem Besitz, wie ein Kommentar zu Aussagen des R. Jochanan in jDemai II,1,22 c nahelegt.

Samaritaner hatten sich seit der Mitte des 2. Jahrhunderts immer mehr über das eigentliche Samaria hinaus ausgebreitet. Sie gründeten Gemeinden in der Küstenebene Palästinas, in Judäa, aber auch in Galiläa; ja, es entstand sogar eine ausgedehnte samaritanische Diaspora, deren Gemeinden über das ganze römische Reich zerstreut waren. Allerdings ist die Quellenlage für die Samaritaner besonders dürftig und sind vor allem die eigenen Chroniken recht späten Datums, was dazu zwingt, sich auf die (tendenziösen) Zeugnisse in rabbinischen Texten und in den Schriften der Kirchenväter mehr zu stützen, als eigentlich angebracht wäre. Die Samaritaner dürften sich neben der Landwirtschaft vor allem dem Handel gewidmet haben; zudem scheinen der römische Staatsdienst und das Militär sie in relativ großer Zahl angezogen zu haben. Das erklärt wohl auch ihre Stärke in der Provinzhauptstadt Caesarea: laut einer Aussage des Abba Mari um die Mitte des 4. Jahrhunderts sind in Caesarea Juden und Nichtjuden nur zusammen zahlreicher als die Samaritaner (jDemai II,1,22 c). Diese Behauptung mag übertrieben sein, was aber nichts an der Bedeutung der Samaritaner für Caesarea ändert. Die zahlenmäßige Stärke der Samaritaner für das 4. Jahrhundert, „das goldene Zeitalter der Samaritaner“,[27] zu schätzen ist allerdings wieder äußerst schwierig. *M. Avi-Yonah* hat für das 5. bis 6. Jahrhundert, die Zeit der großen samaritanischen Aufstände gegen die byzantinische Herrschaft, ihre Gesamtzahl mit etwa 300 000 errechnet,[28] was jedoch sicher viel zu hoch gegriffen ist.

Zentrum der *jüdischen Bevölkerung* war seit dem Bar Kokhba-Aufstand Galiläa mit Sepphoris und Tiberias als Mittelpunkten. Außerdem aber muß die Gemeinde in Caesarea, wo sich auch eine rabbinische Schule befand, noch immer bedeutend gewesen sein. Wenn wir von den für das 4. Jahrhundert archäologisch nachgewiesenen Synagogen ausgehen, gibt es eine besondere Konzentration in der Region von Tiberias, im nördlichen Galiläa in der Umgebung von Safed, im anschließenden westlichen Golan; aber auch im Hauran (Nawe, 45 km nordöstlich von Tiberias) sind Synagogen aus dieser Zeit nachgewiesen. Ebenso sind Reste einiger Synagogen in der Jesreelebene erhalten. Im Süden Palästinas belegen Ausgrabungen von Synagogen im Streifen zwischen En Gedi am Toten Meer und Aschkelon eine starke jüdische Ansiedlung, welche überdies aus literarischen Zeugnissen, Angaben im Onomastikon des Eusebius und in rabbinischen Texten bekannt ist. Auch Zoar am Südende des Toten Meers hatte eine jüdische Gemeinde, die durch mehrere Grabsteine auch archäologisch bezeugt ist. Fraglich ist es hingegen, ob man mit *Z. Safrai* eine jüdische Mehrheit (zumindest zusammen mit den Samaritanern) in den Küstenstädten annehmen darf. Neben Tiberias und Sepphoris hatten noch viele andere Städte wie Lydda, vielleicht auch Jericho, Emmaus und so weiter seiner Meinung nach eine absolute Mehrheit von Juden und Samaritanern und wurden daher von Juden geleitet.[29] Was Lydda betrifft, hat ein Text in der Geschichte der Märtyrer Palästinas von Eusebius einige Verwirrung gestiftet: „eine große Stadt im Land Palästina, deren Bewohner alle jüdisch sind; in aramäischer Sprache heißt sie Lud, und in griechischer Sprache ist sie als Diocaesarea bekannt“. Diocaesarea ist ja nicht Lydda, sondern Sepphoris! Steht der Name irrtümlich statt Diospolis oder ist der semitische Name falsch wiedergegeben?[30] Die Angabe, so interessant sie für uns wäre, bleibt unsicher. Daß die Kirche in vielen Städten nicht so schnell Fuß fassen konnte, ist jedenfalls wohl weniger auf eine übermächtige jüdische Bevölkerung als auf beharrliche heidnische Tradition und Kultur zurückzuführen.

Mit aller Vorsicht, die angesichts der Quellenlage geboten ist, wird man für das frühe 4. Jahrhundert in Palästina also annehmen können, daß die Juden die stärkste Bevölkerungsgruppe waren, gefolgt von der vielleicht nicht viel schwächeren Gruppe der Heiden. Schon bedeutend geringer muß die Zahl der Samaritaner gewesen sein, und erst an letzter Stelle kamen die Christen. Diese Zahlenverhältnisse sollten sich natürlich im Lauf des 4. Jahrhunderts entscheidend verändern, wobei die wesentliche Bewegung von der heidnischen zur christlichen Gruppe stattfand, welch letztere auch durch Zuwanderung beträchtlich anwuchs. Wenn man es schon im frühen 4. Jahrhundert für möglich hielt, daß der Boden mehrheitlich in nichtjüdischer Hand war, und wenn wir berücksichtigen, daß die Städte mehrheitlich nichtjüdisch waren, leuchtet ein, daß nach einem Jahrhundert der Christianisierung auf alle Fälle mit einer beträchtlichen nichtjüdischen Mehrheit in Palästina gerechnet werden muß. Genauere Aussagen sind leider nicht möglich.

II. Die Juden Palästinas unter Konstantin

1. Die Rechtslage der Juden um 300

Um die rechtlichen Veränderungen für Juden im 4. Jahrhundert besser einschätzen zu können, müssen wir einige Bemerkungen zur Rechtslage vor Konstantin vorausschicken. Natürlich galten Judengesetze im Prinzip jeweils für alle Juden im römischen Reich; wieweit sie sich auf die jüdische Gemeinde in Palästina tatsächlich ausgewirkt haben, ist jedoch im einzelnen zu untersuchen.

Informationen über die rechtliche Position der Juden in der Zeit zwischen Antoninus Pius und Konstantin sind äußerst spärlich. Die fast alleinige Ausnahme sind die Paulussentenzen, deren genaue Datierung im 3. Jahrhundert allerdings umstritten ist; im 4. Jahrhundert haben sie offizielle Rechtskraft erhalten. Im allgemeinen sind wir jedoch auf Rückschlüsse aus der Annahme der Kontinuität der Rechtslage verwiesen.

Religionsfreiheit war in der Antike fast allgemein durch Privilegrecht geregelt. Dies galt auch für die Juden, deren Recht, „nach ihren Gesetzen zu leben", wie Josephus Flavius ausführlich dokumentiert, schon in zahlreichen hellenistischen Dekreten zugesichert und dann von Caesar bestätigt worden ist. Da die Juden nicht nur als Religionsgemeinschaft, sondern auch als Volk anerkannt waren, hatten sie auch eine beschränkte Selbstverwaltung, wobei die Stellung des Patriarchen als des Vertreters der jüdischen Volksgruppe rechtlich jener eines Vasallenkönigs entsprach. Auch hatten jüdische Instanzen die niedere Gerichtsbarkeit, wenn beide Streitparteien jüdisch waren oder wenn ein Nichtjude sich freiwillig dem jüdischen Schiedsgericht unterwarf. In mehrheitlich jüdischen Städten wie Tiberias und Sepphoris kam dazu die allgemeine städtische Gerichtsbarkeit, von der jedoch im 4. Jahrhundert, wie gesagt, nur noch minimale Reste geblieben waren.

Die Verleihung des *allgemeinen Bürgerrechts* durch die *Constitutio Antoniniana* Caracallas vom Jahre 212 hätte eigentlich für die Juden weitreichende Folgen haben müssen. Als römische Bürger wären sie an sich verpflichtet gewesen, dem allgemeinen römischen Recht zu folgen. Doch hielt Rom auch nach 212 noch lange die lokalen rechtlichen Traditionen aufrecht. So blieb das jüdische Privilegrecht in den direkt religiös bedingten Punkten sicher allgemein bestehen (etwa in der Frage der Beschneidung). In Palästina galt darüber hinaus bis 398 die eigene Jurisdiktion der jüdischen Gemeinschaft in zvilrechtlichen Fällen. Bis zum Gesetz von CTh II,1,10 galt das jüdische Recht etwa in vermögensrechtlichen Fragen nicht nur, wenn die Streitparteien einen jüdischen Gerichtshof angingen, sondern auch vor dem römischen Gericht. Ebenso blieb das jüdische Eherecht weiter in Kraft. Von der Konstitution Diokletians von 285, die die Bigamie verbot, und von dem Verbot gewisser Ehen wie der zwischen Nichte und mütterlichem Onkel, die man in jüdischen Kreisen als ideale Verbindung ansah, waren Juden daher nicht betroffen. Erst 393 wurden jüdische Ehebräuche in einem an den *Comes Orientis* gerichteten Gesetz verboten: „Kein Jude darf seine Tradition in Ehefragen beibehalten, weder Ehen nach seinem Gesetz schließen noch gleichzeitig mehrere Ehen eingehen“ (CJust 1,9,7).[31] Wieweit die Befolgung dieses Gesetzes in der Praxis erzwungen wurde, bleibt allerdings wie bei anderen Gesetzen eine offene Frage. Jedenfalls setzt eine spätere jüdische Rechtssammlung, die *Ma^casim libne Erets Jisrael*, Polygamie noch immer als eine reale Möglichkeit voraus.

Die Verleihung des römischen Bürgerrechts schloß den Zutritt zu *öffentlichen Ämtern* ein, was in der Gesetzgebung des 4. und 5. Jahrhunderts eine entscheidende Frage wurde: „Denen, die dem jüdischen Glauben folgen, haben die göttlichen (Kaiser Septimius) Severus und Antoninus (d. h. Caracalla) erlaubt, Ehrenämter zu erlangen, ihnen aber auch die Verpflichtungen auferlegt, sofern sie nicht ihren Glauben verletzen.“[32] In der Überschrift heißt es: „Über die Dekurionen“. Doch sind nicht nur Dekurionen, d. h. Stadträte, gemeint, sondern diese offenbar lediglich als Beispiel für alle anderen Ämter genannt. Fraglich ist allerdings, wieweit Juden dieses Recht ausgenützt haben. Sehr bald wurde es ja aufgrund der damit verbundenen Lasten geradezu ein Privileg, nicht im Stadtrat, der Kurie, dienen zu müssen.

Problematisch war für Juden vor allem der Dienst in der öffentlichen Verwaltung und beim Militär; denn hier war vielfach die Teilnahme an heidnischen Opfern verpflichtend. Laut rabbinischer Tradition (jAZ V,4,44 d) befahl Diokletian allgemein die Darbringung von Getränkeopfern *(libatio)* und nahm nur die Juden davon aus.[33] Man darf wohl annehmen, daß diese Ausnahme nur galt, wenn sie sich eben nicht im öffentlichen Dienst befanden oder wenn sie aus ihm ausschieden. Daß die Samaritaner von dieser Möglichkeit nicht Gebrauch machten, daß sie das jüdische Privileg nicht für sich in Anspruch nahmen und lieber die vorgeschriebenen Opfer darbrachten, ist für den Talmud Anlaß, samaritanischen Wein als Libationswein zu bezeichnen, der für Juden nicht erlaubt ist. Ob die Behörden allerdings den Samaritanern ebenfalls die den Juden eingeräumte Ausnahme zugestanden hätten, ist nicht so sicher. Doch ist damit zu rechnen, daß die endgültige Trennung der Samaritaner von den Juden mit diesen Ereignissen zusammenhängt; davon soll in einem späteren Kapitel noch ausführlicher die Rede sein.

Ein wesentliches Privileg der Juden war die *Beschneidung*. Schon lange waren sie von einer diesbezüglichen Untersagung in einem alten Gesetz, der *lex Cornelia de sicariis et veneficis*, befreit gewesen; erst Hadrian hob diese Befreiung auf und verbot vorübergehend auch den Juden die Beschneidung. Doch Antoninus Pius gestattete sie ihnen dann wieder: „Durch einen Erlaß des göttlichen Pius wird den Juden erlaubt, allein ihre Söhne zu beschneiden. Wer dies jedoch an jemandem durchführen sollte, der nicht derselben Religion angehört, fällt unter die Strafe dessen, der jemanden kastriert."[34]

Die Paulussentenzen bestätigen, daß dieser Erlaß auch später in Geltung blieb. Die Konversion von Männern zum Judentum war durch die Einschränkung der Beschneidung auf Juden somit verboten. Dies belegt auch die *Historia Augusta* (Sept. Sev.17), die über Septimius Severus schreibt: „Juden zu werden verbot er unter schwerer Strafe." Wie streng das Gesetz eingehalten wurde, ist allerdings wieder fraglich. Die Rabbinen waren zwar teilweise Konvertiten gegenüber ziemlich negativ eingestellt. Doch wollte man sich schon aus prinzipiellen Gründen die Gewinnung von Proselyten nicht staatlich verbieten lassen, man sah darin einen Eingriff in die Religionsfreiheit. Die Gesetzgebung des Codex Theodosianus zeugt vom ständigen Kampf um diesen Punkt.

Nach der Niederlage der Juden im Aufstand gegen die Römer im Jahre 70 wurde ihnen eine Sondersteuer aufgezwungen, der *fiscus Judaicus*. Diese Steuer ist ab dem frühen 3. Jahrhundert nicht mehr belegt. Es liegt nahe, daß sie in der Inflationszeit dieses Jahrhunderts aufgehoben wurde, als sich ihre Einhebung nicht mehr lohnte. Wir werden darauf im Zusammenhang mit der Politik Julians noch zurückkommen.

Das *Edikt von Mailand* von 313, dessen Text Lactantius überliefert, sollte zwar in erster Linie die Beendigung der Christenverfolgungen bewirken; doch verkündete es zu diesem Zwecke völlige Religionsfreiheit: „... vor allem glaubten wir regeln zu müssen, was die Verehrung der Gottheit betrifft. So wollten wir sowohl den Christen wie auch allen (anderen) die Freiheit und das Recht gewähren, der Religion zu folgen, die jedweder möchte, damit, was immer die Gottheit im himmlischen Reich betrifft, für uns und alle, die unter unserer Macht stehen, in Frieden bestehen möge."[35]

Im Osten des römischen Reiches war das Edikt zunächst wirkungslos geblieben. Galerius, Caesar des Ostens mit Sitz in Antiochien, dem auch Palästina unterstand, setzte die Christenverfolgungen fort. Ebenso verhielt er sich als Augustus ab 305, desgleichen sein Neffe Maximin Daia, der unter ihm Caesar und dann von 311 bis 313 Augustus war. Auch unter Licinius gingen die Verfolgungen des Christentums weiter. Erst nach Konstantins Sieg über Licinius im Jahr 324 – ein Jahr später wurde der Unterlegene hingerichtet – konnte der nunmehrige Alleinherrscher das Edikt von Mailand in Nikomedien auch für den Osten des Reiches promulgieren.

Es stellt sich die Frage, wieweit sich diese proklamierte allgemeine Religionsfreiheit auf die Juden auswirkte. Theoretisch hätten sich damit ja alle ihre religiös begründeten Privilegien erübrigt. In der Praxis allerdings erweist die folgende römische Gesetzgebung, daß man die Juden weiterhin als Sondergruppe betrachtete, deren Belange mit Sondergesetzen zu regeln waren.

2. Mitgliedschaft in den Stadträten

In der Zeit vor seiner Alleinherrschaft hat Konstantin sich nur einmal in einem Gesetz mit den Juden befassen müssen – das traditionell auf 315 datierte Gesetz CTh XVI,8,1 zum Schutz von Juden, die zum Christentum übertraten, ist ja wohl auf 329 zu datieren.[36] Ursprünglich war das Gesetz also für die Juden Palästinas ohne Bedeutung. Der Text vom 11.12.321 ist an den Stadtrat von Köln gerichtet: „Durch allgemeines Gesetz erlauben wir allen Stadtsenaten *(ordinibus)*, daß Juden in den Stadtrat berufen werden. Damit diesen jedoch zum Trost ein wenig von der alten Gepflogenheit bleibe, dulden wir, daß je zwei oder drei durch ständiges Privileg mit keinerlei Nennungen (zu bestimmten Aufgaben) belästigt werden“ (CTh XVI,8,3).

Dieser Text ist der einzige uns erhaltene Beleg dafür, daß Juden einst von der Kurie befreit waren; man kann wohl annehmen, daß das nur im Westen des Reiches oder in einem noch begrenzteren Gebiet der Fall gewesen ist. Einst war der Stand eines Stadtrates, eines Decurio, als Ehre angesehen und angestrebt worden; doch wegen der mit ihm nicht nur lebenslang, sondern sogar in erblichem Rang verbundenen finanziellen Lasten war er zu einer mehr und mehr ungeliebten Pflicht geworden, der man sich zu entziehen suchte, wo es nur ging.[37] Daß auch Juden bemüht waren, dieser kostspieligen und aufwendigen „Ehre“ zu entrinnen, ist nur zu verständlich. Offenbar ist ihnen dies mit dem Hinweis auf die mit ihrem Glauben unvereinbaren Opfer vor den Sitzungen und auf andere religiöse Probleme auch tatsächlich oft gelungen. Seit der von Konstantin proklamierten Religionsfreiheit waren nun aber heidnische Opfer nicht mehr vorgeschrieben. Somit konnte der Gesetzgeber die Sonderregelung zugunsten der Juden ersatzlos streichen. Die Stadträte brauchten ja dringend alle verfügbaren Männer (und vor allem deren Vermögen!), um ihren Aufgaben gerecht werden zu können. Wenn da noch je zwei oder drei Juden in Erinnerung an ein früheres Privileg weiterhin von den Lasten und Verpflichtungen der Kurie freiblieben, war dies schon eine besondere Vergünstigung; ob die jüdische Gemeinde selbst die Privilegierten nennen durfte, wissen wir nicht. Jedenfalls ist das Gesetz, das die Befreiung der Juden von den Kurien aufhebt, durchaus nicht als judenfeindliche Maßnahme zu verstehen, auch wenn die Betroffenen daran selbstverständlich keine Freude haben konnten.

In einem Gesetz vom 29. 11. 330 regelte Konstantin die Frage der Dekurionen neu, diesmal in einer auch für den Osten des Reiches und damit auch für Palästina relevanten Weise: „Die sich mit voller Hingabe den Synagogen der Juden, den Patriarchen oder den Ältesten *(presbyteris)* gewidmet haben und die in der genannten Religionsgemeinschaft *(secta)*[38] selbst das Gesetz verwalten, sollen von allen persönlich oder durch die Gemeinde zu erbringenden Verpflichtungen *(tam personalibus quam civilibus muneribus)* befreit sein. Gleicherweise dürfen jene, die etwa schon Dekurionen sind, nicht zu irgendwelchem öffentlichen Geleit *(prosecutiones)* bestimmt werden, da dergleichen Leute von den Orten, in denen sie sich befinden, wegzugehen aus gar keinem Grund gezwungen werden dürfen. Die aber, die keineswegs Kurialen sind, sollen ewige Immunität vom Dekurionat erlangen" (CTh XVI,8,2).

Das an den Praefectus praetorio Ablavius adressierte Gesetz stellt im Grunde die jüdischen Religionsdiener, was die Immunität von den kurialen Verpflichtungen betrifft, dem christlichen und dem heidnischen Klerus gleich. Diese von Konstantin anfangs dem Klerus äußerst großzügig gewährte Immunität sollte in der Folgezeit entsprechend ausgenützt werden und zu großen Problemen in der Rekrutierung der Kurie führen, in Konsequenz dann auch zu ständigen Versuchen des Gesetzgebers, diese Vergünstigung einzuschränken. Ob mit dem Gesetz, wie *S. Lieberman* meint,[39] einfach die in Palästina schon seit dem 3. Jahrhundert übliche Freistellung der ordinierten Rabbinen weitergeführt und verallgemeinert wird, ist allerdings nicht sicher, da uns die rechtlichen Grundlagen der palästinischen Praxis nicht bekannt sind.

Der im Gesetz begünstigte Personenkreis ist, wenn die zuvor gebotene Übersetzung annehmbar ist, ziemlich weit gefaßt: Nicht nur das Patriarchenhaus von Tiberias und die mit ihm verbundenen ordinierten Rabbinen (diese sind im Kontext wohl mit den *presbyteri* gemeint) sind freigestellt, sondern alle hauptamtlich im Dienst der Synagoge oder der jüdischen Lehre und Rechtsprechung Tätigen, die vom Patriarchen und seinen Rabbinen anerkannt sind. Wer aus diesem Personenkreis schon Mitglied einer Kurie ist, soll weiterhin in ihr dienen, muß aber keine Aufgaben übernehmen, welche eine Abwesenheit vom Wohnsitz bedingen *(prosecutiones)* und damit die Ausübung religiöser Verpflichtungen beeinträchtigen könnten.

Das Gesetz regelt nicht nur die Freistellung jüdischer Religionsdiener von der Kurie, sondern stärkt zugleich die zentrale Instanz des Judentums im Patriarchat; Deutungen des Gesetzes, die in den Patriarchen

(Mehrzahl) Leiter der jüdischen Gemeinschaften in den einzelnen Reichsprovinzen, nämlich sogenannte „kleine Patriarchen", sehen wollen, sind nicht haltbar – „kleine Patriarchen" kann man einfach nicht nachweisen. Indirekt dient das Gesetz also auch, obschon vielleicht nicht absichtlich, dem Zusammenhalt des Judentums im römischen Reich.

Wenige Tage nach dem vorgenannten Gesetz, am 1. 12. 330, ergeht eine etwas anders formulierte Fassung desselben an den betroffenen Personenkreis selbst, nämlich „die Priester und Synagogenvorsteher und Synagogenväter und die übrigen, die dort Dienst tun: Wir gebieten, daß Priester und Synagogenvorsteher und Synagogenväter und die übrigen, die den Synagogen dienen, von jeder persönlichen Dienstleistung (*ab omni corporali munere*) frei seien" (CTh XVI,8,4).

Gegenüber dem ersten Text fällt auf, daß die Befreiung hier nicht „persönlich oder durch die Gemeinde zu erbringende Verpflichtungen" im allgemeinen Sinn umfaßt, sondern nur physisch von den Betroffenen zu erbringende Leistungen einschließt, wobei dem Zusammenhang nach wohl an solche Dienstleistungen zu denken ist, die aus der Mitgliedschaft in der Kurie erwachsen. Allerdings ist auch der betroffene Personenkreis hier abweichend umschrieben: Patriarchat und Presbyter sind nicht genannt, auch nicht die hauptamtlich mit dem jüdischen Gesetz befaßten Personen, dafür aber ausführlicher und wohl auch umfassender alle, die im Dienst der Synagogen(gemeinde) stehen. Vielleicht ist mit einem Irrtum in der Formulierung des Gesetzestextes zu rechnen, wenn er hier nur noch *munera corporalia* erwähnt. Dieser Irrtum könnte, wie *A. Linder* meint, bei der Ausdehnung der Befreiung jener, die schon Dekurionen waren, auf sämtliche Synagogenbediensteten entstanden sein.[40] Wie immer wir das Gesetz genau verstehen dürfen, die Erweiterung des begünstigten Personenkreises bedeutete auf jeden Fall gegenüber früher eine Erleichterung.

Leider ist es ziemlich schwierig, die in diesen Gesetzen genannten jüdischen Amtsträger genauer zu bestimmen; denn die Organisation der Synagogengemeinden im römischen Reich war durchaus nicht einheitlich und auch die Amtsbezeichnungen waren uneinheitlich. Auffällig ist vor allem die Erwähnung von „Priestern" (*hiereis*) an der Spitze der Adressaten des Gesetzes. Die Bezeichnung „Priester" (*kohen, hiereus*) ist zwar im 3. und 4. Jahrhundert in jüdischen Inschriften vielfach belegt, doch im allgemeinen als bloßer Ehrentitel zu betrachten; im Gesetzestext hingegen haben wir es mit Funktionären der jüdischen Gemeinde zu tun. Offenbar verwendet der Gesetzgeber den Ausdruck „Priester" als Sammelbegriff für alle jüdischen Religionsdiener, die er in Entsprechung zum heidnischen und christlichen Priestertum privilegieren will.[41] Auf jeden Fall zeigen die Texte eine ziemlich weit gefaßte Befreiung jüdischer Religionsdiener; sie konnten also der jüdischen Gemeinde nur willkommen sein, wenn wir von mehrheitlich jüdischen Gemeinden in Palästina einmal absehen.

Was diese Gesetze für die jüdischen Gemeinden in der Diaspora bedeuteten, können wir im einzelnen nicht ermessen; dazu sind wir über die Diaspora dieser Zeit zu wenig informiert und wissen zum Beispiel auch nicht, wie die Vermögenslage der Diasporajuden zu beurteilen ist: Vermögen, insbesondere Grundbesitz, war ja wesentliche Voraussetzung für den Stand der Kurialen. Aus Inschriften und Papyri erfahren wir immerhin für das 2. und 3. Jahrhundert von jüdischen Stadträten in Kleinasien und in Ägypten.[42]

In Palästina hatten die Gesetze regional verschiedene Bedeutung. Wo die Bevölkerung mehrheitlich jüdisch war, d. h. in den Städten Tiberias und Sepphoris und vielleicht auch in Lydda, war die Teilnahme der Juden an den Stadträten schon spätestens seit der Zeit von Jehuda dem Patriarchen um 200 selbstverständlich. In den mehrheitlich heidnischen Städten vor allem an der Küste hingegen hatten die kleinen jüdischen Ortsgemeinden aus religiösen Gründen die Mitwirkung im Stadtrat wohl eher vermieden. Ein großer Teil der jüdischen Bevölkerung Galiläas und des Golan schließlich war von der Problematik gar nicht betroffen: sie wohnten ja in einem nicht städtisch organisierten Gebiet (allerdings gab es auch in politischen Einheiten wie der Tetrakomia eine gewisse Form von Selbstverwaltung[43]).

Schon im 3. Jahrhundert häufen sich die Klagen über die Verpflichtung in den Kurien auch in rabbinischen Texten. Eine ganz allgemeine, nicht nur die Juden betreffende Klage über die Einberufung zur Kurie finden wir in GenR 76,6 (Th-A 904): „Die frevlerische Regierung, die ein böses Auge auf den Besitz des Menschen wirft, (sagt): N.N. ist reich, machen wir ihn zum Archonten; N.N. ist reich, machen wir ihn zum *bouleutēs*", das heißt zum Mitglied der Kurie. Daß gerade die reichen Leute in die Kurie berufen wurden, ergab sich aus deren Verpflichtungen von selbst, hafteten doch die Dekurionen mit ihrem persönlichen Vermögen für das Steueraufkommen der Stadt und hatten auch für die Ausgaben der Städte geradezustehen, die seit der Beschlagnahme des städtischen Landbesitzes durch die Kaiser Konstantin und Konstantius (ab 374 durften sie wieder ein Drittel der Einkünfte daraus behalten: CTh IV,13,7) immer weniger Einnahmen hatten: Die Kosten für die Erhaltung der öffentlichen Bauten, die Wasserversorgung, die öffentlichen Bäder (deren Beheizung eine große Last war), die Erneuerung zahlreicher Stadtmauern im 4. Jahrhundert, dazu die Sorge um Polizei und Marktaufsicht sowie Leistungen für die öffentliche Post und so weiter überstiegen die städtischen Einnahmen bei weitem und mußten durch Zahlungen und Dienstleistungen der Dekurionen gewährleistet werden.

In diesem Zusammenhang sind zwei Aussprüche des R. Jochanan bar

Nappacha in jMQ II,3,81 b zu sehen. Der – laut einer späten Quelle im Jahr 279 verstorbene – Rabbi findet es völlig legitim, sich von den Verpflichtungen der Kurie zu befreien. Dazu gibt er den eigenartigen Ratschlag: „Wenn sie dich für den Stadtrat *(boulē)* genannt haben, sei der Jordan deine Grenze." Sogar an einem Halbfeiertag – davon handelt ja der Traktat – findet R. Jochanan es legitim, auf die andere Seite des Jordan zu reisen, um für eine bestimmte Aufgabe in der Kurie nicht erreichbar zu sein: Von einer Flucht auf Dauer, also vor der Ernennung in die Kurie an sich, kann in diesem Zusammenhang ja kaum die Rede sein! Jochanan bar Nappacha, der in Tiberias wirkte, kann seine Aufforderung zur Flucht vor den Verpflichtungen der Kurie aber wohl auch nicht ganz allgemein für seine Heimatstadt gemeint haben: Die große Mehrheit der Bevölkerung von Tiberias war ja jüdisch und hatte damit ein legitimes Interesse, die Verwaltung der eigenen „Hauptstadt" in die Hand zu nehmen. Ein heidnischer Stadtrat ist hier wohl kaum denkbar.[44] Falls Jochanan sich nicht auf andere Städte Palästinas beziehen sollte, wo Nichtjuden die Mehrheit waren, ist sein Ratschlag wohl am ehesten als an die Rabbinen gerichtet zu verstehen; diese hatten ja schon immer um ihre Immunität gegenüber kurialen Verpflichtungen gekämpft, bis sie ihnen das römische Gesetz dann tatsächlich gewährte.

In Tiberias ist im 3. Jahrhundert sogar eine Synagoge des Stadtrates belegt *(knischta de-bule)*. Der Ausdruck bedeutet hier wohl nicht, wie es an sich möglich wäre, einfach den Versammlungsort des Stadtrates; denn jTaan I,2,64 a ist davon die Rede, daß R. Jirmeja dort gepredigt hat;[45] wenn es jScheq VII,2,50 c darum geht, ob eine bestimmte dort gefundene Wurst koscher ist, ist auch das für eine Synagoge durchaus denkbar.

In jAZ III,13,43 b geht R. Isaak b. R. Matna auf R. Jochanan gestützt, bis sie zum *tsalma de-bule* gelangen. *G. A. Wewers* übersetzt: „Sie erreichten das Götzenbild des Buli."[46] Man wird aber hier doch wohl das griechische Wort *boulē*, Stadtrat, sehen dürfen. Wenn wir in Tiberias mit einem jüdischen Stadtrat zu rechnen haben, ist ein Götzenbild vor dessen Amtssitz schwerlich vorstellbar; deshalb wäre wohl neutraler einfach „Statue" zu übersetzen.

Allerdings ist auch auf jAZ IV,4,43 d zu verweisen. Dort befiehlt R. Jochanan dem Bar Derosai, die Standbilder im *demosin* zu zerstören; hier geht es wohl um das *dēmosion*, das öffentliche Bad. Es heißt, daß Bar Derosai alle Standbilder mit einer Ausnahme zerbrach; die eine Statue ließ er stehen, weil er den Verdacht hegte, ein Jude könnte vor ihr geopfert haben. Das spricht natürlich für die Möglichkeit, daß es im Tiberias des 3. Jahrhunderts Götterbilder gegeben hat. Doch ist wohl eher an die Ablehnung dreidimensionaler Kunst zumindest durch die konservativeren Rabbinen zu denken. Selbstverständlich konnten die im Bad als Dekoration aufgestellten Statuen immer auch als Götterbilder verstanden werden. In jAZ III,1,42 c heißt es vom Tod des R. Jochanan, damals seien die Standbilder (*iqonion*, griech. *eikōn*) umgestürzt, da keines so schön war wie er. Die Anekdote belegt sowohl die Tatsache solcher Bilder in Tiberias zur Zeit des R. Jochanan als auch die andauernde Ablehnung derselben durch die Rabbinen. Wer sich wörtlich an das biblische Bilderverbot hielt, für den konnte jede Statue als Götzenbild gelten.

In einer Parallelaussage der zitierten Stelle heißt es vom Tod des R. Jasa, daß damals das *castellum* von Tiberias einstürzte. Auch das weist wohl auf eine heidnische (militärische) Präsenz in Tiberias hin,[47] muß aber nicht mehr für die Zeit der Anekdote gelten und sagt vor allem auch nichts über die Mehrheitsverhältnisse. Der *Archon* in Tiberias, von dem in jBer II,8,5 c die Rede ist und der einen Räuber und einen Mörder zum Tode verurteilte, war sicher ein Nichtjude. Doch dürfen wir hier nicht an den Vorsitzenden des Stadtrates denken, der ja nicht die Befugnis hatte, die Todesstrafe zu verhängen. Schließlich sei auch noch ein inschriftlicher Beleg für Juden im Stadtrat von Tiberias genannt, ein Sarkophag aus dem 3. oder 4. Jahrhundert, der einem Isidoros Bouleutēs gehört.[48]

Jüdische Stadträte in Sepphoris werden in rabbinischen Texten öfter genannt; allerdings gelten auch diese Belege primär für das 3. Jahrhundert. Einmal halten die Stadträte von Sepphoris ein Fasten (jPea I,1,16 a); ein andermal ist von zwei Gruppen in Sepphoris die Rede, die dem Patriarchen ihre Aufwartung machen, den *buleuti* und den *paganaja*: Wir haben es wohl mit den Familien der Dekurionen zu tun, denen die *pagani*, die Landbewohner, gegenübergestellt werden (jHor III,9,48 c; jSchab XII, 3,13 c). Die Zweitgenannten sind wohl die Großgrundbesitzer und nicht einfach die *plebs*.[49] Einen R. Simon Bouleuta nennt jPes IV,1,30 c.[50]

Wie schon erwähnt, ließen die unangenehmen Verpflichtungen des Stadtrates allgemein nach Befreiung aus diesem Stand streben. Weithin waren solche Bemühungen auch erfolgreich. Sollte das städtische System überhaupt noch funktionieren, mußte daher der Gesetzgeber von Zeit zu Zeit die allzu großzügigen Befreiungen von der Kurie rückgängig machen. Zum Beispiel befreite Konstantin anfangs sämtliche christlichen Kleriker von kurialen Verpflichtungen (CTh XVI,2,1.2), sah sich dann aber bald gezwungen, ein Gesetz gegen die Flucht von Kurialen in den Klerikerstand zu erlassen (CTh XVI,2,3). Ein ständiges Hin und Her in der einschlägigen Gesetzgebung dokumentiert, in welchem Maß sich jeweils die christliche Lobby am kaiserlichen Hof durchsetzen konnte. Kaiser Arkadius verbot schließlich 398 überhaupt die Weihe von Kurialen (CTh IX,45,3): Wo eine solche Weihe schon erfolgt war, wurden niedere Grade des Klerus in den Laienstand zurückversetzt. Ab dem Subdiakonat mußte der Betreffende ersatzweise auf zwei Drittel seines Vermögens zugunsten seines Nachfolgers in der Kurie, womöglich eines

Verwandten, verzichten. Andere Gesetze suchten weitere Fluchtwege aus den Kurien, etwa über den Senat, durch Ämter am kaiserlichen Hof und so weiter zu versperren, waren jedoch alle nur wenig erfolgreich.[51] Erwähnt sei in diesem Zusammenhang ein speziell Palästina betreffender Fall: Am 1. 3. 363 erließ Kaiser Julian, dem sehr an der Erneuerung der städtischen Kurien gelegen war, ein an den Consularis Palaestinae Leontius gerichtetes Gesetz, das einen Vater von dreizehn Kindern von den kurialen Verpflichtungen befreit (CTh XII,1,55; XII,1,56 vom 21. 12. 363 nennt als weiteren Befreiungsgrund zehn Jahre Militärdienst).

Um einen besseren Überblick über die Thematik zu gewähren, seien hier die einschlägigen Gesetze über die Mitwirkung von Juden in den Stadträten auch für die Zeit nach Konstantin zusammengefaßt. Ein Gesetz des westlichen Kaisers Gratian vom 18. 4. 383 reduzierte die Befreiung der jüdischen Religionsdiener von der Kurie beträchtlich: „Der Befehl, mit dem die Leute des jüdischen Gesetzes prahlen, durch welchen ihnen Immunität von den Lasten der Kurialen gewährt wird, sei aufgehoben; steht es doch nicht einmal Klerikern frei, sich für religiöse Ämter freizumachen, ehe sie nicht alles, was sie dem Vaterland schulden, geleistet hätten. Wer immer also wirklich sich Gott geweiht hat, setze einen anderen, ausgestattet mit seinem Vermögen, ein, die Pflichten für ihn zu erfüllen" (CTh XII,1,99).

Dieses in Mailand erlassene und an den Praefectus praetorio für Italien gerichtete Gesetz ist primär auf westliche Verhältnisse ausgerichtet; im Osten, speziell in Palästina, hat es sich kaum ausgewirkt, es sei denn nach der Promulgation des Codex Theodosianus. Aber auch im Westen ist es nicht als Beeinträchtigung der jüdischen Rechte zu betrachten, sondern als Gleichstellung mit dem christlichen Klerus, der sich von Kurienverpflichtungen ja auch nur durch Übergabe des Vermögens vor der Weihe befreien konnte.

Im Osten des Reiches bestätigt CTh XVI,8,13 vom 1. 7. 397 nochmals die Befreiung jüdischer Religionsdiener von kurialen Verpflichtungen in Entsprechung zum christlichen Klerus: „Die Juden seien an ihre Zeremonien gehalten. Wir wollen indessen in der Erhaltung ihrer Privilegien die Alten nachahmen, durch deren Erlasse bestimmt worden ist, daß denen, die der Gewalt der illustren Patriarchen unterworfen sind, den Synagogenvorstehern, Vätern[52] und Presbytern sowie den übrigen, die sich im Dienste *(sacramento)* dieser Religion befinden, auf unseren erhabenen Wink jene Privilegien verbleiben, die schon den Klerikern des ehrwürdigen christlichen Gesetzes Unantastbarkeit verleihen. Dies nämlich haben auch die heiligen Kaiser Konstantin und Konstantius, Valentinian und Valens mit göttlichem Ratschluß beschlossen. Sie seien also von kurialen Lasten frei und sollen ihren Gesetzen gehorchen."

Dieses Gesetz hält also explizit an der gewachsenen Rechtstradition fest und stellt christliche und jüdische Religionsdiener in rechtlichen Belangen gleich. Indem die Befreiung an die Unterstellung unter die illustren Patriarchen (von Tiberias) geknüpft wird, wird gleichzeitig die zentrale Führung des Judentums nochmals gestärkt.

Es wäre denkbar, ist aber nicht zu beweisen, daß Juden im Westen des Reiches sich auf dieses Gesetz beriefen, um auch dort die Vorteile zu genießen, die es im Vergleich zum Erlaß Gratians von 383 bot. Sollten sie das getan haben, hatten sie jedoch beim Gesetzgeber keinen Erfolg: „Wir haben in Erfahrung gebracht, daß in Apulien und Kalabrien zahlreiche städtische Kurien ins Wanken gerieten, da es Leute jüdischen Glaubens *(superstitio)* gibt, die der Meinung sind, durch irgendein Gesetz, das im östlichen Reichsteil erlassen wurde, vom Zwang, öffentliche Pflichten zu übernehmen, befreit zu sein. Daher bestimmen wir mit dieser Autorität, daß dieses Gesetz, wenn es ein solches überhaupt gibt, aufgehoben ist; denn es steht fest, daß es meinem Reichsteil von Schaden ist; und alle, die in irgendeiner Weise rechtens der Kurie angehören, ganz gleich, welchen Glaubens *(superstitio)* sie sind, seien zur Erfüllung der öffentlichen Dienste *(munia)* angehalten" (CTh XII,1,158 vom 13.9.398).

Auch hier geht es nicht um einen judenfeindlichen Erlaß (*superstitio* wird ja nicht nur der jüdische Glaube genannt!). Im Vordergrund stehen die Interessen des westlichen Reichsteiles, der ganz allgemein die Befreiungen von den kurialen Verpflichtungen so weit als möglich beschneiden möchte. Bezeichnend ist, daß die weströmische Behörde das oströmische Gesetz gar nicht kennt und sich auch gar nicht die Mühe nimmt, die diesbezüglichen Angaben zu überprüfen. CTh XII,1,165 vom 30.12.399 formuliert dann nochmals den Grundsatz: „Alle Juden, die nachweislich einem Stadtrat verpflichtend angehören, sollen dem Stadtrat übergeben werden."

Insgesamt läßt sich aus den Gesetzen über die Beteiligung der Juden an den Kurien, die wir hier weit über die Zeit Konstantins hinaus verfolgt haben, keine antijüdische Einstellung des Gesetzgebers erkennen, sondern nur der ständige Kampf um die Funktionsfähigkeit der Kurie. Eine Schlechterstellung der Juden im Vergleich zum christlichen Klerus ist nicht wahrzunehmen.

3. Konversionen

Wenn es unter Konstantin eine echte Religionspolitik gegeben haben sollte, hatte diese in der Frage der Konversionen einen viel handfesteren Ansatzpunkt als in der Frage der Stadträte. Dabei konnte man sich auf alte Rechtstradition berufen. Vom Beschneidungsverbot für Nichtjuden war schon die Rede. Origenes zitiert in seiner Schrift gegen Celsus diesen mit der Aussage, daß auch die Samaritaner wegen ihrer Religion verfolgt würden. Er selbst wendet dagegen ein: „Die Sikarier werden wegen der Beschneidung hingerichtet, als solche, die sich gegen die festgesetzten Gesetze verstümmeln, da diese (nämlich die Beschneidung) nur den Juden erlaubt ist."[53] Demnach müßten die Samaritaner damals vor dem Gesetz nicht mehr als Juden gegolten haben.

Von größerer Bedeutung für die Rechtstradition sind die Paulussentenzen, die im Jahr 328 durch CTh I,4,2 Rechtskraft erhielten. Damit müßte auch der Abschnitt V,22,3–4 übernommen worden sein, der allerdings vielfach als christliche Nachbildung betrachtet wird und somit kein sicherer Beleg ist:[54] „Römische Bürger, die zulassen, daß sie oder ihre Sklaven nach jüdischem Ritus beschnitten werden, sollen nach Beschlagnahme ihrer Besitzungen für immer auf eine Insel verbannt werden; (mitwirkende) Ärzte erhalten die Todesstrafe. Juden, die Sklaven einer anderen Nation kaufen und beschneiden, sollen entweder deportiert werden oder der Todesstrafe verfallen", offenbar je nach Zugehörigkeit zum höheren oder niedrigeren Stand des Verurteilten. Diese Unterscheidung bei der Bestrafung halten auch die Digesten (48,8.3.5) fest.

Doch schon bald nach der Approbation der Paulussentenzen griff Konstantin selbst in dieser Frage ein, ohne dabei die Beschneidung eigens zu erwähnen: „Den Juden und ihren Ältesten und den Patriarchen wollen wir einschärfen: Wenn jemand nach diesem Gesetz jemanden, der aus ihrer verderblichen Sekte *(feralem sectam)* fliehen und sich der Verehrung Gottes zuwenden sollte, mit Steinen oder in anderer wütenden Weise anzugreifen wagt, was – wie wir erfahren haben – nun geschieht, soll er sofort den Flammen übergeben und mit allen seinen Komplizen verbrannt werden. Wenn aber jemand aus dem Volk ihrer ruchlosen Sekte *(nefariam sectam)* beitritt und sich ihren Versammlungen *(conciliabulis)* anschließt, soll er mit ihnen die verdienten Strafen erleiden" (CTh XVI,8,1).

Wie schon früher erwähnt, wird dieses Gesetz traditionell auf 315 datiert, sollte aber doch richtiger auf 329 angesetzt werden.[55] Der Text fällt gegenüber den bisher besprochenen Gesetzen des Codex Theodosianus durch die scharfe, judenfeindliche Sprache auf, die man in einem Gesetz nicht erwarten würde. Er scheint nicht nur die Beschneidung, sondern jedwede Form des Anschlusses an die jüdische Gemeinde, ja sogar die Teilnahme an ihren religiösen Versammlungen für strafbar zu erklären. Sollte dies tatsächlich die Absicht des Gesetzgebers gewesen sein, hat er sich damit in der Praxis keineswegs durchgesetzt. Oder ist hier einfach von der Mitwirkung von Nichtjuden an Gewalttätigkeiten gegen aus dem Judentum zum Christentum Übergetretene die Rede? Denn um den Schutz der zum Christentum konvertierten Juden geht es ja in diesem Gesetz in erster Linie. Daß es in solchen Fällen zu Ausschreitungen gekommen ist, kann man sich denken und ist auch durch die noch zu besprechende Erzählung über den Comes Joseph bei Epiphanius zu belegen. Doch wird in diesem Zusammenhang nie von Hinrichtungen gesprochen, also wird wohl die bloße Drohung ihre Wirkung erzielt haben. Auch ist es fraglich, wie häufig Konversionen von Juden zum Christentum überhaupt waren – damit werden wir uns noch zu beschäftigen haben.

Ein in der Praxis viel wichtigeres Problem war jedoch die *Sklavenfrage*. Wie die Rechtslage vor Konstantin war, ist umstritten. Nach Meinung mancher war es den Juden schon immer verboten, ihre Sklaven zu beschneiden – das Gesetz, das die Kastration von Sklaven verbot (Digesten 48,8.6), sei auch auf die Beschneidung angewandt worden;[56] andere hingegen bestreiten diese rechtliche Gleichsetzung; auf die Problematik der einschlägigen Stelle in den Paulussentenzen haben wir schon hingewiesen. *H. Langenfeld* urteilt, daß ein Gesetz, das die Beschneidung von Sklaven untersagte, für Juden, die sich strikt an die Bibel hielten, ein völliges Verbot, Sklaven zu besitzen, bedeutet hätte: „Da ein solches Verbot unter den gesellschaftlichen Verhältnissen der hohen römischen Kaiserzeit kaum denkbar ist und auf jeden Fall Reaktionen ausgelöst hätte, die in den erhaltenen Quellen wohl irgendeinen Widerhall gefunden hätten, darf man das Fehlen entsprechender Nachrichten als Bestätigung der These werten, daß nach römischem Recht bis zur Zeit des Kaisers Diokletian die Beschneidung von Sklaven nicht untersagt war."[57]

In einem an den Praefectus praetorio für Italien und Afrika gerichteten Gesetz ordnete Konstantin am 31. 10. 335 an: „Wenn ein Jude einen christlichen oder einer beliebigen anderen Religionsgemeinschaft *(secta)* angehörigen Sklaven erworben und beschnitten hat, soll er den Beschnittenen keineswegs in Knechtschaft behalten; vielmehr soll, wer dergleichen erleidet, die Privilegien der Freiheit erlangen" (CTh XVI,9,1).

Ein anderes Stück desselben Gesetzes ist in CTh XVI,8,5 überliefert. Hier geht es nochmals um die Bestrafung von Juden, die zum Christentum übergetretene ehemalige Glaubensgenossen belästigen. Die Strafandrohung ist hier aber nicht ausführlich dargestellt: „Den, der aus einem Juden zu einem Christen geworden ist, zu beunruhigen oder mit irgendeinem Unrecht zu ängstigen, sei den Juden nicht erlaubt; die Mißhandlung ist nach der Schwere des begangenen (Delikts) zu bestrafen." Der Aspekt, durch den die beiden Gesetzesteile miteinander verbunden sind, ist offensichtlich der Religionswechsel.

Eine Ergänzung der im Codex Theodosianus überlieferten Textfassung ist das ausführlichere Zitat in den Constitutiones Sirmondianae 4 (vom 21. 10. 335, doch erst am 9. 3. 336 in Karthago veröffentlicht): „Schon vor längerer Zeit ist zwar eine höchst heilsame Sanktion unserer Konstitution promulgiert worden, die wir nun durch die Wiederholung unseres Gesetzes doppelt beachtenswert machen: Wir wollen, wenn irgendein Jude einen christlichen oder irgendeiner anderen Religionsgemeinschaft angehörigen Sklaven erworben hat und ihn zu beschneiden nicht zurückgeschreckt ist, daß der Beschnittene nach Maßgabe dieser Vorschrift die Freiheit erlangt und deren Privilegien genießt. Es ist nicht recht, daß ein Jude, der einen Sklaven erwähnter Art beschnitten hat, ihn in Knechtschaft unterworfen halte. Auch das schreiben wir mit derselben Sanktion vor: Wenn jemand von den Juden sich das Tor zum ewigen Leben öffnet, sich der heiligen Gottesverehrung hingibt und sich als Christ bekennt, darf er von den Juden keinerlei Beunruhigung oder Belästigung erfahren. Wenn aber irgendein Jude jemanden, der aus einem Juden zu einem Christen geworden ist, mit irgendeinem Unrecht ängstigen zu können glaubt, wollen wir, daß der Urheber dieser Mißhandlung nach Schwere des begangenen Delikts bestraft werde." Die Sprache in diesen zwischen 426 und 438 in Gallien oder Afrika redigierten Konstitutionen ist durchgehend stärker kirchlich geprägt als in den allgemeinen Gesetzen des Codex Theodosianus.

In seiner Lebensbeschreibung des Kaisers Konstantin schreibt Eusebius diesem ein Gesetz zu, das Juden ganz allgemein untersagte, Sklaven zu halten: „Aber er erließ auch ein Gesetz, daß kein Christ Juden als Sklave dienen dürfe; es sei nämlich nicht rechtens, daß die vom Erlöser Losgekauften den Mördern der Propheten und des Herrn durch das Joch der Sklaverei unterworfen seien; wenn ein solcher jedoch gefunden werden sollte, dürfte er frei davongehen, der Jude aber werde mit einer Geldstrafe belegt."[58]

Die für Juden beleidigende Sprache dieses Abschnitts ist in einem Gesetzestext jener Zeit völlig undenkbar und sicher die eigene Formulierung des Eusebius.[59] Der Text bietet aber auch sachliche Schwierigkeiten, ist doch ein so allgemeines Gesetz Konstantins nirgends sonst belegt. Entweder hat Eusebius ein Gesetz von 339, das Kaiser Konstantius erließ (CTh XVI,9,2), Konstantin zugeschrieben oder, aus zeitlichen Gründen viel wahrscheinlicher, er hat die konstantinische Bestimmung, daß ein nichtjüdischer Sklave eines Juden, den dieser beschnitten hat, freigeht, verallgemeinert.[60]

Ebensowenig andernorts belegt ist ein Gesetz Konstantins, auf das sich CTh XVI,8,22 von 415 beruft: „Wenn (ein Jude) Sklaven christlichen Glaubens bei sich hält, seien diese nach konstantinischem Gesetz der Kirche zu übergeben."[61] Vielleicht stützt sich dieses „Zitat" auf die Konstantinsbiographie des Eusebius, müßte dann aber deren Angaben noch dahin abgeändert haben, daß ein von seinem jüdischen Herrn beschnittener Sklave nicht einfach freigehe, sondern der Kirche zufalle. Übrigens ist in XVI,9,2 nicht die Rede von der Beschneidung christlicher Sklaven, die zu verbieten eher Erfolgsaussichten gehabt hätte als das allgemeine Verbot des Besitzes christlicher Sklaven; ein solches Konversionsverbot *(Iudaica nota foedare)* sämtlicher nichtjüdischer Sklaven enthält dann XVI,8,22. Wenden wir uns wieder dem sicher bezeugten Sklavengesetz Konstantins zu, so ist festzustellen, daß dieses nicht etwa Juden den Besitz christlicher Sklaven untersagt, sondern einfach die Beschneidung der Sklaven – sei es nun im Anschluß an ältere Rechtstradition oder aus dem Interesse, Sklaven, die nicht schon Juden waren, vor der (erzwungenen?) Eingliederung in das Judentum zu bewahren. Doch ist vielleicht auch zu beachten, daß der Gesetzestext ausdrücklich nur von der Beschneidung von Sklaven nichtjüdischer Herkunft spricht, die der Jude erworben hat. *H. Langenfeld* meint, daß Sklaven, die bereits einem Juden gehörten, von diesem Gesetz nicht betroffen waren, wohl in der Annahme, daß sie ohnedies alle beschnitten seien. Das würde bedeuten, daß das Gesetz an den bestehenden Eigentumsverhältnissen nichts geändert, sondern allein die Beschneidung neu dazugekaufter Sklaven verboten hätte.[62]

Da uns die größeren Zusammenhänge nicht bekannt sind, können wir auch über die Motivation für das Sklavengesetz Konstantins nichts Genaueres sagen, wenngleich das humane Element, der Schutz des Unfreien vor religiöser Nötigung (was aber nicht nur jüdische Sklavenbesitzer betroffen hätte), naheliegt. Die spätere gesetzliche Entwicklung mit der ständigen Wiederholung des Verbots der Beschneidung von Sklaven durch Juden macht klar, daß es sich dabei um eine verbreitete und nicht ausrottbare Praxis gehandelt hat. Ex 12,44 war sicher nicht der Hauptgrund, warum jüdische Sklavenbesitzer an der Konversion von Sklaven interessiert waren. Im Haushalt und im Umgang mit Lebensmitteln war natürlich wegen der Speisegesetze nur ein jüdischer Sklave voll einsetzbar; doch wird man für solche Arbeiten sicherlich eher Sklavinnen bevorzugt haben, deren Konversion durch ein bloßes Tauchbad erfolgte und somit nicht kontrollierbar war. Der sozialgeschichtliche Kontext dieser Problematik bleibt somit ziemlich unklar.

4. Der Zugang zu Jerusalem

Nach der Niederschlagung des Bar Kokhba-Aufstandes im Jahr 135 durften Juden Jerusalem – nunmehr Aelia Capitolina benannt – nicht mehr betreten. Wie Eusebius in seiner Kirchengeschichte schreibt, „wurde es dem ganzen Volk seither durch Gesetz und Erlasse Hadrians völlig verboten, auch nur das Land um Jerusalem zu betreten, so daß sie nicht einmal aus der Ferne den väterlichen Boden sehen konnten. Das berichtet Ariston von Pella."[63] Seither, so heißt es bei Eusebius weiter, hatte Jerusalem heidenchristliche Bischöfe: Das bedeutet, daß auch

Judenchristen beziehungsweise wohl allgemeiner Beschnittene von Jerusalem ausgeschlossen waren. Die Umbenennung der Stadt durch Hadrian war so wirksam, daß der alte Name Jerusalem völlig in Vergessenheit geraten konnte. So lesen wir bei Eusebius, daß Firmilian, römischer Statthalter in Caesarea um 310, den Namen Jerusalem nie gehört haben will.[64]

Mit Beginn der christlichen Bautätigkeit in Jerusalem ist das alte Verbot wohl wieder aufgenommen und christlich umgedeutet worden; nach der Einweihung der Grabeskirche im Jahr 335 hat man es dann sicher verschärft durchgesetzt. Rätselhaft ist allerdings eine Angabe im Pilgerbericht des Anonymus von Bordeaux aus dem Jahr 333, wo es über Jerusalem heißt: „Innen aber, innerhalb der Zionsmauer, sieht man die Stätte, wo David einen Palast hatte. Und von sieben Synagogen, die sich hier befanden, ist eine allein geblieben; die übrigen hingegen werden gepflügt und besät, wie der Prophet Jesaja gesagt hat" (Jes 1,8; vgl. Mi 3,12).[65]

Offenbar haben wir es hier mit einem „Beweistext" der christlichen Propaganda gegen das Judentum zu tun, in dessen Geschichte sich die Weissagungen der Propheten erfüllen (beide Stellen sind ja auch bei Eusebius und Kyrill von Jerusalem kombiniert).[66] Auffällig ist auch, daß Epiphanius sechzig Jahre später, im Jahr 392, und natürlich unabhängig vom anonymen Pilger, ähnliches erwähnt: „und sieben Synagogen, die auf dem Sion allein wie Hütten gestanden hatten, von denen ist eine bis zur Zeit des Bischofs Maximus und des Kaisers Konstantin übriggeblieben, wie ein Zelt im Weinberg, wie geschrieben steht" (Jes 1,8).[67]

War das dem Pilger gezeigte Gebäude wirklich eine Synagoge? Auch wenn man davon ausgeht, daß das unter Hadrian erlassene Gesetz, wonach sich Juden nicht in Jerusalem aufhalten durften, im Lauf der Zeit nicht mehr so scharf eingehalten wurde – eine Annahme, die auch rabbinische Texte stützen –, verwundert es doch, daß dort eventuell gegen das Gesetz ansässige Juden ganz offen Synagogen errichtet haben sollen. Wie lange Juden dank der von Konstantin verkündeten Religionsfreiheit auch freien Zugang zu Jerusalem gehabt haben, wenn dies überhaupt je der Fall war, ist ebenfalls fraglich – ein Jahr nach Konstantins Sieg über Licinius beginnen ja schon die Vorbereitungsarbeiten für die Grabeskirche!

Aus solcher Ratlosigkeit ist der Versuch von *H. Donner* begreiflich, der diese „Synagogen" als judenchristliche Kirchen verstehen möchte; die noch verbliebene sei die kleine Kirche zum Gedächtnis der Zusammenkunft der Jünger nach der Himmelfahrt gewesen – die Epiphanius aber von der übriggebliebenen Synagoge unterscheidet.[68] Doch ist dieser Lösungsvorschlag ebenso fragwürdig wie der von *J. Wilkinson* gebotene, das *una remansit* im Pilgerbericht besage vielleicht nicht, daß die Synagoge noch stehe, sondern nur, daß sie die anderen überdauert habe.[69]

Ohne weitere Bestätigung können wir leider mit dieser vereinzelten Angabe nichts anfangen und dürfen sie auch nicht als Beweis für jüdische Präsenz in Jerusalem betrachten.

Daß Jerusalem auch nach der Christianisierung unter Konstantin für Juden offiziell unzugänglich blieb, belegt unter anderen der Pilger von Bordeaux. Im Zusammenhang mit seinem Besuch des Tempelplatzes schreibt er von einem durchbohrten Stein, „zu dem die Juden Jahr für Jahr kommen und ihn salben und sich mit Seufzen beklagen und ihre Kleider zerreißen und so weggehen."[70] Der Pilger spricht offenbar vom 9. Ab, dem Jahrestag der Zerstörung des Tempels. An diesem Tag allein durften Juden in die Stadt kommen, damit ihre Klagen den Christen die Erfüllung der Prophetien dokumentierten. In seinem nach 335 entstandenen Psalmenkommentar schreibt Eusebius zu Ps 59,15 („Abend für Abend kommen sie wieder, sie kläffen wie Hunde, durchstreifen die Stadt"), der Text stehe im Zusammenhang mit den Verbrechen der Juden in Jerusalem gegen Jesus; doch dann seien die Römer gekommen und hätten die prophetische Aussage erfüllt. „Von da an ist dem ganzen jüdischen Volk der Zugang zu den Stätten untersagt . . . Deshalb stehen sie bis heute rund um die Berge und im Kreis herumgehend von ferne."[71]

Wir wissen nicht, wie streng dieses Verbot in der Praxis beachtet wurde. *M. Avi-Yonah* sieht jedenfalls in verschiedenen rabbinischen Texten Belege für eine erneute jüdische Wallfahrt nach Jerusalem in der vierten und fünften amoräischen Generation, also im 4. Jahrhundert.[72] Auf jeden Fall aber ist es nur in der Stadt Jerusalem eingehalten worden, nicht aber im weiteren zur Stadt gehörenden Gebiet; das läßt sich wohl aus dem Umgang des Hieronymus mit Juden in Bethlehem ableiten, ebenso vielleicht auch aus der Warnung Kyrills von Jerusalem an die Katechumenen, sich von jüdischen Bräuchen und Vorstellungen fernzuhalten (was aber auch einfach eine Standardmahnung ohne konkreten Anlaß sein kann).

Jüdischerseits beanspruchte man natürlich weiterhin den Besitz Jerusalems und des Tempelberges. Das scheint auch aus GenR 79,7 (Th-A 945 f) zu 33,19 hervorzugehen. Jakob kauft dort den Leuten von Sichem den Platz ab, auf dem er sein Zelt aufgeschlagen hat: „‚Und er kaufte den Teil des Feldes usw.'. Es sagte R. Judan b. R. Simon: das ist einer von drei Plätzen, deretwegen die Völker der Welt Israel nicht beschuldigen können, indem sie sagen: die wurden von euch geraubt. Das sind: die Höhle der Machpela und der Tempel und das Grab des Josef."[73]

5. Konstantins allgemeine Einstellung zu den Juden

Konstantins persönliche Einstellung zu den Juden aus den uns überlieferten Gesetzestexten abzuleiten, ist äußerst problematisch. Die auf ihn zurückgehenden Gesetze, die sich mit Juden befassen, stellen, wie wir gesehen haben, in der zentralen Frage der Stadträte jüdische Religionsdiener mit christlichen gleich. In der Frage der Beschneidung von Nichtjuden (einschließlich Sklaven?) hält sich Konstantin an die geltende römische Rechtstradition. Von der Sprache her in seiner antijüdischen Schärfe auffällig ist allein CTh XVI,8,1, wo das Judentum als „verderbliche" bzw. „ruchlose Sekte" bezeichnet wird und jüdische Versammlungen als *conciliabula* abgewertet werden. Haben wir es hier mit einem spontanen Wutausbruch des Kaisers angesichts der Bedrohung von Konvertiten durch ihre ehemaligen Glaubensgenossen zu tun? Es wäre doch verwunderlich, wenn eine im Zorn des Augenblicks getroffene, unpassende Formulierung im Rahmen der Redaktion nicht korrigiert worden wäre! Oder spiegelt sich in der Sprache dieses Gesetzes der Einfluß christlicher Ratgeber?

Für den kirchlichen Einfluß auf seine Formulierung (deren Aufnahme auch in die Redaktion des Codex Theodosianus hundert Jahre später den inzwischen gewandelten Geist gegenüber den Juden belegt) könnten zwei weitere, nur bei Eusebius zu findende Texte sprechen; auch sie führen eine deutlich antijüdische Sprache. Das ist einmal das Konstantin zugeschriebene Gesetz, daß Juden christliche Sklaven nicht besitzen dürfen, in dessen Begründung die Juden als „Prophetenmörder" und „Mörder des Herrn" bezeichnet werden. Vor allem aber ist es der Osterfestbrief Konstantins, den Eusebius zitiert.[74] Diesen Text versandte Konstantin im Anschluß an das Konzil von Nizäa 325 an alle Provinzen, um einen einheitlichen Ostertermin durchzusetzen, der nicht mit dem jüdischen Datum übereinstimmen sollte:

„Vor allem schien es unziemlich zu sein, dieses heiligste Fest in Anschluß an den Brauch der Juden zu begehen, die ihre Hände durch ein ruchloses Vergehen befleckt haben und als Besudelte zu Recht in den Seelen verblendet sind ... Nichts sei uns also gemeinsam mit dem äußerst verhaßten Pöbel der Juden ... Wie werden denn jene richtig denken können, die nach jenem Mord am Herrn und Vater außer sich geraten sind? Sie folgen keiner Überlegung, sondern werden von einem Trieb hingerissen, wohin sie ihr angeborener Wahnsinn treibt. Darum sehen sie auch in diesem Punkt nicht die Wahrheit ... in gar keiner Ähnlichkeit soll die Reinheit eurer Seele mit den Sitten der allerschlechtesten Menschen Gemeinschaft zu haben scheinen ... daß mit dem Volk jener Vatermörder und Herrenmörder nichts gemeinsam sei ..."

Angesichts der mit Ausnahme eines Einzelfalls (CTh XVI,8,1) absolut korrekten Ausdrucksweise gegenüber den Juden in den Gesetzen Konstantins, die der Codex Theodosianus überliefert hat, liegt es nahe, in den scharf judenfeindlichen Äußerungen des Osterfestbriefs nicht unbedingt den Ausdruck der Einstellung des Kaisers zu sehen, sondern hier eher die Handschrift seiner christlichen Berater zu vermuten, noch dazu, da es um eine innerkirchliche Kundgebung ging.[75]

Früher wurde oft die Meinung geäußert, „daß alle Urkunden der Vita Constantini unecht sind, insofern Konstantin keine einzige davon in dieser Form publiziert hat; aber das entscheidet noch nicht über den Inhalt".[76] Heute wird diese These kaum noch vertreten. Zum Argument, daß Eusebius einen so schlechten Stil nicht geschrieben habe, kommt nun die Tatsache, daß der Papyrus London 878 eine einst ebenso umstrittene Stelle schon für die erste Hälfte des 4. Jahrhunderts dokumentiert.[77] Auch wenn man mit dem Einfluß christlicher Predigten auf die Sprechweise Konstantins rechnen muß, paßt in CTh XVI,8,1 „der Ton durchaus zu Konstantins eigenem Stil, den wir von Erlassen gegen Häretiker kennen und der keine einmalige und besondere Schärfe nur gegen die Juden darstellte".[78] Argumenten für die konstantinische Echtheit (oder zumindest für die Möglichkeit einer solchen) stehen somit solche gegenüber, die in den judenfeindlichen Formulierungen kirchlichen Einfluß am Werk sehen.

Der Umstand, daß sicher nicht alle Gesetze Konstantins erhalten sind und daß die Redaktoren des Codex Theodosianus Gesetze vielfach kurzgefaßt oder „korrigiert" haben, erschwert es noch mehr, zwischen der tatsächlichen Haltung Konstantins gegenüber den Juden und dem traditionell geprägten Gesetzesstil beziehungsweise der kirchlichen Beeinflussung zu unterscheiden, welch letztere sich natürlich auch in den Gesetzen selbst mit ihrem „wenig technischen Vokabular"[79] auswirkt.

Jedenfalls haben die Gesetze, die Konstantin erlassen hat, für die Juden keine realen Verschlechterungen gebracht, in mancher Hinsicht ihr Privilegrecht vielmehr gestärkt. Darf man demgegenüber beleidigende Formulierungen auf die Goldwaage legen, sie als Wegbereiter für eine zunehmend judenfeindliche Einstellung sehr hoch bewerten? Oder müssen wir uns nicht eher einen Konstantin vorstellen, der in der Wortwahl, besonders wenn er sich an die Kirche wendet, nicht zimperlich ist, in der Regierungspraxis aber völlig beherrscht, traditionsbewußt und durchaus nicht judenfeindlich? Die in diesem Zusammenhang nicht unwichtige Frage, ob Konstantin persönlich Juden überhaupt gekannt hat, kann ebenfalls nicht beantwortet werden.

Jedenfalls wäre es verfehlt, Konstantin als einen ausgesprochenen Gegner der Juden zu bezeichnen. Und äußerst problematisch ist auch das Pauschalurteil von *M. Avi-Yonah*, der vom Ende der Toleranz gegenüber den Juden ab 324 spricht: „Die offene Feindschaft, welche die römischen Behörden von nun ab den Juden gegenüber zur Schau trugen, nahm der jüdischen Führung viel von ihrer Manövrierfähigkeit auf politischem Gebiet ... Dadurch wurden die Juden Palästinas ihrer Handlungsfähigkeit beraubt."[80] Gerade die Gesetze über die Befreiung von Juden von den Stadträten haben im Gegenteil eine Stärkung der zentralen Führung des palästinischen Judentums bewirkt; wir werden darauf im Kapitel über das Patriarchat noch zurückkommen.

Es wäre von größtem Interesse, hier etwas über die Reaktion der Betroffenen selbst, vor allem der Juden Palästinas, anfügen zu können. In diesem Zusammenhang ist eine Stelle aus einer Rede des Johannes Chrysostomus von Belang: „Unter Konstantin griffen sie (= die Juden) diese wiederum an. Als der Kaiser ihren Angriff bemerkte, ließ er ihnen die Ohren abschneiden und so ein Sinnbild des Ungehorsams ihrem Leibe beibringen; so ließ er sie überall herumführen."[81]

M. Avi-Yonah faßt diesen Text zusammen: „Ein Aufruhr der Juden wurde kurzerhand unterdrückt." Vorsichtiger formuliert er an anderer Stelle: „Es ist möglich, daß Verzweiflung eine Anzahl von Juden zur Zeit Konstantins bewog, den Versuch zu unternehmen, Jerusalem zu erobern und den Tempel zu errichten, bevor die ganze Stadt christlich würde. Ihr Unternehmen mißlang."[82] Der vereinzelte Beleg bei Chrysostomus, der von keiner anderen Quelle aus dem 4. Jahrhundert gestützt wird, weder von einem rabbinischen Text noch von einem nichtjüdischen Autor, reicht für eine solche Feststellung nicht aus. Allerdings möchte *M. Avi-Yonah* eine rabbinische Reaktion auf die Unterdrückung unter Konstantin in MidrPs 5,6 (B.27a) sehen:[83]

„R. Jehuda legte (Ps 5,2f) auf die vier Reiche aus. ‚Höre meine Worte' in Babel, ‚achte auf mein Seufzen' in Medien; ‚vernimm mein lautes Schreien' in Griechenland; ‚(mein König und mein Gott), denn ich flehe zu dir' in Edom (= Rom).

Und warum sagt (der Bibeltext) ‚mein König und mein Gott' bei Edom? Vielmehr sagten die Israeliten vor dem Heiligen, gepriesen sei er: Wieviele Verfolgungen und böse Dekrete haben sie gegen uns beschlossen, um dein Königtum und deine Herrschaft bei uns aufzuheben; wir aber haben es nicht aufgehoben, sondern an jedem einzelnen Tag kommen wir in die Bet- und Lehrhäuser und erklären dort zweimal täglich das Königtum deiner Gottheit und sagen: ‚Höre, Israel, der Herr unser Gott ist ein einziger Gott' (Dtn 6,4)." Aramäisch folgt dem bisher hebräischen Text: „und du tust das Unsere und wir tun das Deine; denn es heißt: ‚Mein Freund ist für mich und ich bin für ihn' (Hld 2,16)."

Es ist äußerst schwer, diesen Text auf eine konkrete Situation hin zu deuten. Die Klage, daß das römische Reich alles tue, um die Juden von ihrem exklusiven Dienst des Gottes Israels abzubringen, ist schon fast zeitlos und kann genauso die jüdische Gesamterfahrung von Jahrhunderten römischer Herrschaft ausdrücken. Jedenfalls ist diese Stelle kein sicherer Beweis dafür, daß die Juden Palästinas die Herrschaft Konstantins als besonders drückend empfunden hätten. So betont denn auch *S. Lieberman*, es gebe keine rabbinische Klage darüber, daß Juden unter Konstantin oder Konstantius gezwungen worden seien, ihr Gesetz zu übertreten.[84]

Aber auch bei einer anderen Einschätzung der Gesetzgebung Konstantins bliebe die Tatsache zu erklären, daß bald nach ihm für lange Jahrzehnte kaum noch Gesetze betreffend die Juden erlassen wurden. *R. L. Wilken* schließt daraus, „daß Konstantins Auswirkung auf den Status der Juden weniger tief war als gewöhnlich vermutet. Sogar im Fall, daß es unter Konstantin eine bewußte Anstrengung gegeben hätte, jüdische Aktivität einzuschränken und Christen vor jüdischer Missionstätigkeit zu schützen, wurde diese Politik in den Jahren nach seinem Tod nicht weitergeführt. Man hat vielmehr den deutlichen Eindruck, daß eine tiefe Kluft zwischen der Zeit Konstantins und dem Zeitalter von Theodosius I. liegt ... Konstantin war nicht der Architekt des christlichen Europa."[85]

III. Kirchenbau und Christianisierung

Die Auswirkungen von Gesetzen auf bestimmte Regionen lassen sich im einzelnen, wie wir sahen, stets nur schwer feststellen. Dagegen zeigt uns die Entwicklung des Kirchenbaus sehr deutlich die konkreten Veränderungen, welche die Legalisierung des Christentums auch im Osten des römischen Reiches bewirkte. Die archäologisch oder zumindest literarisch belegten Kirchen sind auch ein massives Zeugnis für die Ausbreitung des Christentums im Heiligen Land und für seine regionale Streuung.

Im Rahmen einer umfassenderen Geschichte Palästinas interessiert unter anderem die Frage, wie der Kirchenbau zur wirtschaftlichen Entwicklung des Landes beigetragen und zur Sicherung von Arbeitsplätzen mitgeholfen hat. Auch sind die Kirchen ein sichtbarer Beweis für die staatliche Unterstützung des christlichen Glaubens und können damit sehr wohl das politische Klima im Land beeinflussen. Es bleibt ferner zu fragen, wieweit die neuen Kirchenbauten einen Anziehungspunkt für Christen aus dem Ausland bedeuteten, ob diese nun als Pilger oder zu dauerndem Aufenthalt kamen (dazu im folgenden Kapitel). Schließlich konnten sich für Juden durch den Kirchenbau religiöse Probleme ergeben, ähnlich wie beim früheren Bau heidnischer Tempel Fragen des „Götzendienstes", der *ʿaboda zara*, auftauchten. Schon diese Gesichtspunkte machen deutlich, daß die Entwicklung des Kirchenbaus nicht nur ein Teilaspekt innerchristlicher Geschichte ist, sondern sich selbstverständlich auch auf die jüdische Bevölkerung Palästinas ausgewirkt hat.

Christliche Kirchen hat es sicher schon lange vor Konstantin gegeben; doch haben wir dafür fast keine archäologischen Belege. Solche sind auch kaum zu erwarten; im allgemeinen wurden ja sicher Hauskirchen errichtet, die sich nach außen nicht von privaten Wohnhäusern unterschieden. Noch im späten 4. Jahrhundert scheint dies gelegentlich der Fall gewesen zu sein: Das geht aus einem Brief des Epiphanius von Salamis hervor, der in der Übersetzung des Hieronymus erhalten ist. Wie Epiphanius schreibt, kam er einmal in der Nähe von Bet-El „zu einem Dorf, das Anablata heißt; und ich sah im Vorübergehen eine brennende Lampe und fragte, was das für ein Ort sei, und erfuhr, es sei eine Kirche".[86]

Man kann wohl annehmen, daß auch die Kirche von Caesarea, die Eusebius für die Zeit des Gallienus erwähnt, nur ein größeres Haus gewesen ist. Wie Eusebius erzählt, wurde der Soldat Marinus als Christ in Caesarea vor Gericht gestellt; in der ihm gewährten kurzen Bedenkzeit traf er den Bischof Theoteknos, der ihn in die Kirche führte und vor die Wahl zwischen Evangelium und Schwert stellte.[87] Erst nach der Verfolgung durch Gallienus bis in die Mitte der Regierungszeit Diokletians kam es, wie Eusebius schreibt, zu einer Entfaltung der christlichen Gemeinden, die sich der Gunst der Statthalter erfreuten. In der Folge habe es zahlreiche Versammlungen in jeder Stadt gegeben „und ein bemerkenswertes Zusammenströmen von Leuten in den Gebetshäusern *(proseuktetria)*. Infolgedessen begnügte man sich nicht mehr mit den früheren Bauten *(oikodomēseis)* und errichtete in jeder Stadt von Grund auf weiträumige und große Kirchen *(ekklēsiai)*."[88]

Es wäre verlockend, den Wechsel von *oikodomēseis* zu *ekklēsiai* im Text des Eusebius streng zu interpretieren und auf den Ersatz von Hauskirchen durch eigentliche Kirchengebäude zu deuten. Doch wechselt Eusebius in seinen Bezeichnungen; schon die zuvor erwähnte Kirche von Caesarea nennt er *ekklēsia*, während er andererseits von der Verfolgung seit dem 18. Jahr Diokletians schreibt, er habe mit eigenen Augen gesehen, wie man die Gebetshäuser *(tōn men proseuktēriōn tous oikous)* vom Dach bis auf die Fundamente niedergerissen und die heiligen Bücher auf den Marktplätzen verbrannt habe.[89]

Da vorkonstantinische Kirchen in Palästina archäologisch fast nicht nachweisbar sind, hält man sich für die Ausbreitung des Christentums bis zu Konstantins Zeit am besten an die Liste der palästinischen Bischöfe beim Konzil von Nizäa im Jahre 325. Allerdings gibt es keine einheitliche Namensüberlieferung, da die Akten von Nizäa nicht erhalten und nicht einmal die genauen Teilnehmerzahlen bekannt sind. Erst die spätere Tradition hat sich auf die symbolische Zahl 318, den 318 Dienern Abrahams in Gen 14 entsprechend, geeinigt. Auch die Liste der palästinischen Teilnehmer ist in den verschiedenen handschriftlichen Zeugnissen nicht einheitlich.[90]

In allen Listen findet man die Bischöfe von Caesarea, Nikopolis (Emmaus), Jamnia, Lydda, Eleutheropolis (Bet Gubrin), Aschkelon, Aschdod, Jericho und Skythopolis (Bet Schean). Auch Jerusalem ist natürlich gesichert, obwohl es in einer der Listen fehlt. Dasselbe gilt wohl von Sebaste und Neapolis. Auffällig ist die Nennung eines Bischofs von Zabulon in allen Listen (es gibt aber auch handschriftliche Belege für Gabalon, Diabulon und ähnliche Namensformen). Wenn man an das traditionelle Gebiet des biblischen Stamms gedacht hat, wäre dies die westliche Jesreelebene. Plausibler ist jedoch der Vorschlag, in diesem Namen den des großen Dorfes Kabul am Rand Galiläas zu sehen;[91] dieses diente vielleicht als Ersatz für einen Bischofssitz in Zentralgaliläa, das dem Christentum bis dahin weitgehend widerstanden hatte, als einziger palästinischer Bischofssitz scheint er in späteren Listen nicht mehr auf, ist also offensichtlich aufgegeben worden. Schließlich kommen in einzelnen Listen noch Gaza, Aila sowie Maximianopolis dazu, östlich des Jordan noch Gadara und Capitolias. Nicht zur Kirchenprovinz Palästina zählten die ebenso vertretenen nördlichen Städte Ptolemais (Akko) und Paneas.

Im eigentlichen Palästina haben wir somit vierzehn sehr gut bezeugte Ortsnamen, zu denen noch fünf schwächer belegte Namen kommen. Von Interesse ist in diesem Zusammenhang vor allem die Tatsache, daß aus dem Gebiet der Tetrakomia als des zentralen jüdischen Siedlungsgebiets kein Name angeführt ist; für das Gebiet der späteren Palaestina Secunda, ebenfalls eines wichtigen jüdischen Zentrums, sind Bischofssitze nur am südlichen Rand (Maximianopolis und Skythopolis) und jenseits des Jordan (Capitolias und Gadara) genannt; dazu kommt das ebenso am Rand gelegene und fragwürdige Kabul. Zum Teil dürften auch Namen in Anpassung an spätere Verhältnisse hinzugefügt worden sein – auf dem Konzil von Ephesus im Jahr 431 war Juvenal von Jerusalem mit sechzehn palästinischen Bischöfen vertreten, also hatte sich kaum etwas gegenüber den Listen für Nizäa geändert!

Es ist wichtig zu betonen, daß ein Bischofssitz nicht notwendig auf eine größere christliche Gemeinde schließen läßt. Besonders deutlich ist dies im Fall von Gaza, wo noch Ende des 4. Jahrhunderts die christliche Gemeinde zahlenmäßig sehr unbedeutend war. Mit manchen der Namen mag eher ein Expansionsprogramm als der tatsächliche Zustand um 325 bezeichnet sein. Die Bischofslisten von Nizäa sagen uns also mehr über die regionale Streuung des Christentums und seiner Stützpunkte als über die zahlenmäßige Stärke der christlichen Gemeinden. Die Existenz von christlichen Versammlungsräumen in den genannten Orten ist wohl anzunehmen, nicht notwendig aber die von eigentlichen Kirchenbauten.

1. Jerusalem vor der Bautätigkeit unter Konstantin

Über den Stadtplan der Aelia Capitolina sind wir noch immer nur äußerst mangelhaft unterrichtet. Auch die neuen Ausgrabungen in Jerusalem haben diesbezüglich nur bescheidene Informationen gebracht, und diese sind zum Teil mit den literarischen Nachrichten nur schwer zu verbinden. Wie *M. Ben-Dov*, einer der für die Ausgrabungen in Jerusalem Verantwortlichen, hervorhebt, kann jedenfalls die Zerstörung Jerusalems im Jahre 70 nicht so vollständig gewesen sein, wie dies Josephus schildert.[92] Noch in byzantinischer Zeit müssen Teile des Tempels von beachtlicher Höhe gestanden haben; sie wurden erst bei der persischen Eroberung im Jahr 614 zerstört, als sich die byzantinischen Verteidiger dort verschanzten. Nur so kann man erklären, daß zahlreiche Bauteile des herodianischen Tempels *über* den byzantinischen Schichten ausgegraben und viele Teile des herodianischen Huldators als Baumaterial in frühislamischen

Bauten, nie jedoch in byzantinischen Bauwerken verwendet wurden. Außerhalb des Tempelbereichs blieben nach dem Bericht des Josephus nur Türme der Befestigung beim Königspalast stehen. Hier rechnet *M. Ben-Dov* ebenfalls damit, daß in Wirklichkeit noch ein großer Teil der Stadtbefestigung sowie eine Reihe von Häusern bis zur Höhe des zweiten Stockwerks erhalten geblieben seien; *H. Geva* hingegen nimmt eine völlige Zerstörung der Oberstadt Jerusalems an: „es fällt schwer zu glauben, daß irgendwelche Bauten blieben, welche die zehnte Legion wiederaufbauen und erneuern konnte".[93]

Archäologische Reste der Aelia Capitolina sind primär Ziegel mit Legionsstempeln, die oft in islamischen Bauten wiederverwendet wurden, sowie einzelne Inschriften (unter anderen eine Hadrians, eine andere mit dem Namen des Septimius Severus). Auch der Torkomplex bei den Sionsschwestern in der Via Dolorosa, der sogenannte „Ecce Homo-Bogen", stammt aus dieser Zeit. Gewöhnlich rechnet man außerdem das Tor unter dem heutigen Damaskustor dazu,[94] was *M. Ben-Dov* jedoch ablehnt; er weist dieses Tor der herodianischen Zeit zu und bezweifelt, ob Aelia überhaupt eine Stadtmauer hatte; archäologische Spuren einer Stadtbefestigung aus dieser Zeit fehlen bisher.[95] Sollte es dennoch Stadtmauern gegeben haben, müßte man für diese Reste der Mauern aus der Zeit vor 70 wiederverwendet haben. Früher glaubte man, die jetzige Südmauer der Altstadt sei auf der Linie der Mauer der Aelia errichtet worden; doch auch hier sprechen die Grabungen eher dagegen und ist auch der Pilger von Bordeaux kein eindeutig positives Zeugnis.[96]

Von besonderem Interesse ist die Lokalisierung des Legionslagers und des Kapitols. Der einzige sichere Beleg für das Lager der Legio X. Fretensis ist ein ausgebrannter Raum (Ende 3. Jahrhundert) unter einem frühislamischen Palast nahe der Südwestecke des Tempels. Aufgrund der Funde hält *M. Ben-Dov* ihn für den Raum der Priester der Truppe, die hier stationiert war, um die Juden vom Tempelberg fernzuhalten (Statuetten und Würfel, vielleicht für Orakel).[97] Für die übliche Annahme, das Legionslager habe sich in der Oberstadt im Gebiet des Königspalastes und des Zionsberges befunden, gibt es keine archäologischen Belege. Sind die Legionsgebäude beim Abzug nach Elat so sauber geräumt worden, daß sich kein Hinweis auf die frühere Anwesenheit der Truppe mehr finden läßt? Oder gab es nur ein temporäres Lager ohne Mauern, wie *H. Geva* in Entsprechung zu anderen Beispielen in der Region (etwa Legio bei Megiddo) annimmt?[98]

Was die Straßenführung betrifft, hat man lange geglaubt, die Anlage von Cardo und Decumanus, also der Nord-Süd- und der Ost-West-Hauptarterie jeder geplanten römischen Stadt, noch im heutigen Stadtplan erkennen zu können und auch schon in der Mosaiklandkarte von Madaba im Ostjordanland (6. Jahrhundert) belegt zu finden. Demnach hätte der Cardo vom Damaskustor bis etwa zum heutigen Zionstor geführt; der Decumanus wäre der Linie der Davidsstraße vom Jaffator her gefolgt und hätte sich dann in der „Kettenstraße" fortgesetzt.

Die Ausgrabungen von *N. Avigad*[99] zeigen nun aber, daß nur der nördliche Teil des Cardo römisch, die südliche Hälfte hingegen byzantinisch ist und auch nicht einfach eine römische Anlage erneuert. Das jetzige jüdische Viertel wurde demnach erst nach 324 besiedelt, wohl auf dem zuvor von den römischen Truppen benutzten Gebiet. Erst beim Bau der Nea-Kirche unter Justinian wurde der römische Cardo nach Süden hin verlängert. Somit war nur der nördliche Teil der heutigen Altstadt vor Konstantin besiedelt; im südlichen Teil hingegen befanden sich lediglich Legionsanlagen. Auch sind im gesamten Stadtgebiet viele freie Plätze anzunehmen: „Das römische Aelia war eine unbedeutende Provinzstadt ... Erst mit dem Niedergang der heidnischen Herrschaft und der Ankunft des Christentums als der offiziellen Religion des Römischen Reiches sollte Jerusalem Bedeutung erlangen."[100] Mit dem Abzug der Legion Ende des 3. Jahrhunderts, der ja auch den der Familienangehörigen sowie anderer Personen, die von den Truppen lebten, mit einschloß, muß die Stadt zu einem großen Ausmaß entvölkert gewesen sein.

Ein weiterer Streitpunkt ist die Lokalisierung des *Kapitols*. Auch diese Frage sollte im Zusammenhang mit dem konstantinischen Bauprogramm geklärt werden. *B. Mazar* schreibt: „An der Stelle des Zweiten Tempels errichtete er (Hadrian) einen Kapitolstempel mit drei Zellen, der dem Jupiter, der Juno und der Minerva geweiht war. Er ließ dort auch ein Reiterstandbild von sich aufstellen, und sein Nachfolger Antoninus Pius (138–161 n. Chr.) fügte ein weiteres Standbild hinzu."[101]

Kann dies stimmen? Demnach wäre das Kapitol inmitten eines Ruinenfeldes errichtet worden! Und es gibt keine Berichte aus dem 4. Jahrhundert, wonach dieser Gebäudekomplex abgerissen oder für einen anderen Zweck genutzt worden wäre. *B. Mazar* selbst spricht davon, daß die byzantinischen Herrscher den Tempelberg als Trümmerhaufen unberührt ließen, als Beweis für die Auflösung der alten Bande des Judentums zum heiligen Ort; auch möchte er auf der Madabakarte eine mit braunen Mosaiksteinchen gekennzeichnete freie Fläche im Weichbild der Stadt als den Tempelberg verstehen.[102] Eusebius schreibt, zu seiner Zeit habe man die Quader des Tempels für den Bau von Theatern und anderen öffentlichen Gebäuden weggeschleppt.[103] Ist das – noch vor der Christianisierung! – direkt neben dem Kapitolstempel denkbar? Läßt es nicht eher an ein Ruinengelände denken? Dasselbe gilt wohl, wenn Johannes Chrysostomus im Rückblick auf den Versuch des Wiederaufbaus des Tempels unter Julian sagt: „Die Juden haben angefangen, die Fundamente freizulegen, indem sie große Erdmassen beiseiteräumen ... und man kann die bloßen Fundamente sehen, wenn man jetzt nach Jerusalem kommt."[104]

Es würde zwar nicht stören, daß das Kapitol nicht direkt am Forum läge, das eindeutig in der Nähe der späteren Grabeskirche, nämlich östlich davon, zu suchen ist. Doch scheint der Bericht über den Bau der Grabeskirche anzunehmen, daß diese an der Stelle des Kapitols errichtet wurde. Wenn wir aber dort das dreizellige Heiligtum zu Ehren der kapitolinischen Trias Jupiter-Juno-Minerva vermuten, deren Bedeutung auch durch die lokale Münzprägung belegt ist, sollten wir dann zusätzlich noch ein Jupiterheiligtum auf dem Tempelberg suchen?[105]

M. Ben-Dov meint, Hadrian habe einen Tempel des Jupiter Capitolinus auf dem Tempelberg errichten wollen, doch habe dieser offenbar keine angesehene Stellung erreicht.[106] Ähnlich deutet *M. Stern* eine Stelle bei Cassius Dio, Römische Geschichte 69,12,1 (nur in der Kurzfassung des Xiphilinus erhalten): „In Jerusalem erbaute er (Hadrian) eine Stadt anstelle der zerstörten, die er Aelia Capitolina nannte, und an die Stelle des Tempels Gottes setzte er einen anderen Tempel für Zeus. Das verursachte einen nicht kleinen und nicht kurzen Aufstand." Nach Meinung *Sterns* reichte einfach die Zeit nicht für größere Fortschritte bei den Bauarbeiten, bevor die Aufständischen wieder alles zerstörten.[107] Als Beleg für die Errichtung eines Jupitertempels auf dem Tempelplatz (und nicht einfach statt des jüdischen Tempels) reicht jedenfalls der Text Dios nicht aus.

Die zitierten Texte scheinen eher nahezulegen, daß der Tempelplatz in Ruinen blieb; auch der bisherige archäologische Befund beweist kein römisches Bauwerk an dieser Stelle, was wohl nicht einfach auf die Bauvorbereitungen unter Julian zurückgeführt werden kann. Vermutlich wird der Platz nur von einer Statue Hadrians beherrscht worden sein, zu der später eine weitere des Antoninus Pius kam – der Pilger von Bordeaux spricht von zwei Statuen Hadrians,[108] wo Hieronymus formuliert: „Wo einst der Tempel und der Kult Gottes war, wurde eine Statue Hadrians und ein Götzenbild Jupiters aufgestellt."[109] Von einem Tempel sprechen jedenfalls beide nicht.

Daß auch nach 324 der Tempelplatz in Ruinen blieb, scheint zudem eine Predigt Kyrills von Jerusalem zu bezeugen, die er um 350 gehalten hat. Darin sieht er Mt 24,2 bestätigt, daß kein Stein des Tempels auf dem andern bleiben werde: „Eingestürzt ist der Tempel der Juden, der euch gegenüberliegt."[110]

2. Die Grabeskirche in Jerusalem

Als Ort des Todes Jesu hatte Jerusalem für die Christianisierung des römischen Reiches programmatische Bedeutung. So verwundert es nicht, daß sofort nach 324 die Freilegung und würdige Ausgestaltung des Grabes Jesu geplant wurde und der Kaiser persönlich für dieses Projekt interessiert werden konnte. Für die Baugeschichte und vor allem für die Rekonstruktion der von Konstantin gestifteten Grabeskirche war man bis vor kurzem fast ausschließlich auf die Beschreibung des Eusebius in seiner Biographie Konstantins angewiesen,[111] ein Text, in dem wohl zum Teil die Rede des Eusebius anläßlich der Einweihung der Kirche verarbeitet ist. „Es ist sicher der Augenzeugenbericht eines Mannes, der die Bautätigkeit in ihrem Verlauf genau verfolgte und der das komplizierte Gelände in allen Einzelheiten kannte."[112] Dennoch ist der Text in so manchen Punkten vieldeutig, übergeht manches für uns heute Wissenswerte und hat so zu oft widersprüchlichen Rekonstruktionen geführt.

Die komplizierten Besitz- und Benützungsrechte der einzelnen christlichen Gemeinschaften an diesem Heiligtum haben lange Zeit archäologische Grabungen verhindert, die in strittigen Punkten hätten Aufschluß geben können. Ebenso konnte man sich lange nicht auf die notwendigen Sanierungsmaßnahmen einigen, die angesichts zahlreicher Schäden auch durch Erdbeben, dringend notwendig geworden waren. Erst ab 1960 wurde eine bauliche Generalsanierung des Heiligtums in Angriff genommen. Die in diesem Zusammenhang durchgeführten archäologischen Untersuchungen ermöglichten eine wesentliche Kontrolle und Ergänzung der Angaben des Eusebius.[113]

Nach seiner Darstellung war die Stätte, die traditionell als die des Grabes Jesu galt, von Heiden mit Erde überschüttet und gepflastert worden: „man baute ein finsteres Gemach für eine unzüchtige Gottheit, Aphrodite, und opferte dann schändliche Opfer auf unreinen und verfluchten Altären". Doch unter Konstantin „wurden die Bauten des Irrtums mit allen Statuen und Gottheiten zerstört und niedergerissen". Das gesamte Material des zerstörten Tempels und auch die befleckte Erde, die man bis tief hinab abtrug, sei weit weggeschafft worden, wie Eusebius weiter schreibt; schließlich sei gegen jede Hoffnung das Martyrion der Auferstehung, die Grabhöhle, sichtbar geworden.

Eine etwas andere Aussage macht einige Jahrzehnte später Hieronymus. Er schreibt, man habe von Hadrian bis Konstantin „an der Stelle der Auferstehung ein Götterbild Jupiters verehrt, auf dem Kreuzesfelsen eine von den Heiden aufgestellte marmorne Venusstatue".[114] *J. Wilkinson* deutet den Satz auf den Tempel der kapitolinischen Trias und möchte die Angabe des Hieronymus bevorzugen, der ja das Werk des Eusebius gekannt und ihn daher wohl bewußt korrigiert habe.[115]

Daß man die Stätte des Grabes Jesu schon früh im Zentrum der Stadt lokalisiert haben muß, scheint übrigens auch Melito von Sardes zu bestätigen, der zwischen 160 und 170 Jerusalem besucht hatte. In seiner Osterpredigt sagte er: „nun aber geschah der ungerechte Mord des Gerechten mitten auf der Straße und mitten in der Stadt, mitten in der Stadt im

Anblick aller".[116] Da dies ganz der Aussage des Neuen Testaments widerspricht, wonach Jesus „außerhalb des Tores" gelitten hat (Hebr 13,12), muß hinter den Worten Melitos wohl die zeitgenössische Lokalisierung stehen. Jedenfalls scheint die Lage der Grabeskirche an der Stelle des hadrianischen Kapitols, das wiederum direkt am Forum der Aelia Capitolina lag (wie die Pilgerin Egeria erwähnt), gesichert.

Die Legendenbildung der folgenden Jahrzehnte fügt in diesem Stadium die *Kreuzauffindung durch Helena* ein. Der Pilger von Bordeaux weiß noch nichts von einer Kreuzreliquie. Kyrill von Jerusalem sagt hingegen um 350, daß für Christus „das heilige Holz des Kreuzes zeugt, das bis heute bei uns zu sehen ist und durch die, welche davon im Glauben genommen haben, schon fast den ganzen Erdkreis erfüllt".[117] Aber erst Ambrosius verbindet in seiner Predigt „Über den Tod des Theodosius" vom 25. 2. 395 Helena mit der Kreuzauffindung. Auch weiß er schon von den Kreuzesnägeln, welche Helena Konstantin geschickt habe; dieser habe sie in seine Krone und in das Saumzeug seines Pferdes einfügen lassen, entsprechend Sach 14,20: „An jenem Tag wird auf den Pferdeschellen stehen: Dem Herrn heilig."[118] Die Geschichte verbreitete sich sehr schnell, auch wenn sie bei kritischen Leuten wie Hieronymus auf Zweifel stieß: „Ich hörte von jemandem eine zwar von frommem Geist diktierte, jedoch lächerliche Geschichte: die Nägel vom Kreuz des Herrn, aus denen Kaiser Konstantin das Saumzeug für sein Pferd habe machen lassen, würden ‚dem Herrn heilig' genannt. Ob das so anzunehmen ist, überlasse ich der Klugheit des Lesers."[119]

Für unseren Zusammenhang von besonderem Interesse ist die Tatsache, daß Paulinus von Nola, ein Zeitgenosse des Hieronymus, schon behauptet, *Juden* hätten Helena bei der Suche nach dem Kreuz Christi geholfen: „Und so suchte sie nicht nur von den Christen Männer voller Gelehrsamkeit und Heiligkeit aus, sondern auch von den Juden die erfahrensten als Zeugen (*indices*, andere Lesart: *iudices*, Richter) der eigenen Gottlosigkeit, deren sich die Armseligen auch noch rühmen. Sie rief sie herbei und brachte sie nach Jerusalem zusammen und wurde dann durch das einhellige Zeugnis aller hinsichtlich des Ortes bestätigt ... Das Kreuz des Herrn war also durch so lange Zeiten zugedeckt und von den Juden zur Zeit der Passion verborgen und auch nicht den Heiden beim Bau des Tempels offenbart worden, als sie Erde ohne Zweifel gerade für dieses Bauwerk aufhäuften. Ist es nicht durch göttliche Hand verborgen geblieben, damit es nun gefunden werde, da man in religiösem Sinn danach suchte?"[120]

Von jüdischer Beteiligung an der Kreuzauffindung weiß auch der Kirchenhistoriker Sozomenos, bezweifelt allerdings die Geschichte: Die Stätte des Kreuzes Jesu sei aufgedeckt worden, „wie manche sagen, da ein Mann von den Hebräern, die im Osten wohnen, sie aus einer Schrift der

Väter nachwies; wie man sich es aber wahrer denken kann, weil Gott sie durch Zeichen und Träume zeigte". Es folgt die auch bei Sokrates und Rufinus überlieferte Geschichte, wie man an der angegebenen Stelle nachgrub, drei Kreuze und die dreisprachige Kreuzesaufschrift Jesu fand, und wie schließlich unter Mitwirkung des Jerusalemer Bischofs Makarius das wahre Kreuz Jesu durch Wunder identifiziert wurde.[121]

Juden spielen in der Geschichte der Auffindung von Reliquien im Heiligen Land, wie wir im folgenden Kapitel sehen werden, eine bedeutende Rolle – zwar nicht in Wirklichkeit, jedoch aus christlicher Sicht. Sie sind die einheimischen Zeugen, die authentisch über die Zeit Jesu und das damals Geschehene aussagen können und dies gegen ihre eigenen religiösen Interessen auch tun müssen. Ein weiteres Motiv wirkt hier vielleicht mit: Während noch Eusebius die Erlösung in Grab und Auferstehung Jesu konzentriert sieht und das Kreuz für ihn keine Rolle in seiner Würdigung der Grabeskirche spielt, wurde es offenbar vor allem für Konvertiten aus dem Judentum besonderer Gegenstand der Verehrung.[122] Als ersten offiziellen Hüter des Kreuzes, als Staurophylax, scheint Bischof Johannes von Jerusalem 392 den aus Thessaloniki stammenden Exegeten Porphyrius, den späteren Bischof von Gaza, ernannt zu haben. In seiner Predigt zur Einweihung der Sionskirche nennt er Porphyrius „einen Israeliten, in dem es kein Falsch gibt", einen Mann, der gleich Noach eine Arche gebaut hat und in diese mit seiner Familie eingetreten ist. Porphyrius war also vielleicht jüdischer Abstammung.[123] Wenn diese Vermutung stimmt, wäre das vielleicht ein Hinweis darauf, daß Konvertiten aus dem Judentum kaum im Lande selbst gewonnen wurden, sondern aus den anderen Provinzen des römischen Reiches kamen; auch die im Munde des aus dem Süden Palästinas stammenden Sozomenos doch eigenartige Formulierung „ein Mann von den Hebräern, die im Osten wohnen" bekäme damit einen Sinn. Auf das Problem der Judenchristen in Palästina werden wir noch zurückkommen. Judenchristliche Einflüsse in der Entwicklung der Kreuzverehrung scheinen zumindest nicht unmöglich zu sein; natürlich ist auch nicht auszuschließen, daß die allgemeine Rolle der Juden in Überlieferungen von Reliquienauffindungen im Heiligen Land ihre Prominenz gerade auch dieser Tradition verdankt.

In der Folge der Kreuzauffindungslegende wurde Helena immer häufiger auch der Bau der Grabeskirche zugeschrieben. Doch ist sie erst 327 nach Palästina gereist, als der Bau schon begonnen hatte. Man kann wohl damit rechnen, daß Makarius, Bischof von Jerusalem, auf dem Konzil von Nizäa die Initiative für diesen Bau ergriffen hat, auch wenn Eusebius in seiner Biographie Konstantins alles als Eigeninitiative des Kaisers schildert. Tatsächlich hatte dieser ein lebendiges Interesse für das Heilige Land. Im Gefolge Diokletians hatte er einst Palästina bereist und nach seiner Konversion zum Christentum sogar die Hoffnung gehegt, sich einmal im Jordan taufen zu lassen.[124]

So ließ sich denn Konstantin auch für das Projekt der Grabeskirche begeistern und erteilte in einem Brief an Bischof Makarius den offiziellen Auftrag, dafür zu sorgen, „daß nicht nur eine Basilika schöner als sonst irgendwo entstehe, sondern auch das Übrige so werde, daß alles Schönste in jedweder Stadt von dieser Gründung übertroffen werde. Was nun die Errichtung der Mauern und die Ausschmückung betrifft, so wisse, daß unserem Freund Drakillian, der die Aufgaben der erleuchteten Statthalter koordiniert, und dem Statthalter der Provinz von uns die Sorge dafür übertragen worden ist. Von meiner Frömmigkeit ist nämlich der Befehl erteilt worden, daß Meister und Werkleute und alles, was sie durch deine Einsicht als für den Bau notwendig erfahren, sofort durch deren Fürsorge gesandt werden. Was die Säulen und den Marmor betrifft, schreibe an uns schnellstens, nachdem du einen Überblick gewonnen hast, was du für das Kostbarste und Zweckmäßigste hältst, damit wir aus deinem Schreiben erfahren, wieviele und welche nötig sind, damit wir diese von überallher beschaffen lassen können ... Ob die Decke der Basilika deiner Meinung nach eher getäfelt oder in irgendeiner anderen Ausführung gestaltet sein soll, möchte ich von dir erfahren. Wenn sie nämlich getäfelt werden soll, kann sie auch mit Gold verschönert werden. Deine Heiligkeit mache den zuvor genannten Beamten so schnell als möglich bekannt, wieviel Meister, Werkleute und Geldmittel notwendig sind. An mich aber mögest du eiligst berichten nicht nur bezüglich des Marmors und der Säulen, sondern auch wegen der Täfelung, wenn du eine solche schöner finden solltest."[125]

Der Brief macht deutlich genug, daß der Bau ein Staatsunternehmen war. Das geht nicht nur aus der Beauftragung Drakillians hervor, der für das Jahr 326 als Stellvertreter des Praefectus praetorio belegt ist, sondern auch aus dem von Eusebius direkt vor dem Brief erwähnten Aufruf Konstantins an die Statthalter des Ostens, für das geplante Werk reichlich zu spenden, schließlich auch aus der Zusage, selbst für die Lieferung von Säulen, Marmor und Gold für die Kassettendecke zu sorgen.

Der mit dem Bau beauftragte Architekt war Zenobius; aus seinem Namen hat man geschlossen, daß er vielleicht ein Syrer oder Palästinenser war;[126] jedenfalls hielt er sich an die im Osten übliche Bauweise. Die Anlage erstreckte sich vom Cardo Maximus etwa 132 m nach Westen, bedeckte also bei einer Breite von etwa 43 m nicht ganz 5700 qm. Vom Cardo kam man durch Propyläen in das Atrium, das der Architekt offenbar aus dem Tempelhof des hadrianischen Kapitols gestaltete; er „verwendete den hadrianischen Temenos wieder, wie er ihn vorfand, kleidete ihn aber auf der Ostseite mit Marmorplatten aus".[127] Daran schloß sich eine fünfschiffige Kirche, das „Martyrium", das etwa 58 m lang und 40 m breit war. Die Apsis lag – gegen allen Brauch, aber dem traditionellen Platz des Grabes Jesu westlich des Cardo entsprechend – im Westen.

Der Bau war also nicht allzu groß, wie man vielleicht dem Brief Konstantins zu entnehmen versucht ist; das zur Verfügung stehende Gelände war eben begrenzt. Der Wert lag vor allem in der Ausgestaltung, für die der Kaiser sorgte, so etwa den riesigen Silberschalen über den zwölf Säulen (den zwölf Aposteln entsprechend) des Hemisphairion, das die Basilika abschloß, den polychromen Marmorinkrustationen und der vergoldeten Kassettendecke unter dem bleigedeckten Holzdach.

Beiderseits der Kirche führte ein offener Gang zum Innenhof mit dem Kalvariafelsen. Ganz im Westen der Anlage befand sich die Anastasis, die Gedenkstätte der Auferstehung, die man vom Hof durch die acht Tore der 46 m breiten Fassade betreten konnte. Die Anastasis war von einer überkuppelten Rotunde mit über zehn Metern Durchmesser, ihren zwölf Säulen und sechs Pfeilern beherrscht, die Rotunde wiederum von einer großen Konche mit drei Apsiden gerahmt. Die zwölf Säulen sind nach Meinung von *V. Corbo* Spolien vom hadrianischen Bau, was er aus ihrem ungewöhnlichen Durchmesser (bis zu 118 cm) schließt: „Solche massiven Säulen sind in einem christlichen Gebäude undenkbar, wenn man nicht mit einer Wiederverwendung von Materialien rechnet." Die zwölf Säulen, so meint er, habe man durch Halbierung aus sechs Säulen gewonnen, die ursprünglich die Fassade des hadrianischen Kapitols geziert hatten.[128]

Angesichts der ausdrücklichen Aussage des Eusebius, bei der Freilegung des Grabes Jesu habe man alles befleckte Material des Tempels weit weggeschafft, verwundert die Wiederverwendung von Bauteilen des heidnischen Kapitols, noch dazu nach der Zusage Konstantins, sich um die Beschaffung von Säulen selbst zu kümmern. Andererseits spricht Eusebius von der allgemeinen Zerstörung von Tempeln und Götzenbildern unter Konstantin; dabei habe man von den Statuen alles Brauchbare abgenommen und sogar die Vergoldung abgeschabt, bevor man den traurigen Rest den Götzendienern zurückgab.[129] Seine Aussage, der Platz sei von allem heidnischen Material völlig gereinigt worden, ehe man an den Neubau schritt, ist infolgedessen programmatisch zu werten: Sie soll den völligen Neubeginn symbolisieren und ist nicht wörtlich zu nehmen.

Die Anastasis war offenbar von allem Anfang an in den einheitlichen Plan der Anlage miteinbezogen; doch verzögerten wohl die technischen Schwierigkeiten ihre Fertigstellung. Als der Pilger von Bordeaux die Anlage im Jahr 333 sah, müssen jedenfalls die Bauarbeiten noch im Gang gewesen sein, und auch bei der Einweihung der Grabeskirche am 17. September 335, die ursprünglich die Dreißigjahrfeier der Regierung Konstantins krönen sollte, waren sie noch nicht abgeschlossen. Die Kuppel über dem Grab Jesu wurde erst im folgenden Jahrzehnt erbaut und ist erstmals in den Predigten Kyrills von Jerusalem um 350 vorausgesetzt, wenn er sagt, daß die Katechumenen „in die heilige Stätte der Auferstehung hineingehen".[130]

Auch ohne das persönliche Beisein des Kaisers war die Einweihung der Kirche eine deutliche Demonstration der staatlichen Unterstützung der Kirche. Die beim Konzil von Tyrus versammelten Bischöfe (das schon 334 von Konstantin im palästinischen Caesarea geplante Konzil war an der Hartnäckigkeit des Athanasius gescheitert) wurden zur Einweihung nach Jerusalem gebracht. Ein kaiserlicher Notar, also eine besondere Vertrauensperson des Kaisers – sogar Verwandte des Kaisers bekleideten diesen Posten! –, war mit der Organisation des Festes beauftragt und Eusebius als der Metropolit Palästinas hielt die Weiherede, die, wie gesagt, wohl zum Teil in seiner Konstantinbiographie wiedergegeben ist.[131]

Das gesamte Bauunternehmen hatte natürlich eine ausgesprochen ideologische Schlagseite. Dieser Kirchenbau ersetzte das heidnische Zentrum von Jerusalem durch ein christliches, wie in der Darstellung der Vorbereitungsarbeiten durch Eusebius deutlich genug betont worden war. Um so mehr überrascht es, dann eine andere Deutung des Unternehmens zu finden, nämlich die einer Ablösung des alten Jerusalem: „Und so wurde beim heilbringenden Martyrium das neue Jerusalem errichtet, dem von altersher bekannten gegenüber, das wegen der Beflekkung durch den Gottesmord auf das äußerste verwüstet worden war und so die geschuldete Strafe der gottlosen Bewohner bezahlt hatte. Diesem gegenüber also verherrlichte der Kaiser den heilbringenden Sieg über den Tod mit reicher und verschwenderischer Großzügigkeit, so daß dies wohl das durch prophetische Gottesworte verkündete völlig neue Jerusalem ist, worüber große, von göttlichem Geist eingegebene Weissagungen Unendliches künden."[132]

Diese Deutung ist wohl eher die des Eusebius als die des Kaisers. Konstantin dachte vermutlich an einen Ersatz der heidnischen durch christliche Stätten. Wie wichtig aber war ihm die Ablösung des Alten Bundes durch den Neuen, des jüdischen Jerusalem durch ein christliches? Im vorigen Kapitel wurde geschildert, daß Juden in der Gesetzgebung Konstantins keine besondere Rolle spielten. Wie wichtig waren sie für ihn überhaupt? Jerusalem war damals eine Stadt ohne Juden, die Ablösung des alten durch das neue Jerusalem also zumindest direkt gar nicht sichtbar. Und doch sollte sich die Deutung des Eusebius durchsetzen; denn sie war propagandawirksamer als die Vorstellung von der Verdrängung eines heidnischen Kultes durch einen christlichen, da ja das Heidentum im Lauf der folgenden Jahrhunderte weichen mußte, das Judentum hingegen eine ständige Herausforderung blieb. So spricht zum Beispiel Sokrates auch von Helena als der Frau, „die das neue Jerusalem jenem alten und verlassenem gegenüber errichtet hat".[133]

3. Andere konstantinische Bauten

Drei weitere Kirchenbauten aus der Zeit Konstantins seien nur kurz erwähnt. Wie Eusebius schreibt, stiftete die Mutter des Kaisers während ihres Aufenthalts im Heiligen Land die Eleona-Kirche auf dem Ölberg, ebenso die Geburtskirche in Betlehem. Beide Bauten habe Konstantin mit reichen Stiftungen ausgestattet. Der Pilger von Bordeaux führt hingegen beide direkt auf Konstantin zurück.[134]

Die Kirche auf dem Ölberg war über einer Höhle errichtet, in der der auferstandene Jesus die Jünger über die Endzeit belehrt haben soll. Die Verehrung dieser Höhle ist durch die Johannesakten schon im frühen 3. Jahrhundert belegt.[135] Im konstantinischen Bau führte ein Porticus in ein Atrium mit einer großen Zisterne; von diesem kam man in die Basilika selbst, die etwa 30 x 18 m maß und mit einem Mosaikfußboden ausgestattet war.

Die Geburtskirche in Betlehem war eine Basilika von etwa 28 x 28 m, fünfschiffig wie die Basilika der Grabeskirche. Auch hier gab es einen Mosaikfußboden; Mosaiken oder Gemälde schmückten die Wände. An das Mittelschiff schloß sich eine achteckige Memoria über der Geburtsgrotte, deren Verehrung im 2. Jahrhundert durch das Protoevangelium Jacobi belegt und wohl auch in Justins Dialog mit Tryphon vorausgesetzt ist. Die Gesamtanlage war somit eng mit dem Bauplan von Jerusalem verwandt. Eusebius sieht in seiner Jubiläumsrede für Konstantin eine Parallele zwischen allen drei bisher genannten Bauten: „drei Stätten, verehrt wegen dreier mystischer Höhlen".[136] Hieronymus wieder schreibt von der Geburtskirche: „Betlehem ... überschattete ein Hain des Tammuz, das heißt des Adonis, und in der Höhle, wo einst Christus als kleines Kind wimmerte, wurde der Liebhaber der Venus beklagt."[137]

Waren die bisher genannten konstantinischen Kirchenbauten christlichen Erinnerungsstätten gewidmet, so knüpft sich an Mamre bei Hebron eine alte biblische Tradition, nämlich die Erscheinung Gottes beziehungsweise von drei Engeln bei Abraham (Gen 18). Hängt es damit zusammen, daß die Bischöfe Palästinas, wie Konstantin in seinem Schreiben an Makarius von Jerusalem und sie alle fast spöttisch hervorhebt, sich nicht um Mamre gekümmert haben und er erst von seiner Schwiegermutter Eutropia über die dort herrschenden Zustände erfahren mußte?[138]

Der heilige Bezirk von Mamre war teils schon in der Zeit des Herodes, teils unter Hadrian ausgebaut worden. Der Temenos, der die „Eiche Abrahams", seinen Brunnen und einen Freialtar umfaßte, war spätestens seit Hadrian auch von Heiden verehrt worden, die die Engel mit dem Götterboten Hermes gleichsetzten. Auf dem Jahrmarkt, der hier abgehalten wurde, wurden nach dem Bar Kokhba-Aufstand zahlreiche Juden

Evron
Kafarnaum
Tabga
Sepphoris
Kana
Nazaret
Mittelmeer
Jakobsbrunnen
Qasr el-Jahud
Jerusalem
Bethlehem
Morasthi
Mamre
Totes Meer
Gaza
Mampsis
Subeita
Nissana
Oboda
Kirchenbauten im
4. und frühen 5. Jahrhundert

als Sklaven verkauft; er existierte auch noch Jahrhunderte später und war deutlich heidnisch geprägt. Den Rabbinen galt dieser Markt, der – wie aus den Münzfunden hervorgeht – internationale Anziehungskraft besaß, für noch heidnischer als die Märkte von Gaza und Akko; deshalb erklärten sie ihn als den Juden verboten (jAZ I,5,39 d), woran sich diese aber offenbar nicht hielten.[139]

Konstantin beauftragte also den Comes Akakios mit der Beseitigung des heidnischen Opferaltars und der Götzenbilder; die Bischöfe Palästinas sollten gemeinsam mit jenen Phönikiens den Plan für eine würdige Basilika entwerfen. Heiden sollten in Zukunft unter Strafandrohung von dem Gelände ferngehalten werden. So errichtete man nun im Temenos eine kleine Kirche (etwas über 16 m lang, doch 20 m breit). Der Gesamtentwurf hatte sich den Gegebenheiten der heiligen Stätten anzupassen: Er mußte den Brunnen Abrahams berücksichtigen, ebenso den Platz des Freialtars, der groß den freien Hof beherrschte, und vor allem die Eiche Abrahams, die zur Zeit des Baus noch gezeigt wurde, in den folgenden Jahrzehnten aber eingegangen sein muß, wie aus einem Vergleich des Onomastikons des Eusebius mit der Bearbeitung durch Hieronymus hervorgeht. Doch während Hieronymus den Text des Eusebius in einigen Punkten den gewandelten Verhältnissen entsprechend korrigiert, etwa von der Eiche Abrahams sagt, daß sie bis zur Regierungszeit des Konstantius gezeigt worden sei, oder vom Denkmal für Abraham, daß sich an seiner Stelle jetzt eine Kirche befinde, beläßt er die Aussage, daß die Eiche (beziehungsweise bei Hieronymus ihr Platz) von allen Heiden im Umkreis abergläubisch verehrt werde. Die von Konstantin beabsichtigte Verchristlichung der Kultstätte scheint also, bedingt durch die lange jüdische und heidnische Kulttradition, mit dem Kirchenbau nur teilweise gelungen zu sein. Dies geht auch aus dem Bericht des aus der Gegend von Gaza stammenden Sozomenos hervor, dem man wohl eine gewisse Kenntnis der wirklichen Verhältnisse zutrauen kann: Beim jährlichen Markt vereinen sich Juden, Heiden und Christen zum Fest; die Juden verehren Abraham, die Heiden kommen wegen der dort erschienenen Engel; die einen beten zu Gott, die anderen stellen auf dem Altar Götzenbilder auf und bringen Wein, Weihrauch und Opfertiere dar und werfen Opfergaben in den Brunnen Abrahams.[140]

Alle konstantinischen Bauten mit Ausnahme der Kirche auf dem Ölberg lösten also frühere heidnische Kultstätten ab. Sie waren alle ziemlich klein, von ortsansässigen Architekten ausgeführt und nicht mit den großen Bauleistungen in früherer Zeit, etwa der des Herodes, zu vergleichen, doch auch nicht an den konstantinischen Bauten in Rom zu messen.[141] Palästina war eben noch immer eine kleine Provinz und Jerusalem nicht einmal deren Hauptstadt. Auch war die Zahl der Christen in Palästina wohl noch recht gering. Die kleinen Kirchen reichten also völlig für die normalen gottesdienstlichen Bedürfnisse, und die in all diesen Anlagen umfangreichen offenen Höfe und Plätze trugen dem erwarteten Zustrom an Pilgern Rechnung.

4. Archäologische Spuren des Kirchenbaus im späteren 4. Jahrhundert

In den Jahrzehnten nach Konstantins Tod blieb Jerusalem weiterhin das Zentrum der Christianisierung und damit auch des Kirchenbaus.[142] Am Grab des Lazarus in Betanien entstand eine Kirche (34 × 17 m) mit einem farbigen, geometrisch gemusterten Mosaikfußboden. Eusebius hatte in seinem Onomastikon von Betanien geschrieben, daß dort immer noch die Stätte des Lazarus gezeigt werde; in der Bearbeitung seines Textes durch Hieronymus lesen wir: „auf dessen Grab die jetzt ebendort errichtete Kirche hinweist". Die Pilgerin Egeria beschreibt um 380 eine große Zeremonie, die hier unter Teilnahme von Volk und Klerus aus Jerusalem stattfand. Im 5. Jahrhundert ersetzte ein Neubau diese Kirche.

Auf dem Ölberg stiftete die reiche Römerin Poimnia (oder Poimenia) in der zweiten Hälfte des 4. Jahrhunderts die Himmelfahrtskirche; einen Rundbau von 35 m Durchmesser mit fast 3 m dicken Mauern; in der Mitte über dem Felsen war er offen, gab den Blick zum Himmel frei.

Zwischen 379 und 384 ließ Theodosius I. die Getsemane-Kirche erbauen. Die Sionskirche, seit Mitte des 5. Jahrhunderts als „Mutter aller Kirchen" bezeichnet und nunmehr auch mit der Abendmahlstradition verbunden, geht in der ersten Baustufe auf die Zeit um 390 zurück.[143] Ein weiterer großer Bau (45 x 18 m) ersetzte zu Beginn des 5. Jahrhunderts einen Äskulaptempel am Schafteich *(Probatica)* nördlich des Tempelgeländes. Kreuze im Mosaikfußboden legen eine Entstehung vor 427 nahe, als dies verboten wurde (CJust I,8,1).

An der traditionellen Stätte der Brotvermehrung am See Gennesaret in et-Tabga (= Heptapegon, „sieben Quellen") entstand im späten 4. Jahrhundert eine kleine Kapelle (15,5 × 9,5 m); im 5. Jahrhundert wurde sie durch eine größere Anlage mit einem Mosaikfußboden von höchster künstlerischer Qualität ersetzt, was auf einen reichen Stifter schließen läßt. Aber auch schon der kleinere Bau ist in unserem Zusammenhang ein wichtiger Beleg, da er mitten im jüdischen Territorium steht; das kann um diese Zeit sonst nur noch von der später noch ausführlicher zu besprechenden Hauskirche von Kafarnaum gesagt werden.[144]

Die übrigen bisher archäologisch nachgewiesenen Kirchen seien nur summarisch, nach Regionen gruppiert, aufgezählt, insofern sie von der Verbreitung der christlichen Gemeinden Zeugnis geben. In *Judäa* sind, abgesehen von den Mönchskapellen in der Wüste Juda, einzelne Bauten in der Gegend von Jericho zu nennen. Qasr el Jahud am Jordan liegt nahe der traditionellen Taufstelle Jesu und ist nach Johannes dem Täufer benannt; einer anderen Tradition zufolge liegt es jener Stelle gegenüber, an der die Israeliten beim Einzug ins Gelobte Land den Jordan überquerten, und soll nach diesen Juden benannt sein. Maria die Ägypterin hat im frühen 5. Jahrhundert diesen Ort besucht. Kapitelle und ein Mosaikfußboden in dem heute als Krypta verwendeten Raum bezeugen die ursprüngliche Kapelle. Die Kirche von Ai nördlich von Jerusalem wurde wohl Anfang des 5. Jahrhunderts errichtet.

Im *Süden* des Landes wurde die kleine Kirche zu Ehren des Propheten Micha nördlich von Bet Gubrin wohl 385 gebaut.[145] Auch die frühesten Kirchen der Negeb-Städte, deren Blütezeit in die beiden folgenden Jahrhunderte fällt, entstanden ab Mitte des 4. Jahrhunderts. Die älteste unter ihnen ist die Ostkirche von Mampsis; die dortige christliche Gemeinde dürfte aus der römischen Garnison hervorgegangen sein, wie *A. Negev* aus den Namen in der Kirche erschließt, die alle auf palästinische oder ägyptische Herkunft deuten, nie hingegen arabisch oder nabatäisch sind. Auch die Nordkirchen von Oboda, Subeita und Nissana stammen aus dieser Zeit.[146]

An der *Mittelmeerküste* entstand die Kirche von Evron bei Akko laut Datierung in der Mosaikinschrift im Jahr 415, die Kirche im nahebei gelegenen Shave Zion stammt aus dem 4. oder 5. Jahrhundert. In *Samaria* wurde am Jakobsbrunnen eine Kirche in Form eines gleichförmigen Kreuzes von etwa 30 m Länge errichtet.

Auffallend spät setzt hingegen der Kirchenbau in *Galiläa* ein. Neben den Bauten in Tabga und Kafarnaum am See Gennesaret entstehen in der Zeit um 400 Kirchen in Nazaret, auf dem Tabor, in Bardala im Bet-Schean-Tal sowie in Kafr el-Makr in Westgaliläa. Interessant ist vor allem das Vordringen des Kirchen- (und Kloster)baus bis nach Tiberias, zum Sitz des jüdischen Patriarchen. Denn bis in die letzten Jahrzehnte des 4. Jahrhunderts war es zu einer räumlichen Annäherung der expandierenden christlichen Gemeinde an das Judentum nur im Süden gekommen, wo eine Reihe von Ortschaften im Streifen zwischen Gaza und En Gedi laut Eusebius und auch noch Hieronymus (Onomastikon) ganz jüdisch waren. Die Zeit um 400 brachte also sicher in Galiläa einen Durchbruch der materiellen Präsenz des Christentums und eine wesentliche Veränderung im Kräfteverhältnis zwischen Christen und Juden.

Die archäologischen Belege ließen sich sicher durch viele nicht näher datierbare byzantinische Kirchenfunde ergänzen, werden aber auch durch literarische Hinweise jener Zeit bekräftigt. Prinzipiell sind Kirchen an allen Bischofssitzen zu erwarten; doch nicht einmal in der kirchlichen Metropole Caesarea konnte bisher eine Kirche archäologisch nachgewiesen werden. In seiner Bearbeitung des Onomastikon von Eusebius erwähnt Hieronymus um 390 weitere Kirchen in Bet-El, beim Jakobsbrunnen in Sychar, und setzt eine Kirche wohl auch in Sebaste voraus, wo er die Reliquien von Johannes dem Täufer vermerkt. Zusätzliche Angaben sind den verschiedenen Pilgerberichten zu entnehmen, ebenso anderen Texten des Epiphanius und Hieronymus.

Ganz besonderes Interesse verdient auch der Bau der Kirche von Gaza, der archäologisch bisher nicht nachgewiesenen Eudoxiana. Sie wurde mit den Geldern der Kaiserin Eudoxia gebaut, nachdem Bischof Porphyrius ab etwa 395 das Christentum in der Stadt entscheidend gestärkt und im Jahr 402 die kaiserliche Unterstützung für die Zerstörung des heidnischen Stadtheiligtums, des Marneion, erlangt hatte.[147] Die Diskussion, ob die auf dem Gelände des Marneion zu errichtende Kirche ein überkuppelter Rundbau wie der Tempel werden oder einem anderen Plan folgen sollte, wurde durch einen Brief der Kaiserin entschieden, dem sie einen Plan mit kreuzförmigem Grundriß beilegte. Unter Leitung des Architekten Rufinus von Antiochien wurde der Bau in fünfjähriger Arbeit fertiggestellt und am Ostersonntag 407 eingeweiht. Dank der Großzügigkeit der Kaiserin, die zweihundert Pfund Gold gestiftet sowie zweiunddreißig Säulen und den nötigen Marmor nach Gaza gesandt hatte, wurde die Kirche, deren weitläufigen Grundriß so manche Christen in Gaza für ihre kleine Gemeinde anfangs abgelehnt hatten, größer als alle damaligen Kirchen. Bis dahin hatte es in Gaza nur eine dem „Frieden“ geweihte kleine Kirche in der Stadt selbst sowie eine alte Kirche weit außerhalb gegeben.[148]

5. Die Geschichte des Comes Joseph und das Judenchristentum

Der literarische Hauptbeleg für das Vordringen des Christentums im jüdischen Kernbereich Galiläas ist die Erzählung des Epiphanius von Salamis über den Comes Joseph.[149] Es geht darin um einen gewissen Joseph von Tiberias, „der in den Zeiten des seligen Kaisers Konstantin des Älteren lebte und der auch bei diesem Kaiser die Würde der *comites* erlangte und Vollmacht bekam, in Tiberias selbst Christus eine Kirche zu bauen, ebenso in Diocaesarea und in den anderen (Ortschaften). Dieser hatte auch viel von den Juden erlitten, bevor er mit dem Kaiser bekannt geworden war. Dieser Joseph zählte zu ihren Würdenträgern. Da sind diese (im Rang) hinter dem Patriarchen, welche Apostel heißen. Sie stehen dem Patriarchen zur Seite und verweilen mit ihm oft ununterbrochen in der Nacht wie am Tage, um zu beraten und ihm Gesetzesfragen vorzulegen. Der Patriarch zu jener Zeit hieß Hillel – ich glaube nämlich, daß Joseph ihn so genannt hat, wenn ich nicht wegen des Zeitabstands irre ..." Als der Patriarch im Sterben lag, so erzählte Joseph dem Epiphanius, habe er den Bischof verlangt, der zu diesem Zeitpunkt Tiberias benachbart war *(plesiochōron tēs Tiberieōn)*, unter dem Vorwand, dieser sei Arzt. Von ihm habe er sich auf dem Sterbebett taufen lassen.[150]

Epiphanius will diese Geschichte von Joseph selbst, der sich später in Bet Schean niedergelassen hatte, erfahren haben. Damals wohnte in dessen Haus auch Eusebius von Vercellae, den Konstantius wegen seines orthodoxen Glaubens dorthin verbannt hatte. Joseph, zu der Zeit etwa siebzig Jahre alt oder noch älter, sei ausschließlich wegen seiner Würde als Comes von den Bewohnern der außer ihm völlig arianischen Stadt nicht belästigt worden. Nur noch ein anderer rechtgläubiger Christ wohnte in der Stadt, ein junger Mann jüdischer Herkunft, der aber nicht offen zu Joseph zu kommen wagte.

Joseph soll weiter erzählt haben, er habe durch das Schlüsselloch in das Zimmer des Patriarchen gesehen, als die Taufe schon vorbei war; doch habe er das Vorgefallene begriffen und für sich behalten. Der Patriarch habe dem Bischof ein großes Goldstück gegeben, damit dieser für ihn opfere. In der Folgezeit habe der Bischof noch öfter als „Arzt" den Patriarchen besucht, bis dieser starb.

Vor seinem Tod hatte der Patriarch seinen noch jungen Sohn dem Joseph und einem anderen Mann anvertraut. Die beiden führten zunächst gemeinsam alle Patriarchatsgeschäfte, da der neue Patriarch noch ein Kind war. Einmal öffnete Joseph ein versiegeltes Schatzhaus und fand dort ein ins Hebräische übersetztes Johannesevangelium, ebenso die Apostelgeschichte und das hebräische Original des Mattäusevangeliums. Im Text folgt hier ein Abschnitt über die sittenlose Jugend des Knaben „Jehuda, wenn ich nicht irre", der im nahegelegenen Badeort Gadara mit seinen Gefährten den Mädchen nachstellte.

Als der junge Patriarch selbst die Amtsgeschäfte übernommen hatte, mußte Joseph einmal in dessen Auftrag nach Kilikien reisen und von allen jüdischen Gemeinden den Zehnten und die Erstlinge einheben. Auf dieser Reise lieh er sich von einem Bischof die Evangelien aus, wurde aber bei deren Studium entdeckt, in die Synagoge geführt, gegeißelt und bei einem späteren Anlaß sogar in den Fluß Kydnos geworfen. Schließlich ließ er sich taufen, lernte Konstantin kennen und wurde von diesem zum Comes ernannt.[151] Auch durfte er sich etwas wünschen, wollte aber nur „mit einer kaiserlichen Verordnung in den Städten und Dörfern der Juden Christi Kirchen errichten. Dort hatte noch nie jemand vermocht, Kirchen zu gründen, weil sich weder ein Hellene noch ein Samaritaner noch ein Christ unter ihnen befinde." Er nennt vor allem Tiberias, Diocaesarea, Nazaret und Kafarnaum, wo es keinen Nichtjuden (wörtlich „Andersstämmigen", *alloethnon*) gebe. „Joseph erhielt nun ein Schreiben und die Vollmacht zusammen mit dem Titel und kam nach Tiberias und hatte auch Briefe mit, daß er sich staatlicher Gelder bedienen dürfe und selbst auf Staatskosten versorgt werde."[152]

In Tiberias befand sich ein großer Tempel, das Hadrianeion, ein unvollendeter Bau, den die Bürger gerne in ein öffentliches Bad umgebaut hätten. Joseph versuchte nun, diesen Bau zu einer Kirche auszugestalten. Dabei wurde er aber durch den Zauber der Juden gehindert und gab schließlich auf, nachdem er einen Großteil des Tempels *(naos)* weitergeführt und eine kleine Kirche errichtet hatte. Dann zog er sich nach Skythopolis zurück, baute aber auch in Diocaesarea und anderen Ortschaften noch Kirchen.

Ich habe den gesamten Text zusammengefaßt, obwohl nur ein kleiner Teil davon das Thema des Kirchenbaus betrifft; denn auch seine anderen Aspekte sind für die Entwicklung des Judentums im 4. Jahrhundert von größtem Interesse. Doch ist der Text voller Probleme. Gelegentlich wird die Vermutung geäußert, Epiphanius sei selbst ein jüdischer Konvertit gewesen, wofür es allerdings keine zeitgenössischen Belege gibt.[153] Sollte dies aber den Tatsachen entsprechen, könnte Epiphanius mit seiner Erzählung auch Eigeninteressen verbinden. Besonders fällt dann die Betonung der Rechtgläubigkeit des Joseph auf, des einzigen Rechtgläubigen im sonst völlig arianischen Skythopolis. Wenn man bedenkt, daß die Arianer in der Polemik von ihren katholischen Gegnern gern als „Juden" beschimpft wurden, könnte man hier eine bewußte Abwehr des Verdachts vermuten, aus dem Judentum kommende Christen seien prinzipiell der arianischen Irrlehre zu verdächtigen.[154]

Gehen wir einmal von der Hypothese aus, Epiphanius habe die Geschichte im großen und ganzen tatsächlich so vom alten Joseph in Skythopolis gehört. Dann bleibt noch immer die Frage, wieweit dessen Erzählung mit den Tatsachen übereinstimmte. Prinzipiell ist der Text auf drei Fragen hin zu untersuchen, nämlich die der Nachrichten über das Patriarchat, auf die wir noch in einem eigenen Kapitel eingehen werden, der Konversion von Juden zum Christentum und schließlich des Kirchenbaus in Galiläa. Die hier primär interessierende Frage des Kirchenbaus ist allerdings nicht von jener der Konversionen zu trennen.

Die Konversion Josephs ist wegen der kurz darauf erfolgenden Begegnung mit Konstantin zwischen 324 und 337 anzusetzen. Seine Begegnung mit Ephiphanius erfolgte unter Konstantius, also vor 361. Epiphanius hat das Panarion, in dem er diese Erzählung bringt, etwa um 377 vollendet. Schon diese Daten mit ihren zeitlichen Abständen zwischen Ereignis, Erzählung und Niederschrift zeigen, daß auch bei einem zuverlässigeren Autor als Epiphanius Überlieferungsprobleme gegeben wären.

Der Text behauptet also für das zweite Viertel des Jahrhunderts, daß es in Tiberias, Diocaesarea, Nazaret und Kafarnaum nur Juden gab. Diese Aussage ist auf keinen Fall wörtlich zu nehmen; die Mehrheitsverhältnisse sind damit aber sicher richtig wiedergegeben. In Tiberias ist tatsächlich erst um 400 ein Kloster nachgewiesen; eine christliche Kirche ist natürlich schon früher denkbar, doch bisher nicht belegt. Erst im frühen 5. Jahrhundert haben wir Hinweise auf eine wachsende christliche Gemeinde in Tiberias; auf dem Konzil von Ephesus 431 ist sie durch einen Bischof vertreten.[155]

Woher kommt dann aber der christliche Bischof in der Erzählung des Comes Joseph? Ist das eine reine Erfindung oder haben wir mit *judenchristlichen Gemeinden* in dieser Gegend zu rechnen? Leider ist die Geschichte der Judenchristen im 4. Jahrhundert in vieler Hinsicht ungeklärt und sind die einschlägigen Publikationen weithin sehr einseitig.

Immerhin scheinen die Ausgrabungen von *Kafarnaum* dort eine judenchristliche Gemeinde zu belegen. Nur einen Häuserblock von der Synagoge entfernt wurde ein achteckiger christlicher Kultraum freigelegt, unter dem sich eine ältere christliche Kultstätte befand, das sogenannte „Haus des Petrus". Die Pilgerin Egeria, die kurz nach 380 hier war, beschreibt eine Hauskirche: „In Kafarnaum aber ist aus dem Haus des Apostelfürsten eine Kirche gemacht worden, deren Mauern bis heute so stehen, wie sie waren. Dort hat der Herr den Gelähmten geheilt."[156] Demnach kann das ausgegrabene Oktogon damals noch nicht bestanden haben. Doch das darunterliegende „Haus des Petrus" ist viel älter. Wie die Ausgrabungen zeigen, wurde es um die Mitte des 4. Jahrhunderts umgestaltet, wobei der kleine Kultsaal (7,5 × 7,5 m) einen mehrfarbigen Boden erhielt.

Der Ausgräber *V. Corbo* meint, dieser Umbau sei „wahrscheinlich von Joseph, dem Comes von Tiberias, für die Judenchristen von Kafarnaum" gemacht worden.[157] Damit folgt er *E. Testa*, der die Graffitti dieses Komplexes ediert hat und wegen des Zusammenhanges bei Epiphanius (dieser spricht ja von den Ebioniten, einer judenchristlichen Gruppe, und sagt dann: „Einer von diesen war Joseph") den Comes Joseph als Ebioniten ansieht.[158] Leider ist die Interpretation von *E. Testa* zu phantasievoll, als daß man sie ernst nehmen könnte. Nach ihm war es Aufgabe Josephs, „in das judenchristliche Ghetto des bekannten Vierecks einzudringen: Sepphoris, Nazaret, Tiberias und Kafarnaum, um dort Kirchen griechisch-römischen Typs zu Ehren Christi errichten zu können. Noch nie war es einem Heidenchristen gelungen, in dieses Ghetto einzubrechen ... Nur er, der Rasse nach ein Hebräer, der Religion nach ein Ebionit, mit der Großkirche verbunden ... konnte als Brücke dienen."[159] Die „Juden", die laut Epiphanius Joseph am Bau der Kirche in Tiberias hindern, sind nach Meinung *E. Testas* aus dem Kontext als Judenchristen zu verstehen; denn sie stützen sich auf Magie, nehmen das Gottesurteil im geweihten Wasser an, gelten nur als Söhne von Gottesmördern und nicht selbst als solche und bekennen schließlich auch, daß der einzige Gott die Christen schützt.[160] Damit ist *E. Testa* der Tendenz des Textes von Epiphanius in keiner Weise gerecht geworden.

An einer frühen und wohl judenchristlichen Gemeinde in Kafarnaum dürfte jedoch nicht zu zweifeln sein. Dies legen hebräische, aramäische und syrische Schriftreste nahe, die zusammen mit viel zahlreicheren griechischen Stücken auf Fragmenten des Verputzes vom „Haus Petri" gefunden wurden. Die von *E. Testa* vorgenommene Rekonstruktion von Texten und ihre Auswertung für eine Theologie der Judenchristen von Kafarnaum und deren Gemeindeorganisation geht jedoch weit über das aus den wenigen Buchstaben Beweisbare hinaus.[161] Auf dem Verputz erhaltene Reste farbiger Blumen und sonstiger Dekorationen lassen sich noch weniger für eine gesicherte Deutung heranziehen.

Einen weiteren Beleg für die Kirchenbautätigkeit Josephs hat man in der Kirche von *Sepphoris* zu finden geglaubt. Die aus byzantinischer Zeit stammende Kirche liegt über einer älteren, welche der Comes Joseph über einem noch aus der Zeit vor der Anerkennung des Christentums stammenden judenchristlichen Kultzentrum errichtet haben soll, das man in diversen Höhlen auf dem Kirchengelände zu erkennen vermeint. Der Umbau der Kirche ist durch eine Inschrift des frühen 6. Jahrhunderts belegt;[162] der in ihr genannte Bischof Marcellinus, der auch auf der Synode zu Jerusalem im Jahr 518 anwesend war – ein anderer Bischof von Sepphoris war schon 451 auf dem Konzil von Chalcedon –, soll „der erste heidenchristliche Bischof von Diocaesarea" gewesen sein. Leider geht auch diese Deutung weit über das Beweisbare hinaus.[163]

Kaum besser ist die Beweislage in *Nazaret*. *B. Bagatti*, der hier die Ausgrabungen geleitet hat, sieht unter der Verkündigungsbasilika und unter der Josefskirche altchristliche Reste, gibt aber auch die Schwierigkeiten einer genauen Chronologie zu. Er nimmt an, daß das erste Gebäude über der Verkündigungsgrotte im 2. oder 3. Jahrhundert errichtet wurde und Synagogenform hatte. Die in den Fels gegrabenen Getreidesilos, die schon im 1. Jahrhundert benutzt wurden, hätten den Judenchristen für die Taufe gedient. Auch Graffitti scheinen dem Ausgräber die judenchristliche Gegenwart zu bestätigen.[164] Insgesamt ist die Argumentation für eine solche Zuordnung von Grabungsfunden bisher aber alles andere als überzeugend und besonders auch die Tendenz, sämtliche Höhlen, die einmal kultisch verwendet worden sein könnten, Judenchristen zuzuweisen, nicht wirklich abzusichern.

Die Erforschung der Geschichte des Judenchristentums bleibt, da die Auswertung von Symbolen allzu unsicher ist und der Phantasie zu viel Raum läßt,[165] weiterhin in erster Linie auf die literarischen Quellen angewiesen. Diese sind jedoch großenteils nur an den Anfängen des Judenchristentums oder der Einordnung seiner einzelnen Gruppen in einen Stammbaum von Häresien interessiert. Historisch für eine so späte Zeit wie das 4. Jahrhundert gesicherte Belege sind relativ selten, müssen wir doch schon bei Eusebius und Epiphanius stets fragen, wieweit sie tatsächlich zeitgenössische Zustände schildern und nicht einfach altes Traditionsgut der Kirchenväter wiedergeben. Etwas größere Sicherheit haben wir diesbezüglich bei Hieronymus; doch auch hier sind die einzelnen Bezeichnungen der Judenchristen für uns heute zu ungenau, als daß wir mit Sicherheit zwischen Judaizanten (also Heidenchristen, die sich an jüdische Bräuche und Gesetze halten) und Christen hebräischer Abstammung unterscheiden könnten.[166]

Die Predigten, mit denen Kyrill von Jerusalem um 350 seine Katechumenen auf die Taufe vorbereitete, machen deutlich, daß die Attraktion jüdischer Bräuche noch immer sehr stark gewesen sein muß. So warnt er in der 4. Katechese vor der Anwendung von Binden (Gebetsriemen?) bei Krankheit, der Beobachtung des Sabbats und der Speisegesetze, bereitet seine Zuhörer aber auch auf jüdische Einwände gegen christliche Glaubensvorstellungen vor und sagt ihnen, was sie darauf zu erwidern haben. Vieles scheint zu den überkommenen Themen der Taufpredigten zu gehören, oft nur noch schematisch, weil eben traditionell, vorgetragen. Daß jüdische Bräuche und Vorstellungen auch im praktischen Leben noch aktuell waren, können wir jedoch verschiedenen Bemerkungen des Hieronymus entnehmen; vor allem aber die Predigten des Johannes Chrysostomus in Antiochien machen deutlich, welche Attraktion jüdisches Überlieferungsgut in der christlichen Gemeinde gehabt haben muß.[167]

Nun könnte eine Bemerkung der Pilgerin Egeria zur Jerusalemer Liturgie vielleicht auf judenchristliche Mitglieder der Gemeinde verweisen. Wie sie schreibt, spricht die Bevölkerung der Provinz Palästina teils Griechisch, teils Syrisch, teils ist sie zweisprachig. Der Bischof aber predigt, auch wenn er Syrisch beherrscht, nur in griechischer Sprache, weshalb immer ein Priester eine syrische Übersetzung bietet, damit alle die Predigt verstehen. Für den Anfang des Jahrhunderts berichtet Eusebius ähnliches von Skythopolis, wo Prokopius unter anderem auch als Übersetzer aus dem Griechischen ins Aramäische in der Kirche diente.[168] Syrisch und Aramäisch bezeichnen hier sicher dasselbe. Doch ist die Sprache durchaus kein eindeutiger Hinweis auf jüdische Herkunft, sondern verweist eher auf ländliches Milieu, wo Aramäisch nicht nur von Juden gesprochen wurde, sondern neben Griechisch die Landessprache schlechthin war.

Ein weiterer Versuch, Judenchristen in Jerusalem festzustellen, ist mit der Sionskirche verbunden. Die bisher vorgetragenen Argumente dafür, daß in Jerusalem eine heidenchristliche Gemeinde, nämlich die Mehrheit, an der Grabeskirche beheimatet war, die judenchristliche auf dem Sion ihr Zentrum hatte, sind nicht mehr als Indizien.[169] Aber auch für den Fall, daß die Vermutung zu Recht besteht, bliebe noch die Frage offen, woher diese Judenchristen kommen: Sind es Reste der alten judenchristlichen Gemeinschaften in Palästina, neu aus dem Judentum rekrutierte Christen, aus der Diaspora zugewanderte Judenchristen oder einfach Judaizanten, für die ja Jerusalem eine besondere Anziehungskraft haben mußte?

Was die im engen Sinn judenchristlichen Gruppen, also aus dem Judentum konvertierte Christen betrifft (zu denen aber auch Heiden zu zählen sind, die auf dem Umweg über das Judentum zum Christentum stoßen), müssen wir fragen, ob sie nicht vielleicht aus früherer Zeit überlebende Gruppen ohne nennenswerten Nachwuchs von außen waren. Es fällt ja auf, daß es im 4. Jahrhundert nur ganz wenige Einzelbelege für Juden gibt, die zum Christentum konvertierten. In Palästina sind außer dem Comes Joseph und dem jungen Mann, den Epiphanius im Zusammenhang mit diesem erwähnt, sowie einem später genannten Juden, der lediglich aus Angst vor seinen Volksgenossen nicht konvertiert, nur noch Epiphanius selbst (vielleicht, da nur spät belegt) zu nennen und vielleicht auch der Mönch, bei dem Hieronymus in Syrien Hebräisch lernte.[170] Dieser kann aber auch aus Syrien oder dem Ostjordanland stammen, wo es zahlreichere Belege für Judenchristen gibt. Auffallend ist doch, daß Eusebius in seinem Onomastikon die judenchristliche Gruppe der Ebioniten allein in Coba bei Damaskus erwähnt und Epiphanius als Wohnorte der Nazarener Beroea bei Aleppo (wo Hieronymus sich das Hebräerevangelium kopieren ließ), Cochabe im Basangebiet und Pella im Ostjordanland angibt;[171] in Palästina selbst scheint es demnach nennenswerte judenchristliche Gemeinden nicht mehr gegeben zu haben, und das Hauptproblem für die Großkirche scheint die Attraktion des Judentums auf so manche Heidenchristen gewesen zu sein.

Rabbinische Texte, die mit Sicherheit auf den Abfall von Juden zum Christentum gedeutet werden könnten, gibt es für diese Zeit nicht. Gesetze zum Schutz von Juden, die zum Christentum übergetreten sind, müssen sich nicht unbedingt auf Palästina beziehen: Das schon besprochene Gesetz Konstantins CTh XVI,8,1 war für Afrika bestimmt. Aus späterer Zeit sind nur zwei Gesetze zu nennen, CTh IX,45,2 vom 17. 6. 397, an den Praefectus Augustalis gerichtet, also für Ägypten gedacht, und XVI,8,28 vom 8. 4. 426 an den Praefectus praetorio.

Das erstgenannte Gesetz richtet sich gegen die Aufnahme von Konvertiten aus unehrlichen Motiven: „Juden, die wegen irgendeines Vergehens oder der Schulden müde vorgeben, sich der christlichen Religion anschließen zu wollen, um mit der Flucht in die Kirchen den Strafen oder der Last der Schulden zu entkommen, sollen zurückgewiesen und nicht eher aufgenommen werden, ehe sie alle Schulden abbezahlt oder durch Nachweis ihrer Unschuld sich (vom Verdacht) gereinigt haben.“ Konversionen wurden demnach gelegentlich als Fluchtweg vor einem Gläubiger genutzt. Es muß also zumindest in manchen Gegenden im Zusammenhang damit eine Schuldenlöschung – nur gegenüber jüdischen Gläubigern? – erfolgt sein. Ebenso konnte das Asylrecht der Kirchen attraktiv erscheinen. Diesen Mißbrauch der Konversion zum Christentum wehrt der Gesetzgeber ab.

Das spätere Gesetz sichert das Erbrecht von jüdischen Konvertiten zum Christentum: „Wenn der Sohn, die Tochter oder ein Enkel eines Juden oder Samaritaners, sei es einer oder mehrere, auf besseren Ratschluß hin aus dem Dunkel des eigenen Aberglaubens zum Licht der christlichen Religion wechseln sollte, sei es deren Eltern, das heißt Vater oder Mutter, Großvater oder Großmutter nicht erlaubt, sie zu enterben oder im Testament stillschweigend zu übergehen oder ihnen weniger zu hinterlassen, als sie bekommen könnten, wenn gar kein Testament vorliegt." Sollte solchen Konvertiten jedoch ein sehr schweres Verbrechen gegen ihre Eltern oder Großeltern eindeutig nachgewiesen werden, bekommen sie immer noch ein Viertel des ihnen sonst zustehenden Erbes *(Falcidiam debitae successionis)*, „scheinen sie doch zumindest das zu Ehren der gewählten Religion verdient zu haben. Doch bleibt, wie gesagt, die Bestrafung der Verbrechen, wenn diese nachgewiesen sind."

Dieses späte Gesetz, eine eindeutige finanzielle Begünstigung des Konvertiten und ein schwerer Eingriff in das Recht der jüdischen Erblasser, ist sicherlich eine Reaktion auf die entsprechende Beschwerde von Konvertiten beziehungsweise ihren kirchlichen Gönnern, zugleich aber auch gewollter Anreiz für weitere Konversionen. Ob es seine Wirkung erzielt hat, wissen wir nicht. Ebensowenig können wir sagen, ob zumindest dieses Gesetz auf die Verhältnisse in Palästina zutraf.

Konversionen von Juden zum Christentum sind im allgemeinen in geschlossenen jüdischen Siedlungsgebieten kaum zu erwarten. Der soziale Druck, den dort die Gemeinschaft ausüben konnte, war zu stark. Eher sind Konversionen in den Städten oder in der Diaspora anzunehmen. So weiß Sozomenos zu berichten, daß sich in Konstantinopel (unter Konstantin?) auch zahlreiche Juden zum Christentum bekehrten.[172]

Auch bleibt die Frage, wieweit man von jüdischen Konvertiten damals noch erwarten konnte, daß sie sich einer judenchristlichen Gemeinde anschlossen. Würden sie nicht eher versuchen, mit ihrer Vergangenheit radikal zu brechen? Die etwa bei Hieronymus immer wieder genannten Judaizanten sind nicht automatisch Judenchristen. Auch Heiden, die in Palästina zum Christentum konvertierten, fühlten sich von der jüdischen Mutterreligion des Christentums vielfach angezogen und fanden eine radikale Ablösung des Alten Bundes nicht annehmbar (Kyrill von Jerusalem muß sich auch gegen Häretiker wenden, die das Alte Testament vom Neuen trennen wollen!).[173]

6. Wirtschaftliche Auswirkungen des Kirchenbaus

Die Kirchenbauten sind nicht nur unter dem religiösen Gesichtspunkt zu betrachten. Eine so umfangreiche Bautätigkeit hatte ja auch wirtschaftliche Folgen, zumal sie zu einem großen Teil aus dem Ausland, mit Stiftungen des Kaisers oder von Adeligen finanziert wurde. Was bedeutete das für die einheimische Bevölkerung?

Zwar lassen sich die Ausmaße der meisten Kirchen überprüfen, aber es ist sehr schwer, die Kosten für Baumaterial und Arbeitskräfte abzuschätzen. Angesichts der überschwenglichen Schilderungen ihrer Pracht in zeitgenössischen Berichten haben wir schon auf die relative Kleinheit der konstantinischen Kirchenbauten in Palästina hingewiesen. Lange glaubte man, daß in der Frühzeit in Palästina, anders als in anderen Ländern, die Umwandlung von Tempeln in Kirchen oder auch nur die Wiederverwendung des Baumaterials abgelehnt wurde, was ja auch aus Eusebius hervorzugehen scheint. *J. W. Crowfoot* hat dies mit Dämonenangst in Verbindung gebracht.[174] Die Ausgrabungen in der Grabeskirche in Jerusalem haben jedoch eindeutig erwiesen, daß Teile des hadrianischen Temenos vom Kapitolstempel wiederverwendet wurden. Ebenso ist die Kirche in Mamre einfach auf die Plattform des älteren heidnischen und zuvor noch jüdischen Heiligtums aufgesetzt worden, wie die Ausgrabungen *E. Maders* gezeigt haben. Auch das von *Crowfoot* als Beleg herangezogene Beispiel von Gaza kann seine These nicht beweisen.

Marcus Diaconus schreibt zwar in der Vita Porphyrii, man habe die Marmorplatten des heidnischen Tempels von Gaza für die Pflasterung des Platzes vor der neuerbauten Kirche verwendet; viele Frauen wollten „bis heute" nicht darauf gehen (Kap. 76). Doch bezieht sich dies auf die heidnische, nicht die christliche Bevölkerung von Gaza! Marcus schreibt ausdrücklich, man habe zuerst beraten, was man mit dem Marnas-Tempel tun solle – ihn abreißen, niederbrennen oder „den Ort reinigen und zu einer Kirche Gottes heiligen" (Kap. 66). Diese Möglichkeit wurde also sehr wohl in Erwägung gezogen. Erst die Aussage eines von Gott inspirierten Kindes während des Gottesdienstes, man solle den inneren Tempel bis auf die Fundamente niederbrennen, da darin auch Menschenopfer geschehen seien, den äußeren Tempel mit seiner Umfassung aber solle man belassen und den Platz für den Kirchenbau verwenden, brachte die Entscheidung.

Der Aufwand für einen Bau verringerte sich natürlich erheblich, wenn vorhandene Bauteile verwendet wurden. Wie häufig dies der Fall war, ist aber fraglich. Als Baumaterial stand im Nordosten des Landes Basalt zur Verfügung, sonst überall Kalkstein. Vielfach verwendete man Hausteine in zwei Schichten mit einem Schuttkern in der Mitte; die besseren Steine nahm man für die Außenseite, da die Innenwand ohnedies verputzt oder inkrustiert wurde. Marmor mußte man importieren; zum Teil war er schon vorbearbeitet und skulpiert. Auch Säulen sind bei den konstantinischen Bauten im allgemeinen wohl importiert worden, obschon bei der Grabeskirche zum Teil bereits vorhandene Säulen des Kapitols verwendet wurden; in Betlehem sind Säulen gar nicht gesichert, es könnten auch Mauerpfeiler errichtet worden sein. Für die Eudoxiana in Gaza ist, wie gesagt, belegt, daß die Säulen aus dem Ausland per Schiff gebracht wurden. Die Mauern konnte man relativ dünn halten, da sie nur eine Holzdecke zu tragen hatten: Für die konstantinischen Bauten hat man Zedern aus dem Libanon, sonst meist lokales Zypressen- oder Föhrenholz verwendet. Erst mit der zunehmenden Abholzung der Wälder wurden Steindecken und damit die massiven Wände der Kreuzfahrerbauten notwendig.

Was die Innenausstattung betrifft, ist von eventuellen Fresken nichts erhalten. Neben der Wandverkleidung mit Marmorplatten in den reicheren Stiftungen hat man wohl besonders gern Mosaik aus einheimischem Material verwendet. Die Mosaikkünstler kamen anfangs vermutlich aus dem Ausland, vielleicht aus Syrien; erst später sind eigene Mosaikschulen in der Gegend von Gaza und Madaba entstanden.

Wie hoch war der Wert der im Lande selbst erbrachten Arbeit? Bei den großen kaiserlichen Stiftungen müssen wir sicher mit viel importiertem Material rechnen, dessen Wert nicht dem Lande zugutekam. Im Land ansässige Facharbeiter waren oft wahrscheinlich kaum zu finden; besonders Jerusalem war ja noch bis in die Mitte des 5. Jahrhunderts sehr dünn besiedelt.[175] Eusebius nennt für die Grabeskirche ausdrücklich die aus dem Ausland gekommenen Werkmeister und Arbeiter.[176] Manche sind wohl geblieben, womit die Einwohnerzahl von Jerusalem und Umgebung anwuchs. Zusätzlich ist aber gewiß auch mit dem freiwilligen Einsatz der Bevölkerung zu rechnen. Ausdrücklich spricht davon Marcus Diaconus im Zusammenhang mit der Eudoxiana in Gaza. Alle Christen wurden dort aufgefordert, sich mit Werkzeugen einzufinden. Gemeinsam mit den Soldaten, die zur Zerstörung der heidnischen Tempel gekommen waren, begaben sie sich in Prozession zum Marneion, säuberten den Bauplatz, hoben die Baugrube aus, halfen beim Transport der Steine vom Steinbruch wie auch bei dem der Säulen aus dem Hafen. Zum großen Eifer der christlichen Bevölkerung, der der Bischof mit gutem Beispiel voranging, trug auch bei, daß dieser aus den von Eudoxia zur Verfügung gestellten Geldern die Arbeitskräfte großzügig bezahlte.[177]

Von der Eudoxiana in Gaza kennen wir auch die Bauzeit, sie betrug fünf Jahre. Von der Grabeskirche wissen wir, daß sie 324 oder 325 begonnen und 335 eingeweiht wurde, damals aber noch nicht vollendet war. Sonst haben wir keine Angaben über Bauzeiten, die Rückschlüsse auf die wirtschaftlichen Auswirkungen der Projekte erlaubten.

Was die Erhaltungskosten der Bauten betrifft, ist anzunehmen, daß Konstantin mit entsprechenden Stiftungen dafür vorgesorgt hat, obwohl keine Belege darüber erhalten sind. Doch hat er ja auch für seine römischen Kirchenbauten kaiserliche Ländereien gestiftet, darunter in den östlichen Provinzen gelegene Besitzungen. Sonst ist in erster Linie an Spenden von Pilgern zu denken, deren Versorgung aber wiederum Kosten verursachte.

War die erste Bauphase nach der Christianisierung Palästinas durch kaiserliche Stiftungen geprägt, so wurde die zweite Phase, die Mitte des 4. Jahrhunderts einsetzte und etwa hundert Jahre währte, wesentlich durch private Investitionen ermöglicht. Am bekanntesten sind als Stifterinnen die reichen Frauen Poimenia, Paula, Eustochium und Melanie die Ältere und die Jüngere. Im frühen 5. Jahrhundert flossen gewaltige Summen ins Land, die reiche römische Familien auf der Flucht vor den Goten und Vandalen mitbrachten; aber auch Angehörige der kaiserlichen Familie wie Eudokia brachten beträchtliche Geldsummen mit.[178]

Infolgedessen ist natürlich mit einer erheblichen Belebung der Wirtschaft Palästinas zu rechnen. Doch auf die Juden des Landes hat sich dies wohl nur minimal und indirekt ausgewirkt. Als Bauarbeiter bei Kirchenbauten waren sie sicherlich nicht beschäftigt. Immerhin aber dürfte die angespannte Arbeitsmarktlage dazu geführt haben, daß der Wettbewerb um andere Arbeitsplätze entschärft wurde, auch wenn etwa Straßenbauten eine typische Militärangelegenheit blieben beziehungsweise in Zwangsarbeit errichtet wurden. Wieweit die jüdische Bevölkerung an der Versorgung der christlich besiedelten Gebiete mit landwirtschaftlichen Produkten Anteil hatte, wissen wir leider auch nicht; die Handelsbeziehungen der jüdischen landwirtschaftlichen Regionen in Galiläa waren jedenfalls, wie Münzfunde bei verschiedenen Ausgrabungen nahelegen, in erster Linie nach Norden (Tyrus) ausgerichtet.[179] Der landwirtschaftliche Binnenhandel Palästinas ist noch nicht genügend erforscht und auch die Frage, ob die gesteigerte Wirtschaftskraft des Landes das Preisniveau gehoben und sich damit auch auf die jüdische Bevölkerung negativ ausgewirkt hat, läßt sich nicht beantworten. Zwar zeigen die zahlreichen Synagogenbauten des 4. Jahrhunderts, daß die wirtschaftliche Kraft der jüdischen Gemeinden beträchtlich gewesen sein muß: Doch können wir nicht beurteilen, wieweit daran die durch importiertes christliches Kapital belebte Wirtschaft Anteil gehabt hat.

IV. Das christliche Pilgerwesen

Die Zuwendung des römischen Reiches zum Christentum förderte auch die Pilgerfahrten in das Heilige Land; umgekehrt trug aber auch das Pilgerwesen entscheidend zur Entwicklung eines christlichen Palästina bei.[180] Selbstverständlich waren schon lange vor Konstantin christliche Pilger ins Heilige Land gezogen. Doch in größerem Stil setzten die Wallfahrten erst mit der Christianisierung des Landes ein. So schreibt Eusebius schon um 315, daß Christen von allen Enden der Welt nach Jerusalem pilgern und auf dem Ölberg beten, damit den Gegensatz zum jüdischen Kult auf dem gegenüberliegenden Tempelberg betonend.[181]

Wie schon erwähnt, war Konstantin selbst einmal mit Diokletian in Palästina gewesen und hatte ursprünglich die Absicht gehabt, sich im Jordan taufen zu lassen; auch wollte er die Einweihung der Grabeskirche zu Jerusalem mit der Dreißigjahrfeier seiner Herrschaft verbinden. Beides ist nicht zustandegekommen. Gewissermaßen stellvertretend für Konstantin reiste jedoch seine Mutter Helena im Jahr 327 mit allem kaiserlichen Prunk nach Palästina[182] und machte damit die Pilgerfahrt ins Heilige Land sozusagen hoffähig.

Der Ausbau der heiligen Stätten in der Zeit Konstantins hat sicher ebenfalls zum Wallfahrtswesen beigetragen, ganz abgesehen vom offiziellen religiösen Tourismus im Zusammenhang mit den zahlreichen Einweihungsfeiern verschiedener Kirchen, zu denen immer wieder Bischöfe von weither mit der staatlichen Post gebracht wurden.[183] Die kaiserliche Post, der *cursus publicus*, wurde dadurch, wie Ammianus Marcellinus (XXI,16,18) klagt, mitunter völlig verstopft. Erlasse verschiedener Kaiser waren notwendig, um sie von solcher Überlastung und Zweckentfremdung wieder zu befreien.

Auch auf das einfache Volk, das selbstverständlich nicht die öffentliche Post benützen durfte, hatten die heiligen Stätten Palästinas eine gewaltige Anziehungskraft, wie verschiedene Pilgerberichte belegen.[184] Auffällig ist dabei, daß alle frühen Texte aus dem Westen des Reiches stammen. Doch müssen Pilgerfahrten aus dem östlichen Teil des Reiches natürlich die große Mehrheit gewesen sein: Hieronymus schreibt in einem Brief an Laeta von Pilgern aus Indien, Persien und Äthiopien;[185] ebenso gibt es zahlreiche Hinweise auf Pilger aus Syrien, Ägypten, Kleinasien und Armenien, woher immer wieder Pilgerscharen in geschlossenen Gruppen kamen.[186] Doch war für die Menschen aus diesen Gebieten die Wallfahrt nach Jerusalem wohl nicht etwas so Außergewöhnliches wie für Leute aus dem Westen; deren Berichte konnten als Handbuch für die Planung weiterer Palästinareisen gedacht sein oder – und das wohl in den meisten Fällen – als literarischer Ersatz für die Reise selbst gelesen werden.

In unserem Zusammenhang sind die Pilgerberichte nicht nur als Augenzeugenberichte aus dem Palästina des 4. Jahrhunderts von Interesse. Sie dokumentieren die Umwandlung der religiösen Landschaft Palästinas im Laufe des Jahrhunderts; sie zeigen aber auch, was ein Pilger im Heiligen Land suchte, was ihm gezeigt und wie es ihm erklärt wurde. Insbesondere interessiert dabei die Reaktion der Pilger auf das palästinische Judentum und ihr mögliches Zusammentreffen mit jüdischen Traditionen.

Von größter Bedeutung für das Land und seine Bevölkerung war, daß viele Pilger sich dort auf Dauer niederließen; damit trugen sie zur ethnischen Vielfalt der christlichen Bevölkerung des Landes bei; dadurch kam es aber auch zum Aufeinanderprallen der verschiedensten christlichen Tendenzen jener Zeit. Hieronymus und sein Kreis in Betlehem, die in scharfer Auseinandersetzung mit der Kirche in Jerusalem und mit den Mönchen auf dem Ölberg standen, sind dafür das herausragende Beispiel. Doch hören wir jetzt auf die drei erhaltenen Pilgerberichte, jenen des Anonymus von Bordeaux, den der Egeria und jenen der Freundinnen des Hieronymus, Paula und Eustochium.

1. Der anonyme Pilger von Bordeaux

Der älteste erhaltene Bericht schildert knapp und nüchtern die Palästinareise eines Pilgers aus Bordeaux. Am 1. 6. 333 brach dieser von Konstantinopel aus nach Palästina auf und kam am 26. 12. desselben Jahres wieder dorthin zurück. Wenn wir für Hin- und Rückreise ein Minimum von vier Monaten rechnen, kann er sich im Heiligen Land selbst höchstens zwei bis drei Monate aufgehalten haben.

H. Donner schließt aus diesem Bericht, der Pilger sei „ein getaufter Jude aus Bordeaux" gewesen.[187] *S. Klein* hingegen vertrat schon früher die Annahme, der Verfasser sei nie im Heiligen Land gewesen; er habe sein Buch vielmehr aus drei Quellen zusammengestellt, nämlich einem Wegeverzeichnis, einem dürftigen christlichen Text fast ohne Nachrichten über die heiligen christlichen Stätten, sowie als größtem Bestandteil einer Sammlung von jüdischen Erzählungen und Traditionen; deren Kenntnis verdanke der Verfasser einem jüdischen Reisenden in Bordeaux, der kein Gelehrter und auch nicht sehr genau war.[188]

Was hat es mit der jüdischen Quelle des Pilgers beziehungsweise mit seiner jüdischen Herkunft auf sich? Die Frage ist in Zusammenhang mit der mehrfach behaupteten Hinzuziehung jüdischer Führer zu sehen.[189]

Wenn der Pilger von Bordeaux sich einem solchen jüdischen Fremdenführer anvertraut haben sollte, wären Berührungen mit jüdischen Traditionen daraus zu erklären. In Jerusalem, wohin Juden zumindest offiziell keinen Zutritt hatten, ist allerdings die Beschäftigung jüdischer Führer von vornherein ausgeschlossen; so hat denn auch *J. Wilkinson* gerade aus der Beschreibung Jerusalems mit der Erwähnung der „Zinne des Tempels" sowie des „Steins, den die Bauleute verworfen haben" (Ps 118,22 f) ebenso wie aus der Bemerkung über den „durchbohrten Stein", den die Juden alljährlich besuchen, um dort zu klagen, auf einen christlichen Führer des Pilgers aus Bordeaux in Jerusalem geschlossen.[190]

Sehen wir uns einmal die *Reiseroute* des Pilgers von Bordeaux an. Von Konstantinopel reist er quer durch Kleinasien nach Ankara, dann südwärts bis zum Mittelmeer, das er in Adana erreicht und dessen Küste er bis ins Heilige Land nicht mehr verläßt. Von Caesarea aus zieht er landeinwärts nach Neapolis und über Bet-El nach Jerusalem. Von dort macht er Ausflüge über Betanien nach Jericho und zum Toten Meer, wo er die Taufstelle Jesu besucht, ebenso über Betlehem nach Hebron. Die Rückreise führt ihn über Emmaus und Lydda wieder nach Caesarea und von dort weiter nach Konstantinopel. Juden erwähnt er in seinem dürftigen Text nur in Zusammenhang mit dem Tempelplatz in Jerusalem, Samaritaner in Neapolis. Der Reiseroute nach kann er größere jüdische Ortschaften nur in der Jesreelebene, in der Gegend von Jericho und dann wieder (vielleicht) in Lydda vorgefunden haben.

Auffällig an seiner Beschreibung und Anlaß für seine Bezeichnung als Judenchrist beziehungsweise für die Annahme einer jüdischen Quelle für seinen Text ist die Betonung der *alttestamentlichen Traditionen und einzelner jüdisch klingender Motive*. An neutestamentlichen Motiven erwähnt er vor der Ankunft in Palästina nur die Herkunft des Paulus aus Tarsus, sagt so zum Beispiel auch nichts über Antiochien. Andererseits nennt er schon vor Erreichen der palästinischen Provinzgrenze zwei Erinnerungen an Elia, nämlich in Sidon, wohin er die Geschichte über die Witwe von Sarepta (1Kön 17,7–16) verlegt, und in Sykaminos am Berg Karmel, wo Elia opferte (1Kön 18,19–40). In Caesarea nennt er den Hauptmann Kornelius (Apg 10); mit Jesreel am Ostrand der gleichnamigen Ebene verbindet er die Geschichte von Nabots Weinberg in 1 Kön 21: „Dort saß König Ahab und weissagte Elia"; hier sieht er aber auch „das Lager, wo David Goliat tötete", was nach 1Sam 17 in Socho im judäischen Hügelland zu lokalisieren wäre.

Zwischen Skythopolis und Neapolis kommt er nach Aser mit dem Landgut Ijobs: Die Bibel siedelt diesen einfach in dem (unbekannten) Land Uz an. Vom Berg Garizim sagt er, daß hier nach Meinung der Samaritaner Abraham das Opfer dargebracht habe (Gen 22); auch erwähnt er das Grabmal Josefs in Sichem (Jos 24,32), den Raub Dinas durch die Amoriter (Gen 34), den von Jakob gegrabenen Brunnen, an dem Jesus mit der Samariterin sprach (Joh 4; kein alttestamentlicher Beleg), und den von Jakob gepflanzten Baum in Sychar.[191] Zu Bethar (= Bet-El) schließlich nennt er die Tradition vom Jakobstraum (Gen 28), verbindet damit aber auch die von der Bibel ins Ostjordanland verlegte Geschichte vom Kampf Jakobs mit dem Engel (Gen 32) und die Erzählung vom Propheten, den ein Löwe tötete (1Kön 13).

Abgesehen von der Gewichtung biblischer Traditionen, die der Pilger für wert hält, aufgeschrieben zu werden, möchte man bei von der Bibel abweichenden Lokalisierungen oder bei solchen, wo die Bibel keine näheren Ortsangaben macht, natürlich die Frage nach Traditionen stellen, die diesen Angaben zugrunde liegen, ebenso nach deren Herkunft. Rätselhaft ist besonders die Lokalisierung des Kampfes zwischen David und Goliat, zumal noch Eusebius und Hieronymus von zwei Dörfern namens Socho zwischen Jerusalem und Eleutheropolis in ihrer Zeit wissen. Es könnte höchstens mit der Uneinheitlichkeit der biblischen Tradition (in 2Sam 21,19 erschlägt Elhanan Goliat bei Gob) begründet werden, daß man sich nicht an die Lokalisierung von 1Kön 17 hält; vielleicht ließe sich auch eine allgemeine Tendenz vermuten, wichtige Kämpfe in die Ebene von Megiddo als dem biblischen Schlachtfeld schlechthin zu verlegen. Belege gibt es meines Wissens jedoch weder in der rabbinischen noch in der christlichen Auslegungstradition.

Fast ebenso problematisch ist die sonst nicht bezeugte Lokalisierung Ijobs in Aser. Doch könnte diese mit der verbreiteten jüdischen Überlieferung zusammenhängen, daß Ijob mit Jakobs Tochter Dina verheiratet war, nachdem die Amoriter sie im nahen Sichem geraubt hatten; diese Tradition ist schon im 1. Jahrhundert durch das pseudophilonische „Buch der biblischen Altertümer" (8,8) belegt.[192] Wollte man Ijob schon in der Nähe von Sichem lokalisieren, bot sich der in der rabbinischen Tradition sprichwörtlich reiche Stamm Ascher an, dessen Töchter wie jene Ijobs als der Inbegriff aller Schönheit galten (Ijob 42,12 ff; Gen 49,20; dazu GenR 99,12, Th-A 1282). Dies könnte also auf jüdische Tradition zurückgehen, die aber nicht strikt zu beweisen ist.

In *Jerusalem* selbst beginnt der Pilger seine Beschreibung mit zwei Teichen beim Tempelplatz, die Salomo angelegt haben soll, und dem Betesda-Teich (Joh 5); dann nennt er eine Krypta, wo Salomo die Dämonen beschwor – ein in der jüdischen Tradition verbreitetes Motiv, und den Eckturm, wo der Satan Jesus versuchte (Mt 4,5 ff). Ebenso erwähnt er den Eckstein, „den die Bauleute verwarfen" (Ps 118,22; Mt 21,42), und zahlreiche Räume unter dem Eckturm, wo Salomo einen Palast hatte. „Dort gibt es auch noch das Gemach, in dem er saß und die Weisheit schrieb; die Decke dieses Gemachs wird von einem einzigen Stein gebildet ... Und in dem Gebäude selbst, wo der Tempel war, den Salomo gebaut hat, befindet sich bis zum heutigen Tag auf dem Marmor(fußboden) vor dem Altar das vergossene Blut des Zacharias; auch sind die Spuren der Nägel der Soldaten zu sehen, die ihn töteten, durch den ganzen Raum hindurch wie in Wachs gegossen. Ferner sind dort zwei Statuen Hadrians; und nicht weit von den Statuen entfernt ist ein durchbohrter Stein, zu dem die Juden alljährlich kommen, ihn salben, mit Seufzen wehklagen, ihre Kleider zerreißen und dann wieder fortgehen. Dort ist auch das Haus des Königs Hiskia von Juda ... ein Teich mit Namen Siloa. Er hat einen vierfachen Säulenumgang, und ein weiterer großer Teich ist weiter draußen. Diese Quelle fließt sechs Tage und Nächte; am siebenten Tage aber ist Sabbat, da fließt sie weder am Tage noch in der Nacht."

Weiter geht er zum Zion hinauf zum Haus des Hohenpriesters Kaifas mit der Säule, an der Christus gegeißelt wurde. „Drinnen aber, innerhalb der Zionsmauer, ist die Stätte zu sehen, wo David seinen Palast hatte. Von den sieben Synagogen, die sich hier befanden, ist nur eine übriggeblieben; die anderen sind umgepflügt und besät, wie der Prophet Jesaja gesagt hat."[193]

Von dort setzt er seinen Weg fort, vorbei an Wänden, die vom Prätorium des Pilatus stehengeblieben sind, zur nur kurz erwähnten Grabeskirche und verläßt Jerusalem schon wieder durch das Osttor in Richtung Ölberg. Außerhalb der Stadt zeigt man ihm den Felsen, wo Judas den Herrn verriet, den Baum, von dem die Kinder für den Einzug Christi die Palmwedel nahmen, sowie zwei Gräber, von denen eines dem Propheten Jesaja, das andere Hiskia, dem König der Juden, gehören soll.

Die Gewichtung der Sehenswürdigkeiten der Stadt ist in der Tat auffällig. Die Tatsache, daß er seine Besichtigung im Nordosten Jerusalems beginnt, also oberhalb des Tempelplatzes, und erst am Schluß seines Rundgangs zur Grabeskirche kommt, mag mit seiner Ankunft auf der Straße von Norden, von Neapolis, zusammenhängen, berührt aber dennoch etwas eigenartig. Noch mehr gilt dies von der verhältnismäßig kurzen Schilderung der Grabeskirche im Vergleich zur Beschreibung dessen, was er auf dem Tempelplatz sieht. Mag sein, daß er die Grabeskirche nur kurz erwähnt, weil das Gelände zum Teil ja noch eine Baustelle gewesen sein muß, vielleicht auch, weil die Tradition dieser Pilgerstätte noch relativ jung war. Man kann allerdings hinter der Betonung des Tempelplatzes eine ganz bestimmte Absicht des Pilgers oder aber seines Führers sehen, nämlich die Betonung, daß das Judentum nunmehr durch das Christentum abgelöst ist.

Zentral ist in diesem Zusammenhang die Aussage über das Blut des Zacharias (vgl. Mt 23,35; 2Chron 24,20f), das auch in der rabbinischen Tradition eine große Rolle spielt.[194] Folge dieses Mordes wie auch der Verwerfung Christi, des Steines, der verworfen wurde, dann aber zum

Eckstein geworden ist, ist die Zerstörung des Tempels; aber auch die römische Herrschaft, symbolisiert durch die zwei Statuen Hadrians (in Wirklichkeit eine Statue Hadrians und eine des Antoninus Pius), ist darauf zurückzuführen. Ebenso könnte „das Gebäude selbst", in dem man dem Pilger die Blutspuren zeigt, an die römische Herrschaft erinnern, wenn hier tatsächlich an den hadrianischen Jupitertempel zu denken sein sollte, was aber, wie wir gesehen haben, eher unwahrscheinlich ist; vermutlich ist an noch emporragende Mauern des herodianischen Tempels zu denken, die man dem Pilger gezeigt hat.[195]

Als Folge des Mordes an Zacharias und dann an Jesus, so mag der Text unausgesprochen annehmen, können die Juden nur noch wehklagend den „durchbohrten Stein" salben: Gemeint ist wohl der durchlöcherte Felsen des Altares, der nach rabbinischer Tradition zugleich der Grundstein der Welt ist. Es ist allerdings fraglich, ob damals Juden den Tempelplatz selbst betreten hätten. Wenn nicht, müßte man sich einen anderen Stein, etwa an der „Klagemauer", vorstellen. Von den Reisedaten her wäre es durchaus möglich, daß der Pilger den Jahrestag der Zerstörung des Tempels in Jerusalem erlebt[196] und die wehklagenden Juden selbst am Tempelplatz gesehen hat.

Welche Rolle das Blut des Zacharias in der christlichen Pilgertradition spielt, können wir aus Bemerkungen des Hieronymus entnehmen, denen zufolge die „einfacheren Brüder zwischen den Ruinen des Tempels und des Altares oder bei den Ausgängen der Tore, die nach Siloa führen, rote Steine zeigen und meinen, sie seien vom Blut des Zacharias befleckt". Er selbst glaubt nicht an diese Tradition; doch „wir verurteilen den Irrtum nicht, der aus dem Haß gegen die Juden und frommer Gläubigkeit rührt«.[197] Daraus wird das antijüdische Glaubensinteresse dieser Aussage deutlich genug.

Vielleicht zeigt man aus demselben Grund gleich anschließend den Palast Hiskias, ebenso wie später auch sein Grab, wo er pointiert „König der Juden" genannt wird. Hiskia ist ja in jüdischen Vorstellungen eine messianische Gestalt, wie aus den Jochanan ben Zakkai zugeschriebenen letzten Worten hervorgeht: „Bereitet einen Thron für Hiskia, den König Judas, der kommen wird" (Ber 28b). Die Ruinen seines Palastes und sein Grab könnten daher auf jüdische messianische Hoffnungen verweisen, die zunichte geworden sind. Dasselbe Thema taucht ja dann nochmals am Zionsberg auf, wo David einst seinen Palast hatte und wo von den sieben einstigen Synagogen nur noch eine stehengeblieben ist, während sich an den andern das Prophetenwort erfüllt hat (Jes 1,8; Mi 3,12), sie umgepflügt und besät sind.

Aus diesem Zusammenhang der Ablösung des Judentums durch das Christentum fallen die Angaben über Salomo, vor allem aber die eigenartige Bemerkung über die Siloa-Quelle, die am Sabbat nicht fließt. Auch wenn man an eine intermittierende Quelle denkt, die nicht regelmäßig fließt, ist natürlich ein regelmäßiges Aussetzen am Sabbat keineswegs anzunehmen; und bei einem längeren Aufenthalt in Jerusalem müßte der Pilger das natürlich auch gesehen haben. Am ehesten ist an die Tradition zu denken, daß während der Belagerung Jerusalems unter Hiskia auf Bitten des Jesaja nur dann Wasser aus der Quelle floß, wenn Juden aus ihr schöpfen wollten, nicht aber, wenn die heidnischen Belagerer kamen.[198] Von da aus zur Annahme, daß sich die Quelle mit den Juden an die Sabbatruhe hält, ist kein weiter Weg. Eine solche Vorstellung ist sicher jüdischer und nicht christlicher Herkunft. Interessant ist die Tatsache, daß auch eine solche eher symbolträchtige Tradition, die aber vom Betrachter schnell in der profanen Wirklichkeit widerlegt werden kann, in einen Pilgerbericht Eingang gefunden hat.

Wenn wir von diesen Punkten absehen, macht die Schilderung Jerusalems in ihrer Gesamtheit nicht den Eindruck, daß hier jüdische oder judenchristliche Interessen zu suchen sind. Vielmehr geht es um christliche Propaganda, die mit dem konstantinischen Bauprogramm in Jerusalem verbunden wird, nämlich um die Behauptung, das jüdische Jerusalem sei durch das christliche abgelöst, wie ja auch Eusebius die Grabeskirche als das Gegenstück des Tempels bezeichnet, als das neue Jerusalem. Jüdische Traditionen, die der Pilger auch notiert, schließen dieses Verständnis seines Jerusalemer Programms nicht aus; sie zeigen nur die allgemeine starke Bindung der Kirche dieser Zeit an das Alte Testament, das sie von den Juden rechtmäßig geerbt zu haben glaubt.

Auch beim Ausflug des Pilgers nach Jericho fällt die alttestamentliche Gewichtung des Berichts auf. Neben dem Baum des Zachäus (Lk 19) erwähnt er die Quelle des Elischa (2Kön 2,19–22), das Haus der Hure Rahab (Jos 2 und 6), die Stelle, wo einst die Bundeslade stand, die zwölf Steine, die die Israeliten aus dem Jordan mitgenommen hatten (Jos 4,20), den Platz, wo Josua die Israeliten beschnitt (Jos 5) und schließlich neben der Taufstelle Jesu am Jordan auch noch den Hügel, von dem aus Elia in den Himmel entrückt wurde (2Kön 2).

Vom Abstecher nach Betlehem ist die interessante Behauptung zu erwähnen, daß nicht weit von der konstantinischen Geburtsbasilika „das Grabmal Ezechiels ist, Asafs, Ijobs, Isais, Davids und Salomos. Wenn man hinuntersteigt, sind seitlich die oben erwähnten Namen in hebräischen Buchstaben aufgeschrieben."[199] *H. Donner* kommentiert zur Stelle, der Pilger habe mit diesen Namen die Waffengefährten Davids gemeint: „Vermutlich las der Pilger die Namen Asahel, Abisai und Joab (2Sam 2,18.32) falsch, vielleicht weil die Inschrift bereits beschädigt war."[200] Diese Hypothese setzt natürlich voraus, daß der Pilger ein Judenchrist war. Doch auch von einem konvertierten Juden aus Bordeaux können wir im 4. Jahrhundert durchaus nicht Hebräischkenntnisse erwarten! Eher ist damit zu rechnen, daß irgendein Grab mit hebräischer Inschrift einfach unsachgemäß erklärt wurde. Jedenfalls ist von dieser eigenartigen Angabe her noch nicht auf eine jüdische Herkunft des Autors oder seiner Quelle zu schließen, auch wenn wir sie – wie so viele andere Angaben der Pilgertexte – im einzelnen nicht erklären können.

Abgesehen von der polemischen Tendenz in der Schilderung Jerusalems ist die Betonung alttestamentlicher Traditionen gegenüber solchen des Neuen Testaments wohl vor allem darin begründet, daß es noch keine ausgeprägte christliche Pilgertradition gab und das Christentum jener Zeit insgesamt noch stark alttestamentlich geprägt war.[201] Dies ist wohl auch die Ursache dafür, daß das christliche Galiläa in der Reiseroute des Pilgers keinen Platz hat. Besucht er nicht vielleicht gerade deshalb nicht Galiläa, weil dort von einer Ablösung des Judentums durch das Christentum noch keine Rede sein kann, christliche Stätten noch kaum zu besuchen sind?

Zu Recht bemerkt *J. Wilkinson:* „Der Pilger von Bordeaux spricht von einer christlichen Topographie, die fast ohne Bezug zu christlichen Denkmälern bestand."[202] Es ist wohl anzunehmen, daß der anonyme Pilger ein Standardprogramm absolvierte. Geht dieses schon auf vorkonstantinische Tradition zurück, die nur durch die neue christliche Propaganda einen anderen Akzent bekam? Leider fehlen uns die Quellen, um diese Frage zu beantworten.

2. Egeria

1884 wurde ein Pilgerbericht entdeckt, der wohl von einer adeligen Nonne aus Südwestfrankreich oder eher dem spanischen Galizien stammt. Anfangs identifizierte man die Pilgerin mit Silv(an)ia, der Stiefschwester des Rufinus von Aquileia; heute wird diese Gleichsetzung nicht mehr vertreten. *H. Donner* datiert ihre Reise um das Jahr 400 und begründet dies vor allem mit der Exkursion der Pilgerin zum Grab Ijobs im südsyrischen Karneas; Johannes Chrysostomus scheine dieses 379 noch nicht zu kennen, spreche er doch in einer Predigt aus jenem Jahr nur vom Schutthaufen, auf dem Ijob saß.[203] Doch ist zu bedenken, wieviel sicher Existierendes auch sonst nicht erwähnt wird, so z. B. bei Hieronymus. Das Argument ist mithin nicht sehr beweiskräftig und eine Frühdatierung der Reise Egerias zwischen 381 und 384 wohl eher angemessen, vor allem wegen der Tatsache, daß sie einzelne Bischöfe Syriens als Confessor bezeichnet, was darauf hinweist, daß diese die Christenverfolgungen noch erlebt haben.[204]

Leider fehlen vom Bericht der etwa vierjährigen Reise Egerias der Abschnitt über das Westjordanland und jener über Jerusalem, der allerdings durch die Schilderung der Jerusalemer Liturgie im zweiten Teil des Werkes irgendwie ersetzt wird. Für Galiläa gibt es nur dürftige Auszüge bei Petrus Diaconus, dessen 1137 verfaßter *Liber de locis sanctis* eine Schrift des Beda Venerabilis bearbeitet, der wiederum nachweislich Egeria benützt hat. Der Name der Pilgerin ist in verschiedenen Formen überliefert, neben Egeria findet sich auch Aegeria, Aetheria und ähnliches.

Soweit erhalten, macht der Bericht den Eindruck, durch eine Welt zu führen, die voll von Mönchen, Priestern, Bischöfen und Kirchen ist. Allein bei Harran erwähnt Egeria ausdrücklich, daß dort außer dem Klerus nur Heiden leben. Sie reist stets in Gesellschaft; besonders Mönche und Priester scheinen immer Zeit zu haben, sich für eine Wegstrecke den Wallfahrern anzuschließen; im Sinai und am Golf von Suez haben sie auch militärischen Geleitschutz, wohl die üblichen römischen Straßenpatrouillen.

Mönche sind überall bereit, zu zeigen, was Pilger zu sehen wünschen. Pilger scheinen schon etwas Alltägliches zu sein und man kann sie auch zu einer Fülle von Gedenkstätten führen. Jeder einzelne biblische Satz bekommt seine genaue Lokalisierung. Auffällig ist dies vor allem im Sinai, wo Egeria ihre Leser(innen) auch einfach pauschal auf den Pentateuch verweist; ein Stein markiert die Stelle des Goldenen Kalbs (Ex 32,1–6); auf dem Gipfel des Mose-Berges befindet sich eine Kirche, ebenso auf dem benachbarten Horeb mit der Höhle des Elia (1Kön 19,8f), eine weitere beim Dornbusch (Ex 3) usw. „Und so zeigten uns jene Heiligen stets alle einzelnen Orte, sobald wir in dem ganzen Tal zu ihnen kamen."[205]

Für den Sinai mag diese alttestamentliche Orientierung naheliegen. Doch bestimmt sie auch die übrigen erhaltenen Teile der Schrift: Abraham, Melchisedek, Mose, Ijob und Elia stehen im Mittelpunkt; Christliches hingegen wird fast nur nebenbei erwähnt. Ob die Gewichtung anders aussehen würde, wenn das Gesamtwerk überliefert wäre, wissen wir allerdings nicht.

Bezeichnend ist auch die Reise von Jerusalem zum Berg Nebo, dem Ort des Todes Moses, nachdem Egeria von Ägypten der Küstenstraße entlang durch Palästina wieder nach „Helia, d.h. Jerusalem" zurückgekommen ist.[206] Natürlich kann sie die christlichen Aspekte schon im nicht erhaltenen Teil geschildert haben; hier jedenfalls nennt sie nur alttestamentliche Ereignisse: die Stelle, an der Josua die Israeliten über den Jordan geführt hatte (Jos 3–4), den Platz, wo die Stämme Ruben, Gad und halb Manasse einen Altar gebaut hatten, „an jenem Teil des Ufers, wo Jericho liegt" (Jos 22,10–34), die Grundmauern des Lagers der Israeliten bei Livias jenseits des Jordan (Num 22,1 und öfter) und so weiter. Dagegen erwähnt Egeria nicht einmal die Taufe Jesu! *H. Donner* meint, daß sie eben Johannes den Täufer in Aenon bei Salim lokalisiert.[207] Das hilft jedoch nicht über ihr Schweigen hinweg; denn sie spricht zu dieser Stelle nicht von der Taufe Jesu – Aenon als Stätte der Tätigkeit des Johannes wird nicht mit der Stätte der Taufe Jesu gleichgesetzt (vgl. Joh 3,23).

Von ganz besonderem Interesse ist jedoch Egerias Besuch in Sedima; sie kommt dorthin auf ihrer Reise nach Karneas in der Ausitis, wo sie das Grab Ijobs besuchen will: „Ich sah nämlich viele heilige Mönche, die von dort nach Jerusalem kamen, um die heiligen Stätten zu sehen und dort zu beten; diese erzählten Einzelheiten über jene Stätten und weckten in mir den Wunsch, die Mühe auf mich zu nehmen, um auch zu jenen Orten zu reisen.“[208]

Leider gibt Egeria nicht an, wo genau sich dieses Dorf Sedima befindet. Jedenfalls liegt es im Jordangraben nicht weit von Bet Schean und ist wohl mit dem von Eusebius im Onomastikon genannten Salumias gleichzusetzen, das aber bisher nicht sicher lokalisiert ist. Egeria schildert Sedima als besiedelten Tell: „In diesem Dorf also, das in der Mitte einer Ebene gelegen ist, befindet sich in der Mitte ein kleiner Hügel, beschaffen, wie große Grabhügel zu sein pflegen. Dort also auf der Anhöhe ist eine Kirche; unten aber rings um den kleinen Hügel sind große alte Grundmauern sichtbar; auch gibt es noch jetzt im Dorf selbst einige Trümmerhaufen.“[209]

Auf ihre Frage hin erklärt man Egeria: „Das ist die Stadt des Königs Melchisedek, die früher Salem genannt wurde; von daher heißt das Dorf jetzt verballhornt Sedima. Denn auf dem Hügel, der mitten im Dorfe liegt, siehst du auf der Anhöhe einen Bau, eine Kirche; diese Kirche heißt nun in griechischer Sprache *opu* (?) Melchisedek. Denn dies ist der Ort, wo Melchisedek Gott reine Opfer darbrachte, nämlich Brot und Wein, wie von ihm geschrieben steht“ (Gen 14,18).[210]

Die Grundmauern rund um den Hügel erklärt man ihr als Reste des Palastes des Melchisedek, wo man noch heute kleine Stücke Silber und Erz finden könne. Auf dem Wege, der zwischen dem Jordan und dem Dorf hindurchführt, sei Abraham nach seinem Sieg über Kedor-Laomer zurückgekehrt und hier mit Melchisedek zusammengetroffen. Anschließend verbindet der Priester, der Egeria führt, denselben Platz mit der Taufe des Johannes; deshalb würden noch jetzt zu Ostern die Täuflinge in dieser Quelle getauft und dann in einer Lichterprozession in die Melchisedekkirche geführt.

Diese Lokalisierung der Melchisedektradition im Jordantal widerspricht der jüdischen Überlieferung, die einhellig Gen 14,18 auf Jerusalem = Salem bezieht. Dies belegt schon Josephus Flavius (Ant. I, 180; BJ VI,438); in der rabbinischen Literatur siehe zum Beispiel GenR 43,6 (Th-A 420). Die samaritanische Tradition hingegen bezog den Text auf Sichem, wie Eupolemos bezeugt. Diese Überlieferung könnte sich auf Gen 33,18 stützen: „Und Jakob kam *schalem* zur Stadt Sichem im Lande Kanaan." Heute versteht man *schalem* gewöhnlich als Eigenschaftswort, „heil", wie dies auch die aramäischen Bibelübersetzungen tun (einzig der samaritanische Targum ist nicht eindeutig). Die Septuaginta allerdings übersetzt: „Und Jakob kam nach Salem, der Stadt der Sikimer, die sich im Lande Kanaan befindet"; ebenso übersetzt dann die Vulgata.

Daß hier die Tradition im 4. Jahrhundert durchaus noch nicht einheitlich war, belegen Kirchenvätertexte. Eusebius und ihm folgend Hieronymus[211] schließen sich hinsichtlich Salem in Gen 14,18 der Septuaginta zu Gen 33,18 an, setzen also Salem, die Stadt der Sikimer, mit Sichem gleich. „Doch gibt es auch ein anderes Dorf . . ." Hier ist im überlieferten Text des Eusebius eine Lücke; nach Hieronymus ist zu ergänzen: „es wird bis heute westlich von Aelia unter diesem Namen gezeigt; auch beim 8. Meilenstein von Skythopolis wird in der Ebene ein Dorf Salumias genannt". Anschließend zitiert Hieronymus die Gleichsetzung von Salem mit Jerusalem durch Josephus. Die Verwirrung in dieser Frage dokumentiert auch Epiphanius: „Salem aber wurde eine Stadt genannt, über die jeder eine andere Meinung hat. Die einen sagen, es sei die (Stadt), die heute Jerusalem genannt und manchmal auch als Jebus bezeichnet wird; die anderen sagen, es gebe ein Salem in der Ebene der Sikimer gegenüber dem heute so genannten Neapolis."[212]

Daß Hieronymus die Pilgertradition eines Salem bei Skythopolis kennt, geht aus einem seiner Briefe hervor. Salem ist nicht, schreibt er, wie Josephus und auch einige Christen glauben, Jerusalem, ein aus Griechisch und Hebräisch zusammengesetzter Name, was eine absurde sprachliche Mischung wäre. Vielmehr ist es „eine kleine Stadt nahe Skythopolis, die bis heute Salem genannt wird. Und dort wird der Palast des Melchisedek gezeigt, dessen umfangreiche Ruinen die Großartigkeit des alten Bauwerks zeigen." Dies ist dasselbe Salem wie in Gen 33,18. Auch gibt Hieronymus zu bedenken, daß Abraham die Feinde bis Paneas verfolgt habe; auf dem Rückweg konnte er daher nicht nach dem abseits gelegenen Jerusalem gekommen sein, sondern eben in eine Stadt im Gebiet von Sichem, die Ortschaft, wo auch Johannes taufte, Aenon bei Salim (Joh 3,23).

Interessant ist die folgende Bemerkung im Brief des Hieronymus: „Das haben wir von den Gelehrtesten jenes Volkes gelernt, die jedoch nicht annehmen, der heilige Geist oder ein Engel sei Melchisedek gewesen, ihn vielmehr ganz sicher als Menschen bezeichnen."[213] Damit beruft sich Hieronymus auf gelehrte Juden. Doch ist die folgende Ergänzung, daß sie Melchisedek nicht als heiligen Geist oder Engel ansehen, als Aussage über Juden eigenartig, da allzu selbstverständlich. Denkt Hieronymus hier an Judenchristen, die im Gegensatz zu anderen in Melchisedek nicht eine himmlische Erlösergestalt sehen, wie dies in Qumran und in Anschluß an Hebr 7,3 auch in christlichen Gruppen der Fall war,[214] sondern betonen, daß er ein irdischer König war?

Die Lokalisierung des Palastes Melchisedeks würde helfen, Melchisedek irdisch zu verankern und damit seine Mythisierung zu untergraben. Allerdings wäre das allein noch kein Anlaß, die schon vorchristliche Lokalisierung in Jerusalem aufzugeben, das ja noch dazu nunmehr zu einem Zentrum christlicher Pilgerschaft geworden ist. Auch die Tatsache, daß innerhalb von Gen 14 eine Lokalisierung im Jordantal logischer ist, begründet nicht hinreichend die Verlagerung der Tradition. Die Verbindung mit Johannes dem Täufer läßt auf ihre christliche Entstehung schließen, die sich mit der jüdischen Überlieferung nicht deckt. Wäre es denkbar, hier eine vorkonstantinische judenchristliche Lokaltradition zu sehen, vielleicht in einer Parallelisierung Melchisedeks mit Johannes dem Täufer begründet, entstanden in einer Zeit, als auch Judenchristen Jerusalem nicht betreten durften?

Wir können hier nur die Frage stellen, ohne eine befriedigende Antwort zu geben. Für unseren Zusammenhang wesentlich ist jedoch die Tatsache, daß christliche Pilger alttestamentliche Traditionen pflegen, die sich nicht mit der jüdischen Überlieferung decken. Bei alttestamentlichen Traditionen ist also nicht von vornherein an jüdische Überlieferung oder gar an jüdische Pilgerführer zu denken; vielmehr haben diese Texte ein Eigenleben innerhalb der christlichen Tradition. Dasselbe gilt wohl für so manche Mose- und Elia-Traditionen und wird auch bei Ijob in der Fortsetzung der Reise Egerias deutlich, wobei wir allerdings schon den Rahmen Palästinas im engeren Sinn verlassen. Wir werden darauf im Zusammenhang mit den Grabauffindungen nochmals zurückkommen.

3. Paula und Eustochium

Paula, eine reiche Römerin aus dem Geschlecht der Gracchen, hat zusammen mit ihrer Tochter Eustochium und einer Anzahl von Jungfrauen in den Jahren 385 und 386 unter der Leitung ihres Freundes Hieronymus eine Heiliglandreise unternommen, ehe sie sich mit ihren Begleitern in Betlehem niederließ. Die Reise ist im Brief von Paula und Eustochium an Marcella geschildert (wohl 392 oder 393 geschrieben und als Brief 46 in der Briefsammlung des Hieronymus überliefert); ebenso findet die Reise ihren Niederschlag im Brief des Hieronymus an Eustochium, einer Art Grabschrift auf die 404 verstorbene Paula (ep. 108).

H. Donner meint, daß Hieronymus „die Pilgerfahrt seiner beiden Freundinnen zu einer theologischen Bildungsreise gestaltete, zu dem etwa, was wir heute eine wissenschaftliche Studienreise nennen würden".[215] Er wehrt sich gegen die These, der Text sei zu einem großen Teil Fiktion. Das ist sicher richtig; doch haben wir es hier auch nicht mit einer Standardreise zu tun, wie es – wenn auch in sehr erweiterter Form – die der Egeria war. Dagegen sprechen die ganz spezifischen Interessen des Bibelgelehrten Hieronymus, der sich immer auch besonders um jüdische Traditionen bemüht hat.

Die Gruppe reiste von Norden her kommend der Küste entlang bis Sarepta, wo man Elias gedachte und den Turm besichtigte, in dem er gewohnt hatte (1Kön 17,8–24). Über den Strand von Tyrus mit seinen paulinischen Erinnerungen (Apg 21,5) geht es weiter nach Akko und in die Ebene von Megiddo, wo einst König Joschija fiel (2Kön 23,29). Über Dor kommt die Gruppe nach Caesarea, wo das Haus des Kornelius (Apg 10,1) nun eine Kirche geworden ist; ebenso besichtigt man dort das Haus des Philippus und das Zimmer seiner vier prophetisch begabten Töchter (Apg 21,8f). Der Küstenstraße entlang reist man weiter bis Lydda, wo die Heilung des Äneas und die Erweckung der Tabita erwähnt wird (Apg 9,32ff). Von Jaffa erwähnt der Text nur Jona und die Andromeda-Sage, jedoch nichts Neutestamentliches. Die weitere Reisestrecke über Emmaus nach Jerusalem streift der Text fast nur mit einer Liste von Ortsnamen und biblischen Hinweisen, spricht aber nicht von Besichtigungen.

In Jerusalem besucht die Gruppe die Kreuzesstätte und das Grab Jesu, die Sionskirche mit der Geißelungssäule in der Vorhalle und die Stätte des Pfingstereignisses. Auffälligerweise wird der Tempelplatz gar nicht erwähnt, ebenso nicht der Betesda- und der Schiloachteich. Aber auch des Ölbergs gedenkt Hieronymus nur aus der Ferne: Von Tekoa aus sieht man sein goldenes Kreuz; es erinnert nicht nur an die Himmelfahrt Jesu, sondern läßt den bibelkundigen Hieronymus auch an den Ritus der Roten Kuh denken (Num 19). Vor allem aber ist ihm der Ölberg Ort der Ablösung des jüdischen Kultes durch das Christentum, wie schon vor ihm Eusebius aus Ezechiel gelesen hatte: „dort gründeten nach Ezechiel (10,19; 11,14–25) die aus dem Tempel ausziehenden Cheruben die Kirche des Herrn".[216]

Daß Hieronymus so wenig über Jerusalem zu sagen hat und den Ölberg nicht im Rahmen eines direkten Besuches schildert, hängt wohl mit den großen Spannungen zusammen, die Hieronymus und seine Gemeinschaft zu Betlehem von Bischof Johannes in Jerusalem und den Mönchen auf dem Ölberg trennten. Daher hat er wohl die Beschreibung Jerusalems auf das Unerläßliche beschränkt.

Betlehem, wohin die Gruppe weiterreist, nachdem die Frauen in Jerusalem Geld an die Armen verteilt haben, wird doppelt so ausführlich geschildert: Hier besuchen die Reisenden das Grab der Rachel, die Herberge Marias, den Stall sowie den Turm Ader (Gen 35,21). Dann geht es weiter in Richtung Hebron, wo die Gruppe des Kämmerers der Kandake

(Apg 8) in Bet-Zur und der Traube der Kundschafter in Eschkol (Num 13,23 f) gedenkt.

In Mamre trat Paula „in die Räume Saras und sah die Wiege Isaaks und die Spuren der Eiche Abrahams". Hebron erklärt Hieronymus als die Stadt der vier Männer Abraham, Isaak, Jakob und des großen Adam: „Von diesem glauben die Hebräer gemäß dem Buch Josua (14,13–15), er sei dort begraben, auch wenn die meisten meinen, der vierte sei Kaleb, dessen Grabmal seitlich gezeigt wird."[217] Daß Adam bei Hebron und nicht auf dem Golgotahügel begraben sei, vertritt Hieronymus auch in seinem Mattäuskommentar; in Brief 46,3 und in seinem Kommentar zu Eph 5,14 übernimmt er dagegen die christliche Tradition, Adam sei auf Golgota, direkt unter dem Kreuz Jesu begraben.[218]

Von Hebron aus geht die Gruppe einige Kilometer östlich auf die Anhöhe von Kafarbaruch, „bis wohin Abraham den Herrn geleitet hatte" (Gen 18,16–19), von wo aus man nach Sodom und Gomorra sehen kann. Dann geht es über den Heimatort des Propheten Amos, Tekoa, wieder in Richtung Jerusalem. In Betanien besichtigen die Pilger das Grab des Lazarus und ziehen weiter über Betfage und Adommim nach Jericho. Auch hier sind es neben dem Baum des Zachäus und der Stelle, wo Jesus die Blinden am Weg geheilt hat, primär alttestamentliche Erinnerungen: das Lager von Gilgal, der Hügel der Vorhäute, die zwölf Steine aus dem Jordan. Neben der Taufe Jesu gedenkt man am Jordan natürlich auch Elias und Elischas.

Durch das Tal Achor (Jos 7,26) geht es nach Bet-El, in dessen Nähe die Gräber Josuas und Eleazars, des Sohnes Aarons genannt werden, ebenso das Grab des Pinchas in Gibea. In Schilo sehen sie noch den zerstörten Altar des Heiligtums aus der Zeit vor dem salomonischen Tempel, in Sichem die Kirche beim Jakobsbrunnen, nahebei auch die Gräber der zwölf Söhne Jakobs nach samaritanischer Tradition.[219] In Sebaste besuchen sie die Gräber Elischas, Obadjas und Johannes des Täufers; ebenso erwähnt der Text dort die Höhle, wo Obadja hundert Propheten mit Brot und Wasser versorgte (1Kön 18,4).

Zu den Angaben im Text des anonymen Pilgers von Bordeaux sind zwar einzelne neutestamentliche Erinnerungen und auch Gedenkstätten hinzugekommen; dennoch ist das Programm noch immer überwiegend alttestamentlich geprägt, wobei natürlich die Bibelkunde des Hieronymus eine besondere Rolle spielt und nicht etwa jede Erwähnung eines biblischen Ereignisses heißt, daß es dazu auch schon etwas zu sehen gibt. Im Vergleich mit dem früheren Text fällt überdies auf, welche beträchtliche Anzahl von Gräbern alttestamentlicher Gestalten inzwischen bekannt geworden ist; darauf werden wir anschließend noch näher eingehen.

Von besonderem Interesse ist das Programm der Frauen um Hieronymus in Galiläa: „schnellen Weges durcheilte sie (Paula) Nazaret, die Stadt der Kindheit des Herrn, Kana und Kafarnaum, die Stätten seiner Wunder, zum See von Tiberias ... und zur Einöde, wo viele tausend Menschen mit wenigen Broten gesättigt wurden ... Sie stieg auf den Berg Tabor, wo der Herr verklärt wurde." Von der Anhöhe aus zeigt man ihr den Hermon und die Stätte, wo Barach Sisera und sein Heer besiegt hatte (Ri 4–5), den Bach Kischon und die Stadt Naim, wo Jesus den Sohn der Witwe von den Toten erweckte (Lk 7,11 ff).[220]

Damit bricht Hieronymus seine Schilderung ab: „der Tag wäre eher zu Ende als meine Rede, wollte ich alles durchgehen, was die ehrwürdige Paula in außergewöhnlichem Glauben durcheilt hat". Er dementiert also die Absicht einer Detailschilderung der Reise. Angesichts des christlichen Interesses der galiläischen Stätten ist die Schilderung trotzdem äußerst knapp, auch wenn das Programm ziemlich komplett erscheint. Setzt Hieronymus diese Stätten als bekannt voraus, weil er im Rahmen der Gedenkschrift für Paula nichts Neues mehr zu ihrer Frömmigkeit bieten kann, sind sie ihm vielleicht weniger wichtig? Oder ist von diesen Orten einfach weniger Sehenswertes aufzuzählen? Zu seiner Zeit muß es doch schon die Kirchen in Nazaret, Kafarnaum, an der Stätte der Brotvermehrung und auf dem Tabor gegeben haben. Es ist schwer, aus seinem Schweigen Schlüsse zu ziehen – auch die Grabeskirche und die Kirche zu Mamre nennt Hieronymus ja nicht ausdrücklich. Doch liegt der Schwerpunkt seiner Schilderung eindeutig nicht in Galiläa; insgesamt bleibt sogar dort das Alte Testament von größerem Gewicht als das Neue.

Anschließend schildert Hieronymus nun die Weiterreise nach Ägypten: In Socho kommen sie zur Quelle Samsons (Ri 15,14–19), in Morasthi (Moreschet) gehen sie an das Grab Michas, wo schon eine Kirche steht. Nach dem Besuch bei den Mönchen in Ägypten kehrt die Gruppe zu Schiff nach Maiumas, dem Hafen Gazas, zurück, und läßt sich bald darauf in Betlehem nieder.[221]

Die Begleitung eines jüdischen Führers kann meines Wissens höchstens aus einem einzigen Text des Hieronymus herausgelesen werden, aber auch da nicht sicher. Im Vorwort zu seinem Nahum-Kommentar schreibt Hieronymus: „Elkosch ist heute noch ein Dörflein in Galiläa, zwar klein und die Spuren alter Gebäude kaum noch mit Ruinen anzeigend; dennoch ist es den Juden bekannt und wurde mir auch von einem Führer gezeigt."[222] Die Heimat des Nahum ist selbst heute noch nicht näher lokalisiert. Neben einer nordgaliläischen Tradition gibt es eine weitere bei Eleutheropolis,[223] eine spätere zusätzlich bei Mossul im Irak. *S. Klein* glaubt: „Wie es scheint, ist ein Ort neben Kafarnaum gemeint und zeigte man wegen des Namens dieses Ortes dort den Ort des Nahum, Elqoschi."[224]

Wenn Hieronymus diese Tradition meinen sollte, würde seine Bemerkung in die Reise mit Paula passen. Dann wäre aber auch keine zusätzliche Reise des Hieronymus anzunehmen, ein Aspekt, der für die Einschätzung seiner Ortskenntnisse von Bedeutung ist. So vermutet auch *J. Wilkinson*, „daß die Reise, die er mit ihr (Paula) unternahm, seine einzige Erkundung des Heiligen Landes war ... Wir müssen annehmen, daß seine Pilgerfahrt mit Paula ihn nie weiter als Kafarnaum geführt hat."[225] Nicht einmal Paneas, das neutestamentliche Caesarea Philippi, Ort des Messiasbekenntnisses des Petrus (Mt 16,13–20), scheint der doch so kirchlich gesinnte Mann je gesehen zu haben, auch nicht die anderen Stätten des Wirkens Jesu rund um den See. Biblische Erinnerungen des Alten Testaments bleiben somit nach wie vor im Vordergrund des christlichen Interesses.

4. Alttestamentliche Gräber und Reliquien

In den Pilgerberichten ist immer wieder von Gräbern die Rede, die man besucht und verehrt. Auffällig ist dabei, daß auch noch bei Hieronymus sämtliche genannten Gräber mit Ausnahme derer Jesu und von Johannes dem Täufer alttestamentlichen Gestalten zugeschrieben werden; nur das Grab des Stephanus und jenes des Jakobus kommen in den folgenden Jahren noch aus der christlichen Tradition dazu. Auch dies bestätigt die einseitig alttestamentliche Ausrichtung der frühen Pilgerfahrt ins Heilige Land und wohl ebenfalls der Frömmigkeit der Ortskirche Palästinas. In diesem Zusammenhang erheben sich eine Reihe von Fragen: Gehen diese Grabstätten auf jüdische Tradition zurück, erfolgt ihre Auffindung infolge jüdischer Informationen, kommt es zur Auseinandersetzung der Christen mit den Juden im Kampf um den Besitz solcher Stätten?

Bevor wir darauf im einzelnen eingehen, muß die zusätzliche Frage der Reliquienverehrung mit ihren eventuellen wirtschaftlichen Auswirkungen kurz angeschnitten werden. *M. Avi-Yonah* schreibt in seinem Überblick über die Wirtschaft Palästinas in byzantinischer Zeit: „Eine andere Einkommensquelle für Palästina war die Ausfuhr von Reliquien. Diese brachte in den meisten Fällen reiche Belohnung für den Finder und die Ortskirche. Was insbesondere die Überreste alttestamentlicher Gestalten betrifft, hatte Palästina gleichsam ein Monopol."[226]

Wie *E. D. Hunt* richtig einschränkt, sei der Reliquienhandel für das damalige Palästina zwar ein kommerzielles Potential gewesen, doch seien seine wirtschaftlichen Auswirkungen im Heiligen Land kaum zu beweisen.[227] Reliquienhandel hat damals ohne Zweifel schon existiert. Dies geht deutlich aus dem Verbot des CTh IX,17,7 von 386 hervor: „Niemand übertrage einen schon bestatteten Leichnam an einen anderen Ort; niemand zerteile (den Leichnam) eines Martyrers, niemand treibe Handel (damit). Doch sei es gestattet, wenn an irgendeinem Ort ein Heiliger begraben ist, zu dessen Verehrung Baulichkeiten zu errichten, die man Martyrium nennen soll."

Auch an dieses Gesetz hat man sich nicht gehalten, wie aus der Überführung verschiedener Reliquien bereits in den folgenden Jahren hervorgeht. Vor allem nach Konstantinopel wurden zahlreiche Reliquien gebracht, so etwa die des Propheten Samuel. Dazu schreibt Hieronymus im Jahr 406, als er Vigilantius zur Verteidigung der Reliquienverehrung auf diesen Fall verweist: „Gottlos zu nennen wäre nun also auch Kaiser Arkadius, der die Gebeine des seligen Samuel nach langer Zeit aus Judäa nach Thrakien übertragen ließ? Alle Bischöfe wären nicht nur gottlos, sondern auch als dumm zu beurteilen, da sie eine völlig wertlose Sache und lose Asche in Seide und goldenem Gefäß trugen? Töricht wären die Völker aller Kirchen, die den heiligen Reliquien entgegenzogen und sie mit solcher Freude aufnahmen, als ob sie den Propheten gegenwärtig und lebendig sehen würden? ... Samuel haben sie angebetet und nicht Christus, dessen Levit und Prophet Samuel war? Du verdächtigst einen Toten und lästerst damit Gott."[228] Ebenfalls aus Palästina brachte man im Jahr 415 die Gebeine des Patriarchen Josef, die man den Samaritanern entrissen hatte, nach Konstantinopel.[229]

Einen gewissen Export von Reliquien aus Palästina hat es demnach sicher gegeben. Doch darf man deshalb noch nicht mit einem Reliquien*handel* in Palästina rechnen, denn dafür sind uns keine Belege erhalten. Auch bei Überführungen innerhalb von Palästina, wovon die spektakulärste die der Gebeine des Stephanus nach Jerusalem in die Sionskirche war, stehen eher kirchenpolitische Motive im Vordergrund; daß das Vorhandensein bedeutender Reliquien eine zusätzliche Attraktion für Pilger bieten und somit auch den lokalen kommerziellen Interessen dienen kann, ist natürlich nicht zu leugnen.

Was die alttestamentlichen Gestalten betrifft, ist an sich mit einem Rückgriff auf jüdische Traditionen zu rechnen, wie er auch bei der Übernahme der Makkabäergräber in Antiochien vorlag. Daß Juden eigene Traditionen über Gräber alttestamentlicher Gestalten freiwillig weitergegeben hätten, ist allerdings kaum zu erwarten, denn diese Gräber hätten sie ja fast automatisch an die vordringende christliche Kirche verloren. Nun heißt es zwar Mt 23,29, Jesus habe gegen die Pharisäer vorgebracht, sie seien zwar Söhne von Prophetenmördern: doch „ihr errichtet den Propheten Grabstätten und schmückt die Denkmäler der Gerechten". Doch in welchem Umfang lebte eine Verehrung solcher Prophetengräber weiter, so daß sie im 4. Jahrhundert christlicherseits übernommen werden konnte? Die Aussage rabbinischer Texte, daß eine biblische Gestalt an diesem oder jenem Ort begraben sei, bedeutet noch nicht notwendig eine Grabverehrung. Eine solche ist uns in erster Linie von den Patriarchengräbern in der Höhle der Machpela in Hebron bekannt, vom Grab Rachels bei Betlehem und von den Gräbern der Söhne Jakobs in Samaria. Bei vielen anderen Gestalten aber, deren Gräber ab dem späten 4. Jahrhundert immer zahlreicher auftauchen, mag jüdische Tradition nur den Anhaltspunkt für spätere christliche Konkretisierungen bieten.[230]

Daß Juden sich an Reliquienhandel beteiligt hätten, ist noch weniger vorstellbar. Zwar hat man noch ziemlich lange im palästinischen Judentum den Brauch des Zweitbegräbnisses gepflegt, also trotz entgegenstehender Reinheitsvorschriften sich nicht gescheut, die Überreste von Toten zu berühren; in Jad IV,6 ist sogar von Leuten die Rede, die aus den Knochen ihrer Eltern Löffel machen! Das würde so etwas wie „Reliquienverehrung" auch innerhalb des Judentums nicht undenkbar erscheinen lassen.[231] Doch ist abgesehen von natürlichen religiösen Hemmungen darauf zu verweisen, daß wir keine Belege dafür haben, daß Juden jener Zeit je an der Auffindung von biblischen Gestalten und ihren Reliquien mitgewirkt hätten.

Leider fehlt im Bericht Egerias vor 16,5 ein Blatt. Dieses muß unter anderem wohl von einem Mönch in der syrischen Wüste berichtet haben, dem in einer Vision das Grab Ijobs geoffenbart wurde. Der erhaltene Text geht so weiter: „Dieser hl. Mönch und Asket hielt es für notwendig, nach sovielen Jahren, die er in der Wüste verbracht hatte, aufzubrechen und hinabzusteigen in die Stadt Karneas, um den Bischof und die Kleriker dieser Zeit zu ermahnen, gemäß dem, was ihm enthüllt worden war, an der Stelle zu graben, die ihm gezeigt war, so wie es auch geschehen ist."[232] Man grub an der angegebenen Stelle und fand eine Höhle, in der nach etwa hundert Metern ein Stein freigelegt wurde, auf dessen Oberfläche der Name Ijob eingemeißelt stand. Ein Tribun ließ eine Kirche bauen, die aber bei Egerias Besuch noch unvollendet war. *H. Donner* schloß daraus, daß der Bau also wohl nicht lange zuvor begonnen wurde.[233] Ebensogut aber könnten die Bauarbeiten schon viel früher aus nicht genannten Gründen abgebrochen worden sein; so setzt etwa *P. Maraval* diesen ersten Fall „inspirierter Auffindungen" – wenn man von der Schilderung der Auffindung des Grabes Jesu in der Vita Constantini absieht – um etwa 350 an, da der Name des Tribuns seinerzeit offenbar nicht mehr bekannt war und das Ganze sich unter einem früheren Bischof abgespielt hatte.[234] Ganz nach demselben Muster erfolgte die Auffindung der Gräber des Stephanus, des Gamaliel und des Nikodemus in Kefar Gamala im Jahr 415, von der die Epistula Luciani berichtet.[235] Lucianus, Priester der Kirche von Kefar Gamala im Gebiet von Jerusalem, erzählt, er habe wie üblich im Baptisterium seiner Kirche geschlafen und dabei im Halbschlaf, gleichsam in Ekstase, die Vision eines alten bärtigen Mannes in Priesterkleidern gehabt. Dieser, einen goldenen Stab in der Hand, habe ihn dreimal beim Namen gerufen und auf Griechisch aufgefordert, nach Aelia, d.h. Jerusalem, zu gehen und dem Bischof Johannes zu sagen: „Wielange sind wir eingesperrt und du öffnest uns nicht? Und dies vor allem, da wir uns in den Zeiten deines Priestertums offenbaren müssen! Öffne uns eilends das Grab, wo unsere Reliquien vernachlässigt sind" (§ 2).

Auf die Frage des Priesters, wer er sei, antwortet der Mann in § 3: „Ich bin Gamaliel, der Paulus, den Apostel Christi, ausgebildet und das Gesetz in Jerusalem gelehrt hat. Und der mit mir ist und im östlichen Teil des Grabmals liegt, dieser ist mein Herr Stephanus, der von den Juden und den Hohenpriestern in Jerusalem wegen des Glaubens an Christus gesteinigt worden ist." Den Leichnam des Märtyrers habe man unbestattet liegenlassen; er sollte von den wilden Tieren gefressen werden. Doch er, Gamaliel, habe dafür gesorgt, daß man den Leichnam insgeheim in sein Dorf Kefar Gamala („was mit ‚Dorf Gamaliels' übersetzt wird") bringe, zwanzig Meilen von der Stadt entfernt. Dort habe er ihn vierzig Tage betrauern und dann in seinem Grabe bestatten lassen. Daneben liege Nikodemus, der sich habe taufen lassen. Die Juden, die das erfuhren, hätten ihn von seiner vornehmen Stellung entfernt, den Bann über ihn verhängt und ihn aus der Stadt vertrieben. Gamaliel aber habe ihn auf seinem Landgut aufgenommen, bis ans Lebensende versorgt und schließlich neben Stephanus bestattet. Ebenso sei dort sein Sohn Abibas begraben, der zusammen mit ihm die Taufe angenommen habe. Seine Gattin Ethna hingegen und sein Erstgeborener Selemja, die nicht Christen werden wollten, seien auf dem Landgut der Mutter, Kefar Selemia, begraben.

In einer Rezension des Textes (PL 41,812) folgt als Bestätigung für das von Gamaliel Gesagte zuerst die Auffindung des Grabes seiner Gattin. Dann wird Lucian angekündigt, wo er Stephanus und die mit ihm Bestatteten finden könne: „In meinem Besitz wirst du uns finden, der nun in syrischer Sprache Delangabria oder Debathalia heißt, übersetzt Besitz der Männer Gottes oder der Krieger (Gottes)." In einem weiteren Traum, der zur Eile mahnt – „Siehst du nicht, welche Bedrängnis und Trockenheit in der ganzen Welt herrscht?!" –, gibt Gamaliel Hinweise für die Identifikation der Särge. Der Priester teilt dann Johannes von Jerusalem seine Vision mit und Johannes beansprucht den Erzmärtyrer Stephanus, „der als erster gegen die Juden die Kriege des Herrn gekämpft hat", für Jerusalem. Dann folgt schließlich die eigentliche Grabauffindung.

In dieser Auffindungserzählung, die sich voll und ganz an die literarische Gattung solcher Geschichten hält,[236] fällt vor allem die hervorragende Rolle Gamaliels auf. Ist hier ein Zusammenhang mit *judenchristlichen Traditionen und Interessen* gegeben, wie gelegentlich behauptet wird?[237] Dies ist an sich nicht undenkbar. Doch müßte zum Beweis die *Rolle jüdischer Zeugen*, die schon bei der Kreuzauffindungsgeschichte eine solche Bedeutung hatten, im größeren Zusammenhang untersucht werden. Auch im Fall, daß judenchristliche Zusammenhänge anzunehmen sind, bleibt allerdings zu fragen, ob es tatsächlich eine Tradition gab, die Kefar Selemia als Grabstätte von Gamaliels ältestem Sohn und Kefar Gamala als Begräbnisort Gamaliels selbst ansah.[238] Denn es wäre ja denkbar, daß die Ortsnamen zur Legendenbildung ausreichten und von daher auch erst Selemja als Sohn des Gamaliel erfunden wurde. Bei judenchristlicher Herkunft nicht nur des Erzählmotivs wäre weiter zu fragen, ob die Reliquien von Gamaliel und Nikodemus dann auch verehrt worden sind. Beides ist nicht zu beantworten.

E. D. Hunt fragt sich außerdem, ob die Erzählung nicht mit dem Patriarchen Gamaliel in Verbindung stehen könnte, der im selben Jahr 415 seine *praefectura honoraria* verlor.[239] Eine solche Assoziation ist natürlich nicht ganz auszuschließen, falls die Erzählung in der uns erhaltenen Form von Anfang an feststand, ist aber auch nicht zu beweisen. Sie würde bedeuten, daß die Degradierung des prominentesten Juden der Zeit Assoziationen mit seinem gleichnamigen Vorfahren geweckt hat, der im Neuen Testament eine durchaus positive Rolle spielt und daher für eine christliche Übernahme geeignet ist. Doch ist diese Rolle des alten Gamaliel nicht neu und hat die Auffindung der Reliquien des Stephanus viel näherliegende, innerkirchliche Zusammenhänge gerade zum genannten Datum, als daß man an mehr als ein zufälliges Zusammentreffen der Erniedrigung des einen Gamaliel und der Hervorhebung der kirchlichen Rolle seines Vorvaters denken sollte.

Die Rolle Gamaliels in unserer Geschichte ist mit seiner Rolle im „Evangelium des Gamaliel" zu vergleichen, wo er als Zeuge für die Auferweckung eines Toten im Grab Jesu dient.[240] Auch im Nikodemusevangelium, das im Rahmen der Pilatusakten überliefert ist,[241] tritt Gamaliel auf, hier allerdings zusammen mit den Hohenpriestern und Schriftgelehrten als Ankläger Jesu, später jedoch als Augenzeuge einer Auferweckung: Zwei Söhne Simeons werden von Jesus von den Toten auferweckt und halten sich nun in Arimathäa auf. „Da standen die Hohenpriester Annas und Kaiphas sowie Joseph, Nikodemus, Gamaliel und andere mit ihnen auf und gingen nach Arimathia und sie fanden die von Joseph Genannten." Man bringt sie nach Jerusalem in die Synagoge und verriegelt die Tore. „Die Hohenpriester legten das Alte Testament der Juden in die Mitte und sprachen zu ihnen: Wir wollen, daß ihr beim Gott Israels und bei Adonai schwört und danach die Wahrheit sagt, wie ihr auferstanden seid und wer euch von den Toten auferweckt hat..."[242] Eine zweite lateinische Fassung des Textes nennt drei galiläische Rabbinen, die die Himmelfahrt Jesu miterleben und nun berichten.[243]

Diese und andere Texte, in denen Juden als Zeugen auftreten, wären einmal systematisch auf ihr Judenbild hin zu untersuchen. Bis dahin bleibt die Frage offen, ob hier tatsächlich judenchristliche Tendenzen zum Ausdruck kommen oder ob nicht einfach christliche Behauptungen, die sich auf die Zeit Jesu beziehen, durch Juden als Zeitgenossen Jesu legitimiert werden sollen. In unserer Erzählung von der Auffindung der Reliquien des Stephanus scheint ja auch Gamaliel nur der legitimierende Zeuge zu sein, eine ebenso papierene Gestalt wie die jüdischen Zeugen bei der Kreuzauffindung Jesu. Von einer Verehrung der Reliquien Gamaliels ist in diesem Zusammenhang jedenfalls nicht die Rede; mit seiner Zeugenaussage hat er auch schon seine Schuldigkeit getan.

Deutlich scheint der innerkirchliche Zusammenhang der Auffindung der Reliquien des Stephanus und der anderen, fällt sie doch gerade in die Zeit, da die Synode von Lydda unter dem Vorsitz von Bischof Johannes Pelagius freispricht, der in Häresieverdacht geraten war, weil er gegenüber der traditionellen christlichen Gnadenlehre die Bedeutung menschlicher Werke hervorhob. Wenn die Reliquienauffindung die Entscheidung der Synode bestätigen sollte, obwohl diese formell die Pelagius vorgeworfene Lehre nicht anerkannte, könnte sich das gewiß mit jüdischen beziehungsweise judenchristlichen Tendenzen decken; dazu würden auch jüdische Zeugen gut passen, die jedoch gerade in Fragen des Glaubens und der religiösen Praxis eher peinlich wären.

Man kann natürlich einwenden, daß es sich ja um einen der Legende nach *getauften* Juden handelt, kann verweisen auf Bemühungen des Bischofs Johannes von Jerusalem, sich mit der judenchristlichen Minderheit in seiner Gemeinde gut zu stellen, wie *M. van Esbroeck* meint.[244] Da wir keine Kenntnis von Bedeutung und Einfluß judenchristlicher Kreise oder zumindest judaisierender Gruppen innerhalb der christlichen Kirche Jerusalems haben, ist die Rolle der Juden in diesen Texten schwer einzuschätzen; ihre Funktion ist nicht deutlich, vieles bleibt unklar und offen. Erst eine umfassendere Untersuchung der Texte könnte eventuell weiterführen. Vielleicht ist es aber auch für das zeitgenössische Verständnis dieser Geschichte von der Auffindung der Reliquien des Stephanus unter der Zeugenschaft Gamaliels nicht belanglos, hinzuzufügen, daß im Jahre 418 die Ankunft einer Reliquie des Stephanus auf der Insel Menorca die erste große Zwangsbekehrung von Juden auslöste.[245] Hat die Erzählung vielleicht doch ein stärkeres antijüdisches Potential, als ein heutiger Leser glauben möchte?

Im selben Jahr wie die Reliquien des Stephanus wurden in der Gegend von Eleutheropolis, in Kefar Sacharja, die Überreste des Propheten Sacharja entdeckt. Sozomenos kündigt in seiner Kirchengeschichte die Erzählung beider Auffindungen an – als Bestätigung der Herrschaft von Valentinian und Honorius durch Gott –, schildert dann aber nur die Entdeckung der Gebeine Sacharjas.[246] Der Prophet erscheint im Traum einem Mann und beauftragt ihn, an einer bestimmten Stelle zu graben; dort werde er einen doppelten Sarg finden, ein Gefäß mit Wasser und zwei große, ungefährliche Schlangen (Schlangen als Grabhüter sind in der antiken Mythologie und auch in der rabbinischen Tradition verbreitet!). Die Grabung hat Erfolg: Man findet den Propheten in priesterlicher Kleidung und zu seinen Füßen die Leiche eines Kindes mit einer Krone auf dem Kopf. Priester und Weise werden über das Kind befragt, bis Zacharias, der Vorsteher des Klosters bei Gerar, „in einer hebräischen und alten Schrift, nicht einer aus kirchlichem Gebrauch" zufällig ausfindig macht, daß es der jüdische König Joas sei, der bald nach dem Propheten gestorben und mit ihm zusammen bestattet worden sei. Hier bedarf es zwar keines jüdischen Zeugen, weil der alttestamentliche Prophet selbst erscheint und seine Begräbnisstätte offenbart; doch die nichtkirchliche alte hebräische Schrift hat dieselbe Funktion.

Schon früher, zwischen 379 und 395,[247] fand man nach einem Traum des Bischofs Zebennos von Eleutheropolis die Reste der Propheten Habakuk und Micha;[248] für Micha wurde in Moreschet eine Kirche errichtet. Die Auffindung der Gebeine Samuels sowie jener Josefs, letztere in Übernahme einer samaritanischen Tradition und nicht ohne samaritanischen Widerstand, wurde schon erwähnt. Für unseren Zusammenhang bleibt zu betonen, daß lebende Juden in all diesen Erzählungen nie die geringste Rolle spielen, auch wenn schon früher übernommene jüdische Lokalisierungen der Propheten sicher eine Bedeutung haben. Judenchristliche Einflüsse sind nicht auszuschließen, bleiben jedoch ungesichert.

Die Ausfuhr von Reliquien alttestamentlicher Gestalten aus Palästina ist in dieser frühen Periode wohl eher eine Seltenheit gewesen; bekannt ist vor allem die Überführung der Gebeine Samuels nach Konstantinopel. Die am weitesten verbreiteten *Reliquien aus dem Heiligen Land* waren nicht Gebeine biblischer Gestalten, sondern leicht beschaffbare und mengenmäßig fast unbeschränkt verfügbare Gegenstände. An erster Stelle standen Stücke des heiligen Kreuzes, die es zu Beginn des 5. Jahrhunderts schon in der ganzen Welt gab, wobei, wie Paulinus von Nola verwundert bemerkt, das heilige Kreuz „keinen Schaden erleidet und gleichsam unberührt bleibt".[249] Immerhin erwies es sich als notwendig, die Reliquie entsprechend zu bewachen. Beliebt war auch Erde aus dem Heiligen Land.[250] So besaß zum Beispiel ein Martyrium in mauretanischen Tixter, das 359 geweiht worden war, „Erde aus dem Land der Verheißung, wo Christus geboren wurde", wie inschriftlich festgehalten ist. Augustinus schreibt von einem Mann namens Hesperius aus der Gegend von Hippo: Auf der Suche nach Abhilfe gegen Dämonenschaden bei seiner Dienerschaft und im Stall „hatte er von seinem Freund aus Jerusalem, wo Christus begraben wurde und am dritten Tage auferstand, herbeigebrachte heilige Erde in seinem Schlafzimmer aufgehängt, damit nicht auch er selbst Unheil erleide". Schließlich von den Dämonen befreit, bestimmte er auf den Rat des Augustinus und eines anderen Bischofs, daß die heilige

Erde, „die er aus Ehrfurcht nicht länger in seinem Schlafzimmer haben wollte, woanders eingegraben und dort zu einer Gebetsstätte werde, wo sich Christen zur Feier des Gottesdienstes versammeln könnten". Bald darauf wurde an dieser Stätte, wie Augustinus weiter erzählt, ein junger Gelähmter, der dort gebetet hatte, geheilt.[251]

Neben Erde aus dem Heiligen Land wurden vor allem mit den heiligen Stätten in Berührung gebrachte Gegenstände, sogenannte *Eulogiae*,[252] als Andenken aus Palästina mitgebracht. Vor allem war es Öl, das man an das Grab Christi gebracht hatte. Für dieses Öl wurden eigene Fläschchen hergestellt; man verzierte sie gerne mit Ansichten der Pilgerstätten, weshalb sie ein wichtiges Zeugnis für die Entwicklung der heiligen Orte sind.

Aus dem Andenkenhandel war also insgesamt wohl nur wenig Kapital zu schlagen. Den Gewinn erbrachte vielmehr die allgemeine Steigerung des Fremdenverkehrs als Folge des Pilgerwesens, und er floß in erster Linie dem Transport- und Herbergswesen zu. Sicher kam auch durch Spenden der Pilger viel Geld ins Land; andererseits aber müssen die Aufwendungen für die Versorgung der mittellosen Pilger beträchtlich gewesen sein. Daß die finanzielle Bilanz für das Heilige Land, insbesondere für Jerusalem, jedoch positiv war, geht aus der – sicher polemisch übertriebenen – Tirade des Hieronymus gegen Bischof Johannes von Jerusalem hervor, „der du an Reichtümern überfließt und vom Glauben der ganzen Welt profitierst".[253]

5. Die Mönche

In engem Zusammenhang mit dem Pilgerwesen ist die Entstehung des Mönchtums in Palästina zu sehen, das für die weitere religiöse Entwicklung des Landes von größter Bedeutung war.[254] Zwar gab es schon bevor die Wallfahrten größeres Ausmaß erreichten davon unabhängige Ansiedlungen von Mönchen im Süden des Landes, wo der aus Thavata bei Gaza stammende Hilarion nach seiner Ausbildung in Ägypten als Fünfzehnjähriger ein Einsiedlerleben in der Nähe von Gaza begann und Jahre später, um 330, ein Kloster gründete; in seinen Umkreis dürfte auch Epiphanius von Salamis gehört haben, der in der Nähe seiner Heimatstadt Eleutheropolis ein Kloster in Besanduk leitete, bis er als Bischof nach Zypern berufen wurde. Zum größten Teil aber waren die palästinischen Mönche Ausländer, die als Pilger ins Heilige Land gekommen waren, dort ihr Vermögen verschenkt hatten und als Mönche oder Nonnen blieben. Ihre Zentren waren die Wüste Juda, die Umgebung von Jerusalem, die Gegend von Jericho, aber auch der Sinai (wo der Einfluß des ägyptischen Mönchswesens deutlicher spürbar war).

Der erste Mönch Palästinas überhaupt soll der Anatolier Chariton gewesen sein; dieser hatte noch im 3. Jahrhundert in Ikonium für den Glauben gelitten; dann war er nach Jerusalem gepilgert und hatte sich in einer Höhle bei der Quelle Fara, unweit der Stadt, als Einsiedler niedergelassen. Manche setzen dies um 275 an; doch ist seine Biographie so stark vom Bemühen getragen, das palästinische Mönchswesen älter als die Anfänge in Ägypten unter Antonius erscheinen zu lassen, daß man sich auf die Daten schwerlich verlassen kann; sollte es aber auch Jahrzehnte später gewesen sein, die von ihm bei Jericho und in der Nähe von Herodion gegründeten Klöster florierten jedenfalls im 4. Jahrhundert.

Der eigentliche Aufschwung des Monastizismus in Palästina setzte aber nach Julian ein, als eine richtiggehende lateinische Kolonie auf dem Ölberg und in Bethlehem entstand. Innozenz aus Rom, hoher Beamter unter Konstantius, ließ sich kurz nach Julians Tod auf dem Ölberg als Mönch nieder; ihm schloß sich bald darauf Palladius aus Galatien an, der später eine Geschichte der frühen Mönche schreiben sollte. Auf dem Ölberg siedelte sich um 374 auch Rufin von Aquileia an, der die Kirchengeschichte des Eusebius ins Lateinische übersetzte; neben seinem Kloster gründete Melania die Ältere ein weiteres für Frauen. 387 kamen Paula und Eustochium mit ihren Begleiterinnen nach Bethlehem und gründeten dort Klöster, während Hieronymus ein Männerkloster errichtete. Dort hatte auch schon Posidonius ein Kloster beim Hirtenfeld, dem sich kurz nach 380 auch Germanus und Johannes Cassian anschlossen. 417 schließlich kamen Melania die Jüngere und ihr Gatte Pionius, um auf dem Ölberg ihren monastischen Neigungen zu leben; als Hauspriester hatte Melania Gerontius mitgebracht, der später ihre Biographie schrieb. Dies sind nur einige Namen aus einem ständigen Zustrom vom Westen her, darunter viele Personen aus dem höchsten Adel und von altem Reichtum, die in ihre Klostergründungen auch entsprechend investieren konnten.

Die größtenteils adeligen Mönche mit ihren intellektuellen Neigungen und ihren schriftstellerischen Ambitionen bildeten einen scharfen Kontrast zur intellektfeindlichen Tradition der syrischen und ägyptischen Mönche, die auch das heimische palästinische Mönchtum im Süden des Landes bestimmte. Ihr Bemühen um die Bibelauslegung ließ sie zumeist Anhänger der Lehren des großen palästinischen Exegeten Origenes werden, was den ungebildeten Mönchen Südpalästinas mit Epiphanius an ihrer Spitze häresieverdächtig schien. Der daraus entstandene Origenistenstreit sollte die Kirche Palästinas über Jahrzehnte entzweien; da Hieronymus mit seinen Mönchen sich überraschenderweise auf die Seite des Epiphanius schlug, liefen die Fronten in diesem Glaubensstreit quer durch die lateinische Kolonie.

Zur internationalen Zusammensetzung der Mönchsgemeinschaft Palästinas trugen aber auch zahlreiche östliche Zuwanderer bei, die gewissermaßen zwischen beiden Gruppen vermittelten. Armenier und Georgier, ebenso Kappadokier spielten hier eine große Rolle. 406 war Euthymius, der aus der Melitene in Kleinarmenien stammte, als Mönch nach Wadi Fara gekommen; später ließ er sich mit seinem Freund Theoktistos in Wadi Mukellik am Toten Meer nieder, wo ihm die Konversion eines aus Persien ausgewiesenen arabischen Stammes gelang, dessen Scheich, mit Taufnamen Peter, zum Bischof dieses Stammes geweiht wurde und als solcher auch auf dem Konzil von Ephesus zugegen war. Euthymius organisierte das Mönchsleben in Palästina neu und trug dadurch sehr zu dessen späteren Entwicklung unter seinem Schüler Sabas bei.

Der Bekehrungserfolg des Euthymius war durchaus kein Einzelfall. Während die lateinischen Mönche sich im allgemeinen kaum um seelsorgerische Aufgaben kümmerten und mehr ihren Studien und der Beschauung lebten, war schon Hilarion, der als Dämonenaustreiber großen Ruf hatte, um die Christianisierung seiner Heimat bemüht, wobei er offensichtlich bei den Beduinenstämmen mehr Erfolg hatte als bei der heidnischen Bevölkerung der Städte. Als weiteres Beispiel sei der Mönch Moses genannt, der unter Kaiser Valens die Sarazenen mit ihrer Königin Mawia zum Christentum bekehrte und deren Bischof wurde. Die christliche Missionierung vor allem der Beduinenstämme war fast ausschließlich das Werk der Mönche. Diese hatten aber auch auf die Leitung der allgemeinen Kirche Palästinas größten Einfluß; viele von ihnen wurden Bischöfe; so war z. B. Bischof Johannes von Jerusalem ursprünglich Mönch gewesen, ebenso der spätere Jerusalemer Bischof Juvenal; Porphyrius von Gaza war jahrelang Einsiedler am Jordan, bevor er sich aus Gesundheitsgründen in Jerusalem als Schuster niederließ und bald darauf Hüter des heiligen Kreuzes, später Bischof von Gaza wurde. Auch aus der internationalen Klostergemeinschaft des Euthymius – von den zwölf ersten Jüngern waren vier aus der Melitene, drei aus Kappadokien, drei vom Sinai, einer aus Antiochien und nur einer aus Palästina, nämlich Tiberias! – gingen drei Bischöfe hervor (von Skythopolis, Jabne, Madaba). Der internationale Charakter der Mönchsgemeinschaft Palästinas hat also ganz entscheidend auch das Gesamtbild der Kirche des Landes mitgeprägt. Die ihm zu verdankende intellektuelle Bereicherung ließ von vornherein nicht den gewalttätigen Fanatismus aufkommen, der die ungebildeten Mönchsgemeinden Syriens oder Ägyptens kennzeichnete; über sie klagt der Heide Eunapius verächtlich: „Tyrannische Macht lag damals in den Händen jedes Mannes, der ein schwarzes Kleid trug und sich öffentlich ungebührlich verhalten wollte.“[255]

Das Mönchstum Palästinas war also weithin Produkt des Pilgerstroms ins Heilige Land. Doch wurden seine hervorragenden Vertreter auch selbst zum Ziel zahlreicher Wallfahrer, die schon bald in Palästina nicht nur die heiligen Stätten biblischer Tradition sehen, sondern auch den heiligen Männern in ihren Klöstern begegnen wollten. Wie bereits aus dem Pilgerbericht Egerias deutlich wurde, nahmen sich die Mönche auch gern der Pilger an und zeigten ihnen die heiligen Stätten, ja erfanden solche selbst, wo es noch keine gab.[256] Immer häufiger mischten sich unter die Pilgerscharen auch Mönche aus den übrigen Teilen des römischen Reiches; Heimatlosigkeit galt ja damals als asketisches Ideal. Vergebens bemüht sich z.B. Gregor von Nyssa, der 381 selbst im Heiligen Land gewesen war, die kappadokischen Mönche von Heilig-Land-Reisen abzuhalten: „Wenn die Gnade in den Stätten Jerusalems größer wäre, gäbe es bei denen, die dort wohnen, keine Sünde. Heute aber gibt es kein Laster, das man bei ihnen nicht zu üben wagte: Unzucht, Ehebruch, Diebstahl, Götzendienst, Vergiftung, Haß, Mord."[257] Der Zustrom an reisenden Mönchen wurde immer stärker, an den heiligen Stätten mußten eigene Herbergen für sie errichtet werden, und Hieronymus kann nur noch seufzen: „Wir sind von Mengen von Mönchen überschwemmt, die aus allen Teilen der Welt heraneilen."[258]

Die zahlenmäßige Bedeutung der Mönchsbewegung ist schwer abzuschätzen. Ende des 4. Jahrhunderts muß es jedenfalls schon Tausende von Mönchen gegeben haben. Bei der Einweihung der Kirche von Gaza im Jahre 408 erhielt nach der Schilderung in der *Vita Porphyrii* jeder Fremde, der dem Fest beiwohnte, eine Geldspende von sechs Obolen, darunter auch tausend Mönche. Um 400 weiß man von etwa zwanzig Klöstern auf dem Ölberg, mit ungefähr achthundert Mönchen. Ebenso ist in den Klöstern von Bethlehem mit beträchtlichen Zahlen zu rechnen. Zwar versuchten die Mönche, wirtschaftlich autark zu sein, arbeiteten in der Landwirtschaft, bevorzugt auch in der Seilerei und Flechterei, da diese Tätigkeiten nicht allzu viel Aufmerksamkeit beanspruchten und die Meditation nicht behinderten. Dennoch gab es, besonders in der intellektuellen lateinischen Klostersiedlung, ständige finanzielle Schwierigkeiten. Die Klöster fühlten sich ja auch verpflichtet, sich um die armen Pilger zu kümmern und ihnen Herbergen zur Verfügung zu stellen. Es kam hinzu, daß die Wohltätigkeit der begüterten Pilger Scharen von Berufsbettlern anzog, die zum Teil ebenfalls den Klöstern zur Last fielen. So war es eine stete Sorge des Hieronymus, Paula und Eustochium könnten ihr Riesenerbe zu schnell ausgeben; der ständige Zuschußbedarf der Klöster wäre dann nicht mehr zu decken gewesen. Mit dem Mönchswesen, so sehr es zum Aufschwung der Kirche in Palästina beitrug, entstanden also auch eine Reihe von Problemen.

6. Kritik am Pilgerwesen

Probleme brachte aber nicht nur das Mönchtum mit sich. Kirchliche wie staatliche Propaganda für die heiligen Stätten Palästinas ließ den Pilgerstrom ständig anwachsen, so daß er außer Kontrolle zu geraten drohte. Eine weitere Steigerung kam mit der Gefährdung des römischen Westens durch die barbarischen Heere im frühen 5. Jahrhundert. Die Flüchtlinge aus dem Westen waren nicht Pilger im eigentlichen Sinn, doch ohne die inzwischen gewachsene Tradition der Heiliglandpilgerschaft hätten wohl kaum so viele von ihnen gerade Palästina als Ziel gewählt. Hieronymus schreibt als Zeuge dieser Bewegung, wenn er erwähnt, daß „das heilige Bethlehem, zu dem einst Adelige beiderlei Geschlechts mit allen Reichtümern herbeiströmten, täglich Bettler aufnehme". Etwas später erklärt er die Verzögerung seiner Arbeit am Ezechielkommentar mit „der Flucht der Westlichen und der Verstopfung der heiligen Stätten" und der damit verbundenen Sorge um die Armen.[259] Doch wenn der Zustrom die karitativen Einrichtungen des Heiligen Landes, vor allem die Klöster, schwer belastete, kam auf der anderen Seite auch viel Geld reicher Flüchtlinge damit ins Land, so daß insgesamt Reichtum und Anziehungskraft des Landes eher noch zunahmen.

M. Avi-Yonah betont, daß die riesigen Summen, die mit den Pilgern beziehungsweise den Flüchtlingen ins Land kamen, im allgemeinen unproduktiv waren. Zwar gab es keine Arbeitslosigkeit, die Bevölkerungszahl stieg an und mit ihr auch die Nachfrage nach Waren; die Erneuerung der Mauern verstärkte die Sicherheit in den Städten. Auf die Dauer seien jedoch die negativen Auswirkungen der starken Abhängigkeit von ausländischen Geldern nicht zu übersehen gewesen; sie bewirkten „eine schnelle wirtschaftliche Blüte, der eine tiefe Krise folgte".[260]

Gelegentlich hat man auch den Eindruck, daß die Bewegung denen, die an ihrem Anfang gestanden hatten, bald beängstigend wurde. Mit den echten Pilgern kam auch viel zweifelhaftes Volk, ob arm oder reich. So schreibt etwa Hieronymus um das Jahr 394 von einer reichen Pilgerin und den Gerüchten, zu denen sie Anlaß gab: „Man tuschelte über das Alter, die Aufmachung, die Haltung, den Gang, die Unvorsichtigkeit in der Wahl der Gesellschaft, die leckeren Schmäuse, den königlichen Prunk eines Nero und die Beilager Sardanapals."[261] An Paulinus von Nola schreibt er um 395: „Wenn die Stätten des Kreuzes und der Auferstehung nicht in einer sehr berühmten Stadt lägen, in der es einen Magistrat, eine Militärgarnison, Huren, Schauspieler und Possenreißer und überhaupt alles gibt, was in Städten vorzukommen pflegt", könnte Jerusalem begehrenswert sein. Doch „hier kommt man aus aller Welt zusammen. Die Stadt ist voll von Menschen jeder Art, und es herrscht ein solches Getümmel von Leuten beiderlei Geschlechts."[262]

So zieht Hieronymus die Schlußfolgerung: „Nicht in Jerusalem gewesen zu sein ist lobenswert, sondern in Jerusalem gut gelebt zu haben. Jene, ja jene Stadt ist anzustreben, nicht die, die die Propheten tötete und Christi Blut vergoß, sondern die, welche das Strömen des Flusses erfreut, die auf dem Berge liegt und nicht verborgen bleiben kann." Beispiel ist ihm der selige Hilarion: „Obwohl er aus Palästina war und in Palästina lebte, hat er Jerusalem nur einen einzigen Tag gesehen; es sollte nicht den Anschein haben, daß er die heiligen Orte wegen ihrer Nähe verachte, aber auch nicht, daß er Gott an einem Ort einschließen wollte."[263] Wenn am Anfang der Bewegung das christliche Jerusalem dem jüdischen gegenüber als die wahre Stadt der Verheißung erscheinen konnte, zeigt sich nun, daß diese auch hier nicht zu finden ist, daß das Ziel der Suche noch immer jenseits liegt.

V. Synagogenbau

Das vorausgehende Kapitel konnte fast den Eindruck erwecken, als hätten im Heiligen Land im 4. Jahrhundert keine Juden gelebt, zumindest jedoch als seien die Lebensbereiche von Christen und Juden in Palästina völlig getrennt gewesen. Ganz anders klingt das Schreiben, mit dem die Jerusalemer Synode um 400 den Brief des Patriarchen Theophilus von Alexandrien beantwortet: Palästina ist fast völlig frei von Häretikern, abgesehen von wenigen, die den Irrtümern des Apollinarios anhängen (dieser lehrte vor allem, daß in Jesus der Logos den menschlichen Geist ersetze, womit die volle Menschwerdung Jesu beeinträchtigt schien). „Würden uns jedoch durch die Fürbitten der Heiligen nicht die jüdischen Schlangen, der Samaritaner unglaubliche Dummheit und die ganz offenkundigen Gottlosigkeiten der Heiden beunruhigen, deren höchst zahlreiche Schar der Wahrheit der Predigt völlig die Ohren verschließt und, da sie gleich Löwen die Herde Christi umkreist, uns nicht wenig Sorgen und Mühe verursacht!“[264]

Um 400 sind also Juden, Samaritaner und Heiden noch immer ernstzunehmende Gegner des Christentums. Nur mit Vorsicht kann man daher die Hypothese einer schnellen Christianisierung Palästinas akzeptieren, wie sie etwa *H. Donner* vertritt: „Im Jahrzehnt von 325–335 veränderte Palästina sein Gesicht: es wurde ein christliches Land und Jerusalem eine christliche Stadt.“[265]

Das Fortleben der Samaritaner und des Heidentums im Palästina des 4. Jahrhunderts werden wir in späteren Kapiteln besprechen. Die meisten Nachweise finden sich jedoch für das Fortleben des Judentums. Hier seien die Synagogenfunde als archäologische Belege in den Mittelpunkt gestellt. Sie dokumentieren ja in unbestreitbarer Weise Ausbreitung, Leben und wirtschaftliche Kraft der jüdischen Gemeinden. Die Fülle an datierbaren Belegen, von denen wir wiederum nur die wichtigsten genauer besprechen können, schließt natürlich nur einen Bruchteil der damals tatsächlich existierenden Synagogen ein. Zahlreiche archäologisch nachgewiesene Bauten sind innerhalb der byzantinischen Zeit nicht genauer zu datieren; noch mehr Synagogen müssen im Lauf der Jahrhunderte spurlos verschwunden sein; auch werden von Jahr zu Jahr neue Synagogen ausgegraben. Das hier gebotene Bild kann also nur ein kleiner Ausschnitt sein.

Die meisten archäologischen Belege für Synagogen aus dem 4. und frühen 5. Jahrhundert sind in den nichtstädtisch organisierten Regionen des Nordens, in der Tetrakomia und in der Gaulanitis, sowie in den Stadtgebieten von Tiberias, Sepphoris und Bet Gubrin (Eleutheropolis) anzutreffen. Doch ist in den Küstengebieten sicherlich ebenfalls mit beträchtlichen jüdischen Gemeinden zu rechnen, auch wenn dort archäologisch bisher wenig nachzuweisen ist.

Bis vor wenigen Jahren war die klassische Einteilung der Synagogen in drei Typen eine sicher erscheinende Basis für die Datierung auch von Bauten, die sonst keine Datierungshilfe boten. Demnach wären im 2. bis 3. Jahrhundert die galiläischen Synagogen im Basilikastil mit nach Jerusalem ausgerichteter Fassade entstanden; im 4. Jahrhundert habe man hauptsächlich im Süden des Landes den Breithaustyp gebaut; später hätten sich allgemein Basilikabauten mit nach Jerusalem ausgerichteter Apsis durchgesetzt. Nach den neueren Ausgrabungen von Kafarnaum, Meiron und so weiter ist diese Einteilung jedoch nicht mehr haltbar und gilt eine Datierung erst dann als gesichert, wenn genaue stratigraphische Einzeluntersuchungen erfolgt sind. Auch ist viel mehr nach Regionen zu differenzieren als bisher geschehen. Bislang sind nach den neuen Gesichtspunkten allerdings erst wenige Synagogen gründlich untersucht und in Veröffentlichungen behandelt worden.[266]

1. Obergaliläa und Golan

In Obergaliläa, der damaligen Tetrakomia, sind für das 4. Jahrhundert etwa fünfzehn Synagogenbauten nachzuweisen. Mehrere von diesen wurden in neuester Zeit gründlich archäologisch untersucht.

a) Das obergaliläische Dorf *Meiron* besaß eine der größten palästinischen Synagogen im Basilikastil. An der höchsten Stelle des Hügels, an dem der Ort liegt, arbeitete man die Grundfläche für die Synagoge aus dem Felsen, der auch die Westwand des Baus bildete. Nord- und Ostmauer wurden wohl aus Feldsteinen errichtet. Einzig für die nach Süden, also nach Jerusalem ausgerichtete Fassade, der eine flache Vorhalle mit sechs Säulen vorgelagert war, verwendete man behauene Steinblöcke. Die Synagogenhalle selbst maß innen 27,5 x 13,6 m und war durch zwei Reihen von je acht Säulen gegliedert.

Der Ausgräber *E. Meyers* rechnet mit jahrzehntelangen Bauarbeiten; neben einheimischen Arbeitern wurden dabei sicher auch auswärtige Handwerker und Künstler beschäftigt.[267] Der Bau entstand in der zweiten Hälfte des 3. oder zu Beginn des 4. Jahrhunderts, in einer Zeit, in der das Dorf expandierte und auch sein Wohlstand anwuchs, der hauptsächlich auf der Olivenproduktion und dem Ölexport beruhte. Aus den in Meiron gefundenen Münzen geht hervor, daß es hauptsächlich mit Tyrus Handel trieb, dem wichtigsten Ein- und Ausfuhrhafen des östlichen Mittelmeers.[268] Zahlreiche Münzen aus Hippos am Ostufer des Sees Gennesaret – auffallend wenige dagegen aus dem jüdischen Tiberias! – belegen, daß Meiron auch mit dieser Stadt in regen Handelsbeziehungen stand; vielleicht hat Meiron von hier Getreide und Fisch im Austausch für seine Oliven bezogen.

Daß manche Leute in Meiron es zu einem gewissen Wohlstand brachten, zeigt unter anderem das von den Ausgräbern so genannte „Patrizierhaus", ein Gebäude mit Oberstock und Innenhof sowie mehreren Räumen. Es bietet zwar kaum mehr Raum als ein heutiges Ein- bis Zweifamilienhaus, sticht aber aus den übrigen Dorfhäusern von Meiron hervor. Für die gehobene Lebensführung seiner Bewohner sprechen auch die qualitätsvollen Tonwaren und das relativ zahlreiche Glasgeschirr, das man in diesem Hause fand.

In einem hinteren Raum des „Patrizierhauses" fand man verbrannte Lebensmittel – Getreide, Bohnen und Walnüsse. Da die Krüge, in denen sie aufgehoben waren, keinerlei Brandspuren aufweisen, müssen sie wohl in schon verkohltem Zustand dort gelagert worden sein. Welchen Grund aber konnte man haben, verkohlte Lebensmittel aufzubewahren? *M. Goodman* deutet sie als *Heqdesch*, dem Tempel geheiligtes Gut (etwa durch ein Gelübde). In einer Zeit, in der es den Tempel nicht mehr gab, mußte man dergleichen Gegenstände auf andere Weise dem menschlichen Gebrauch entziehen; man hat sie also wohl absichtlich verbrannt und dann in den Krügen gelagert.[269]

Dies könnte auf eine konservative religiöse Einstellung der Bewohner des Hauses hinweisen. So deutet *E. Meyers* auch das Vorhandensein eines rituellen Tauchbads, einer Miqwe, und die Begräbnissitten zu Meiron, vor allem das häufige Zweitbegräbnis und die Grabbeigaben, wie etwa ein ungebrauchtes Tintenfaß (in Semachot 8,7 als Grabbeigabe für einen verstorbenen Bräutigam erwähnt). Allerdings darf man daraus nicht gleich einen prägenden Einfluß des Rabbinats ableiten, geht es hier doch um elementare Formen der Volksfrömmigkeit, die in die Zeit vor 70 zurückreichen.

Das Bild des bescheidenen Wohlstands – in der Schlußphase der allgemeinen Wirtschaftskrise! – wird allerdings getrübt durch den Knochenbefund einer großen Grabanlage bei Meiron, die während der ganzen römischen Zeit bis etwa 360 benutzt wurde. 197 Tote sind hier bestattet, meist in Zweitbegräbnis. Das Bauwerk ist also eine Art Gebeinhaus. Wahrscheinlich gehörten alle Toten einer einzigen Großfamilie an. Die medizinische Untersuchung der Gebeine ergab häufige Anomalien des Skeletts, die auf eine Gruppe mit starker Inzucht schließen lassen. Die Kindersterblichkeit war mit etwa 50 Prozent sehr hoch. Eisen- und Proteinmangel sind regelmäßig festzustellen, ebenso Zahnschäden, aus denen man auf Brot als wichtigsten Bestandteil der Ernährung geschlossen hat.

Insgesamt deutet der Befund auf häufige Seuchen oder schlechte Lebensbedingungen.[270]

Es ist natürlich eine Frage, wieweit man von dieser Grabstätte her allgemeine Schlußfolgerungen hinsichtlich der Bevölkerung von Meiron ziehen oder den Befund für eine bestimmte Phase seiner Geschichte verwerten darf, wie *E. Meyers* dies tut, wenn er daraus eine Begründung für den Untergang des Dorfes ableitet.

Der Niedergang von Meiron in den Jahren um 360 bis 365 gibt Rätsel auf, zumal zu dieser Zeit die Nachbarorte Gusch Chalab und Teqoa weiter gedeihen. Anfangs schlossen sich *E. Meyers* und *J. F. Strange* der These von *S. Lieberman* an: Der Untergang von Meiron sei „der Härte der von den römischen Provinzbehörden auferlegten Steuern zuzuschreiben, besonders als die Inflation mit ihrer Entwertung lokaler Währungen sie zwang, zu einem System der Naturalbesteuerung überzugehen. Ohne Zweifel wurden Olivenöl und andere Produkte als Zahlung an die Behörden abgeliefert, gemäß der Gesamtbevölkerung berechnet, und auch als Versorgung für die römische Armee." So waren kleinere Orte trotz gleich hoher Olivenproduktion von den Abgaben weniger betroffen als größere. Das habe schließlich zu einem allgemeinen Auswanderungsbeschluß der Bewohner von Meiron geführt.[271]

Im endgültigen Grabungsbericht vermuten dagegen die Autoren, daß der Ort nur allmählich verlassen wurde und auch nach 360 noch in bescheidener Form weiterlebte. Auch habe es zusätzliche Gründe für die Räumung der Siedlung gegeben: die Dürre der Jahre 362/363, das regionale Erdbeben vom Mai 363 und ein weiteres Erdbeben im Jahr 365, das sich im gesamten Mittelmeerraum auswirkte. Dabei sei die Synagoge stark beschädigt worden oder gar eingestürzt; „eine mit den Nerven fertige Bevölkerung war einfach zu arm und zu entmutigt, um sie zu reparieren".

Diese Argumentation ist in sich nicht schlüssig, wird doch an anderer Stelle des Grabungsberichtes als Ergebnis eines geologischen Surveys mitgeteilt, Meiron sei für Erdbeben nicht anfällig; ein solches habe höchstens geringen Schaden an Putz und Dachziegeln anrichten können. Die Zerstörung der Synagoge sei vielmehr darauf zurückzuführen, daß ihr Dach, nachdem die Bewohner den Ort verlassen hatten, nicht mehr instandgehalten wurde und es zu Wetter- und Wasserschäden kam.[272] Auch die in diesem Zusammenhang vorgetragene Deutung des Protein- und Eisenmangels in den untersuchten Skeletten als Beleg für das Ansteigen von Krankheiten in wirtschaftlich schwierigen Jahren[273] ist eine fragwürdige Auswertung dieses Befundes für eine ganz bestimmte Zeit, nämlich die letzten Jahre von Meiron.

Schließlich ist auch der Hinweis auf den Aufstand gegen Gallus im Jahr 352 (dazu im nächsten Kapitel) nur eine Vermutung: Dieser „könnte sehr wohl Sympathien für die Aufständischen in einer Zeit schlechter werdender Beziehungen zu den römischen Behörden, einer Zeit steigenden Steuerdrucks gefördert haben. Gewiß hätte eine konservative, bilderlose, grundlegend religiöse Gemeinde die Gelegenheit begrüßt, einer Lage gegenüber den römischen Behörden, die kaum besser werden konnte, zu entkommen." Doch dann schreibt *E. Meyers* selbst über das letzte Drittel des Jahrhunderts ab Julian (dessen Tempelprojekt nicht zufällig so knapp auf den Aufstand gegen Gallus folgte): „Eine Zeit, als das palästinische Judentum seine Gemeinden konsolidierte, deren heilige Stätten wie in Gusch Chalab oder Kafarnaum erneuerte ... Das palästinische Judentum scheint so zu dieser Zeit in einem bisher ungeahnten Ausmaß energiegeladen und selbstbewußt gewesen zu sein."[274]

Der Versuch, den Untergang von Meiron zu erklären, führt zu in sich widerspruchsvollen Thesen. Der Knochenbefund ist nicht unbedingt gerade auf die letzte Phase von Meiron zu beziehen. Eine so hohe und einseitige Besteuerung in dieser Zeit müßte erst belegt werden, zumal sich doch die Voraussetzungen, die den früheren überdurchschnittlichen Wohlstand begründeten, allem Anschein nach nicht verändert hatten. Auch die Erdbeben-Begründung bleibt konfus, und die Behauptung vom religiösen Konservativismus der Gemeinde müßte ebenfalls erst genauer belegt werden.[275] Der Hinweis auf den Aufstand gegen Gallus bringt nur eine weitere Unbekannte in die Debatte. Hinsichtlich des Niedergangs von Meiron bleiben somit mehr Fragen offen, als Antworten geboten werden. Vielleicht führt eine Zusammenschau mit anderen archäologischen Fakten eher zu einer in sich schlüssigen Erklärung.

b) Meirons Nachbarort *Khirbet Shema*ᶜ, in rabbinischer Zeit wohl Teqoa, war allem Anschein nach eine mit Meiron eng verbundene und von diesem abhängige Siedlung.[276] Erst ab dem späten 3. Jahrhundert war es eine eigene Ortschaft und errichtete nun auch eine eigene Synagoge. Diese war ein Breithaus, der erste archäologisch nachgewiesene Beleg dieses Bautyps im Norden Palästinas (später kam mit der Synagoge von Nabratein ein weiterer Beleg) – wie gesagt, hat man diesen Synagogentyp früher als charakteristisch für den Süden des Landes angesehen. Die Synagoge war in den Hang gebaut. Man betrat sie von einer im Westen vorgelagerten Plattform aus. Innen führte eine Stiege in den Hauptteil des Gebetsraumes hinunter, der 11 × 15 m maß und durch zwei Reihen von je vier Säulen unterteilt war. An seiner südlichen Längswand befand sich ein Podium *(bema)* für die Toralesung.

Ursprünglich war die Synagoge in Mischbauweise ausgeführt; die Mauern bestanden mehrheitlich aus roh behauenen Feldsteinen, besser gearbeitete Steinblöcke wurden nur selten verwendet. Man vermutet, daß die Synagoge im Erdbeben von 306 zerstört wurde.[277] Bald darauf wurde sie jedenfalls wieder aufgebaut, nach demselben Plan, doch in noch einfacherer Bauweise: Mit Ausnahme einiger behauener Steinblöcke um das Nordtor verwendete man nur noch Feldsteine; lediglich der untere Teil der Westwand war aus dem gewachsenen Fels gehauen.

Einmalig in dieser wohl im Erdbeben von 419 zerstörten Synagoge[278] – die jüngste hier gefundene Münze datiert von 408 – ist die durch das steile Gelände bedingte Aufteilung des Innenraums. Im Westen, also auf der Eingangsseite, befindet sich eine Galerie, von der eine Stiege in den Hauptraum hinabführte. Unter der Galerie war ein kleiner, farbig ausgemalter Raum, der zur Aufbewahrung des Toraschreins diente; durch ihn gelangte man in einen kaum größeren Raum unterhalb der Treppe, wohl eine Geniza für nicht mehr gebrauchte Torarollen. In der Südostecke des Baus gab es ein rituelles Bad; es wurde im zweiten Baustadium wohl durch eine größere Miqwe außerhalb der Synagoge ersetzt. Der Synagoge war im Norden ein weiteres Gebäude angefügt, das man als Lehrhaus *(Bet ha-Midrasch)* und Gästehaus erklärt.

Insgesamt macht Teqoa den Eindruck eines einfachen jüdischen Dorfes mit gewissem Wohlstand. Dieser beruhte wohl wie in Meiron auf der Erzeugung von Oliven und Öl, die man – wie auch hier die Münzen belegen – hauptsächlich nach Tyrus verkaufte. Die Münzen aus dem 4. Jahrhundert stammen meistens aus Antiochien – offenbar hatte inzwischen die Prägung in Tyrus aufgehört; gegen Ende des 4. Jahrhunderts nehmen dann die Münzen aus Alexandrien zu. Da Münzen von etwa 425 bis zum Ende des 5. Jahrhunderts fehlen, ist anzunehmen, daß das Dorf wohl nach dem Erdbeben von 419 verlassen wurde, immerhin erst ein halbes Jahrhundert nach Meiron, dem Hauptort! Auch hier stellt sich die Frage nach dem Warum und Wohin.

c) Etwa dreieinhalb Kilometer nördlich von Meiron befindet sich die noch nicht genauer erforschte Synagoge von *Safsaf.* Da nur ein Türsturz aus dem 3. bis 4. Jahrhundert erhalten ist, kann man den Bau auch nicht ganz sicher als Synagoge identifizieren. Genau untersucht wurde in den letzten Jahren hingegen das etwa fünf Kilometer nördlich von Meiron gelegene *Gusch Chalab.* Der Ort ist wohl das alte Giskala, die Heimat des Johannes von Giskala, der im großen Krieg gegen Rom vierhundert Zeloten anführte und ein Gegenspieler des Josephus Flavius war (BJ II 575.585–590.593f.614–625; Vita 44f.84–113.122f.132).

Gusch Chalab war vielleicht das Verwaltungszentrum der Tetrakomia. Von der oberen der zwei Synagogen existieren nur noch einzelne Architekturreste aus dem späten 2. bis frühen 4. Jahrhundert; die untere Synagoge wurde vom Team um *E. Meyers* ausgegraben.[279] Das Gebäude wurde nach 250 im Basilikastil errichtet: der durch zwei Reihen von je vier Säulen gegliederte Hauptraum maß etwa 14 × 11 m; zusammen mit den Vorhallen im Norden, Westen und Osten nahm der Komplex eine Fläche von etwa 306 qm ein. Der Haupteingang befand sich im Süden, wo auch das Bema mit dem Toraschrein angebracht war. Hinter einem weiteren Eingang im Nordwesten führte eine Stiege hinab, was wie in Teqoa eine Galerie mit zwei weiteren Säulen bedingte. Nur die Südfassade war aus Quadern errichtet; die Unterseite des Türsturzes zierte ein Adlerrelief.

Auch in Gusch Chalab, das sich ja an der Straße nach Tyrus befand, belegen zahlreiche tyrische Münzen die wirtschaftliche Ausrichtung dorthin. Die Synagoge wurde im 4. und 5. Jahrhundert immer wieder zerstört – man denkt an die Erdbeben von 306, 362–365 und 447. Immer wieder wurde sie erneuert und erst nach dem großen Erdbeben von 551 nicht wieder aufgebaut (Gusch Chalab liegt auf einer Bebenlinie mit dem Epizentrum Safed). Der regelmäßige Wiederaufbau läßt auf eine andauernde wirtschaftliche Blüte schließen, die noch lange nach dem Verlassen von Meiron und Teqoa anhielt. Vielleicht spielt dabei eine Rolle, daß die Wirtschaft von Gusch Chalab nicht nur auf Oliven zentriert war, sondern daß man (worauf auch der Name der Ortschaft weist) auch Milchwirtschaft betrieb. Feine spätrömische Keramik aus Zypern, Nordafrika und Antiochien sowie ein guterhaltenes Mausoleum (2.–4. Jahrhundert) verstärken den Eindruck eines anhaltenden Wohlstands.

d) Etwa drei Kilometer nordwestlich von Gusch Chalab liegt *Barᶜam*, ein Dorf, das ebenfalls zwei Synagogen besaß. Gewöhnlich datiert man sie wegen ihres „frühen galiläischen Typus" in das 3. Jahrhundert. Neueren Ausgrabungen vor allem in Kafarnaum zufolge könnten sie aber auch aus späterer Zeit stammen. Etwa vier Kilometer östlich von Gusch Chalab befindet sich die Synagoge von *Dalton*, wohl ebenfalls aus dieser Zeit, und dreieinhalb Kilometer nördlich davon *Alma*, wo man Synagogeninschriften aus dem 3. Jahrhundert gefunden hat. Etwas östlich von Alma schließlich wurde kürzlich eine Synagoge in *Khirbet Marus*, wahrscheinlich dem bei Josephus erwähnten Meroth (BJ II 573), ausgegraben, deren erste Bauphase, aus der ein Mosaikfußboden stammt, in die erste Hälfte des 5. Jahrhunderts zu datieren sein dürfte.[280]

Zwischen Dalton und Safed liegt Nevoraia, das alte *Nabratein*, dessen Synagoge ebenfalls in den letzten Jahren von dem Team um *E. Meyers* neu untersucht worden ist.[281] Eine erste Synagoge entstand hier nach dem Bar Kokhba-Aufstand. Um 250 wurde an ihrer Stelle eine größere Synagoge errichtet (etwa 11 × 14 m), in der man auf dem westlichen Bema einen von zwei springenden Steinlöwen getragenen Toraschrein aufstellte. Das östliche kleinere Bema diente vielleicht für den Priestersegen. Nach dem Erdbeben von 306 mußte die Synagoge erneuert werden, wobei man die Löwen des Toraschreins als Füllmaterial verwendete. In der Mitte des 4. Jahrhunderts wurde auch diese Synagoge zerstört und nochmals eine größere gebaut (11 × 17 m, zwei Reihen von je vier Säulen; der Eingang befand sich weiterhin in der Südwand), die bis in die islamische

Zeit hinein benützt wurde. Architekturfragmente, die etwa 250 Meter von ihr entfernt gefunden wurden, könnten von einer weiteren Synagoge aus der gleichen Zeit stammen.

Daß man die Synagoge in Nabratein immer wieder und stets größer neu erbauen konnte, zeugt von der Kraft seiner Gemeinde, nicht nur in wirtschaftlicher Hinsicht; auch die Einwohnerzahl ist wohl stetig gestiegen. Wenn nach dem Niedergang von Meiron um 360 Nabratein nochmals vergrößert aufgebaut wurde, ist daraus natürlich nicht direkt auf den Zuzug von Leuten aus Meiron zu schließen. Doch ist vielleicht eine zunehmende Konzentration der Bevölkerung in größeren Ortschaften zu erschließen, was allerdings erst umfassender untersucht werden müßte. Das Beispiel von Nabratein läßt jedenfalls den Niedergang von Meiron noch rätselhafter erscheinen und macht skeptisch gegenüber allen bisher dafür vorgeschlagenen Erklärungen.

Insgesamt zeigt sich aus einer Analyse der hier erwähnten Synagogenfunde, die noch durch weitere ergänzt werden könnten,[282] daß im 4. Jahrhundert das ländliche Obergaliläa eine starke jüdische Besiedlung hatte. Auch wenn wir das bergige Gelände in Betracht ziehen, ist doch der Abstand von einer Synagoge zur nächsten kaum einmal größer als eine Gehstunde. Der materielle Aufwand für diese Synagogenbauten ist zwar schwer einzuschätzen und vielleicht aus heutiger Sicht eher bescheiden. Dennoch bleibt als Ergebnis die Schlußfolgerung von *E. Meyers* gültig: „Die große Blüte der materiellen jüdischen Kultur in eben dieser Periode (d. h. im Palästina der Zeit nach Konstantin) – die man gewöhnlich für eine Zeit der Not und wachsender Spannung zwischen Juden und Christen hält – scheint nahezulegen, daß die einschränkende Gesetzgebung gegen Juden eine bedeutend begrenztere Auswirkung hatte, als bisher geglaubt worden war."[283]

e) Derselbe Eindruck ergibt sich östlich des Jordans, nur wenige Kilometer von Nabratein und den anderen Orten entfernt, im *Golan*. Hier liegen allerdings noch keine detaillierten Untersuchungen zum Synagogenbau vor. Derzeit kommen etwa fünfzehn Stätten als Synagogen des 4. Jahrhunderts in Frage; doch nur drei davon – ad-Dikke, En Naschut und Qasrin – sind einigermaßen gesichert. Besonders eindrucksvoll ist der Synagogensaal von Qasrin (15,4 × 18 m), der um die Mitte des 3. Jahrhunderts errichtet wurde und mit einer doppelten Reihe von Basaltbänken allen vier Wänden entlang ausgestattet war; bei einem Umbau um die Mitte des 4. Jahrhunderts ersetzte man den ursprünglichen einfachen Lehmfußboden durch einen Mosaikboden und errichtete an der Jerusalem zugewandten Südwand ein Bema. Mit mehreren Umbauten war der Gebäudekomplex bis ins 13. Jahrhundert in Benutzung.[284] Wo nur einzelne Architekturteile, Inschriften oder Grundmauern erhalten sind, kann man kaum weitreichende Urteile fällen. Insgesamt aber belegen die Funde die Tatsache einer beträchtlichen jüdischen Ansiedlung in dieser Region, die über den Jordan hinweg mit der benachbarten Tetrakomia in engster Verbindung stand.[285]

2. Untergaliläa: Die Stadtgebiete von Sepphoris und Skythopolis

a) Das jüdische Zentrum im Stadtgebiet von Sepphoris war lange Zeit *Bet Schearim,* 18 Kilometer südöstlich von Haifa gelegen.[286] Das Dorf dürfte schon in hasmonäischer Zeit Königsland gewesen sein; im 1. Jahrhundert war es jedenfalls das Zentrum der Besitzungen Berenikes, der Tochter Agrippas I. (Josephus, Vita 119). Um 200 herum haben es wohl die Römer Jehuda ha-Nasi als Staatspacht überlassen. Der Patriarch machte das Dorf zum Sitz des Sanhedrin und der rabbinischen Schule. Und obwohl er die letzten Jahre seines Lebens in Sepphoris verbracht hatte, ließ er sich in Bet Schearim begraben. Dadurch wurde Bet Schearim zur bevorzugten Begräbnisstätte für viele Juden, gewissermaßen Ersatz für den ihnen seit Jahrzehnten nicht mehr zugänglichen Ölberg. Zahlreiche Juden ließen sich in den folgenden eineinhalb Jahrhunderten hier begraben, darunter viele aus der Diaspora. Die Blütezeit dieses Zentrums lag in den ersten Jahrzehnten des 3. Jahrhunderts. Ab Beginn des 4. Jahrhunderts läßt die Qualität der Baulichkeiten nach. Mitte des 4. Jahrhunderts wurde der Ort zerstört; ob man dies dem Aufstand gegen Gallus oder dem Erdbeben von 363 zuschreiben soll, ist nicht sicher.[287] In der zweiten Hälfte des Jahrhunderts gab es nur noch eine bescheidene Siedlung mit wenigen neuen Gräbern.

Die Synagoge von Bet Schearim maß 28 × 15 m, war also bedeutend größer als die bisher genannten. Dazu kam noch ein 7 m breiter Vorhof und vor diesem eine langgestreckte Terrasse. Das Gebäude war im Basilikastil des frühen 3. Jahrhunderts errichtet worden; der Hauptsaal, durch zwei Reihen von je acht Säulen gegliedert, hatte ein erhöhtes Bema an der Rückwand. Im frühen 4. Jahrhundert wurde der Mitteleingang geschlossen, wohl um für eine Toranische Platz zu machen. Der Bau bestand aus schön gehauenen Quaderblöcken und hatte einen Marmorboden. Die Innenwände wurden im frühen 4. Jahrhundert farbig bemalt, auf ihnen wurden Marmorplatten mit Inschriften befestigt, sechzehn davon in griechischer, nur eine in hebräischer Sprache.

Eine weitere große Basilika (40 × 15 m) befand sich etwa 300 m westlich der Synagoge. Sie wurde im frühen 3. Jahrhundert errichtet und diente ursprünglich vielleicht als Sitz des Sanhedrin. Später allerdings wurde sie umgebaut und dann wohl im 4. Jahrhundert als privates Wohnhaus benutzt. In diesem Gebäude entdeckte man einen großen Münzschatz mit Münzen vor allem von Konstantin und Konstantius; die jüngste Münze wurde 351 geprägt; die darüber befindliche Brandschicht beweist, daß Bet Schearim bald darauf zerstört worden ist.

Die 23 Katakomben von Bet Schearim enthalten Hunderte von Gräbern. Deren Inschriften sind großenteils griechisch, in geringerer Zahl hebräisch; aber auch palmyrenische und aramäische Inschriften finden sich. Die hier bestatteten Toten stammten nicht nur aus Palästina, sondern aus der gesamten damaligen Diaspora, Syrien, Phönikien, Mesopotamien, Arabien, Kleinasien, Nordafrika und Europa. Eine genauere Analyse, welche dieser Gräber und Inschriften in das 4. Jahrhundert gehören, liegt noch nicht vor. Sie könnte uns wertvolle Aufschlüsse über die Beziehungen zum Diasporajudentum der Zeit geben.

Der Niedergang von Bet Schearim begann schon um die Mitte des 3. Jahrhunderts und hing vermutlich mit der Verlegung des Patriarchats und seiner Institutionen nach Tiberias zusammen. Das erklärt wohl, warum Bet Schearim nach der Brandkatastrophe nicht mehr richtig aufblühte, zeigt aber auch, daß wir diesen Fall nicht verallgemeinern dürfen.

b) *Sepphoris,* fünf Kilometer nordwestlich von Nazaret, mit griechischem Namen Diocaesarea, muß als Sitz des Sanhedrin im frühen 3. Jahrhundert ein bedeutendes jüdisches Zentrum gewesen sein. Doch sind nur zwei Inschriften der Synagoge erhalten, beide in der mittelalterlichen Annakirche. Eine aramäische Mosaikinschrift nennt R. Judan bar Tanchum. Interessanter ist die griechische Inschrift auf einem Türsturz der Kirche. Ich folge der Lesung und Übersetzung dieser Inschrift durch *B. Lifshitz,* der die frühere Wiedergabe durch *M. Schwabe* leicht korrigiert:[288]

„Unter dem Rechtsanwalt *(scholastikos)* Gelasios, dem illustren Comes, Sohn des Comes Aetios, und Juda, Synagogenvorsteher von Sidon, durch die Bemühung (?) von Severianus Afer, dem illustren Synagogenvorsteher von Tyrus (errichtet)". Einzelheiten bleiben unsicher, so etwa die Frage, ob die Inschrift, wie *Lifshitz* meint, die Existenz von Synagogen für Juden aus Tyrus und Sidon in Sepphoris selbst bezeugt oder nur von Synagogenvorstehern aus diesen Städten spricht, die mit der Synagogengemeinde, zu der die Inschrift gehörte, in besonderer Beziehung standen. Die Tatsache enger Beziehungen galiläischer Gemeinden nach Tyrus wurde schon betont. Literarisch ist für Sepphoris eine Reihe von Synagogen nachgewiesen, so eine Synagoge der Babylonier, eine der Juden von Gofna und wohl auch eine der Juden aus Kappadokien (jSchab VI,8a; jBer V,1,9a: Doch für welche Zeit gelten diese Belege?). Die Organisation von jüdischen Ortsgemeinden nach Landsmannschaften mit je eigenen Synagogen war im Palästina dieser Zeit völlig üblich, und Sepphoris war ja ein wichtiges jüdisches Zentrum; nach der Angabe des Epiphanius soll man dort gar keinen Nichtjuden zugelassen haben.[289]

Von größtem Interesse sind die in der Inschrift verwendeten Titel, die ein Datum nach 438 ausschließen. Damals dekretierte ja Theodosius in Novelle 3,2, „daß kein Jude und kein Samaritaner[290] Ehren und Würden erlangen darf, daß keinem städtische Verwaltungsämter offenstehen und niemand auch nur das Amt eines Verteidigers (der Stadt) ausüben darf". In einem christlich-polemischen Text der Zeit heißt es zusätzlich: „Ein Jude darf nicht Comes sein."[291] Falls das 404 in Rom erlassene Gesetz CTh XVI,8,16, wonach „Juden und Samaritaner, die sich des Privilegs der *agentes in rebus* (Geheimdienst) schmeicheln, von jedem Dienst ausgeschlossen werden müssen", auch im Osten des Reiches Geltung erlangte (was aber nicht sehr wahrscheinlich ist), müßte man die Inschrift vielleicht noch früher ansetzen.[292] Nach 438 dürfte für Juden der mit dem Titel eines Comes verbundene Rang des *clarissimus* wohl ebenso undenkbar geworden sein wie die Funktion eines Rechtsanwalts *(scholastikos):* Diese wurde ja auch staatlich verliehen und war kein freier Beruf im eigentlichen Sinn. 468 verbot Kaiser Leo Juden die *advocatio.*

Die Titel machen andererseits ein Datum vor Diokletian unmöglich; da der hier genannte jüdische Comes selbst schon Sohn eines Comes ist, muß man das frühestmögliche Datum der Inschrift noch einige Jahrzehnte später ansetzen. Zwar ist der Titel eines Comes im Lauf der Zeit immer mehr abgewertet worden, bleibt jedoch eine wertvolle Auszeichnung, um so wertvoller, je früher die Inschrift anzusetzen ist. Das macht diese Inschrift für die Beurteilung der öffentlichen Stellung von Juden im 4. Jahrhundert so wichtig. Sie scheint auf jeden Fall eine wohletablierte Honoratiorenschicht in der jüdischen Gemeinde von Sepphoris zu belegen, die starke Verbindungen nach Tyrus hatte.

c) Im 4. Jahrhundert ist eine Synagoge in *Gufta de Tsipporin*, etwa drei Kilometer von Sepphoris entfernt, literarisch belegt. In *Nazaret*, laut Epiphanius einer rein jüdischen Ortschaft,[293] die übrigens auch in der in Caesarea entdeckten Liste der Priesterklassen genannt wird, glaubt *B. Bagatti* zwei Synagogen entdeckt zu haben: neben der schon im vorigen Kapitel genannten judenchristlichen Synagoge unter der Verkündigungsbasilika nimmt er eine jüdische Synagoge nordwestlich des Franziskanerklosters an, wovon einige Architekturteile zeugen sollen.[294] Eine „judenchristliche Synagoge" nachzuweisen dürfte zumindest derzeit fast unmöglich sein; aber auch für die andere Synagoge sind die Belege zu schwach.

Gesichert ist hingegen die Synagoge in *Kana* (Kafr Kanna, etwa sechs Kilometer nordöstlich von Nazaret), dessen katholische Kirche eine aramäische Inschrift aufweist, die aus der uns interessierenden Zeit stammen könnte. Auch hier hat man an Judenchristen gedacht.[295] Drei Kilometer südwestlich von Nazaret liegt *Jafia*ᶜ, dessen Stadtbefestigung einst Josephus Flavius verstärkt hatte (BJ II 573, III 289–306). Die dort ausgegrabene Synagoge (fast 16 m breit, Länge fraglich), auf deren Mosaikfußboden der Tierkreis oder auch die zwölf Stämme Israels dargestellt waren, wird ins späte 3. oder frühe 4. Jahrhundert datiert.

Halben Weges zwischen Sepphoris und Tiberias, jedoch zum Stadtgebiet von Sepphoris gehörig, befindet sich *Chorvat Ammudim*, dessen Synagoge 1979 ausgegraben wurde.[296] Der im Basilikastil mit einer monumentalen Südfassade um etwa 300 errichtete Bau war verhältnismäßig groß (Hauptsaal 14 × 22,5 m). Er hatte einen Mosaikfußboden mit geometrischen Mustern und farbige Wände. Diese Synagoge, von der man auch zwei aramäische Inschriften und Reliefschmuck gefunden hat, wurde das ganze 4. Jahrhundert hindurch benutzt.

d) Bedeutend weniger Belege für Synagogen kennen wir aus dem Stadtgebiet von *Skythopolis (Bet Schean).* Erst Ende 3. Jahrhundert organisierte sich dort eine feste jüdische Gemeinde und ging an den Bau einer Synagoge. Ihre Anfrage bei R. Ammi in Tiberias, ob man die Steine einer alten Synagoge für eine neue verwenden dürfe (jMeg III,1,73d), die dieser negativ beantwortete, bezog sich vielleicht auf die im Aufstand gegen Rom zerstörte Synagoge der Stadt.[297]

Archäologisch sind in Bet Schean zwei Synagogen nachgewiesen. Die frühere der beiden entstand um 400 (17 × 14 m); später wurde ihr ein 3 m breiter Narthex vorgebaut; eine dritte Bauphase datiert man auf etwa 600. Ein Nebenraum vorn war vielleicht für die Aufnahme der Torarollen bestimmt.[298] Die Basaltmauern dieser Synagoge sind fast einen Meter dick, stärker als die der umliegenden Klöster oder auch der nahen Synagoge von Bet Alfa (6. Jahrhundert). *N. Zori* hat dies als Beweis dafür gesehen, daß die Synagoge auch Verteidigungszwecken diente.[299] Sollte dies stimmen, könnte man es als einen Beleg für die Gefährdung von Synagogen in dieser Zeit auch in Palästina deuten (zu den einschlägigen Gesetzen zum Schutz der Synagogen später in diesem Kapitel); doch ist diese Deutung durchaus nicht gesichert.

Sechs Kilometer südlich von Bet Schean befindet sich *Rechob*, dessen Synagoge im frühen 4. Jahrhundert gebaut wurde (17 × 19 m). Sie hatte drei Eingänge im Norden und zusätzlich einen Seiteneingang im Osten; zwei Reihen von Kalksteinsäulen auf Basaltbasis gliederten den Raum, der mit einem Mosaikfußboden ausgestattet war. Nach einem Brand um 400 wurde die Synagoge auf demselben Grundriß weitgehend neugebaut. Der neue Mosaikfußboden wies geometrische Muster auf, und auch die Wände und Säulen waren farbig, mit roten Streifen, mehrfarbigen Dreiecken, stilisierten Blumen usw. verziert. In einer späteren Bauphase fügte man einen Narthex hinzu und baute die Synagoge auch sonst erheblich um. Aus dieser letzten Phase stammt die berühmte halakhische Inschrift von Rechob. Im 7. Jahrhundert wurde die Synagoge zerstört und verlassen.[300]

1974 entdeckte man viereinhalb Kilometer östlich von Bet Schean die Synagoge von *Ma^coz Chajjim*.[301] Ihre erste Bauphase fällt in die Zeit um 300. Der Betraum von 14 × 12,5 m war durch zweimal vier Pfeiler gegliedert; sein Eingang befand sich im Westen. Der Fußboden bestand aus Steinplatten. An der Südwand war aus unbehauenen Steinen ein Bema errichtet, auf dem wohl ein hölzerner oder auch steinerner Toraschrein stand. Der Ausgräber spricht in diesem Fall zurückhaltend von einem öffentlichen Gebäude, das als Synagoge bezeichnet werden könnte. In der zweiten Bauphase war es sicher eine solche. Der erste Bau wurde offensichtlich nicht zerstört, sondern um 400 bewußt abgerissen, um einem Neubau Platz zu machen, der nunmehr eine Apsis und einen geometrisch gemusterten Mosaikfußboden erhielt. In späterer Zeit am Mosaik vorgenommene Reparaturen sind grob und wohl auch nicht von Facharbeitern ausgeführt. Dies könnte auf einen wirtschaftlichen Niedergang der Gemeinde hinweisen. Ein solcher wird im Umbau der Synagoge um 600 besonders deutlich: Man legte nur noch ein sehr grobes Mosaik und verwendete Holz- statt Steinsäulen.

Diese drei Synagogen aus dem Stadtgebiet von Skythopolis dokumentieren eine Gruppe von jüdischen Siedlungen, die sich bis in die arabische Zeit halten konnten, ja noch anwuchsen und im 5. bis 6. Jahrhundert, als eine Reihe weiterer Synagogen dazukamen, blühende Gemeinwesen waren. Zwar war dieses Gebiet, anders als Obergaliläa, schon ziemlich früh relativ stark christianisiert. Doch gibt es keinerlei Belege dafür, daß jüdische Gemeinden durch christliche im Lauf der Zeit verdrängt worden seien; die Synagogenfunde aus den folgenden Jahrhunderten deuten eher auf ein Anwachsen der jüdischen Gemeinden in dieser Region.

3. Das Stadtgebiet von Tiberias

Während der gesamten hier behandelten Periode war Tiberias Sitz des Patriarchen. Es ist dort also eine entsprechende Dichte der jüdischen Besiedlung zu erwarten.[302] Und tatsächlich hat man neben einer Reihe von nur literarisch belegten Synagogen[303] eine Anzahl von Bauten ausgegraben beziehungsweise durch architektonische Reste nachgewiesen, so *Kokhab ha-Jarden* 22 Kilometer südlich von Tiberias, vielleicht das alte Agrippina, *Tiberias* selbst (beide durch Inschriften gesichert) und *Arbel* sechs Kilometer nordwestlich von Tiberias, dessen Synagoge (18,2 × 18,6 m) um 300 gebaut wurde. Etwas ausführlicher sei auf die Synagogen von Chammat Tiberias, Kafarnaum und Chorazin eingegangen.

a) *Chorazin* liegt auf einer leichten Anhöhe etwa vier Kilometer nördlich von Kafarnaum. Eusebius schreibt darüber, dieser von Christus im Evangelium mit einem Wehruf bedrohte Ort Galiläas sei nun tatsächlich verödet. Die Aussage wiederholt auch Hieronymus in seiner Bearbeitung des Onomastikons um 390: „jetzt aber ist es verlassen.“[304]

Die Ausgrabungen scheinen diese Angaben der Kirchenväter zu widerlegen. Man hat eine aus Basaltsteinen erbaute große Synagoge (22,8 × 16,7 m) freigelegt, deren Südfassade reichen Reliefschmuck aufweist (vier Weinleseszenen vielleicht dionysischer Bedeutung, ein Medusenhaupt und so weiter). Von großem Interesse ist auch der „Sitz des Mose“, der aus einem einzigen Basaltblock gearbeitet ist und eine aramäische Inschrift trägt.

Wann ist dieser Bau entstanden? *Z. Yeivin* rechnet mit einer ersten Phase der Synagoge im 2. bis 4. Jahrhundert; nach teilweiser Zerstörung sei sie im 5. bis 6. Jahrhundert neu errichtet worden.[305] *S. Loffreda* bezweifelt jedoch aufgrund seiner Grabungen in Kafarnaum die Frühdatierung der ersten Phase und glaubt, die Synagoge könne erst nach dem Text des Eusebius entstanden sein.[306] Tatsächlich ist der erste Bau wohl später zu datieren, als *Yeivin* dies angenommen hat, denn auch die Keramik setzt in Chorazin erst im späten 3. Jahrhundert ein. Es wäre daher an das Ende des 3. Jahrhunderts zu denken, was auch der ältere der beiden in Chorazin ausgegrabenen Münzhorte bestätigen könnte. Seine älteste Münze stammt zwar von 134 aus Gaza, doch zu 90 Prozent enthält er Münzen aus der Zeit zwischen 290 und 340; die letzte Münze ist vielleicht eine Prägung der Kaiserin Helena. Dieser Hort wurde noch während der ersten Phase der Synagoge in ihr vergraben.

Aus der Zeit zwischen 340 und 390 wurden bei den Ausgrabungen keine Münzen gefunden. *Y. Meshorer* erklärt dies damit, daß der Ort nach dem Aufstand gegen Gallus längere Zeit nicht besiedelt war. Der zweite Münzhort umfaßt Münzen aus einer Periode von etwa 390 bis zum Ende des 5. Jahrhunderts. Er wurde unter der Schwelle der Synagoge vergraben, nach Ansicht *Yeivins* zu einer Zeit, als sie wohl schon zum Teil zerstört war, aber noch benutzt wurde.[307]

Die bisher veröffentlichten Ergebnisse bieten kein eindeutiges Bild. Theoretisch könnte man sowohl Eusebius als auch Hieronymus recht geben. Dann müßte man auf eine Synagoge schließen, die zwischen etwa 320 und 350 bestand, und den Neubau ab 390 datieren. Doch mögen die Kirchenväter auch allzu sehr an einer Bestätigung des Neuen Testaments interessiert gewesen sein und es daher mit den Fakten nicht allzu genau genommen haben. War Eusebius je in Chorazin? Wenn nicht, könnte er auf ältere Berichte aus dem 3. Jahrhundert zurückgreifen, als der Ort tatsächlich nicht besiedelt war. Hieronymus wiederum scheint seine Vorlage sehr konservativ redigiert zu haben; auch an anderen Stellen bringt er sie nicht immer auf den neuesten Stand. War er selbst mit Paula im Jahr 386 von Kafarnaum aus in Chorazin? Das ist möglich. Doch ist auch bei ihm mit tendenziöser Verfälschung von Tatsachen zu rechnen; man denke nur an seinen Ausspruch, daß man Irrtümer von Pilgerführern, die aus Haß gegen die Juden stammen, nicht verurteilen solle.[308]

Problematisch ist auch die Einbeziehung des Aufstandes gegen Gallus in die Erklärung des Grabungsbefundes. Hat sich der Aufstand überhaupt bis hierher ausgewirkt? Das ist ebenso fraglich wie im Fall von Meiron. Die erste Synagoge könnte auch im Erdbeben von 363 zerstört worden sein. Danach könnte sich die Gemeinde von Chorazin einige Jahrzehnte lang, bis man sich dann doch an den Wiederaufbau der Synagoge machte, einer der Nachbargemeinden angeschlossen haben. Verlockend wäre es, an Kafarnaum zu denken, dessen Synagoge für die dort ansässige jüdische Bevölkerung ja viel zu groß gewesen sein muß; doch gibt es dafür keinen Anhaltspunkt.

Frühere Grabungen[309] haben etwa zweihundert Meter westlich der Synagoge noch eine Basilika festgestellt, deren Überreste inzwischen verschwunden sind. Sie könnte ebenfalls eine Synagoge gewesen sein. Gegen die Möglichkeit, dieser Bau habe eine Zeitlang die zerstörte erste Synagoge ersetzt, spricht das Fehlen von Münzen aus der Zeit zwischen ihrer Zerstörung und dem Wiederaufbau. Doch ist hier wohl das letzte Wort noch nicht gesprochen. Aus den Grabungen in der Ortschaft schließt *Yeivin*, daß die beiden ersten Siedlungsphasen von Chorazin – wohl identisch mit den ersten beiden Keramikphasen: spätes 3. Jahrhundert beziehungsweise 4. bis 5. Jahrhundert – die Blütezeit des Ortes gewesen sind.

b) *Kafarnaum* ist jene Synagoge, die wesentlich zum Umschwung in der Synagogendatierung beigetragen hat.[310] Der Hauptraum der Synagoge mißt 24,4 × 18,65 m. Er war durch zwei Reihen von je sieben Säulen gegliedert; zwei weitere Säulen befanden sich in der Mitte der Nordseite. Der Boden bestand aus großen Steinplatten, die Wände waren mit farbigem Stuck bedeckt. Reiche Reliefverzierungen schmückten die Außenseite. Später wurden sie zum Teil beschädigt, vielleicht absichtlich von jüdischen Bildergegnern. Der Südfassade war eine über 3 m breite Terrasse vorgelagert, auf der Ostseite ein geschlossener Kolonnadenhof (20 × 11 – 13 m). Der gesamte Komplex wurde über einem ehemaligen Wohnviertel auf einer eigens dafür aufgeführten Basaltplattform errichtet.

Früher sah man in der Synagoge von Kafarnaum ein klassisches Beispiel des „frühen galiläischen Synagogentyps“. Die Ausgrabungen seit 1969 weisen jedoch auf eine Spätdatierung. Hauptargument sind die Münzfunde in den Fundamenten der Synagoge und sogar unter den Säulen. *V. Corbo* und *S. Loffreda* rechnen daher mit einem Baubeginn erst um die Mitte des 4. Jahrhunderts. Vollendet sei die Synagoge erst um die Mitte des 5. Jahrhunderts gewesen, als man den Fußboden verlegte. Terrasse und Hof gehören in das letzte Stadium des Baus, für den aber von Anfang an ein einheitlicher Plan vorlag. Zerstört wurde die Synagoge erst nach der arabischen Eroberung, spätestens um 750.

Dieser Synagogenkomplex ist neben jenem von Bet Schearim der reichste bisher freigelegte jüdische Bau des 4. Jahrhunderts. Abgesehen von der Größe der Anlage beeindruckt das Baumaterial: Die Häuser des gesamten Ortes sind aus dem lokalen Basaltstein erbaut; einzig das christliche Oktogon und die Synagoge bestehen aus weißem hartem Kalkstein, der wohl einige Kilometer entfernt in der Gegend um Tabga oder auf den Hügeln nördlich von Tell Oreime gebrochen wurde. Dazu kommt die Fülle der Skulpturen, die die Außenseiten der Synagoge zierten. Einen größeren Kontrast zu den bisher ausgegrabenen Wohnhäusern, die allesamt recht ärmlich sind, kann man sich kaum vorstellen.

M. Avi-Yonah hat als Herausgeber der Zeitschrift, in der *Loffreda* seine Spätdatierung der Synagoge begründete, dessen Artikel eine Zusammenfassung seiner eigenen Gegenargumente angefügt.[311] Er betont vor allem die stilistischen Unterschiede gegenüber der Synagoge von Chammat Tiberias, die ungefähr gleichzeitig entstanden sein müßte, wenn die Spätdatierung von Kafarnaum stimmt. Auch seien die Kaiser Konstantin und Konstantius den Juden zu feindlich gesinnt gewesen, als daß man sich in ihrer Zeit einen solchen Bau vorstellen könne. Schließlich sei die Nähe der Synagoge zur christlichen Kultstätte, dem „Haus des Petrus", zu beachten: „Ein solcher Zustand könnte in unserem ökumenischen Zeitalter denkbar sein; doch scheint der Gedanke nahezu unmöglich zu sein, daß er von den byzantinischen Behörden des 4. Jahrhunderts erlaubt worden sei", noch dazu, da hier der gesamte Schmuck der Synagoge außen angebracht ist, während sonst byzantinische Synagogen nur innen dekoriert sind. Schließlich läßt *M. Avi-Yonah* das Problem offen.

Anstatt zu sagen, daß ein solcher Synagogenbau unter den Kaisern des 4. Jahrhunderts kaum denkbar sei, müssen wir wohl angesichts der Grabungsergebnisse[312] die Spätdatierung als den Tatsachen entsprechend anerkennen; zu korrigieren ist eher unser Urteil über die Auswirkung der Judenpolitik von Konstantin und Konstantius auf die Juden Palästinas. Auch ist die Nachbarschaft von Kirche und Synagoge kein solches Problem. Das Nebeneinander bestünde auch bei früherer Datierung der Synagoge – allerdings mit dem Unterschied, daß im 3. Jahrhundert der Staat gewiß nicht zugunsten der christlichen Gemeinde eingegriffen hätte. Überdies ist an die Entscheidung des Papstes Gregor des Großen – wenn auch für Italien getroffen und nicht so direkt übertragbar – zu erinnern, daß Juden ihre Synagogen nur dort nicht errichten dürfen, wo der Lärm ihres Gottesdienstes den christlichen stören könnte.[313] Schließlich waren die Juden hier in Kafarnaum im Zentrum ihres eigenen Siedlungsgebietes; hier haben sie gewiß dem Vordringen des Christentums gewehrt, soweit es ihnen möglich war. Eine Unterdrückung der Juden Palästinas in dieser Zeit ist nicht nachgewiesen, ebensowenig eine Behinderung des Synagogenbaus. Auch wenn, wie *Yeivin* annimmt, die Synagoge des benachbar-

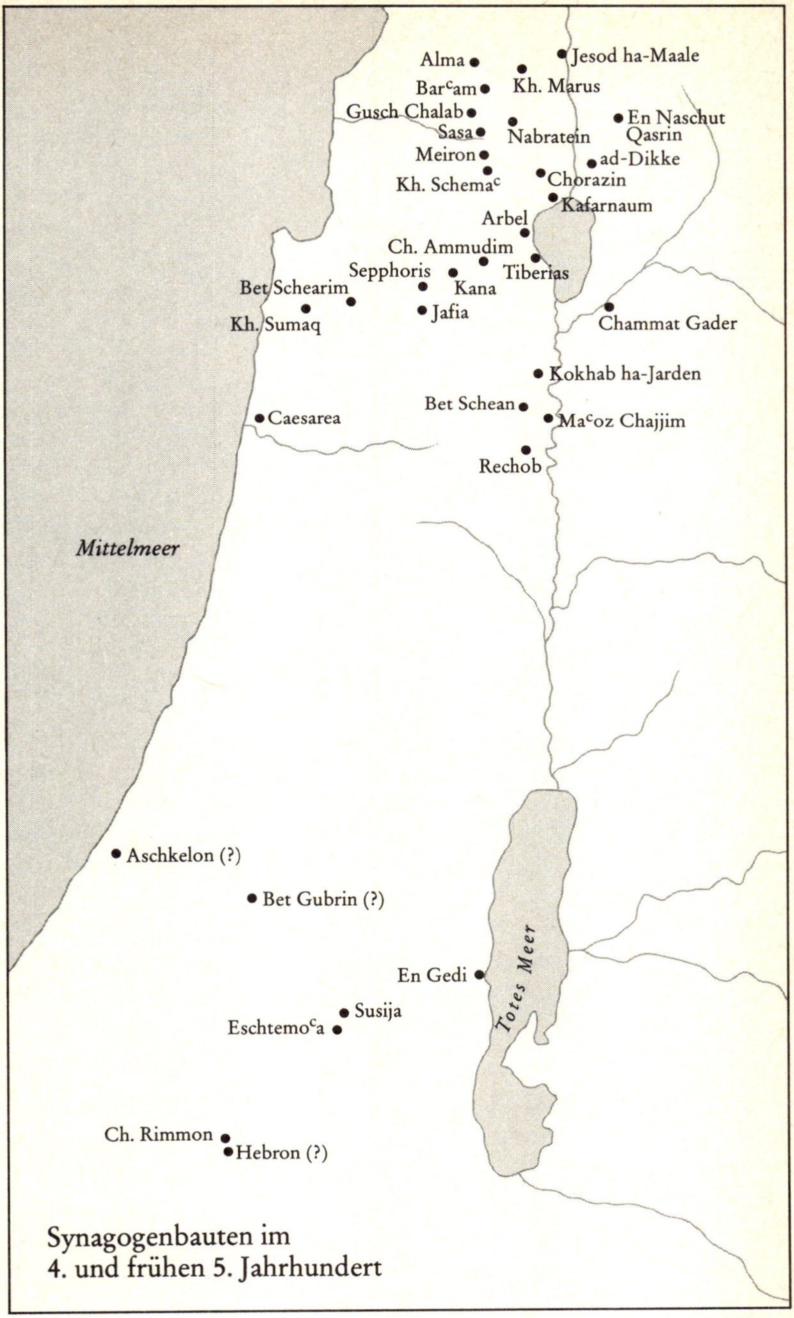

Synagogenbauten im
4. und frühen 5. Jahrhundert

ten Chorazin im Aufstand gegen Gallus zerstört wurde, wäre der fast gleichzeitige Beginn des Synagogenbaus in Kafarnaum zwar erstaunlich, aber nicht unvorstellbar.

Es bleibt das Problem der Finanzierung des Unternehmens in diesem kleinen und eher armen Dorf. Zwei Inschriften belegen die Stiftung je einer Säule durch private Spender: Auf einer griechischen Inschrift sind Herodes, Sohn des Monimos, und sein Sohn Justus zusammen mit ihren Kindern genannt; eine aramäische Inschrift nennt als Spender Chalfai, Sohn des Zabdai, Sohn des Jochanan. Sollte der gesamte Komplex aus zahlreichen solchen Einzelspenden errichtet worden sein? Dazu fehlen inschriftliche Belege. Wie groß war die Gemeinde überhaupt?

V. Tzaferis, der den östlichen, der griechischen Kirche gehörenden Teil von Kafarnaum ausgegraben hat, rechnet aufgrund der Synagoge mit einer großen und wohlhabenden jüdischen Gemeinde, die von Handel, Fischerei und Landwirtschaft lebte; die christliche Kirche sei hingegen eine unter christlichem, kirchlichem oder politischem Druck entstandene Gedenkstätte, die keine christliche Gemeinde voraussetze.[314] Die neuesten Grabungen durch *S. Loffreda* lassen jedoch eine solche Hypothese nicht zu. In fast allen bisher ausgegrabenen Wohnhäusern in Kafarnaum fand man byzantinische Tonscherben aus dem 5. und 6. Jahrhundert mit Kreuzzeichen. Daher schließt *S. Loffreda* auf eine vorwiegend, wenn nicht ausschließlich christliche Bevölkerung von Kafarnaum, „so sehr, daß die monumentale Synagoge von allen Seiten von christlichen Vierteln eingekreist war".[315]

Nach den bisher veröffentlichten Funden wäre zwar denkbar, daß es erst im 5. Jahrhundert zu einer ziemlich raschen Verdrängung der jüdischen Gemeinde durch die christliche gekommen ist. Doch das löst unser Problem nicht. Der Gedanke an eine Finanzierung des Baus mit auswärtigen Mitteln könnte deshalb naheliegen. Doch von wem und aus welchen Motiven?

V. Corbo denkt „an den kaiserlich-römischen Staatsschatz zur Zeit von Julian dem Abtrünnigen".[316] Das ist jedoch nicht gut vorstellbar! Soll Julian neben dem Projekt des Tempels in Jerusalem auch noch Synagogen gefördert haben? Dort wäre ja nicht geopfert worden, woran allein ihm lag! Und sollte er wirklich zur Finanzierung von Synagogen beigetragen haben, warum ausgerechnet in Kafarnaum? Wäre nicht eher mit der Hilfe des Patriarchenhauses zu rechnen, das vielleicht in dieser Gegend auch Besitzungen gehabt hat? Unter Umständen wäre in dem Projekt eine bewußte Stärkung der jüdischen Gemeinde gegenüber dem Christentum zu sehen, das sich hier auszubreiten versuchte. Dies schiene als Motiv für eine Fremdfinanzierung plausibler als die Religionspolitik des nur wenige Monate herrschenden Julian. Doch würden wir in diesem Fall inschriftliche Belege erwarten, die es leider nicht gibt. Somit bleiben viele Rätsel bestehen. Jedenfalls aber ist die Synagoge von Kafarnaum ein starkes Argument gegen die These einer schnellen und geradlinigen Verschlechterung der Lage der Juden Palästinas im 4. Jahrhundert.

c) *Chammat Tiberias*, wenig südlich von Tiberias gelegen, war (und ist) wegen seiner heißen Quellen ein beliebter Kurort. Im 4. Jahrhundert standen dort zumindest zwei Synagogen. Eine davon hat *N. Slouschz* schon 1920 ausgegraben: Es war ein Basaltbau von 12 × 12 m mit einem Hof von 12 × 8 m, errichtet Mitte des 3. Jahrhunderts und mit einem Basaltboden ausgestattet, der beim Umbau im 4. bis 5. Jahrhundert durch einen Mosaikboden ersetzt wurde. Damals ist auch der ursprünglich wohl im Süden befindliche Eingang in den Norden verlegt worden. Eine Überprüfung dieser Angaben durch neuere Grabungen ist leider unmöglich.[317]

Genauer erforscht und in unserem Zusammenhang von viel größerer Bedeutung ist die etwa 500 Meter südlich davon gelegene Synagoge bei den warmen Quellen, nach denen der Ort benannt ist. Schon um 230 wurde hier eine Synagoge errichtet, die bis Ende des 3. Jahrhunderts, spätestens jedoch bis zum Erdbebenjahr von 306 benutzt wurde. Den zweiten Bau setzt *M. Dothan*[318] zwischen dem Palästinabesuch Diokletians im Jahre 286 und dem Tod Konstantins 337 an. Er wurde während des gesamten 4. Jahrhunderts benutzt, wie Münzen (die späteste in dieser Schicht stammt von 395) und Keramik (bis Ende des 4. Jahrhunderts) belegen. Für das Ende dieser Synagoge rechnet *Dothan* mit verschiedenen möglichen Ursachen: Vielleicht wurde sie durch das Erdbeben von 419 zerstört, vielleicht auch von der Gemeinde abgerissen, um einem größeren Neubau mit Apsis Platz zu machen (eine Basilika von 19 × 15 m statt eines ursprünglichen Breithauses von 15 × 13 m); aber auch eine Zerstörung durch Feinde des Judentums in der Zeit der Kaiser Honorius und Arkadius sei nicht auszuschließen, wie die Gesetze zum Schutz von Synagogen seit 393 nahelegen. Jedenfalls, so *Dothan*, muß die Synagoge zwischen 396 und 422 zerstört worden sein, vor allem wenn das Gesetz von 423 gegen den Wiederaufbau von Synagogen tatsächlich durchgesetzt wurde.

Die Synagoge des 4. Jahrhunderts zeichnet ein prachtvoller Mosaikfußboden aus, der einen Großteil der Innenfläche (über 100 qm) bedeckt und mindestens zweitausend Arbeitsstunden gekostet haben muß. Die Südseite nehmen in *Dothans* Rekonstruktion der Toraschrein und die Treppe zur Galerie ein. Wichtig ist dieser Fußboden vor allem wegen des Tierkreismosaiks und der griechischen Widmungsinschrift, die unter den Stiftern einen Severus nennt, der in enger Beziehung zum Patriarchenhaus stand. Beides wird im Zusammenhang mit der Entwicklung des Patriarchats in einem späteren Kapitel besprochen.

Für den Zusammenhang dieser Übersicht sei hervorgehoben, daß die drei Phasen der Synagoge der Entwicklung auch an anderen Stätten entsprechen und den zunehmenden Wohlstand, aber auch das zahlenmäßige Anwachsen der Gemeinde belegen. Wenn der Neubau des 5. Jahrhunderts für den Tierkreis keine Verwendung mehr hat, deutet dies auf eine konservativer gewordene Einstellung der Gemeinde. Die einzelnen Datierungsargumente *Dothans* sind allerdings etwas fragwürdig; wir werden darauf im Zusammenhang mit dem Patriarchat noch zu sprechen kommen. Vor allem sind Synagogenzerstörungen Ende des 4. Jahrhunderts in dieser Region nicht belegt und angesichts des sofortigen vergrößerten Neubaus auch kaum anzunehmen.

4. Synagogen im Süden Palästinas

Eusebius nennt in seinem Onomastikon eine Reihe von Ortschaften im Umkreis von Eleutheropolis als jüdische Siedlungen (sonst nur noch Naarath bei Jericho): Anaia sei ein sehr großes jüdisches Dorf im Daroma, neun Meilen südlich von Hebron, ebenso En Gedi am Toten Meer, Zeif (Zif) südlich von Hebron, Thalcha 16 Meilen von Eleutheropolis im Daroma, Iettan 18 Meilen von Eleutheropolis, Eremmon 16 Meilen von Eleutheropolis im Daroma, Esthemo, eine Priesterstadt.[319] Hieronymus hat hier nirgends Änderungen vorgenommen, was im konkreten Fall wohl nicht seiner konservativen Redaktion oder mangelnden Kenntnissen zuzuschreiben ist, sondern offenbar noch die Fakten spiegelt, da an drei der genannten Orte (und Naaran) Synagogen archäologisch nachgewiesen sind, alle im sehr ausgedehnten Stadtgebiet von Eleutheropolis, dem größten Palästinas.

a) Die Synagoge von *En Gedi*[320] wurde zu Beginn des 3. Jahrhunderts erbaut und war ein unregelmäßiges Rechteck von etwa 15,5 × 10 m ohne Säulen. Um 300 hat man sie durch einen Narthex auf der Westseite erweitert, der von der Halle durch Säulen getrennt wurde. Drei Bankreihen an der Südwand und ein Mosaikfußboden gehören zur Ausstattung in dieser Baustufe. In der zweiten Hälfte des 5. Jahrhunderts wurde der Narthex in die Synagoge selbst einbezogen und ein neuer Narthex hinzugebaut. *D. Barag* vermutet, daß die Synagoge während der Judenverfolgungen unter Justinian gewaltsam zerstört worden sei.

b) *Eschtemoᶜa*, 15 Kilometer südlich von Hebron, hatte eine Synagoge in Form eines Breithauses ohne Säulen (13,3 × 21,3 m) mit einem 4 m breiten Narthex. Nischen in der Nordwand, das heißt in Richtung Jerusalem, kennzeichnen die Gebetsrichtung; ein Mosaikfußboden ist wahrscheinlich. In „byzantinischer Zeit“ wurde die Synagoge im Bereich der Nordwand umgebaut (bei gleichem Grundriß) und im 7. Jahrhundert in eine Moschee verwandelt. Die Westwand steht noch jetzt bis zu einer Höhe von 8,5 m.[321]

c) In *Susija*, das in antiken Texten nicht genannt wird, wurde Ende des

4. oder Anfang des 5. Jahrhunderts eine Synagoge errichtet, die bis ins 9. Jahrhundert benützt und deren Hof im 10. Jahrhundert in eine Moschee umgewandelt wurde.[322] Das Gebäude war ein Breithaus von 9 × 16 m, das zusätzlich einen Narthex aufwies; der Mosaikfußboden könnte einen Tierkreis dargestellt haben. Die Galerie auf der Westseite wurde erst später hinzugefügt.

d) *Chorvat Rimmon* erhielt in der zweiten Hälfte des 3. Jahrhunderts eine Synagoge, deren Grundriß noch nicht völlig gesichert ist; das Gebäude war wohl ein Breithaus. Seine reiche Ausstattung belegen Reste von Kapitellen und Reliefs. Die Wände waren bunt bemalt. Zwischen Mitte des 4. und Mitte des 6. Jahrhunderts wurde hier eine neue Synagoge errichtet und der Gesamtkomplex mit einer Mauer umgeben (34 × 29,5 m); die Wände stehen noch bis zu einer Höhe von 3 m. Ende 6. Jahrhundert wurde eine weitere Synagoge errichtet.

Außer einem Münzhort, der bis ins frühe 6. Jahrhundert reicht, fand man in einem Versteck in einem Mauerloch der zweiten Synagoge 64 Bronzemünzen (vor allem 3. bis Anfang 5. Jahrhundert). Eine durchgehende jüdische Besiedlung über Jahrhunderte ist damit gesichert, ebenso wohl auch die Gleichsetzung mit Eremmon im Onomastikon.

Auffallend ist der große Gesamtkomplex für die relativ kleine eigentliche Synagoge (im 6. Jahrhundert 13,5 × 9,5 m). Eine Auswertung der Münzverstecke steht noch aus. Daß die Mauern der Verteidigung dienten, ist nicht auszuschließen. Das muß jedoch nicht unbedingt auf judenfeindliche Übergriffe von Christen dieser Region hindeuten, sondern belegt eher allgemein die steigende Unsicherheit in diesem südlichen Landesteil infolge der ständigen Einfälle von Sarazenen.[323]

e) Zwei weitere Synagogen der Region können nicht sicher datiert werden. In *Bet Gubrin* (Eleutheropolis) wurden zwei aramäische Inschriften gefunden, die zwischen dem 4. und 6. Jahrhundert angesetzt werden. Aus *Aschkelon* stammen zwei griechische und zwei hebräische Inschriften. Eine der griechischen Inschriften ist auf das Jahr 709 datiert. Bei seleukidischer Zeitrechnung wäre dies 397, bei Verwendung der Ära von Aschkelon 604. Problematisch sind auch die Namen in dieser Inschrift, Kyra Domna, Tochter von Julia(n), und Kyros Kom(modus). Gelegentlich deutet man sie auf die Kaiserfamilie, Julia und Commodus, was sich aber mit der Jahresangabe nicht vereinbaren läßt.[324] Sehr fraglich ist ferner der Nachweis einer Synagoge für *Hebron* (4.–6. Jahrhundert) und *Khirbet Iocha* fünf Kilometer nördlich von Hebron (vielleicht eine Kirche).

5. Weitere Synagogen

Außerhalb der beiden jüdischen Siedlungszentren in Galiläa und – in geringerem Ausmaß – im Süden des Landes hat es eine Reihe von Synagogen gegeben, von denen besonders die in *Caesarea* hervorzuheben ist, sicher nur eine von mehreren der Stadt. Sie wurde über einem Gebäude aus herodianischer Zeit, das später zum Teil als Wasserbehälter verwendet worden ist, im 4. Jahrhundert errichtet. Der Bau war eine Art Breithaus (18 × 9 m), nach Süden gerichtet, jedoch mit Eingang im Osten, also auf der Seite zur Stadt. In einem Mauervorsprung, der vielleicht als Toraschrein diente, wurden 3700 Bronzemünzen gefunden; sie stammen großteils von Konstantius, wenige von Julian Caesar. Damit wäre etwa 355 als der früheste Zeitpunkt anzusehen, zu dem die Münzen hier versteckt wurden. Man nimmt an, daß die Synagoge etwa um diese Zeit zerstört und im frühen 5. Jahrhundert wieder aufgebaut wurde, nun unter Hinzufügung eines Narthex.[325] Vom Bau des 4. Jahrhunderts stammen Fragmente von Lampen mit Menora, drei Marmorstücke einer hebräischen Inschrift mit den 24 Priesterwachen und ein Mosaikfußboden. Dem Münzhort nach zu urteilen, kommt eine Zerstörung im Zusammenhang mit dem Aufstand gegen Gallus nicht in Frage. Vielleicht hat sich das Erdbeben von 363 auch hier ausgewirkt, oder aber es sind uns nicht näher bekannte Gründe für die Zerstörung der Synagoge anzunehmen.[326]

6. Synagogen in der kaiserlichen Gesetzgebung

In CTh VII,8,2, wohl 373 in Trier erlassen, wird verboten, Soldaten in Synagogen einzuquartieren; diese werden, was das betrifft, anderen religiösen Gebäuden gleichgestellt. Sonst enthält der Codex Theodosianus erst gegen Ende des 4. Jahrhunderts die Synagoge betreffende Gesetze, sei es solche zu ihrem Schutz, sei es zur Beschränkung von Neubauten. Während siebzig Jahren christlicher Herrschaft war die Synagoge kein Gegenstand der Gesetzgebung, wenn man einmal absieht vom genannten Text und von der Befreiung voll im Dienst der Synagoge stehender Juden von kurialen Aufgaben. Die Synagoge war einfach eine mit der gesetzlichen Anerkennung der jüdischen Religionsgemeinschaft als selbstverständlich geltende Realität. Das änderte sich erst mit dem immer stärkeren Vordringen des Christentums und seiner Radikalisierung und steigenden Intoleranz in der Zeit nach Julian.

Reichsweites Aufsehen erregte die Zerstörung der Synagoge von Kallinikon am Eufrat im Jahre 388, der vom Kaiser verfügte Wiederaufbau auf Kosten der schuldigen christlichen Gemeinde und der Widerstand dagegen durch den Mailänder Bischof Ambrosius.[327] Daß es aber nicht bei diesem Einzelfall blieb, geht deutlich aus CTh XVI,8,9 vom 29.9.393 hervor. Das Gesetz war an den militärischen Oberbefehlshaber des Reichsostens, den Comes Addeus, gerichtet: „Die jüdische Religionsgemeinschaft ist durch kein Gesetz verboten. Das steht hinreichend fest. Daher berührt es uns zutiefst, daß an gewissen Orten ihre Zusammenkünfte verboten wurden. Deine erhabene Größe wird also nach Erhalt dieses Befehls der Ungeheuerlichkeit jener, die unter dem Vorwand der christlichen Religion sich Unerlaubtes herausnehmen und Synagogen zu zerstören und plündern versuchen, mit angemessener Strenge Einhalt gebieten."

Im Reichsosten scheint dieses Gesetz gewirkt zu haben. Anders im Westen, wo vier Jahre später ein neues Gesetz notwendig wurde. In CTh XVI,8,12 vom 17.6.397 wandte sich Arkadius an den Praefectus praetorio Illyriens: Die Statthalter sind dafür verantwortlich, daß Juden vor Übergriffen geschützt werden „und ihre Synagogen in gewohnter Ruhe verbleiben". Am 26.7.412 erließ Honorius in Ravenna ein weiteres Gesetz (CTh XVI,8,20) an den Praefectus praetorio Johannes: „(Gebäude), welche bekanntlich von den Juden für ihre Versammlungen verwendet und die als Synagogen bezeichnet werden, wage niemand zu entweihen oder besetzt zu halten; denn alle sollen ohne Angriff auf Religion und Kult das Ihre mit ungestörtem Recht behalten." Es folgt eine Erinnerung an das Privileg der Juden, am Sabbat nicht unter dem Vorwand öffentlicher Geschäfte belästigt zu werden.

Wiederum an den Praefectus praetorio für Illyrien gerichtet ist CTh XVI,8,21 vom 6.8.418.[328] Hier ist der Tonfall des Gesetzgebers gegenüber den Juden völlig verändert, nicht mehr neutral, sondern aggressiv: „Niemand werde als Jude, solange er unschuldig ist, herabgesetzt und durch welche Religion auch immer Angriffen ausgesetzt. Ihre Synagogen und Behausungen dürfen nicht überall verbrannt oder zu Unrecht ohne irgendeinen Grund beschädigt werden." Wenn jemand in irgendwelche Verbrechen verwickelt ist, ist das den Gerichten zu überlassen und nicht eine Entschuldigung, sich eigenmächtig zu rächen. „Doch wie wir wünschen, daß diesbezüglich für die Personen der Juden Vorsorge getroffen werde, so halten wir es für notwendig, auch das einzumahnen, daß die Juden nicht etwa frech werden und stolz auf die Sicherheit der eigenen Religion unüberlegt gegen die der christlichen Religion ziemende Ehrfurcht handeln."

Wir wissen nicht, was genau diesen Text veranlaßt hat; es müssen jedenfalls in Illyrien mehrfach Übergriffe gegen Juden, ihren Besitz und ihre Gotteshäuser vorgekommen sein. Wiewohl das Gesetz sie gegen Angriffe „ohne jeden Grund", also nicht schlechthin, in Schutz nimmt, verbindet es dies mit einer deutlichen Zurechtweisung der Juden, sich ja nichts gegen Christen herauszunehmen.

Das nächste Gesetz, CTh XVI,8,22 vom 20. 10. 415, gerichtet an Aurelian, den Praefectus praetorio des Reichsostens, wird uns im Kapitel über das Patriarchat noch ausführlicher beschäftigen, geht es doch darin um die „Vergehen" des Patriarchen Gamaliel. Unter anderem wird festgelegt: „Und von nun an lasse er keine Synagogen mehr errichten; und wenn es welche in einsamen Gegenden gibt und sie ohne Aufruhr niedergerissen werden können, soll er das durchführen."

Heißt das, daß der Neubau von Synagogen schon früher verboten war? Ein einschlägiges Gesetz ist uns nicht überliefert, aber wohl anzunehmen (siehe CTh XVI,8,25.27 von 423). Sonst müßte der Abschnitt nicht eines der Vergehen Gamaliels bezeichnen, vor deren Wiederholung gewarnt wird, sondern wäre eine strafweise Einschränkung seiner Befugnisse wegen anderer nicht näher genannter Übergriffe. Nach den vorausgehenden, wenn auch zum Schluß nur noch halbherzigen Schutzgesetzen zugunsten der Synagogen ist dies jedenfalls die erste überlieferte gesetzliche Einschränkung des Synagogenbaus.

Im Jahr 423 folgen kurz hintereinander drei Gesetze, alle an den Praefectus praetorio Asklepiodotos gerichtet. In CTh XVI,8,25 vom 15. 2. heißt es: „Fürderhin dürfen gar keine Synagogen der Juden einfach weggenommen oder niedergebrannt werden. Und wenn nach Erlaß des Gesetzes (gemeint ist CTh XVI,8,9 von 393) mit neuerlicher Gewaltanwendung Synagogen enteignet oder für Kirchen beansprucht oder auf jeden Fall den heiligen Mysterien geweiht worden sind, sind ihnen dafür Plätze, auf denen sie bauen können, und zwar nach dem Maß der weggenommenen, zu überlassen. Aber auch Weihegeschenke, wenn solche weggenommen wurden, sind ihnen zurückzugeben, sofern sie noch nicht den heiligen Mysterien gewidmet worden sind. Wenn aber die ehrwürdige Weihe eine Rückgabe nicht zuläßt, sei ihnen der entsprechende Preis dafür erstattet. Im übrigen dürfen fürderhin keine Synagogen mehr erbaut werden; die alten sollen in ihrer Form bleiben."

Von einem Schadenersatz für niedergebrannte Synagogen ist keine Rede; wo Synagogen als Kirchen geweiht wurden, muß nur ein entsprechendes Grundstück als Ersatz angeboten werden; die Baukosten hat offensichtlich die jüdische Gemeinde selbst zu tragen. Der abschließende Satz verbietet Neubauten von Synagogen, wo diese nicht einfach von Christen weggenommene oder niedergebrannte Synagogen ersetzen sollen, scheint aber auch Umbauten schon bestehender Synagogen zu untersagen.

CTh XVI,8,26 vom 9. 4. desselben Jahres ist auf jüdische Intervention hin erlassen worden. Auffällig ist der herabsetzende Ton gegen alle Nichtchristen: „Bekannt und allen mitgeteilt sind unsere und frühere Dekrete, mit denen wir die Verwegenheit der verabscheuenswerten Heiden, Juden und Häretiker in Schranken gewiesen haben. Doch gerne ergreifen wir die Gelegenheit, das Gesetz zu wiederholen, und wollen, daß die Juden wissen: Auf ihre armseligen Bitten haben wir nichts anderes erlassen, als daß jene, die unbedacht unter dem Vorwand der ehrwürdigen Christenheit vielerlei zulassen, aufhören, sie zu beleidigen und zu verfolgen, so daß jetzt und in Zukunft niemand ihre Synagogen besetze, niemand sie anzünde. Die Juden selbst aber sollen zum Verfall ihres Besitzes und ewigem Exil verurteilt werden, wenn sich ergibt, daß sie einen Menschen unseres Glaubens beschnitten oder den Auftrag dazu gegeben haben."

Natürlich ist denkbar, daß die abschließende Strafandrohung gegen Juden, die Christen beschneiden (lassen), zugleich den Anlaß für die antijüdischen Ausschreitungen erkennen läßt, gegen die nun die Juden den Kaiser um Rechtsschutz bitten. Ebenso ist es aber möglich, daß der Kaiser zwar den erbetenen gesetzlichen Schutz zusichert, aber gleichzeitig ohne besonderen Anlaß, vielleicht auf Drängen kirchlicher Kreise, die „verabscheuenswerten" Juden in die Schranken weist.

In CTh XVI,8,27 vom 8.6.423 kommt Theodosius ein letztes Mal auf das Thema zurück. „Was wir neulich betreffend die Juden und ihre Synagogen festgesetzt haben, bleibe in Kraft: es werde also nie erlaubt, neue Synagogen zu errichten; sie sollen aber auch nicht fürchten müssen, daß ihnen die alten weggenommen werden." Die 3. Novelle des Theodosius vom 31.1.438 nimmt das Verbot des Neubaus von Synagogen wieder auf und erweitert es: „Es darf keine Synagoge neu erbaut werden; die Erlaubnis, bestehende Synagogen zu reparieren, soll nur gegeben werden, wenn sie vom sofortigen Einsturz bedroht sind."

Soweit also die Gesetze im Codex Theodosianus, die Synagogen betreffen. Hier ist eindeutig eine ständige Verschärfung der Lage festzustellen. Nicht nur wird der staatliche Schutz für Synagogen immer halbherziger: Die Verpflichtung zum Schadenersatz bei Besetzung oder Zerstörung von Synagogen durch Christen wird zunehmend gemildert. Die späteren Gesetze schränken auch den Synagogenbau immer mehr ein und bedrohen und beleidigen das Judentum. Es darf wohl als sicher angenommen werden, daß in diesem Punkt die Kirche besonders starken Druck auf den Gesetzgeber ausgeübt hat; das wissen wir namentlich von Ambrosius, aber auch vom syrischen Säulensteher Simeon, und können es auch sonst annehmen. Für uns stellt sich allerdings die Frage, ob diese Gesetze auch die Synagogen in Palästina betreffen. CTh XVI,8,22 von 415, in dem es um den Patriarchen Gamaliel geht, ist das einzige von den zitierten Gesetzen, das sich direkt mit Palästina befaßt. Hat es auf das tatsächliche Leben der Juden in Palästina Auswirkungen gehabt? Die bisherigen Ausgrabungen scheinen das Gegenteil zu beweisen.

7. Einige Schlußfolgerungen

a) Die archäologischen Funde in Palästina belegen die auch aus literarischen Zeugnissen bekannte Streuung der jüdischen Ansiedlung: Zentren sind Galiläa, der Golan, sowie ein südlicher Streifen im Stadtgebiet von Eleutheropolis. In Judäa und Samaria gibt es hingegen kaum Synagogenfunde; auch im Küstenstreifen ist für diese Zeit nur Caesarea gesichert. Neue Funde werden, wenn wir uns auf die literarischen Quellen verlassen dürfen, dieses Bild vervollständigen, aber nicht wesentlich verändern.

b) Bautypen und Ausstattung der Synagogen weisen eine große Vielfalt auf. Die Inschriften sind häufig griechisch, aber auch relativ oft hebräisch oder aramäisch. Manche Gemeinden müssen ziemlich reich gewesen sein. Anders als beim christlichen Kirchenbau gibt es aber keine inschriftlichen Belege dafür, daß Einzelpersonen eine ganze Synagoge gestiftet hätten; vielmehr stiften sie jeweils einzelne Säulen, Mosaikflächen und so weiter.

c) Die Baugeschichte deutet kaum eine Verschlechterung in der Lage der Juden an; vielfach folgen einander an derselben Stelle drei jedesmal größere und immer wieder umgebaute Synagogen. Die Gründe für das Verlassen von Meiron und die zeitweilige Räumung von Chorazin sind unbekannt. In Bet Schearim dürfte der Wegzug des Patriarchen daran schuld gewesen sein, daß man sich in der zweiten Hälfte des 4. Jahrhunderts an keinen Neubau mehr machte. Das Festhalten an einem einmal für eine Synagoge bestimmten Platz ist typisch. Es ist halakhisch bedingt, wurde aber auch durch die Umstände ermöglicht. Im Lauf der Zeit sind die Synagogen jedoch nicht nur vergrößert, sondern meist auch reicher ausgestattet worden. Es gibt keinen einzigen Beleg für die Umwandlung einer Synagoge in eine Kirche. Eine Ausnahme, aber außerhalb unseres Gebiets und Zeitraums, ist Gerasa, wo 530 über einer Synagoge aus dem 4. oder 5. Jahrhundert eine Kirche errichtet wurde. Vereinzelt wurden Synagogen später als Moscheen verwendet.

d) Eine absichtliche Zerstörung von Synagogen durch feindliche Aktivitäten ist nirgends gesichert; auch der Fall von Bet Schearim ist nicht eindeutig. Eher sind Synagogen durch Erdbeben zerstört worden oder mußten einem Neubau weichen. Was die zahlreichen bisher gefundenen Münzverstecke betrifft, könnte man daraus nur bei auffälliger Häufung zu bestimmten Zeitpunkten auf eine Bedrängung der Gemeinde durch äußere Feinde, Flucht ohne Wiederkehr oder Tod der Besitzer schließen. Viele andere Gründe, solche Geldverstecke anzulegen und später nicht wieder auszuräumen, sind ebenso denkbar.

e) Im 4. Jahrhundert scheinen, abgesehen von Kafarnaum, nirgendwo Synagogen und Kirchenbauten dicht beieinander gestanden zu haben.

Die deutlichste Nähe besteht noch im südlichen Landesstreifen um Eleutheropolis und ist selbstverständlich auch in Städten wie Caesarea anzunehmen. Erst ab dem 5. Jahrhundert gibt es als Folge der Klosterbauten in Bet Schean und Umgebung sowie in Tiberias und Jericho ein engeres Nebeneinander.

f) Somit ist im allgemeinen im 4. Jahrhundert eine friedliche Koexistenz von Juden und Christen in weithin getrennten Lebensbereichen anzunehmen. Eine Anwendung der Schutzgesetze für Synagogen ab dem späten 4. Jahrhundert scheint in Palästina nicht notwendig gewesen zu sein. Aber auch das Verbot, neue Synagogen zu bauen beziehungsweise vorhandene zu erweitern, ist offenbar in den jüdischen Kerngebieten nicht geltend gemacht worden, wie aus der Geschichte des Synagogenbaus in Palästina eindeutig hervorgeht. Dies gilt trotz der Maßregelung des Patriarchen im Jahr 415. Die Gesetzgebung hinsichtlich der Synagogen scheint ebenso wie die christlichen Übergriffe, die überhaupt erst dazu geführt haben, in erster Linie eine Sache der Diaspora gewesen zu sein.

VI. Der Aufstand gegen Gallus

Im vorausgehenden Kapitel sind wir mehrfach auf die Theorie gestoßen, die Zerstörung einzelner Synagogen Palästinas sei womöglich eine Auswirkung des Aufstandes gegen Gallus kurz nach 350 gewesen. Für Bet Schearim wird dies allgemein angenommen, aber auch für Meiron und Chorazin wird mit dieser Möglichkeit gerechnet. Da die von Johannes Chrysostomus behauptete Erhebung der Juden Palästinas unter Konstantin (dazu S. 47) keineswegs ausreichend belegt ist, wäre die Revolte unter dem Caesar Gallus der erste jüdische Aufstand gegen Rom seit Bar Kokhba, zugleich das erste weiterreichende Einzelereignis in der Geschichte Palästinas seit der Christianisierung des römischen Reiches, das einigermaßen bezeugt ist. Allerdings ist die genauere Beurteilung des Aufstandes – sein exaktes Datum, sein Umfang, seine Motive – durchaus nicht gesichert. Gelehrte in der Tradition von *H. Graetz* mit seiner Auffassung der jüdischen Geschichte als einer Verfolgungs- und Leidensgeschichte haben die wenigen Kirchenväternotizen und einige nicht genau zuzuordnende rabbinische Texte zu einer detaillierten Geschichte eines großen Aufstandes zusammengebaut: so etwa *M. Avi-Yonah*. In verständlicher Reaktion darauf bewertet *S. Lieberman*, nach dem das Ganze ein relativ unbedeutendes lokales Ereignis war, die Quellen wiederum sehr gering, vertritt also das andere Extrem. Ist eine Verwertung der Quellen möglich, die nicht einfach ein historisch ebensowenig zu verantwortender Kompromiß ist?[329]

1. Die literarischen Quellen

Der älteste Text, in dem von diesem Aufstand die Rede ist, ist der zwischen 359 und 361 vollendete *Liber de Caesaribus* des *Sextus Aurelius Victor*, eines Heiden, dessen politische Laufbahn mit der Würde eines Praefekten von Rom in den Jahren 388–389 den Gipfel erreichte.

Im Anschluß an seine Darstellung, wie Magnentius die kaiserliche Gewalt an sich zu reißen versuchte, schreibt er: „Und inzwischen wurde ein Aufruhr *(seditio)* der Juden, die Patricius gegen alles Recht zu einer Art Königtum *(nefarie in regni speciem)* erhoben hatten, niedergeschlagen" (42,11).

In seinem wohl noch im Jahre 380 in Konstantinopel vollendeten *Chronicon*, also noch vor seiner Niederlassung in Bethlehem, wo er unabhängig nähere Informationen hätte bekommen können, schreibt *Hieronymus* im Rahmen der 282. Olympiade für das 15. Jahr der Regierung des Konstantius (351–352): „Gallus schlug die Juden nieder, die in der Nacht Soldaten getötet und Waffen für einen Aufstand erbeutet hatten; dabei wurden viele Tausende Leute, sogar harmlose Kinder, erschlagen; und ihre Städte Diocaesarea, Tiberias und Diospolis sowie zahlreiche Dörfer gab er den Flammen preis.“[330]

Während seines langen Palästina-Aufenthalts kam Hieronymus noch einmal auf den Aufstand zu sprechen, nämlich in seinem Daniel-Kommentar von 407. Dort fügt er keine neuen Fakten hinzu, verknüpft aber die Ereignisse mit der auf sie folgenden Entwicklung, wenn er sagt, daß viele Juden in Julian die „kleine Hilfe“ von Dan 11,34 sahen: „Denn nachdem sie von Gallus Caesar unterdrückt worden waren und viel Leiden in den Bedrängnissen ihrer Gefangenschaft standhaft ertragen hatten, trat dieser (Julian) auf als einer, der die Juden zu lieben vorgab.“[331]

In der ersten Hälfte des 5. Jahrhunderts kommen noch das Zeugnis des Sokrates und das des von ihm abhängigen Sozomenos hinzu. *Sokrates* schreibt, nachdem er das Ende des Magnentius erwähnt hat: „Gleichzeitig mit diesen Geschehnissen kam es auch im Osten zu einem weiteren Krieg innerhalb des Landes. Die Juden im palästinischen Diocaesarea erhoben nämlich Waffen gegen die Römer und richteten in dieser Gegend Verwüstungen an. Aber Konstantius Gallus, den der Kaiser zum Caesar eingesetzt und in den Osten geschickt hatte, sandte Truppen und kämpfte sie nieder. Und ihre Stadt Diocaesarea befahl er dem Erdboden gleichzumachen.“[332] *Sozomenos* scheint, obwohl aus dem Süden Palästinas gebürtig, keine zusätzlichen Informationen eingeholt, sondern einfach Sokrates paraphrasiert zu haben: „Doch die Juden in Diocaesarea verwüsteten Palästina und Umgebung; sie hatten Waffen ergriffen und weigerten sich, den Römern zu gehorchen. Dies erfuhr der Caesar Gallus, der sich in Antiochien aufhielt, sandte Truppen und überwältigte sie. Und Diocaesarea verwüstete er.“[333]

Als letzter Text sei die Chronographie des *Theophanes* aus den Jahren 810–814 genannt. Darin heißt es zum Jahr 5843 seit Erschaffung der Welt: „In diesem Jahr erhoben sich die Juden in der Gegend von Palästina. Und viele von den anderen Völkern, Griechen und Samaritanern, töteten sie. Und sie selbst, das ganze Volk, wurden vom Heer der Römer vernichtet und ihre Stadt Diocaesarea wurde ausgelöscht.“[334] Dies ist der früheste Text, der von Übergriffen der Aufständischen auch auf die einheimische Bevölkerung spricht; auffälligerweise nennt er aber neben Griechen (Hellenen) und Samaritanern keine Christen.

Jüdische Texte, die auf den Aufstand unter Gallus bezogen werden könnten, sind spärlich, wenn überhaupt zu finden. Als Hauptbeleg sieht man immer wieder PesR 8 (F.29b) zitiert, wo Zef 1,10 kommentiert wird.[335] Auf die Frage Israels, wann Gott Jerusalem heimsuchen wird, um daraus den Götzendienst zu entfernen, antwortet Gott:

„Sobald ich getan haben werde, was weiter oben geschrieben steht: ‚Und es wird an jenem Tage sein, Spruch des Herrn, Geschrei vom Fischtor' – das ist *Akko*, das im Schoß der Fische liegt – ‚und Jammern aus der Zweitstadt' – das ist *Lydda*, das gegenüber Jerusalem die zweite war; ‚und großes Getöse von den Hügeln' – das ist *Sepphoris*, das auf den Hügeln liegt; ‚Jammert, ihr Bewohner der Senke' – das ist *Tiberias*, das tief liegt wie eine Senke. Es sagte der Heilige, gepriesen sei er: Ich habe Gericht vollzogen an diesen vier Städten, was an ihnen die Heiden taten. In derselben Stunde ‚durchsuche ich Jerusalem mit Lichtern'."

Eine Deutung des Textes auf die Ereignisse unter Gallus ist tatsächlich verlockend. Die von Hieronymus genannten Orte sind hier ja ebenfalls aufgezählt, ergänzt um Akko. Dies war allerdings eine mehrheitlich nichtjüdische Stadt, außerdem befestigt. Es ist daher kaum denkbar, daß jüdische Aufständische dort hätten eindringen können. *M. Avi-Yonah* möchte denn auch nur Kämpfe in der *Nähe* von Akko annehmen;[336] für solche gibt es allerdings sonst keinen Beleg.

Kein Rabbinenname hilft bei der zeitlichen Einordnung des Textes. In ihm ist der Satzbau im abschließenden kommentierenden Gotteswort problematisch. „Was an (in) ihnen die Heiden taten" scheint den Rhythmus des Textes zu stören und nachzuhinken. Vor allem ist dieser Satz nicht eindeutig. Wie unklar die Konstruktion des hebräischen Textes ist, sieht man auch an den verschiedenen Übersetzungsvorschlägen für den abschließenden Satz. *H. Graetz* überträgt: „Ich habe Gericht gehalten über diese vier Städte, in dem, was die Feinde ihnen zugefügt haben."[337] Er sieht also die zu richtende Schuld in den Städten begangen; das Gericht an ihnen wird durch das Wirken der Feinde vollzogen. *W. Braude* hingegen übersetzt folgendermaßen: „Nachdem ich in diesen vier Orten für das, was Götzendiener in ihnen getan haben, Gericht gehalten habe, dann ‚werde ich Jerusalem mit Lampen durchsuchen'."[337] Hier ist der ganze Satz auf die Zukunft bezogen, auch das von *Graetz* in die Vergangenheit verlegte Gericht an den Städten. *Braude* kommentiert seine Übersetzung so: Gott wird gegen die Götzendiener in Jerusalem entsprechend der alterprobten Strategie angreifender Heere vorgehen, die, wenn sie Palästina angreifen, erst zum Schluß gegen Jerusalem ziehen. Die Übersetzung fällt also je nach Vorverständnis verschieden aus und beeinflußt demnach auch die Deutung.

Sind die Städte als Opfer oder als Schauplatz des Tuns der Heiden zu verstehen („was die Heiden *an* ihnen taten" oder „*in* ihnen taten")? Die zweite Möglichkeit ist eindeutig zu bevorzugen; sonst würde Gott nicht *an* den Städten Gericht vollziehen, sondern *ihretwegen*, wegen der gegen diese Städte von Heiden vollzogenen Untaten. Nehmen wir also an, das göttliche Gericht an den genannten Städten sei eine Aktion gegen den dort geübten Götzendienst. In diesem Fall ist die Erwähnung des jüdischen Tiberias allerdings nicht ganz verständlich; auch das weitgehend jüdische Sepphoris und das ebenfalls als jüdisches Zentrum genannte Lydda passen nicht recht dazu.

Eine weitere Frage betrifft den *Zeitpunkt* des Gerichts. Stellt man sich das Gericht an den vier Städten als schon vollzogen vor, so daß nur noch die Reinigung Jerusalems aussteht? Oder ist hier einfach von der Reihenfolge eines insgesamt endzeitlichen Geschehens die Rede, in dem Jerusalems Reinigung der abschließende Höhepunkt ist? Wer den Text auf Ereignisse im Aufstand gegen Gallus deutet, hält sich natürlich an die erste Möglichkeit. So spricht zum Beispiel *S. Dubnow* von diesem Text als einer Predigt, „in der von einem von den Römern an den Juden in vier Orten: Akko (Ptolemais), Lydda, Zippora und Tiberias vollzogenen Blutgericht die Rede ist".[338] Demnach wäre ein Akt des endzeitlichen Geschehens schon vorbei; allein die Reinigung Jerusalems stünde noch aus. Eine solche Deutung von geschichtlichen Ereignissen als erstem Akt des endzeitlichen Geschehens ergäbe nur dann einen Sinn, wenn sie sehr bald nach solchen Ereignissen vorgetragen würde; zu einem späteren Zeitpunkt hätte man sie wohl als Mißverständnis der Geschichte fallenlassen. Sogar wenn wir für unser Textstück ein Datum knapp nach 352 annähmen (was aber durchaus nicht zu belegen ist), wäre eine unveränderte Aufnahme in das viel spätere Gesamtwerk der Pesiqta bei diesem Textverständnis verwunderlich.

Somit bleibt das von *W. Braude* angedeutete Verständnis des Textes das wahrscheinlichste. Der Vers Zef 1,10 wird hier nach üblicher rabbinischer Auslegungsart kommentiert, indem die einzelnen Teilaussagen auf einige wichtige Zentren Palästinas aufgeteilt werden. Was die Wahl der Ortsnamen betrifft, die Caesarea oder auch Skythopolis nicht einschließen, mag vielleicht das Vorgehen feindlicher Heere in der Vergangenheit Vorbild gewesen sein; wieweit aber wußte der Prediger Jahrhunderte später noch davon? Zumindest zwei der vier Orte, Akko und Tiberias, konnte er direkt aus seinem Bibeltext herauslesen; ihre Nennung ist als Textauslegung ohne irgendwelchen historischen Zusammenhang verständlich; Lydda als „zweite" Stadt könnte sich aus einer Umdeutung des griechischen Namens der Stadt Diospolis zu Dispolis ergeben haben; dann brauchte man nur noch für einen Versteil ein jüdisches Zentrum, das man in Sepphoris fand.

Wenn diese Überlegungen stimmen, spricht der Text nicht von der Niederschlagung eines Aufstandes, ja von gar keinem historischen Ereignis; nicht einmal als Vorbild für kommende endzeitliche Geschehnisse ist ein solches erforderlich; eine aktualisierende Bibelauslegung genügt für das Verständnis des Textes.[339]

Während der oben zitierte Text historisch nicht zu fixieren ist und auch gar keiner zeitgeschichtlichen Grundlage zu seinem Verständnis bedarf, sind eine Reihe rabbinischer Aussagen durch die Nennung des *Ursicinus*, des Feldherrn unter dem Caesar Gallus, klar in die fragliche Zeit einzuordnen. So heißt es in jMeg III,1,74a: „Ursicinus verbrannte eine Torarolle in Sennabris. Man ging zu R. Jona und R. Jose fragen: Ist es erlaubt, dieses (beschädigte) Buch öffentlich zu lesen? Er sagte: Es ist verboten. Nicht daß es etwa (wirklich) verboten gewesen wäre; vielmehr sollten sie trauern und eine andere (Torarolle) kaufen."[340] Aus derselben Zeit erwähnt der Talmud eine Begebenheit in Sepphoris: „In den Tagen des Königs Ursicinus wurden Leute von Sepphoris gesucht. Da gaben sie Pflaster (*siplini*, griech. *splēnion*) auf ihre Nasen und wurden nicht erkannt. Doch schließlich wurden sie denunziert und alle von ihm gefangen genommen" (jJeb XVI,2,15c = jSota IX,3,23c). Schließlich meint man auch GenR 31,16 (Th-A 283), wo Ursicinus zwar nicht genannt wird, aber mit R. Huna ungefähr der zeitliche Rahmen angegeben ist, in diese Zeit einordnen zu können. Der Text spricht von einem Aufenthalt des R. Huna in den Höhlen von Tiberias auf der Flucht vor den Goten. Wir wissen nicht, ob damit römische Truppen oder eventuell die gotische Leibwache des Patriarchen, die ja auch gegen Rabbinen vorging, gemeint sind, und können daher mit dem Text wenig anfangen.

Weitere Texte sprechen von der Versorgung der Soldaten des Ursicinus. Damit wird der Grundsatz illustriert, daß man bei Lebensgefahr das biblische Gesetz mit wenigen Ausnahmen übertreten darf: „R. Jona und R. Jose erlaubten es wegen Ursicinus am Sabbat (die Truppen zu versorgen) ... Er beabsichtigte ja keine Religionsverfolgung, sondern wollte nur warmes Brot zu essen haben" (jSchebi IV,2,35a, ebenso jSanh III,6,21b). Es war also keine Situation, in der man den Glauben durch Festhalten an einer Einzelvorschrift bekennen mußte. In jBetsa I,6,60c begründen drei Rabbinen die Erlaubnis, am Sabbat für Ursicinus Brot zu liefern, damit, daß die Allgemeinheit ihn ja noch brauchen könnte. In denselben Zusammenhang gehört wohl auch jSanh III,6,21b: „Als Proclus nach Sepphoris kam, erlaubte R. Mana den Bäckern, (am Sabbat) auf den Markt zu gehen. Die Rabbinen von Naja (= Nawe) erlaubten, (für die Soldaten) zu Pesach gesäuertes Brot zu backen." Gewöhnlich nimmt man an, daß Proclus ein Offizier des Ursicinus war; notwendig ist diese Annahme allerdings nicht.[341]

Ein weiterer Beleg für Ursicinus findet sich in jBer V,1,9a: „R. Jona und R. Jose gingen zu Ursicinus nach Antiochien. Er sah sie und stand vor ihnen auf. Man sagte zu ihm: Vor diesen Juden stehst du auf? Er antwortete ihnen: Bei eurem Leben, als ich in die Schlacht zog, sah ich ihre Gesichter und siegte." In Joma 69a sagt Alexander der Große bei einer Begegnung mit Juden dasselbe; legendenhafte Übertragung ist eher von Ursicinus auf den berühmten Alexander als umgekehrt denkbar; wahrscheinlicher ist jedoch ein Wandermotiv; in jBer wird ja neben Ursicinus auch noch einem römischen Statthalter von Caesarea ein ähnliches Verhalten gegenüber R. Chanina und R. Jehoschua ben Levi mit der Begründung zugeschrieben: „Ich habe ihre Engelsgesichter gesehen."

Wann ist dieser Besuch der Rabbinen bei Ursicinus anzusetzen? Gewöhnlich denkt man an eine Intervention im Anschluß an den Aufstand, was aber nicht belegbar ist. Genauso könnte die Anekdote auf irgendeinen anderen Anlaß, etwa einen Besuch bei der jüdischen Gemeinde Antiochiens, zurückgehen. Ursicinus war ja auch nach dem Tod des Gallus nochmals in Antiochien stationiert.[342]

Kein einziger der genannten Texte erwähnt explizit einen jüdischen Aufstand. Einerseits haben wir es mit Polizeiaktionen aus unbekanntem Grund in Sepphoris, eventuell auch in Tiberias zu tun, andererseits mit alltäglichen Problemen, die aus den Ansprüchen der in Palästina stationierten oder durchziehenden römischen Truppen erwuchsen. Der Zwischenfall mit der Torarolle in Sennabris ist ohne nähere Umstände ebenfalls schwer zu beurteilen, scheint aber nicht besonders gravierend gewesen zu sein. Auch verbietet es die thematisch-assoziierende Anordnung der jeweiligen Talmudtexte, alle genannten Beispiele für die notwendige Truppenversorgung auf dieselben Ereignisse zu beziehen. Für Proclus in Sepphoris haben wir das schon betont; aber auch die Entscheidung der Rabbinen von Nawe ist nicht näher einzuordnen; sie ist jederzeit denkbar und daher auch kein Beleg für die Ausdehnung des Aufstands oder seiner Nachwirkungen so weit östlich des Jordan.[343] Eine genauere Zuordnung der rabbinischen Texte wäre höchstens dann möglich, wenn es uns gelingen sollte, den Ablauf der Ereignisse unabhängig von ihnen zu rekonstruieren.

2. Der zeitliche Rahmen

Jüdische Belege für einen Aufstand gegen Gallus Caesar stehen uns also zumindest im jetzigen Stadium unserer Diskussion nicht zur Verfügung; die nicht-jüdischen Belegtexte sind ebenfalls wenig aussagekräftig. Eine Untersuchung der zeitlichen Zusammenhänge und der möglichen Motive für einen jüdischen Aufstand könnte hier vielleicht weiterhelfen.

Die Quellen verbinden die Ereignisse mit der allgemeinen Unruhe, in der sich das römische Reich um 350 befand. In diesem Jahr hatte sich Magnentius in Augustodunum (Autun) gegen Konstans, den Mitherrscher des Konstantius, empört. Konstans wurde bald darauf auf der Flucht nahe den Pyrenäen ermordet. Italien und Afrika erkannten Magnentius an; *de facto* war er somit der Herrscher des Westens. Im Illyricum ergriff Vetranio die Macht, vielleicht von Konstantius gestützt, der dadurch Magnentius eindämmen wollte.

Gleichzeitig war das Reich im Osten von den Persern bedrängt. In den Jahren 337, 346 und 350 belagerte Schapur II. Nisibis. Noch waren seine Vorstöße zwar erfolglos geblieben, doch der nächste Angriff war nur eine Frage der Zeit.

In dieser Lage ernannte Konstantius seinen Vetter (und zugleich Schwager) Gallus, wie er selbst ein Enkel von Konstantius I., zum Caesar des Ostens. Nachdem die Perser vorerst einmal zurückgedrängt waren, hatte der Kaiser nun freie Hand für seinen Krieg gegen Magnentius (351–353) und die Abwehr der Franken und Alemannen, die 352 in Gallien eingefallen waren.

Die zeitliche Verflechtung der Ereignisse macht S. Aurelius Victor besonders deutlich, wenn er unmittelbar an den Absatz über den dreijährigen Krieg gegen Magnentius anfügt: „*Und inzwischen* wurde ein Aufruhr der Juden ... niedergeschlagen“; direkt anschließend schreibt er vom Tod des Gallus im Jahr 354. Hieronymus stellt seine Notiz über den Aufstand zwischen die Ernennung des Gallus 351 und die von ihm veranlaßte Hinrichtung einiger Adeliger in Antiochien im Zusammenhang mit den Hochverratsprozessen von 353.

Von diesen Angaben her ist ein Datum zwischen 351 und 353 möglich; jede dieser Jahreszahlen hat ihre Befürworter.[344] Die auffallende Tatsache, daß Ammianus Marcellinus, ab 353 dem Stab des Ursicinus zugeteilt und damit in der unmittelbaren Umgebung des Gallus in Antiochien, den jüdischen Aufstand gegen Gallus gar nicht erwähnt, ist zwar mit dem Hinweis erklärt worden, Ammian habe ja selbst im Anschluß an seine Schilderung des Hochverratsprozesses von 353 bemerkt: „Gallus ... ließ viel dergleichen untersuchen. Das einzeln zu erzählen bringt nichts“ (XIV,9,9). Der Aufstand in Sepphoris, so heißt es, sei zu unbedeutend gewesen, um erwähnt zu werden.[345] Dies ist natürlich möglich. Aber das erhaltene Werk Ammians setzt mit dem Buch XIV und dem Jahr 353 ein, und da er sein Werk in Annalenform angelegt hat, könnte im verloren gegangenen Teil sehr wohl von einem jüdischen Aufstand die Rede gewesen sein. Dies würde das Jahr 353 ausschließen;[346] es bleibt somit das von Hieronymus genannte 15. Regierungsjahr des Konstantius, 351–352.

Diese Zeit der allgemeinen Unruhe im Reich, die den Kaiser voll im Westen in Anspruch nahm, könnte man als einen günstigen Moment für einen Aufstand im Osten betrachten. Theoretisch könnte auch die damals akute Persergefahr Leute in Palästina, die an einen Aufstand dachten, ermutigt haben: Im Talmud gibt es ja eine Reihe von Texten, denen zufolge die Juden Palästinas auf die Überwindung der römischen Fremdherrschaft durch die Perser hofften. Andererseits aber bedingte die Persergefahr eine gewisse Truppenkonzentration im Osten mit Schwerpunkt um Antiochien als Sitz des Caesars. Wenn nicht gerade gleichzeitig die Perser losschlugen, hatte von daher gesehen ein Aufstand in Palästina wenig Erfolgsaussichten. Zu schnell konnten Einheiten von Antiochien in den Süden marschieren und wieder Ordnung schaffen.[347]

3. Mögliche Ursachen eines Aufstandes

a) Allgemeine Unzufriedenheit

Vom Datum her ist ein von langer Hand sorgfältig geplanter Aufstand kaum anzunehmen. Eher könnte man daran denken, daß lange aufgestaute Unzufriedenheit sich plötzlich, ohne den günstigsten Zeitpunkt weiter zu kalkulieren, Bahn gebrochen hätte. So meint etwa *H. Graetz*, „die gehäuften Drangsale, welche Judäa von den christlichen Kaisern erduldet hatte“, hätten den Mut zum Aufstand gegeben.[348] In Wirklichkeit aber ging es den Juden Palästinas unter Konstantin und auch Konstantius – trotz der schrofferen Ausdrucksweise seiner wenigen die Juden betreffenden Gesetze, auf die wir noch eingehen werden[349] – sicher nicht schlechter als früher.

Es ist auch nicht zu belegen, daß die Regentschaft des Gallus im Osten Anlaß zu einem Aufstand gegeben hätte, selbst wenn Ammian Gallus in äußerst schlechtem Licht darstellt. Der erhaltene Teil seines Werkes beginnt mit einem Kapitel über die Grausamkeit des Gallus und seiner Frau Konstantina, der Schwester des Konstantius. Diese schildert Ammian als Megäre, die den wütenden Caesar noch mehr anstachelte und in ihrer Gier nach Menschenblut nicht milder als ihr Mann gestimmt war (XIV,1,2). Gallus habe ständig Angst vor Verschwörungen gehabt und „in seinem Wüten wie ein mit Leichen gefütterter Löwe viele derartige Fälle untersuchen lassen“ (XIV,9,9).

Konstantius griff wegen dieser Mißstände ein und beließ Gallus nur die Palast- und Gardetruppen (Ammian XIV,7,9). Das eigentliche Truppenkommando übernahm der von der persischen Grenze, aus Nisibis, herbeigeholte General *(magister militum)* Ursicinus. Dieser geriet jedoch schon 354 in Verdacht, nicht zuverlässig zu sein, und wurde an den Hof nach Mailand gerufen. Doch war er wegen seiner militärischen Tüchtigkeit offenbar unentbehrlich. So wurde er nur nach Gallien versetzt, später aber in Anbetracht der Persergefahr wieder in den Osten entsandt, nach Nisibis, Amida und wiederum Antiochien, bis er 360 endgültig abgesetzt wurde. Gallus hingegen hatte der mißtrauische Kaiser schon 354 hinrichten lassen.

Ammian war dem General treu ergeben. Diese Stellung zu Ursicinus, dessen Rolle an der Seite des jungen Gallus vielleicht nicht ganz ehrenhaft war, könnte Ammians Schilderung des Caesars beeinflußt haben. So ist zumindest mit einer Überzeichnung der negativen Charakterzüge des Gallus zu rechnen: „Seine Jahre im Exil hatten Gallus brutal werden lassen; doch war er nicht das Monster der Grausamkeit, schrecklicher Verbrechen schuldig, das Ammian zeichnet."[350] Im wesentlichen allerdings bestätigt auch Aurelius Victor das Charakterbild. Doch wie immer sich Gallus gegenüber seiner Umgebung am Hof zu Antiochien verhalten haben mag, auf die Juden Palästinas wird sich das wohl kaum ausgewirkt haben.

Gallus wird in der rabbinischen Literatur nie erwähnt. Die talmudischen Texte über Ursicinus hingegen, die wir schon zusammengefaßt haben (S. 136f), haben manche vermuten lassen, daß dieser am Ausbruch des Aufstands schuld war. *H. Graetz* nimmt den Zwischenfall in Sennabris am See Gennesaret, bei dem eine Torarolle durch Feuer beschädigt wurde, zum Anlaß für die Schlußfolgerung: „Allein Ursicinus scheint geradezu eine Religionsverfolgung beabsichtigt zu haben."[351] Dies ist nicht haltbar. Ursicinus, eine der letzten historischen Gestalten, die im palästinischen Talmud noch mehrmals genannt werden, wird ja von den Rabbinen neutral bis positiv charakterisiert; die Absicht einer Religionsverfolgung stellt der Talmud im Zusammenhang mit der Truppenversorgung ausdrücklich in Abrede. Somit ist auch die allgemeinere These von *S. Dubnow*,[352] der Belästigungen durch die römischen Truppen des Ursicinus als Anlaß des Aufstands sieht, nicht zu halten. Die Notwendigkeit, die Truppen auch am Sabbat und zu Pesach mit frischem Brot zu versorgen, wurde von den Rabbinen klar anerkannt; daß die gewöhnliche jüdische Bevölkerung oder zumindest ein Teil von ihr in diesem religionsgesetzlichen Punkt radikaler als die Rabbinen war, ist nicht anzunehmen.

Wer die talmudischen Texte über Ursicinus als Begründung für den Aufstand liest, muß die dort geschilderten Vorfälle natürlich vor Ausbruch der Unruhen ansetzen; häufiger findet sich die These, daß sie aus einer Zeit verschärfter römischer Besatzung nach der Niederschlagung der Erhebung stammen. Beides ist möglich, aber keineswegs zu beweisen. Jede verstärkte Stationierung von Militär kann die rabbinischen Entscheidungen ausgelöst haben. Eine solche Verstärkung von Truppen könnte vielleicht auch mit dem Aufmarsch gegen die Perser in Verbindung gebracht werden;[353] allerdings ist zu bedenken, daß dies einen Anmarsch von mehreren Wochen zur umstrittenen Grenze bei Nisibis erfordert hätte. Daß Ursicinus selbst in Palästina war, wird in den Texten nirgends ausdrücklich gesagt; auch beim Zwischenfall in Sennabris wird er nach dem Stil der rabbinischen Texte einfach als der verantwortliche Oberbefehlshaber genannt. Die Begründung eines möglichen Aufstandes ist jedenfalls von diesen Texten her nicht zu erbringen.

b) Messianische Unruhen? Ein Militärputsch?

Gelegentlich wird eine messianische Begründung des Aufstandes vorgeschlagen. Es gibt allerdings keine rabbinischen Belege dafür, daß es um diese Zeit verstärkte messianische Hoffnungen gegeben habe; auch christliche Quellen, die einen solchen Zusammenhang gewiß nicht verschwiegen hätten, gibt es dafür nicht. So bleibt als einziger möglicher Hinweis darauf die Aussage des S. Aurelius Victor, daß die aufrührerischen Juden „Patricius gegen alles Recht zu einer Art Königtum erhoben hatten". Ein jüdischer „König" wäre nämlich fast nur messianisch zu verstehen.

Doch wer war eigentlich dieser Patricius? *Z. Frankel* hatte darin gar keinen Eigennamen, sondern einen Titel gesehen und an einen anonymen Patrizier gedacht.[354] Dies ist zwar nicht unmöglich, doch eher unwahrscheinlich. Noch fragwürdiger ist die These, damit sei der jüdische Patriarch gemeint, den die Juden zu einer „Art König" erhoben hätten oder dessen Machtanmaßung als Aufruhr aufgefaßt und von den Behörden entsprechend zurückgewiesen worden sei.[355]

Wenn wir Patricius als Eigennamen verstehen, ist damit noch nichts über seine Herkunft gesagt. Der Name Patricius ist zum Beispiel in der Inschrift der Synagoge von Chammat Gader als der eines Spenders belegt und kommt auch in der rabbinischen Literatur vor (etwa in der Form R. Patroqi in jJoma IV,4,41 d). Daß dieser Patricius ein Jude war, ist also nicht auszuschließen, wenn auch nicht zu beweisen.[356] *S. Lieberman* hat die Stelle bei Aurelius Victor so gedeutet: „Die Juden (von Diocaesarea) erhoben (vielleicht mit Hilfe der römischen Garnison selbst) einen gewissen Patricius zur königlichen Macht. Dieser Patricius könnte ein heidnischer Offizier gewesen sein, den die Juden von Diocaesarea dem äußerst grausamen Gallus vorzogen, der – wie der Kaiser – ein frommer Christ war."[357]

Für die Deutung *Liebermans* würde sprechen, daß Thronaspiranten in diesen Jahren keine Seltenheit waren. Neben den bekannteren Männern im Westen gab es solche auch im Gebiet des Gallus. Dergleichen Anklagen zu untersuchen, wurde ja auch Ursicinus im Jahr 353 aus Nisibis nach Antiochien gerufen (Ammian XIV,9,1). Da wir uns anschließend mit der These auseinanderzusetzen haben, daß der Aufstand von Textilindustriellen gestartet worden sei, ist es von Interesse, daß es in diesem Prozeß auch um ein königliches Kleid geht, das in Tyrus entdeckt wurde: „Es wurde bei Tyrus ein geheim gewebtes königliches Kleid angezeigt. Unsicher war, von wem es in Auftrag gegeben oder zu wessen Verwendung es angefertigt worden war." Im Lauf des Prozesses „wurden die in der Purpurfärberei Beschäftigten gefoltert und gestanden, ein kleines ärmelloses Kleid gewoben zu haben". Es wurde nun ein gewisser Maras vorgeführt, „wie die Christen sagen, ein Diakon". Von diesem kann man einen Brief an den Leiter der Weberei in Tyrus vorzeigen, worin es heißt, er solle eine bestimmte Arbeit schnell fertigstellen. Der Diakon wird zu Tode gefoltert, ohne etwas zu gestehen (Ammian XIV,7,20; 9,7). Hier gäbe es tatsächlich die Möglichkeit von Querverbindungen staatlicher Textilarbeiter zu Thronprätendenten, aber eben nur in der Purpurfärberei. Davon, daß in ihr auch Juden beschäftigt waren, wissen wir jedoch nichts. Selbstverständlich ist auch den Rabbinen bekannt, daß Purpur Privatpersonen nicht erlaubt ist: In DtnR 1,7 erzählt R. Tanchuma bar Abba das Gleichnis von einem König, der einen Verkäufer Purpur ausrufen hört und ihn sofort zu sich zitiert; auch sind Verbindungen von Juden von Tyrus mit der Gemeinde von Sepphoris inschriftlich belegt, doch ist dergleichen viel zu wenig, um darauf Thesen zu bauen.

Einige Jahre später, im Jahr 359, als Konstantius nach der römischen Niederlage von Amida den Osten zu stärken wieder von Sirmium nach Konstantinopel zurückgekehrt war, gab es neue Hochverratsprozesse, diesmal in Skythopolis. Ammian spricht von aufgebauschten Hochverratsanklagen (*quaedam colorata laesae crimina maiestatis*: XIX,12,1), mit deren Untersuchung der berüchtigte Notar Paulus („die Kette") beauftragt wurde. Unter anderem waren Anfragen an das Orakel in Abydos in der Thebais der Anklagebehörde zugespielt worden und galten nun als belastendes Material. Zahlreiche Angeklagte, Vornehme wie einfache Leute, wurden aufgrund von Verleumdungen von überall herangebracht. „Als Schauplatz tödlicher Strafen wurde eine Stadt in Palästina, Skythopolis, gewählt. Diese schien aus einem doppelten Grund mehr als alle anderen geeignet, da sie abgeschiedener und halben Weges zwischen Antiochien und Alexandrien gelegen war, woher bei weitem die meisten zur Anklage gebracht wurden."

In diesem allgemeinen politischen Klima wäre ein Umsturzversuch auch in Palästina ohne weiteres denkbar, zumindest konnte der Verdacht aufkommen, daß ein solcher Plan bestand. Doch kann man Aurelius Victor in diesem Sinn interpretieren? *M. Avi-Yonahs* Einwand gegen die Formulierung „eine Art Königtum" ist zwar durch Verweis auf die gleiche Bezeichnung für Calocerus zu widerlegen, der 334 die Herrschaft an sich reißen wollte;[358] doch wie kann Aurelius Victor ein solches Unterfangen, auch wenn es von Juden unterstützt wurde, als „Aufruhr der Juden" bezeichnen, ohne den Usurpator selbst und das ihn stützende Heer zu nennen?

Hier ergibt sich aber ein noch gewichtigerer Einwand gegen die These von *Lieberman*: Gab es in Sepphoris überhaupt eine hinreichend starke Garnison, um einen Umsturzversuch auch nur mit einem Minimum an Erfolgsaussichten zu wagen? Die *Notitia Dignitatum* nennt keine militärische Einheit in dieser Stadt. Die manchmal in diesem Zusammenhang zitierte Stelle Oriens XXXIV,28 nennt eine Reitertruppe in Sabure oder Veterocaria. Zwar wird der Name gelegentlich auf das bekanntere Sepphoris vereinfacht, doch ist wohl an einen Ort im Süden Palästinas zu denken.[359] In jPes IV,9,31 b ist zwar davon die Rede, daß in den Tagen des R. Mani ein *numerus*, also eine römische Truppe, in Sepphoris war, die Rekruten aushob; diese scheint aber nicht in der Stadt stationiert gewesen, sondern eigens für die Rekrutenaushebung gekommen zu sein.[360] Natürlich bleibt noch die Möglichkeit, daß eben im Verlauf der Truppenkonzentration gegen die Perser auch Sepphoris mit einer Einheit belegt wurde, obwohl es recht weit vom Grenzgebiet entfernt war; dafür könnten auch die schon zitierten Stellen über die Brotversorgung der römischen Truppen am Sabbat und zu Pesach sprechen; in diesen Fällen kann aber auch nur vom Durchzug solcher Truppen die Rede sein. Somit bleibt die notwendige Voraussetzung für einen Militärputsch in Sepphoris äußerst fraglich.

Schließlich müssen wir noch einmal auf das Schweigen Ammians zurückkommen. Auch wenn er den Aufstand schon im verlorengegangenen Teil seines Werkes besprochen haben sollte, würden wir spätestens im Zusammenhang mit den Prozessen in Antiochien, zumindest aber beim Prozeß von Skythopolis eine nochmalige Erwähnung erwarten: Hier hätte ja tatsächlich nicht nur eine falsche Beschuldigung vorgelegen, sondern man hätte es mit Kampfhandlungen und einem namentlich bekannten Prätendenten zu tun gehabt. Auch die Wahl des Prozeßortes Skythopolis, nahe dem angeblich im jüdischen Aufstand erst vor wenigen Jahren zerstörten Sepphoris, hätte dann wohl eine abschreckende Wirkung gehabt. Gegenüber den Bagatellfällen, die Ammian schildert, wäre das etwas wirklich Erzählenswertes gewesen, nicht etwas Unwichtiges, das man übergehen konnte. Verwunderlich ist aber auch das Schweigen des Johannes Chrysostomus, der einen sonst nicht belegten Aufstand unter Konstantin behauptet, aber nichts über einen solchen unter Konstantius sagt. Daß Chrysostomus die Namen der Kaiser verwechselt hätte, ist nicht anzunehmen. Somit ist also die Hypothese eines jüdisch unterstützten Militärputsches genauso hinfällig wie die einer rein jüdischen messianisch inspirierten Revolte.

c) *Ein Weberaufstand?*

Schließlich sei auch auf die Hypothese von *M. Avi-Yonah* eingegangen. Dieser sieht in der Tatsache, daß die drei aufständischen Städte Sepphoris, Tiberias und Lydda durch ihre Webereien berühmte Industrieorte waren, eine Bestätigung für die Annahme, „der Aufstand sei von Handwerkern und Industriellen begonnen worden, die durch die Edikte des Konstantius gegen das Halten nichtjüdischer Sklaven am schwersten in Mitleidenschaft gezogen wurden."[361]

Welche Bedeutung hatte die Textilindustrie Palästinas? Das wichtigste

Textilzentrum war Skythopolis, das zu den besten Webereiorten des ganzen römischen Reiches zählte. Im Höchstpreisedikt Diokletians sind die Produkte dieser Stadt in allen Sparten – Tuniken, Dalmatiken, Mäntel, Kapuzenmäntel, Hand- und Leintücher – jeweils in der ersten von drei Qualitätskategorien genannt.[362] Hier ist eventuell auch eine staatliche Textilmanufaktur anzunehmen, wie *A. H. M. Jones* aus CTh X,20,8 erschlossen hat (dazu etwas später).[363] Im Talmud nennt R. Zera als Beispiel für Luxuskleider „feine Gewebe, die aus Bet Schean kommen" (jKet VII,8,31 c); ein anderes Mal möchte er sich beim Jahrmarkt anläßlich der Saturnalien in Bet Schean ein kleines Gewebe kaufen (jAZ I,2,39 c).

An dieser Stelle ist auch die unter Konstantius entstandene *Expositio totius mundi* zu zitieren, die in einer Art Wirtschaftsgeographie folgende Textilzentren aufführt: „In der Leinen(industrie: *linteamina* könnte aber vielleicht auch allgemein die Textilindustrie umfassen) sind folgende: *Skythopolis*, Laodizäa, Byblos, Tyrus, Beirut, die Leinen (bzw. Textilien) in die ganze Welt verschicken und sich durch allen Überfluß auszeichnen. Ähnlich aber auch Sarepta und *Caesarea* und *Neapolis* wie auch *Lydda*, die gut gefärbten Purpur (herstellen)" (§ 31).

Eine überregionale Bedeutung dieser Textilorte Palästinas ist jedoch mit Ausnahme von Skythopolis und eventuell der Purpurfärbereien nicht anzunehmen. Die römischen Truppen und Behörden konnten ihren Bedarf nicht aus der Produktion in Palästina decken, vielmehr mußten Uniformen aus Ägypten importiert werden.[364]

Was die jüdische Beteiligung an der Textilerzeugung betrifft, wissen wir von Flachsanbau in Galiläa (R. Chijja in jMSch V,8,56 d; jTaan III,6,66 d zur Flachswirtschaft); Schafwollverarbeitung ist ebenso selbstverständlich anzunehmen; auch wissen wir von einzelnen Rabbinen, die im Seidenhandel tätig waren. Andererseits ist darauf zu verweisen, daß in der jüdischen Gesellschaft Weber und Walker wenig geachtet waren (TEd I,3: „Es gibt kein niedrigeres Handwerk als die Weberei"; TQid V,14 erwähnt eine ganze Reihe vor allem von Berufen in der Textilindustrie und spricht in diesem Zusammenhang von niedrigen Beschäftigungen). Die vorhandenen rabbinischen Belege über jüdische Textilerzeugung scheinen eher von einer Hausverarbeitung in kleinem Stil als von einer industriellen Erzeugung zu sprechen.[365] Daß R. Zera gerade beim Saturnalienmarkt in Bet Schean ein Gewebe kaufen will, obwohl dadurch Probleme des „Götzendienstes" auftauchen, scheint ebenfalls zu dokumentieren, daß zumindest besonders feine Gewebe nicht bei jüdischen Erzeugern zu erhalten waren. Die Annahme starker jüdischer Beteiligung in der Textilindustrie, besonders im Rahmen größerer Manufakturen, in denen die Beschäftigung von Sklaven vielleicht entscheidend gewesen wäre, ist somit in Frage zu stellen. Über die Rolle von Sklaven in der spätantiken Textilindustrie ist schon wenig genug bekannt, noch weniger aber von eventuellen jüdischen Betrieben. Daß diese infolge des Verbots, heidnische Sklaven zu besitzen, nicht mehr konkurrenzfähig gewesen seien, ist angesichts des ohnedies allzu geringen Warenangebots sehr zu bezweifeln.

Aber auch die Liste der für den Aufstand genannten Orte wird bei einem Vergleich mit den Namen der bekannten Textilzentren problematisch, wenn die These eines Weberaufstands stimmen soll. Vor allem verwundert natürlich das Fehlen von Skythopolis unter den vom Aufstand betroffenen Orten. Natürlich kann man darauf verweisen, daß Skythopolis damals eben mehrheitlich nichtjüdisch war. Doch gab es dort immerhin eine bedeutende jüdische Gemeinde, die auch archäologisch durch Synagogenfunde dokumentiert ist. Wenn man den Aufstand aus der Unzufriedenheit der jüdischen Textilindustrie wegen der sie behindernden Sklavengesetze ableitet, könnte man dies genauso für die Samaritaner geltend machen; warum hat sich deren Zentrum Neapolis, das ja die *Expositio* ebenfalls als bekannten Textilort nennt, nicht am Aufstand beteiligt? Andererseits sind die von *Avi-Yonah* in die Begründung mit aufgenommenen aufständischen Städte Sepphoris und Tiberias als Textilzentren in dieser Zeit nicht belegt.

Doch gehen wir auf die Sklavengesetze des Konstantius ein, die den Aufstand ausgelöst haben sollen. Tatsächlich ist ein einziges Gesetz zu nennen, das der Codex Theodosianus in zwei Teilen getrennt überliefert. Konstantius erließ es am 13.8.339 an Euagrius, damals wahrscheinlich Praefectus praetorio Italiens.[366] „Wenn irgendein Jude glauben sollte, er könne sich einen Sklaven einer anderen Religionsgemeinschaft *(secta)* oder Nation erwerben, werde der Sklave sofort dem Fiskus zugeeignet. Sollte er aber den erworbenen (Sklaven) beschnitten haben, werde er nicht nur mit dem Verlust des Sklaven bestraft, sondern soll auch die Todesstrafe erleiden. Wenn aber ein Jude Sklaven, die dem ehrwürdigen Glauben angehören, zu kaufen keine Bedenken hat, sollen alle (Sklaven), die bei ihm vorgefunden werden, ihm sofort weggenommen werden und es darf keinerlei Frist vergehen, ehe er den Besitz jener Menschen, die Christen sind, verliert" (CTh XVI,9,2).

Der zweite Teil desselben Gesetzes ist in CTh XVI,8,6 erhalten: „Weiters: was Frauen angeht, welche Juden in die Gemeinschaft ihrer Schändlichkeit gebracht haben und die sich zuvor in unserer Textilmanufaktur *(gynaeceum)* befunden hatten, wird verordnet: sie müssen der kaiserlichen Textilmanufaktur zurückgestellt werden; und so soll es in Zukunft gehalten werden: sie dürfen ihrer Schandbarkeit nicht christliche Frauen verbinden; wenn sie es aber dennoch tun, seien sie der Todesstrafe unterworfen."

Andere einschlägige Gesetze wurden vor dem Gallus-Aufstand nicht erlassen. Gegenüber früheren Gesetzen enthält CTh XVI,9,2 plus 8,6 tatsächlich eine Verschärfung; denn es verbietet schon den Ankauf und nicht nur die Beschneidung von nichtjüdischen Sklaven durch Juden. Zudem ist explizit von Frauen die Rede. Aus der Terminologie des Gesetzes wird nicht klar, ob hier Mischehen zwischen Juden und staatlichen Textilarbeiterinnen oder einfach die Konversion und Abwerbung dieser Frauen gemeint sind. Auch Mischehen waren mit der Konversion der Frau zum Judentum verbunden; und die Frage der Frauen aus dem Gynaeceum hing eng mit der Sklavenfrage zusammen, da die Angehörigen dieser Einrichtung soviel wie Staatssklaven waren.[367]

B. S. Bacharach versuchte eine Rekonstruktion der Ereignisse, die zu diesem Gesetz führten. Im kurzen Interregnum nach dem Tod Konstantins sei „eine Bande jüdischer Missionare illegal in eine kaiserliche Fabrik eingedrungen, wo Wolle zur Herstellung von Uniformen für Militär und Beamte gewoben wurde. Die Missionare predigten kraftvoll und machten unter den christlichen Arbeiterinnen, die dort eingestellt waren, Konvertitinnen ... Nach ihrer Bekehrung zum Judentum weigerten sich die Frauen, in der staatlichen Fabrik zu arbeiten, blieben aber in der Gegend und praktizierten ihre neue Religion."[368] Die Arbeitsverweigerung sei aus religiösen Gründen erfolgt, denn in den staatlichen Manufakturen wurden auch Mischgewebe erzeugt, die nach jüdischen Vorschriften verboten waren. *Bacharach* hält Euagrius für den Praefectus praetorio des Orients und lokalisiert daher die Ereignisse in Antiochien.[369]

Diese Rekonstruktion hat nur sehr schwache Grundlagen. Daß Euagrius 339 Praefectus praetorio des Orients gewesen sei, ist nicht zu belegen; auch ist kein Gynaeceum in Antiochien nachgewiesen; schließlich ist es sehr unwahrscheinlich, daß ganze Gruppen jüdischer Missionare ungestört in einer staatlichen Fabrik missionieren und damit auch wertvolle Arbeitskräfte abwerben konnten, die gesetzlich auf Lebenszeit an ihren Beruf gebunden waren. Daß man bei so einer Aktion zwei Jahre zugeschaut hätte, bis man sich endlich zu einem Eingriff aufraffte, ist mehr als unwahrscheinlich. Auch ist in dieser Periode von so massiven Missionierungsversuchen von Juden gar nichts bekannt.

Wenn wir Euagrius für das Jahr 339 in Italien vermuten dürfen, wie es gewöhnlich geschieht, ist der eigentliche Zielpunkt des Gesetzes sicher im Westen zu suchen, auch wenn es im Einzelfall jüdische Textilhersteller in Palästina betroffen haben mag. Listen von Gynaecea sind nur für den Westen des Reiches überliefert; doch natürlich muß es solche Manufakturen auch im Osten gegeben haben. Anlaß für das Gesetz waren wohl eher Einzelfälle, in denen staatliche Textilarbeiterinnen sich einem jüdischen Betrieb anschlossen und auch zum Judentum übertraten; auch mag es vorgekommen sein, daß Konvertitinnen in einen jüdischen Betrieb einheirateten. Eine klare Trennung beider Fälle ist vom Gesetzestext her kaum möglich, beides aus der Sicht des Gesetzgebers gleichermaßen verboten. Um wirtschaftliche Interessen des Staates zu wahren, schärft das Gesetz religiöse Vorschriften ein und verschärft sie.

Hier sei kurz auch auf CTh X,20,8 eingegangen. Das Gesetz wurde am 16.2.374 in Antiochien an den Finanzminister (*Comes sacrarum largitionum*) Tatian erlassen: „Bis zu den Kalenden des August müssen jene, die, wie es heißt, Leinenweber (*linteones*) zurückhalten, diese in ihre ursprünglichen Verhältnisse zurückführen; sonst sollen sie wissen, daß sie für das Beharren auf einer so großen Vermessenheit mit je fünf Pfund Gold pro Person zu bestrafen sind. Eine nicht geringere Strafandrohung wird denen in Aussicht gestellt, die in Zukunft Leinenarbeiter (*linyfos*) aus Skythopolis, die der öffentlichen Abgabe unterworfen sind, aufzunehmen versuchen."

Offensichtlich unterscheidet das Gesetz zwischen Staatsklaven in der Manufaktur (*linteones*) und freien Leinenarbeitern in Skythopolis, die zur Lieferung von Vormaterial (Garn oder halbfertige Stoffe) verpflichtet waren. Daß es in Skythopolis ein Gynaeceum gegeben hat, ist aus diesem Gesetz zwar nicht einwandfrei nachzuweisen;[370] doch ist hier zweifellos ein Eingriff in das (jüdische?) Textilgewerbe Palästinas belegt. Er geschah allerdings erst nach den Ereignissen unter Gallus und fiel außerdem nicht aus dem damals üblichen Rahmen. Wären schon früher dergleichen Eingriffe vorgekommen, die dann zum Aufstand geführt hätten, müßte es verwundern, daß Bet Schean sich nicht beteiligte. Als Erklärung für den Gallus-Aufstand liegt das Gesetz jedenfalls zu spät, wie andererseits das Gesetz des Konstantius zu früh liegt: Sollte tatsächlich dieses den Aufstand ausgelöst haben, würde der zeitliche Abstand zwischen Gesetz und Aufstand verwundern.

Die Annahme eines vor allem von den jüdischen Textilindustriellen gestarteten Aufstands ist somit nicht zu begründen:[371] Wir wissen nichts von einer bedeutenden jüdischen Textilindustrie in Palästina; auch staatliche Eingriffe, wie das Verbot für Juden, nichtjüdische Sklaven zu halten, hat es in den Jahren vor dem Aufstand nicht gegeben; außerdem ist nicht nachzuweisen, daß solche Eingriffe die Wettbewerbsfähigkeit jüdischer Betriebe beeinträchtigt hätten; dazu war der Markt viel zu aufnahmebereit.

Außer dem Sklavengesetz von 339 hat aber Konstantius kein die Juden betreffendes Gesetz erlassen, das einwandfrei vor dem Aufstand zu datieren ist; denn CTh XVI,8,7 vom 3.7.353 kommt wohl zu spät: „Wenn jemand nach Erlaß dieses ehrwürdigen Gesetzes vom Christentum zum Judentum übertritt und sich der gotteslästerlichen Schar anschließt (*sacrilegis coetibus*), befehlen wir, wenn die Anschuldigung bewiesen ist, daß sein Vermögen der Staatskasse anheimfällt." Im Grunde wird hier nur das schon aus vorchristlicher Zeit übliche Gesetz wiederholt, das den römischen Bürger, der sich beschneiden läßt, mit Verlust seiner Güter und

Verbannung bedroht; nur sind durch den Gesetzestext ganz allgemein Konversionen zum Judentum, also auch solche von Frauen, verboten. Solche Verbote sind nichts Neues. Mithin ist das Gesetz kein plausibler Grund für den Aufstand, selbst wenn es zeitlich noch vor diesem liegen sollte. Die Suche nach eindeutigen Motiven für einen solchen jüdischen Aufstand ist also ergebnislos geblieben.

4. Umfang und Verlauf des Aufstandes?

Unsere Umschau hat bisher keine Informationen erbracht, die die literarischen Quellen Aurelius Victor, Hieronymus und Sokrates bestätigen und ergänzen könnten. Aber auch archäologische Belege, die man für den Aufstand ausgewertet hat, sind fragwürdig. Die Nachricht, daß während der Kampfhandlungen Diocaesarea, Tiberias, Diospolis und zahlreiche andere Städte niedergebrannt wurden, läßt sich bisher archäologisch nicht belegen. Nicht einmal im hauptsächlich betroffenen Sepphoris können die Zerstörungen sehr umfangreich gewesen sein; denn schon 374 wurden, wie Theodoret von Cyrrhus berichtet, vom arianischen Kaiser Valens elf orthodoxe ägyptische Bischöfe „in einer von den Juden, den Mördern des Herrn, bewohnten Stadt namens Diocaesarea exiliert.“[372] Von einer völligen Vernichtung der Stadt zwei Jahrzehnte zuvor kann also wohl kaum gesprochen werden. Noch weniger ist dies für Tiberias möglich, wo das wichtigste rabbinische Zentrum war. Weder gibt es archäologische Anhaltspunkte dafür noch Hinweise in der rabbinischen Literatur. Was Lydda/Diospolis betrifft, fehlen uns ebenfalls die Belege. Ein Indiz wäre höchstens, daß ab der Mitte des 4. Jahrhunderts rabbinische Quellen die jüdische Akademie „des Südens“ nicht mehr erwähnen.[373] Doch fand wenige Jahrzehnte später in der Stadt, aus der auch ein jüdischer Lehrer des Hieronymus stammte, eine Bischofssynode statt: Das Leben dort ist offensichtlich weitergegangen. Hat vielleicht Hieronymus seine Informationen über jüdische Unruhen in Palästina verallgemeinert und die Namen der wichtigsten jüdischen Zentren einfach neben die „zahlreichen Dörfer“ gestellt? Sokrates und der von ihm abhängige Sozomenos nennen jedenfalls nur Sepphoris/Diocaesarea!

Wie steht es mit der Angabe des Hieronymus, daß im Verlauf des Aufstands zahlreiche Dörfer zerstört worden seien? *M. Avi-Yonah* verweist auf Brandspuren aus dieser Zeit in Sepphoris und auf die Zerstörung von Bet Schearim; in drei Städten und fünfzehn Dörfern (in Galiläa, der westlichen Jesreelebene und in der Küstenebene) würden nach dem Aufstand keine jüdischen Bewohner mehr erwähnt.[374] Leider belegt er diese Feststellung nicht. *B. G. Nathanson* faßt ihren Überblick über eventuelle archäologische Belege von Zerstörungen während des Aufstandes so zusammen: „Die folgenden Städte und Dörfer wurden zumindest teilweise zerstört oder verlassen als Ergebnis von Ereignissen in Verbindung mit dem Gallus-Aufstand: Diocaesarea/Sepphoris, Bet Schearim, Chorazin und womöglich Kafarnaum in Untergaliläa; Meiron und Nabratein in der Tetrakomia, sowie Tell el Juhadar in der Gaulanitis."[375] Daraus schließt sie, daß der Aufstand zwar eine bedeutende geographische Ausdehnung hatte, dem Wesen nach jedoch begrenzt und selektiv war und eher als „eine Reihe von sehr ernsten und zerstörerischen lokalen Unruhen" anzusehen ist.[376]

Es ist sicher richtig, wenn von einzelnen regional weit gestreuten Zerstörungen in dieser Zeit nicht sofort auf eine die gesamte Region umfassende Aufstandsbewegung geschlossen wird. Doch geht die zitierte Aufzählung viel zu weit. Nicht jede Zerstörung aus dieser Periode kann gleich mit einem Aufstand gegen Gallus in Verbindung gebracht werden. Abgesehen vom Erdbeben von 363 kann es auch zahlreiche andere Ursachen – und durchaus nicht nur kriegerische – für die Zerstörung von Gebäuden gegeben haben. Doch wenn wir schon mit umfangreicheren Auswirkungen des Aufstandes rechnen müßten, wäre die These *Nathansons* von einer Reihe örtlich getrennter Unruhen (ähnlich etwa den Rassenunruhen in den Vereinigten Staaten der sechziger Jahre) eher zu vereinbaren mit den bisherigen archäologischen Ergebnissen, die in vielen Orten der Region ein ungestörtes Leben aufzeigen, als die These eines umfassenden Aufstandes.

Der „Aufstand gegen Gallus" ist sicher nicht so ohne weiteres wegzuinterpretieren. Die wahrscheinlich voneinander unabhängigen literarischen Zeugen S. Aurelius Victor, Hieronymus und Sokrates sind ernst zu nehmen. Wieweit allerdings die jeweils über die anderen Texte hinausgehenden Angaben historisch zuverlässig sind, wissen wir nicht. Besonders Aurelius Victor ist ein ernst zu nehmender Zeuge. Er spricht von *seditio*, was unter Umständen auch kleinere Unruhen bezeichnen könnte. Statt eines ausgewachsenen Aufstandes sollte man daher eher von jüdischer Terroristentätigkeit sprechen; diese hatte entsprechende römische Einschüchterungsaktionen zur Folge, in denen Soldaten des Ursicinus tätig wurden. Da Ursicinus selbst nicht in die Aktionen verwickelt war, brauchte Ammian ihn auch nicht zu erwähnen. Als Zentrum beziehungsweise Ausgangspunkt solcher Unruhen werden wir wohl Diocaesarea vermuten können, das, ausgenommen bei Aurelius Victor, überall zuerst oder allein genannt wird. Daß dabei von einer römischen Einheit Waffen erbeutet wurden, ist ebenfalls nicht unwahrscheinlich. Da Diocaesarea als Truppenstandort um diese Zeit nicht belegt ist, haben wir wohl nur mit einer kleinen Einheit (eventuell auf dem Durchzug) zu rechnen; diese (oder einzelne Wacheinheiten davon) konnte auch von „Terroristen" leicht überrumpelt werden. Vielleicht breiteten sich Unruhen auch im

Umland aus; jedenfalls konnten sie von der Regierung problemlos niedergeschlagen werden. Die Tausende Tote bei Hieronymus wären demnach eine bei christlichen Autoren übliche schadenfrohe Übertreibung. Die Annahme von *H. Graetz*, der Aufstand sei so umfangreich gewesen, daß Konstantius dem Gallus neue Legionen schicken mußte, ist nicht zu belegen und gehört in die Legendenbildung von jüdischer Verfolgung und Resistance.[377]

VII. Julians Religionspolitik und Palästina

Ein Jahrzehnt nach den Unruhen unter Gallus schien sich für die Juden Palästinas das Blatt nochmals zu wenden, die religiöse Entwicklung des ganzen Reiches vor einer entscheidenden Veränderung zu stehen. Aus der Sicht der späteren christlichen Geschichtsschreibung ist das Jahr 313 mit dem Edikt von Mailand der große Wendepunkt: Die Christianisierung des römischen Reiches schien damals nur noch eine Frage der Zeit zu sein. Doch war dies absolut keine unausweichliche Entwicklung, wie die Herrschaft Julians zeigt.

Der Halbbruder des Gallus und Vetter des Kaisers Konstantius war zwar nicht einmal zwei Jahre an der Macht: Nach dem Tod des Konstantius war er im November 361 Alleinherrscher geworden; am 26. 6. 363 starb er an den Folgen einer Verwundung auf dem Perserfeldzug. Doch zeigten diese wenigen Monate, daß der Sieg des Christentums noch längst keine ausgemachte Sache war. Das war ein Schock, von dem sich christliche Theologen lange nicht erholten. Noch in einer Schrift von 379 rechnete Johannes Chrysostomus mit der Möglichkeit, daß wieder heidnische Herrscher an die Macht kämen;[378] im Westen des Reiches konnten sogar im frühen 5. Jahrhundert Usurpatoren hoffen, mit Unterstützung der heidnischen Bevölkerung erfolgreich zu sein.

Trotz des Scheiterns Julians hat sein Versuch, noch einmal das traditionelle Heidentum, den Hellenismus, anstelle des Christentums im Reich durchzusetzen, nichts von seiner Faszination verloren; wie wäre bei einem Erfolg Julians die Geschichte weitergegangen? Eine Unzahl von Büchern hat versucht, das Phänomen dieses Herrschers auszuloten.[379] Uns kann es hier nur um einen kleinen Ausschnitt der Problematik gehen, nämlich um die Auswirkung der Religionspolitik Julians auf Palästina. Auf welchen Widerhall konnten in Palästina die Wiederbelebung der hellenistischen Religion und die Aufhebung der bisher dem Christentum gewährten Privilegien stoßen? Wie verhielt sich Julian den Juden gegenüber, wie haben wir sein Projekt, den Jerusalemer Tempel wieder zu errichten, zu beurteilen?

1. Das Fortleben des „Heidentums“ in Palästina

Schon früher haben wir aus einem Brief der Jerusalemer Synode um 400 an den Patriarchen Theophilus von Alexandrien zitiert. Darin klagen die

Bischöfe nicht nur über Probleme mit Juden und Samaritanern, sondern auch über „die ganz offenkundigen Gottlosigkeiten der Heiden", deren zahlreiche Schar der christlichen Predigt das Ohr verschließe und den christlichen Glauben der Gemeindemitglieder gefährde (S. 105). Jahrzehnte nach dem Tod Julians und Jahre nach dem Verbot heidnischer Kulte durch Theodosius im Jahre 391 (CTh X,10,10) war das traditionelle Heidentum offensichtlich auch in Palästina noch eine ernstzunehmende Größe.

Das „Heidentum" des 4. Jahrhunderts ist aber nicht mit der Vielzahl von Kulten der klassischen griechisch-römischen Religionsgeschichte gleichzusetzen. An die Stelle des klassischen Polytheismus war längst ein im Grunde genommen monotheistischer Synkretismus getreten, mochte die verehrte Gottheit nun Zeus oder Helios, Mithras oder Isis sein. Es war eine neuplatonisch geprägte philosophische Religion des Hellenismus, die vor allem in gebildeten Kreisen weiterlebte; die Vorstellungswelt der einfachen Landbevölkerung hingegen bestimmten weiterhin verschiedenste Formen von Volksglauben, Aberglauben und Magie.

Natürlich wäre es von größtem Interesse, könnte man über das Heidentum zur Zeit Julians genauere Angaben machen. *M. Avi-Yonah* schätzt, daß damals etwa 30 bis 40 Prozent der Reichsbevölkerung christlich waren.[380] Regional bestanden natürlich sehr große Unterschiede. Allgemein gesagt, war der Osten des Reiches stärker christianisiert als der Westen, die Stadt stärker als das offene Land. Konstantin hatte zwar den Besitz der heidnischen Tempel konfisziert und in einzelnen Fällen auch die Zerstörung von Tempeln durch das Militär angeordnet, so etwa in Phönikien für den Aphroditetempel von Aphaka und den Venustempel von Heliopolis.[381] Aber erst Konstantius ging schärfer gegen die heidnischen Kulte vor. In CTh XVI,10,2 von 341 stellt er lapidar fest: „Der Aberglaube höre auf, der Wahnsinn der Opfer werde abgeschafft"; für das Opferverbot beruft er sich auf ein früheres Gesetz Konstantins. Dann aber mußte er in CTh XVI,10,3 von 346 die Tempelgebäude Roms unter seinen Schutz nehmen: „Obwohl jeglicher Aberglaube völlig auszurotten ist, wollen wir dennoch, daß außerhalb der Stadtmauern gelegene Tempelgebäude intakt und unbeschädigt bestehen bleiben"; offenbar hatten sich Christen daran gemacht, ungeschützt im offenen Land stehende Tempelgebäude zu zerstören. 346 (oder 354?) ordnete Konstantius die allgemeine Schließung sämtlicher Tempel an und verbot, sie zu betreten oder Opfer darzubringen (CTh X,10,4); 356 schließlich bedrohte er alle mit der Todesstrafe, „von denen feststeht, daß sie Opfer darbringen oder Götzenbilder verehren" (CTh XVI,10,6).

Zwar gilt allgemein von der antiheidnischen Religionspolitik des 4. Jahrhunderts, daß sie nicht sehr wirksam war, zumal die Beamten oft passiven Widerstand leisteten;[382] dennoch bedeutete das Vorgehen des

Konstantius eine schwere Bedrohung der traditionell heidnischen Bevölkerung, und die Erleichterung beim Regierungsantritt Julians ist daher sehr wohl zu verstehen.

Julian war sich der Schwachpunkte des traditionellen Hellenismus durchaus bewußt. So versuchte er, sie durch Nachahmung christlicher Vorbilder zu überwinden. Unter anderem bemühte er sich, den sittlichen Standard im heidnischen Priesterstand zu heben und dessen völlige Desorganisation durch Einführung einer strikten Hierarchie zu überwinden. Als oberster Hoherpriester des Reiches ernannte er Hohepriester für die einzelnen Provinzen. Wie aus der Korrespondenz des Libanius hervorgeht, ernannte er auch für die Provinz Palästina einen solchen Hohenpriester.[383]

In einem Brief vom Herbst 364 nennt Libanius den Adressaten Lemmatius (nach anderen Handschriften Klematius) „einen Priester, den auch die Götter zu Recht ehren würden“, und bittet ihn, für Akakius, einen Rhetorikprofessor in Caesarea, zu intervenieren (ep. 1283). Der Brief scheint jedoch nicht angekommen zu sein. So folgt Ende 364 ein weiterer Brief (ep. 1307), überbracht vom jungen Rechtsanwalt Paionius, der sich in Palästina niederlassen wollte. Auch für ihn soll sich Lemmatius einsetzen: „Dir ist es ja ein Leichtes, da du in jeder Beziehung groß bist, sowohl wegen deiner Herkunft wie auch wegen deiner Beredsamkeit und deiner übrigen Aufgaben, wovon die größte der Vorsitz über die Priester ist, womit du die Götter ehrst und die Städte aufrecht erhältst. Denn in der Tat die meiste Zeit verbringen sie in den Tempeln und um die Altäre unter deiner Führung und erreichen für die Stadt den Schutz der Götter – einen besseren als diesen weiß ich jedenfalls nicht.“

M. Schwabe sieht in Lemmatius den Hohenpriester, der entsprechend dem Ideal Julians auch andere Verwaltungsfunktionen ausübte und erreichte, daß die Hellenen – ganz unhellenisch, doch wohl in Anlehnung an christliche Praxis – den Großteil ihrer Zeit in den Tempeln verbrachten. Dann wäre aus dem Brief zu schließen, daß Lemmatius etwa fünfzehn Monate nach dem Tod Julians – von diesem muß man in Palästina Ende Juli, Anfang August gewußt haben – noch immer im Amt war. (Opfer wurden ja erst im Prozeß gegen die Hellenen wegen Verdachts der Zauberei in den Jahren 371 und 372 verboten; damals wurde auch der Lehrer Julians, der Magier Maximus von Ephesus, zum Tode verurteilt.) Kurz nachdem Libanius seinen Brief geschrieben hatte, wurde Lemmatius abgesetzt und gefangengenommen, sein Vermögen konfisziert. Doch im Sommer 365 begnadigte Kaiser Valens ihn wieder; wenig später wurde er voll rehabilitiert und auch als oberster Priester wieder eingesetzt.[384]

Worauf konnte sich Lemmatius als Hoherpriester stützen? Seinen Sitz hatte er sicher in der Provinzhauptstadt Caesarea. Dort müssen also, wie auch aus dem zitierten Brief hervorgeht, Tempel existiert haben, obschon archäologische Belege noch fast gänzlich fehlen. Einzig ein Mithrasheiligtum wurde bisher ausgegraben, das im späten 3. und frühen 4. Jahrhundert benutzt wurde. Sonst ist allein auf eine Inschrift aus dem 6. Jahrhundert zu verweisen, die von Erneuerungsarbeiten im Hadrianeion spricht. Theoretisch könnte sie das Fortleben eines heidnischen Kultes noch zu so später Zeit in Caesarea belegen; wahrscheinlicher ist jedoch, daß das Gebäude inzwischen eine andere Bestimmung erhalten hatte.[385] Daß Caesarea eine Anzahl von Tempeln besaß, geht aus literarischen Quellen von Josephus Flavius bis Eusebius klar hervor. Was ist mit ihnen nach 324 geschehen? Julian befahl, daß von Christen in Kirchen umgewandelte Tempel wieder zurückgegeben werden müßten. Allerdings dürfte dies nur für Einzelfälle gegolten haben, denn im 4. Jahrhundert zögerte man im allgemeinen noch aus Dämonenangst, heidnische Tempel für den christlichen Kult zu übernehmen[386], und in Palästina haben wir dafür gar keine Belege. Geschlossene Tempel wurden nun wieder geöffnet, zum Neubau von Tempeln wurde ermutigt, aber in der kurzen Regierungszeit Julians war eine erfolgreiche Durchführung seiner Anordnung unmöglich zu erreichen. Lemmatius muß jedoch in Caesarea Tempel zur Verfügung gehabt haben.

Belege für heidnische Kulte in Palästina haben wir im 4. Jahrhundert fast ausschließlich aus dem Süden des Landes. In *Elusa* hatte um die Mitte des 4. Jahrhunderts das Venusheiligtum noch immer große Bedeutung, wie aus der Lebensbeschreibung des Mönchs Hilarion durch Hieronymus hervorgeht: „Auf dem Weg in die Wüste Kadesch ... kam er mit einer unendlichen Schar von Mönchen nach Elusa gerade an dem Tag, an dem das jährliche Fest das gesamte Volk der Stadt im Tempel der Venus versammelt hatte. Sie verehren diese nämlich wegen des Morgensterns, dessen Verehrung sich das Volk der Sarazenen hingibt. Wegen der Lage des Ortes ist ja die Stadt selbst zu einem großen Teil halbbarbarisch."[387] Andere Nachrichten über Elusa im 4. Jahrhundert zeigen allerdings die Stadt durchaus nicht als halbbarbarisches Nest in der Wüste; doch immerhin war es zum großen Teil heidnisch und wohl auch ein Anziehungspunkt für die Beduinen, die sich am Venuskult beteiligten.[388]

Daß Heiden auch noch im 4. und 5. Jahrhundert Abraham in *Mamre* verehrten, belegen, wie schon erwähnt, Hieronymus und Sozomenos. Am besten sind wir dank der Vita Porphyrii des Marcus Diaconus allerdings über *Gaza* und seine Kulte informiert. Noch um 400 besaß die Stadt acht Göttertempel; Helios, Aphrodite, Apollo, Kore und Hekate wurden dort verehrt, es gab ein Heroon und einen Tempel für die Glücksgöttin der Stadt, ein Tycheion. Das Hauptheiligtum aber war das Marneion; der dort verehrte Marnas wurde mit dem kretischen Zeus gleichgesetzt. Daneben gab es noch zahlreiche Götterbilder in Privathäusern.[389]

Im Norden des Landes wurde in den letzten Jahren der römische Tempel von *Qedesch* ausgegraben, der aus dem 2. oder 3. Jahrhundert stammt und wohl erst im Erdbeben von 363 einstürzte.[390] Schließlich ist auch das nördlich an Palästina angrenzende Phönikien mit zahlreichen Tempeln zu nennen; besonders um Heliopolis/Baalbek waren die Heiden in der Bevölkerung noch immer sehr zahlreich vertreten.

Es ist kein Zufall, daß die drei Städte Palästinas, die am stärksten heidnischen Kulten offen waren – Caesarea, Gaza, Elusa –, alle auch *Rhetorenschulen* hatten.[391] Diese wichtigste Institution des höheren Schulwesens von damals, aus der unter anderem auch viele Beamte kamen, blieb während des ganzen 4. Jahrhunderts heidnisch geprägt; das gilt nicht nur für den Lehrstoff, der weiterhin ausschließlich die klassischen griechischen Autoren einbezog, sondern auch für den Lehrkörper. Deutlich geht dies aus der Korrespondenz des größten Rhetors der Zeit, des Heiden Libanius, hervor. Sein eigener Lehrer Zenobius stammte aus Elusa, dem Verwaltungszentrum der Provinz Palaestina Salutaris.[392] Die von Libanius gepriesene Rhetorenschule von Gaza wurde im 5. und 6. Jahrhundert eine der wichtigsten Schulen im Reich. Caesarea schließlich lobt Libanius wegen der guten Besoldung seiner Rhetoren; ein Rhetor habe deshalb Caesarea Antiochien vorgezogen.[393] Eine weitere Rhetorenschule hat es wohl in Aschkelon gegeben[394], von dessen heidnischen Bewohnern auch R. Pinchas bar Chama einige Anekdoten zu erzählen wußte (z. B. KlglR zu 1,11).

Da die Rhetorenschulen ein solches Bollwerk des Heidentums waren, versteht man das von Julian für Christen erlassene Verbot, dort zu unterrichten, was diese zu bitterster Polemik veranlaßte. Ein Verbot für Christen, diese Schulen zu besuchen, gab es allerdings nicht; doch wurden ihnen die Rhetorenschulen durch deren nunmehr militant heidnische Ausrichtung verleidet. Dazu ist anzumerken, daß es damals noch kein organisiertes christliches Bildungswesen gab und fast alle bedeutenden christlichen Führer der Zeit aus solchen Rhetorenschulen hervorgegangen waren.[395]

Da nun die heidnisch geprägten Rhetorenschulen einen großen Teil der höheren Beamtenschaft ausbildeten und die Kirche ohnehin aus sittlichen Bedenken Getaufte nicht zum öffentlichen Dienst oder zur militärischen Laufbahn ermunterte, versteht man, daß Heiden noch lange nach der Christianisierung des Reiches in der öffentlichen Verwaltung und im Militär eine große Rolle spielten.[396] Im allgemeinen sind wir nur selten über die Religion von Beamten unterrichtet, kennen aber in diesem Fall eine Anzahl von heidnischen Statthaltern in Palästina: Nicht nur Leontius, der Statthalter von Palaestina (Salutaris?) unter Julian (362–363), war Heide (und setzte seine Karriere auch nach Julian fort), sondern auch der in Antiochien zum Rhetor ausgebildete Priscianus, Statthalter Palästinas im Jahr 364, ebenso Proculus, der vor 382 dieses Amt innehatte und 383 zum Comes Orientis aufstieg; ihn preist eine Inschrift für die Feier eines heidnischen Kults in Heliopolis. Heide war auch Siburius, Statthalter im Jahr 390, ebenso wohl Bacurius, zwischen 378 und 394 Dux Palaestinae, auch wenn ihn Rufinus, den er öfter am Ölberg besucht hatte, als Christen darstellt. Libanius (ep. 1060) jedenfalls sah ihn als Heiden an. Überhaupt wissen wir vom Heidentum fast aller genannten Beamten aus den Briefen des Libanius. Für die spätere Zeit fehlt uns eine vergleichbare Quelle; doch können wir sicher sein, daß sich die Lage nicht so schnell änderte.[397]

Das Heidentum war in der Mitte des 4. Jahrhunderts und auch noch später eine Größe, mit der man rechnen mußte. Dies geht auch aus dem palästinischen Talmud hervor. Wenn dieser den Mischnatraktat über den Götzendienst *(Aboda Zara)* kommentiert und sich an der Diskussion Meister des 4. Jahrhunderts rege beteiligen, erklärt sich das nicht allein daraus, daß aus jüdischer Sicht das christlich-römische Reich die Tradition des heidnischen Reiches nahtlos fortsetzte und auch theologisch beide als Einheit zu betrachten waren. Dies ist zwar ein Aspekt, erklärt aber nicht den Text in seiner Gesamtheit. Auch ist darin nicht nur rückwärtsgewandtes Interesse zu sehen, wie es der Kommentarliteratur vielfach anhaftet: Zwar nicht im jüdischen Kerngebiet Obergaliläas selbst, aber in seinen Randgebieten nach Phönikien hin sowie vor allem im Süden stieß das Judentum noch immer auf heidnisches Leben.[398]

Welche Realität das Heidentum in Palästina weiterhin darstellte, sehen wir aber auch aus den Taufkatechesen, die Kyrill von Jerusalem um 350 gehalten hat. Schon in der Einleitungskatechese macht er die Taufkandidaten darauf aufmerksam, daß sie lernen müssen, wie man dem Heiden begegnet; er warnt sie davor, Götzenopfer zu essen (IV,28) und macht auf die heidnischen Einwände gegen die leibliche Auferstehung aufmerksam (XVIII,2). Gewiß fällt auf, daß die Warnungen vor den Heiden im Vergleich zu jenen vor Juden, Samaritanern, Manichäern und allgemein Häretikern nur geringen Raum einnehmen. Dies hängt sicher mit der besonderen Lage Jerusalems zusammen: Durch das konstantinische Programm war ja Jerusalem zur christlichen Stadt schlechthin geworden, und offenbar wurde die heidnische Gefahr dort nicht als so akut empfunden wie anderswo. In den Katechesen allerdings nur Übernahmen aus dem Predigtfundus früherer Zeit zu sehen, geht nicht an: Noch war mit dem Heidentum zu rechnen.

Es ist wohl kein Zufall, daß der Heide Ammianus Marcellinus in seiner Beschreibung der Provinz Palästina gerade solche Städte hervorhebt, die noch zu einem guten Teil heidnisch sind, und das christliche Zentrum Jerusalem nur im Zusammenhang mit der Eroberung durch Pompeius erwähnt! Die Provinz, schreibt er, hat „auch einige hervorragende Städte, von denen keine der anderen nachsteht, sondern die miteinander gleichsam nach dem Richtblei wetteifern: *Caesarea*, das Herodes zu Ehren des Princeps Oktavian erbaute, und *Eleutheropolis* und *Neapolis*, ebenso die vor langer Zeit erbauten *Aschkelon* und *Gaza*" (XIV,8,11). Die ebenfalls von einem Heiden geschriebene *Expositio totius mundi* läßt Jerusalem völlig aus, wohl weil die Stadt nun christlich ist, aber natürlich auch, weil sie keine wirtschaftliche Bedeutung hat. Der Autor schildert *Caesarea* (§ 26), *Aschkelon* und *Gaza* (§ 29), *Neapolis, Skythopolis* und *Eleutheropolis* (§ 30). *Lydda* erwähnt er der Purpurfärberei wegen, *Jericho* seiner Pistazien und Datteln halber (§ 31). Erwähnenswert findet er weiter *Caesarea* wegen seines Zirkus und der von dort kommenden Pantomimen; *Gaza* zeichnet sich besonders durch gute Vorleser (*auditores*, solche, die man auch hört), aber auch durch Catcher und Freistilkämpfer (*pammacharii*) aus; *Aschkelon* ist wegen seiner Ringkämpfer hervorzuheben. Dies alles fügt sich viel besser in einen heidnischen als in einen christlichen Rahmen. Zu dem Bild paßt schließlich, daß *Libanius* in seiner Korrespondenz unter den Städten Palästinas *Elusa, Gaza, Aschkelon* und *Caesarea*, also die Sitze heidnischer Rhetorenschulen, nennt.

Auf dem Hintergrund eines noch lebendigen Heidentums in Palästina sind auch die Nachrichten über die christenfeindlichen Ausschreitungen unter Julian zu sehen. Ambrosius spricht zwar in erster Linie von Juden: „Ich könnte erwähnen, wieviele Basiliken der Kirche die Juden in der Regierungszeit Julians angezündet haben. Zwei in Damaskus, von denen eine gerade erst wiederhergestellt worden ist, ... die andere Basilika noch ein Trümmerhaufen ist. Angezündet wurden die Basiliken in Gaza, Aschkelon, Beirut und in fast allen jenen Orten ... Angezündet wurde die Basilika auch in Alexandrien von Heiden und Juden ..."[399] In Einzelfällen wie in Alexandrien haben sich Juden wohl an diesen Ausschreitungen beteiligt; doch verallgemeinert Ambrosius absichtlich: Er will ja mit seinem Schreiben verhindern, daß die von Christen angezündete Synagoge von Kallinikon am Eufrat aus christlichen Mitteln wiederhergestellt werde. Daher behauptet er, die Juden hätten es viel ärger getrieben und nie Ersatz geleistet. Im allgemeinen waren es eindeutig die Heiden, die sich gegen die Christen wandten.

Was *Gaza* betrifft, schreibt Sozomenos, Julian habe Maiuma, den unter Konstantin wegen seiner christlichen Bevölkerung von Gaza abgetrennten und unter dem Namen Constantia zur selbständigen Stadt erhobenen Hafen Gazas, wieder an Gaza angeschlossen.[400] Drei Brüder wurden verhaftet, weil sie Tempel beschädigt und die Gunst der Zeit zur Herabsetzung der hellenistischen Religion genutzt hätten. Die tobende Volksmenge lynchte die drei und verbrannte ihre Leichen außerhalb der Stadt. Der Provinzstatthalter, auf Ruhe und Ordnung bedacht, ließ die Rädelsführer verhaften, mußte sich aber dafür von Julian maßregeln lassen: Sein Vorgehen sei nicht notwendig gewesen, „nur weil sie sich an wenigen Galiläern für das viele Unrecht gerächt hatten, das diese ihnen und den Göttern angetan hatten".[401] Dieser Vorwurf gelenkter Justiz, die gegen Christen hart vorgeht und die Heiden schont, erklingt auch schon bei Gregor von Nazianz in seiner vierten Rede gegen Julian, wo ebenfalls vor Heliopolis und dem syrischen Arethusa Gaza an erster Stelle wegen der christenfeindlichen Unruhen genannt wird.[402]

Aschkelon, dessen Unterstützung für Julian auch aus der dort gefundenen, auf das Jahr 362/363 datierten Inschrift „Ein Gott. Siege, Julian!"[403] auf einem Meilenstein hervorgeht, war ebenfalls Schauplatz christenfeindlicher Ausschreitungen, wie Theodoret in seiner Kirchengeschichte vermerkt[404]: Dort sollen die Heiden ebenso wie in Gaza Greueltaten an Priestern und geweihten Jungfrauen verübt haben.

Im Zentrum Samarias, *Sebaste*, sollen Heiden die Reliquien Johannes des Täufers geschändet haben, wie auch Philostorgius in seiner zwischen 425 und 433 vollendeten Kirchengeschichte hervorhebt[405] und Rufinus ausführlich schildert: Dieser weiß auch zu erzählen, wie trotz der Tatsache, daß man die Reliquien verbrannte und die Asche auf den Feldern verstreute, etwas von den Gebeinen auf wunderbare Weise gerettet wurde; tatsächlich wurden ja in Sebaste bald nach Julians Zeit die Reliquien des Täufers wieder verehrt.[406]

Im nördlichsten Teil Galiläas, schon zu Phönikien gehörend, war *Paneas* (Caesarea Philippi) Schauplatz eines Zwischenfalls. Schon Eusebius erzählt, er selbst habe an dem Haus, aus dem die am Blutfluß leidende, von Jesus geheilte Frau (Mt 9,20) stammen soll, auf einem hohen Stein eine Bronzegruppe gesehen, die Jesus und vor ihm kniend die um Heilung bittende Frau darstellen sollte.[407] Es ist denkbar, daß dies eine umgedeutete heidnische Darstellung war. Unter Julian jedenfalls stürzte die heidnische Bevölkerung die Statue um (es ist nur noch von einer Christusstatue die Rede, die die Geheilte gestiftet habe) und stellte an ihrem Platz eine Statue Julians auf, die jedoch alsbald vom Blitz getroffen wurde.[408]

Hier wie in den zuvor geschilderten Fällen geht es uns nicht um die Geschichtlichkeit der Details in den sensationslüstern bis wundergläubig ausgemalten Berichten, sondern allein um die in sich unbezweifelbaren Fakten christenfeindlicher Ausschreitungen in diesen Orten; dort muß es also noch eine entsprechend zahlreiche heidnische Bevölkerungsgruppe gegeben haben; frustriert durch das forsche Vorgehen der christlichen Gruppe gegen sie unter Konstantius, nützte sie die gewandelten Machtverhältnisse und unterstützte Julian.

Auch eine beim Kibbutz Ma^cayan Barukh im oberen Jordantal (acht Kilometer von Paneas) ausgegrabene lateinische Inschrift bezeugt die Unterstützung für Julian in dieser Religion: „Dem Befreier der römischen Welt, dem Wiederhersteller der Tempel, dem Erneuerer der Kurien und des Gemeinwesens, dem Vernichter der Barbaren, unserem Herrn Julian... Die phönikische Gemeinschaft für erlangte Wohltaten." Die Barbaren sind aus östlicher Sicht die Perser; die Inschrift scheint somit aus dem Jahr 363 zu stammen, als erste Erfolgsmeldungen von Julians Perserfeldzug verbreitet wurden, und eine Huldigung der heidnischen Bevölkerung an den bald siegreich zurückerwarteten Herrscher zu sein.[409]

Der plötzliche Tod Julians bedeutete ein Ende der öffentlichen Förderung der heidnischen Religion. Doch hatte seine kurze Herrschaft deutlich gemacht, wie stark die heidnischen Kräfte noch waren. Man konnte sich klugerweise auf keine Machtprobe einlassen, zumal auch das Christentum im Streit um die arianische Lehre durchaus nicht einig war. So kam es zwar zuerst zu Gerichtsverfahren gegen einzelne heidnische Priester, wie auch der zitierte Fall des Lemmatius bezeugt. Doch alsbald tolerierte man wieder das Heidentum, und Heiden konnten auch weiterhin in hohe staatliche Ämter aufsteigen. Noch im Jahr 388 konnte sich Libanius (*De templis* 7) folgendermaßen an Theodosius wenden: „So müssen wir weniger beweinen, wessen wir beraubt wurden, als vielmehr uns zu deinen Zugeständnissen gratulieren. Denn du, du hast weder die Tempel schließen noch ihren Besuch verbieten lassen. Du hast aus den Tempeln weder das Feuer noch den Weihrauch noch die anderen Duftopfer verbannt."

Zwar erinnert CTh XVI,10,7 von 381 an das Verbot von Opfern und Orakeln. Doch erst 391 setzt – vielleicht unter dem Einfluß des Ambrosius – der offene Kampf des Theodosius gegen das Heidentum ein. In einer Reihe von Gesetzen (CTh X,10,10ff) werden nicht nur alle Formen von Opfern und von Erforschung der Zukunft verboten, sondern immer zugleich auch Richter und andere Beamte bedroht, die diese Gesetze nicht durchführen oder die selbst die Tempel aufsuchen, um dort zu opfern oder die Orakel zu befragen. CTh XVI,10,16 von 399 ordnet die Zerstörung von einsam gelegenen Tempeln an und XVI,10,25 von 435 befiehlt nochmals allgemein die Zerstörung von Tempeln. Aus allen Ämtern schließt schon CTh XVI,10,21 von 416 Heiden aus. Sehr wirksam waren jedoch alle diese Gesetze nicht. Heiden blieben weiterhin auch in höchsten Ämtern und auch die heidnischen Kulte konnten weiterhin gepflegt werden, wenn man nur die Behörden entsprechend bestach.[410]

Auf diesem Hintergrund ist zu verstehen, was Marcus Diaconus in seiner Biographie des Porphyrius von Gaza für die Zeit um 400 berichtet. Die Verwaltung der Stadt war noch immer fest in heidnischer Hand; ja, „als die Anhänger des Götzendienstes sahen, daß die Christen zahlreich wurden, wurden sie wild und erlaubten ihnen nicht, öffentliche Ämter auszuüben, sondern behandelten sie wie schlechte Mitbürger" (§ 32).

Bischof Porphyrius sandte den Diakon Markus nach Konstantinopel, um die Zerstörung der Tempel zu erreichen, in denen verbotenerweise noch immer geopfert wurde. Auch gab er ihm einen Brief an Johannes Chrysostomus mit, erhielt jedoch nur ein kaiserliches Schreiben, „daß die Tempel der Stadt Gaza geschlossen würden und nicht mehr Orakel ausgeben dürften" (§ 26). Der Erfolg war offenbar nicht sehr groß. Ein neuer Vorstoß in dieser Angelegenheit im Jahr 400 gewann die Unterstützung der Kaiserin Eudoxia; der Kaiser aber soll ihr bloß geantwortet haben: „Ich weiß, daß diese Stadt voll von Götzenbildern ist. Doch zahlt sie getreu ihre Steuern. Wenn wir sie zu plötzlich in Angst versetzen, werden sie fliehen und wir verlieren diese Einkünfte" (§ 33).[411] Erst eine dem Kaiser anläßlich der Geburt von Theodosius II. abgelistete Erlaubnis führte schließlich 402 zur Zerstörung der Tempel von Gaza durch Militär und die christliche Gemeinde der Stadt (§ 49 ff). Doch Jahre später war der Stadtrat offensichtlich immer noch heidnisch. 407 kam es zu Unruhen, in denen sieben Christen umkamen, viele verletzt wurden und der Bischof über die Dächer der Stadt flüchten mußte, bis schließlich der Statthalter wieder Ordnung herstellte (§ 95–99).

Die Zerstörung des Marneions muß gewaltigen Eindruck gemacht haben. Hieronymus stellt sie der Zerstörung des Serapeions von Alexandrien an die Seite: „Schon ist der ägyptische Serapis christlich geworden; Marnas in Gaza trauert eingeschlossen und erzittert ständig wegen der Zerstörung des Tempels."[412] An anderer Stelle sagt er: „Mit der Zerstörung des Götzendienstes wird das Evangelium aufgebaut. Das sehen wir auch in unseren Zeiten erfüllt. Das Serapeion in Alexandrien und der Tempel des Marnas zu Gaza sind zu Kirchen des Herrn geworden."[413]

Es klingt wie ein Schlußstrich unter den Kampf gegen das Heidentum, wenn im Jahr 423 Theodosius ein Gesetz gegen die Heiden mit den Worten einleitet: „Die Heiden, die es noch gibt – auch wenn wir glauben, daß schon keine mehr da sind – . . ." (CTh XVI,10,22). Der Kaiser sollte sich getäuscht haben. Das Heidentum lebte noch lange weiter; auch in Palästina war es noch längst nicht tot.

2. Julian und das Judentum

Ob Julian vor seinem Regierungsantritt je mit Juden zusammengetroffen war, wissen wir nicht. Seine Kenntnisse über das Judentum stammten in erster Linie aus der Bibel, aus den Schriften des Eusebius von Caesarea und der kirchlichen Polemik gegen das Judentum. Seit seiner Hinwendung zur heidnischen Tradition kamen die Auffassungen der Neuplatoniker hinzu, wie sie vor allem von Porphyrius und Jamblichos vertreten wurden. Die Beschäftigung Julians mit dem Judentum steht in engstem

Zusammenhang mit seiner Auseinandersetzung mit dem Christentum. Deshalb sind auch die wichtigsten seiner diesbezüglichen Äußerungen in seiner Schrift „Gegen die Galiläer" überliefert; von deren sieben Büchern sind allerdings nur Auszüge aus dreien bei Kyrill von Alexandrien erhalten.[414] Dazu kommen verschiedene Bemerkungen in seinen Briefen, unter denen der in seiner Echtheit umstrittene Brief an die Juden besonders bedeutsam ist.[415]

Wenn Julians Auffassungen über das Judentum im allgemeinen mit denen seiner neuplatonischen Vorgänger im Einklang stehen, kommt ihnen insofern besondere Bedeutung zu, als er allein in der Lage war, seine Auffassungen auch politisch durchzusetzen. Theologisch mußte Julian den strikten Monotheismus des Judentums ebenso ablehnen wie dessen Erwählungsanspruch, dem er vor allem die geringen historischen Leistungen der Juden und ihre leidvolle Geschichte entgegenstellt.

Andererseits fand Julian in der Bibel auch Stützen für seinen Polytheismus und wußte dem jüdischen Gottesbegriff sehr positive Seiten abzugewinnen: „Ich bin zwar, bei den Göttern!, einer von denen, die es vermeiden, mit den Juden gemeinsam Feste zu begehen. Doch stets verehre ich den Gott Abrahams, Isaaks und Jakobs, die selbst Chaldäer waren, aus einem heiligen und im Umgang mit Gott erfahrenen Volk, und die Beschneidung lernten, als sie bei den Ägyptern als Fremde weilten. Und sie verehrten den Gott, der mir und denen, die ihn verehren, wie ihn Abraham verehrte, wohlgesinnt war, ist er doch ein ganz großer und mächtiger Gott." An anderer Stelle nennt er die Juden „in gewisser Beziehung gottesfürchtig, da sie einen Gott verehren, der wahrhaft äußerst mächtig und gut ist und die wahrnehmbare Welt regiert. Diesen, das weiß ich wohl, verehren auch wir unter anderen Namen ... in dem Punkt allerdings irren sie, daß sie, wenngleich sie diesen Gott am meisten ehren, nicht auch die anderen Götter verehren."[416] Im Brief an die Juden spricht Julian – so der Text authentisch ist – vom jüdischen Gott als „dem Allergrößten und dem Weltenschöpfer (Demiurg)-Gott, der sich gewürdigt hat, mich mit seiner unbefleckten Rechten zu krönen". Der jüdische Gott ist für Julian also einfach der nationale Gott der Juden, der aber im Pantheon als Demiurg eine hohe Stelle einnimmt. Es scheint, daß er ihn mit Zeus-Helios-Serapis gleichsetzt, womit natürlich Mose in Julians Anschauung das wahre Gottesbild verfälscht haben muß.[417]

Positiv sah Julian am Judentum die Treue zu den Geboten und Gebräuchen, insbesondere was die Beschneidung und die Speisevorschriften angeht. Der Nachlässigkeit der Heiden in der Verehrung ihrer Götter stellte Julian in dem schon zitierten Brief an Theodor den jüdischen Eifer gegenüber: „die der Lehre der jüdischen Religion anhangen, sind so leidenschaftlich dafür, daß sie dafür auch den Tod in Kauf nehmen würden; eher würden sie bitterste Not und Hunger erdulden, als Schweinefleisch zu kosten oder Fleisch, das nicht sofort (vom Blut) ausgedrückt worden ist". Gelegenheit, dergleichen zu sehen, hatte Julian wohl während seines Aufenthaltes in Antiochien, wo er seinen Perserfeldzug vorbereitete. Man darf annehmen, daß die große jüdische Gemeinde von Antiochien Julian mit Sympathie gegenüberstand, weil seine Einstellung ihr größere Freiheiten versprach. Julian wiederum konnte mit seiner Förderung der jüdischen Gemeinde die Christen ärgern. Überdies konnte es ihm erwünscht sein, die Juden auf seiner Seite zu wissen und damit auch bei der zahlreichen Judenschaft Mesopotamiens wenn schon nicht Unterstützung, so doch wohlwollende Neutralität während seines Perserfeldzugs zu erreichen.

In diesem Zusammenhang ist auch der umstrittene Brief an die jüdische Gemeinde zu sehen. Früher hat man ihn meistens für eine jüdische Fälschung aus der Zeit um 400 gehalten und dies mit dem der Septuaginta ähnlichen Stil und mit inhaltlichen Argumenten begründet. Der biblische Stil des Briefes ist allerdings bei dem mit der Septuaginta bestens vertrauten Julian in einem an Juden gerichteten Schreiben keineswegs überraschend. Ebensowenig überrascht die Aussage, Julian habe der steuerlichen Unterdrückung der Juden gewehrt, war er doch ein Kaiser, der sich allgemein für Steuernachlässe, bei gleichzeitiger effizienterer Einhebung, stark gemacht hat. Ob der Text allerdings von der unter Vespasian eingeführten speziellen Judensteuer, dem *fiscus Judaicus*, spricht, ist sehr fraglich, denn diese Steuer ist wahrscheinlich schon im 3. Jahrhundert ausgelaufen. Sonderbesteuerungen einzelner Regionen, Orte und Bevölkerungsgruppen waren allerdings damals nicht außergewöhnlich. Jedenfalls weiß schon Sozomenos um 450 von einem Brief Julians „an die Patriarchen und ihre Führer und das Volk selbst, sie möchten für ihn und seine Regierung beten".[418] So gibt es keine unüberwindlichen Hindernisse, den Brief als echt anzuerkennen; diese Auffassung hat sich inzwischen auch weithin durchgesetzt.[419]

„Julian an die Gemeinschaft der Juden. Bei weitem am lästigsten, mehr noch als in vergangenen Zeiten, ist euch das Joch der Knechtschaft dadurch geworden, daß ihr unangekündigt Zahlungsaufforderungen unterworfen wurdet und eine unsagbare Menge Gold dem Schatzamt abliefern mußtet. Viel davon habe ich mit eigenen Augen gesehen, mehr noch davon erfahren, als ich die Listen fand, die gegen euch aufbewahrt werden. Auch habe ich eine Steuer, die von euch eingehoben werden sollte, abgewehrt und erzwungen, daß der Frevel solcher Lästerung damit abgestellt werde. Und dem Feuer habe ich die Listen übergeben, die gegen euch in meinen Archiven vorlagen, damit niemand mehr gegen euch eine solche Beschuldigung der Gottlosigkeit vortragen kann ..." Auch der jüdische Patriarch soll seine Sendbotensteuer aufgeben, damit die Juden unbeschwerten Geistes für die Regierung Julians zu ihrem Gott beten können. „Das müßt ihr tun, damit auch ich, wenn ich den Perserkrieg erfolgreich abgeschlossen haben werde, die heilige Stadt Jerusalem, die von euch wieder bewohnt zu sehen ihr schon viele Jahre ersehnt, mit persönlichen Anstrengungen wiederaufbaue und begründe und in ihr mit euch dem Mächtigsten Ehre erweise."[420]

Der Brief verweist somit nicht nur auf steuerliche Erleichterungen, nachdem früher offenbar Sondersteuern mit religiösen Begründungen eingehoben wurden (die „Beschuldigung der Gottlosigkeit", von der der Brief spricht), sondern kündigt auch an, nach dem Perserkrieg werde Julian sich dafür einsetzen, daß Jerusalem wieder jüdisch besiedelt werde; ja, er selbst werde nach Jerusalem pilgern – in Umkehrung der christlich bestimmten Wallfahrten nach Jerusalem durch Angehörige des Kaiserhauses – und dort mit den Juden ihren Gott verehren. Auf den ersten Blick klingt dieses Versprechen überraschend. Doch schreibt auch Hieronymus im schon zitierten Kommentar zu Dan 9,34, die Juden hätten in Julian die „kleine Hilfe" des Bibeltextes gesehen, da dieser auftrat als einer der die Juden zu lieben vorgab und versprach, er werde in ihrem Tempel opfern" (siehe S. 133).

3. Der Wiederaufbau des Tempels[421]

Mindestens ebenso sehr wie Julians Rückkehr zum traditionellen Heidentum muß sein Versuch, den jüdischen Tempel in Jerusalem wieder errichten zu lassen, die christliche Kirche getroffen haben. Jesu Wort über den Tempel: „Amen, das sage ich euch: Kein Stein wird hier auf dem andern bleiben; alles wird niedergerissen werden" (Mt 24,2) war in Verbindung mit Dan 9,27 über den „Greuel der Verwüstung", den man an der heiligen Stätte sehen werde (zitiert in Mt 24,15), schon zu lange ein gewichtiges Argument in der Auseinandersetzung mit dem Judentum. In der Tatsache, daß der Tempel nach 70 nicht wieder aufgebaut worden war, sah man eine Bestätigung des Jesuswortes und einen Beweis für die Ablösung des Judentums durch das Christentum. Ein Wiederaufbau des Tempels wäre somit als Widerlegung der Worte Jesu und damit des Christentums schlechthin verstanden worden.[422] Um so erleichterter war man, als Julians Versuch keinen Erfolg hatte.

Die Episode wurde zu einem Standardthema in der Auseinandersetzung mit dem Judentum und dessen Berufung auf die dauernde Geltung des geoffenbarten biblischen Gesetzes: Wenn es keinen Tempel gab, konnte auch ein großer Teil des Gesetzes nicht mehr eingehalten werden. Der Verlust des Tempels war das göttliche Zeichen dafür, daß der Alte Bund durch den Neuen abgelöst worden war. Diese Bedeutung des Themas in der Polemik führte dazu, daß die Geschichte vom Versuch des

Wiederaufbaus immer und immer wieder erzählt wurde. Dabei wurde sie so sehr mit legendenhaften Zügen aufgefüllt, daß es heute fast unmöglich ist, den tatsächlichen Ablauf der Ereignisse zu sichern.

Die erhaltenen *Quellen* sind fast ausschließlich christlich. Von Julian selbst sind nur zwei versprengte Zitate erhalten, die den Versuch des Tempelbaus erwähnen; dazu kommt mit hoher Wahrscheinlichkeit der schon zitierte Brief an die Gemeinschaft der Juden. Aus diesem kann man einen weiteren Brief an den jüdischen Patriarchen erschließen. Ebenso wird Julian wohl, entsprechend dem Vorgehen Konstantins beim Bau der Grabeskirche, das ihm sicher irgendwie vorbildhaft war, den Statthalter von Palästina offiziell benachrichtigt und um seine Mitwirkung ersucht haben.[423] Der einzige erhaltene heidnische Bericht über die Vorgänge ist jener Ammians, der Julian auf seinem Perserfeldzug begleitete. Doch auch bei ihm sind die Vorgänge schon wunderbar gedeutet.

Christlicherseits sind die ersten Schilderungen noch im Jahr des versuchten Wiederaufbaus, sofort nach dem Tod Julians, entstanden. Es sind dies Ephräms syrische Hymnen gegen Julian und die beiden Schimpfreden des Gregor von Nazianz über Julian (als vierte und fünfte Rede Gregors gezählt, vielleicht im Frühjahr 364 geschrieben). Johannes Chrysostomus befaßt sich in der fünften seiner acht Reden gegen die Juden ausführlich mit dem Ereignis (386); Ambrosius erwähnt es in einem 388 geschriebenen Brief.

Unter den frühen Zeugnissen vermißt man eine Äußerung des damaligen Bischofs von Jerusalem, Kyrill. In seinem Namen verfaßte zu Beginn des 5. Jahrhunderts ein mit den Verhältnissen wohl vertrauter Mann einen Brief, dessen syrische Fassung *S. P. Brock* ediert hat. In der ersten Hälfte des 5. Jahrhunderts schildern sämtliche Kirchenhistoriker das Ereignis und malen es immer mehr aus.[424] Selbstverständlich beschäftigt sich auch die spätere kirchliche Literatur immer wieder mit ihm; doch kann man aus ihr keine neuen Informationen mehr erwarten: Sie ist nur für die Wirkungsgeschichte von Interesse. Gegenüber dieser Fülle von christlichen Texten gibt es kein einziges gesichertes jüdisches Zeugnis.

Von wem ist die *Initiative zum Wiederaufbau* ausgegangen? Von den frühen Zeugen sagt zuerst Johannes Chrysostomus, die Juden hätten auf die Fragen Julians, warum sie keine Opfer darbringen, darauf verwiesen, daß ihnen dies nur in Jerusalem erlaubt sei, und um die Erlaubnis gebeten, den Tempel wieder aufzubauen.[425] Der syrische Julianroman baut das Motiv in judenfeindlicher Polemik aus: Eine jüdische Gesandtschaft mit dem Hohenpriester an der Spitze sei zu Julian nach Tarsus gekommen, habe ihm einen mit sieben Göttern verzierten Thron geschenkt, unreine Speisen gegessen, den Göttern geopfert und schließlich um die Erlaubnis gebeten, den Tempel wieder aufbauen zu dürfen.[426]

Die anderen Texte sprechen davon, daß Julian selbständig den Gedanken gefaßt habe. Daß Juden außerhalb Jerusalems nicht opfern durften, mußte ihm selbstverständlich schon aus der Septuaginta bestens bekannt sein. In der Schrift „Gegen die Galiläer" verweist er ausdrücklich darauf. Andererseits ist die Aussage des Johannes Chrysostomus, der als Vierzehnjähriger die Monate des Aufenthaltes Julians in Antiochien miterlebte und sich an in der Stadt kursierende Nachrichten über Vorgänge am Hof wohl erinnern konnte, nicht ganz einfach beiseitezuschieben. Am ehesten wird man annehmen dürfen, daß Julian den selbständig gefaßten Plan auf seine Durchführbarkeit überprüfen und in der jüdischen Gemeinde, sei es in Antiochien, sei es beim Patriarchen in Tiberias selbst, Erkundigungen einziehen ließ, ehe er eine jüdische Delegation in Audienz empfing und diese den kaiserlichen Plan als eigenen Wunsch vortragen durfte.[427]

Mehrere Motive für das Projekt sind bei Julian denkbar; vielleicht wirkten auch mehrere gleichzeitig in verschiedenem Maße zusammen. An erster Stelle ist sein tiefes persönliches *Interesse an Opfern* zu nennen. Das geht ja aus seinen eigenen Schriften hervor, aber auch bei Johannes Chrysostomus und vor allem bei Sokrates wird es deutlich: „Julian freute sich so sehr am Blut der Opfer, daß er es als Schaden betrachtet hätte, wenn nicht auch andere opferten. Da er aber nur wenige der Art fand, schickte er nach den Juden und wollte von ihnen wissen, warum sie nicht opfern, was doch das Gesetz des Mose gebiete." Auf die Antwort, das dürften sie nur im Tempel zu Jerusalem, „befahl er schnell den Tempel Salomos aufzubauen".[428] Die Juden sollten am allgemeinen Kult zum Wohl des Reiches teilnehmen; damit blieben nur die Christen als Außenseiter, die nicht für das Wohl der Regierung beteten.

Dazu kam Julians *Ehrfurcht vor dem überkommenen Brauchtum* der im römischen Reich zusammengefaßten Völker. Daß das Judentum trotz Verfolgung und Unglück an seinen Bräuchen festgehalten hatte, konnte ihm nur Achtung einflößen. Das klingt auch bei Gregor von Nazianz durch; allerdings spricht dieser von Heuchelei und meint, die Begünstigung der Juden sei nur erfolgt, um damit die Christen zu ärgern: „Nachdem er alle anderen Mittel (gegen die Christen) schon ausgeschöpft hatte ... ließ er schließlich auch den Stamm der Juden gegen uns los. Ihre alte Leichtfertigkeit und den in ihnen seit langem eingebrannten Haß gegen uns setzte er für seine Pläne ein. Aus ihren Büchern und Mysterien las er angeblich den göttlichen Willen: Es sei ihnen nun bestimmt, in ihr eigenes Land zurückzukehren und den Tempel wieder aufzubauen und die Kraft der väterlichen Sitten zu erneuern. Und er verheimlichte seine wahre Absicht durch vorgetäuschtes Wohlwollen."[429]

Aus der Sicht der christlichen Polemik liegt im Zitat Gregors das Gewicht auf dem Tempelbau und auf der Heimkehr der Juden in ihr Land. Damit greift er sicherlich jüdische Erwartungen auf, seien sie bloß allgemeiner Art oder unter Julian nun konkret geworden. Hat Julian das selbst beabsichtigt, in der Aufhebung der jüdischen Diaspora vielleicht ein politisches Ziel gesehen? Gehörte zu seinem Plan auch so etwas wie ein jüdischer Tempelstaat um Jerusalem? Die im Brief an die jüdische Gemeinschaft geäußerte Absicht, nach dem Krieg am Wiederaufbau und an der Neugründung von Jerusalem mitzuarbeiten, könnte in diese Richtung weisen. Bestand in diesem Zusammenhang die Absicht, die Christen aus Jerusalem zu vertreiben? Auf alle diese Fragen können wir keine Antwort geben. Doch würde es zur Religionspolitik Julians passen, die ihm nur in bestimmten Aspekten annehmbare jüdische Religion als nationale Religion auch territorial abzugrenzen. Ihn deshalb als einen Protozionisten zu bezeichnen, ginge jedoch bestimmt zu weit.

Eine *Verbindung mit dem Perserfeldzug* geht am deutlichsten aus Ammian hervor: Während Julian intensiv die Vorbereitungen für den Feldzug vorantrieb, teilte er doch stets seine Aufmerksamkeit und wollte sich durch große Werke ein Denkmal setzen, weshalb er den einst bedeutenden Tempel zu Jerusalem mit unmäßigen Mitteln zu erneuern gedachte (XXIII,1). Die große Zahl der Juden im Perserreich war sicher eine Geste der Sympathie wert, wenn er dadurch ihre Unterstützung während seines geplanten Feldzugs erreichen konnte. Tatsächlich gibt es eine persische Quelle, nach der Tausende von Juden von den Persern getötet wurden, weil sie zum Neubau des Tempels nach Jerusalem ziehen wollten.[430]

In den Augen der Christen war das vorrangige Motiv Julians die *Widerlegung der Weissagung* Jesu (und Daniels) von der dauerhaften Zerstörung des Tempels. Julian kannte natürlich dieses Argument und mußte sich freuen, neben den anderen Gründen, die ihn zu dem Bau bewogen, auch noch Gelegenheit zu haben, die Christen zu reizen. Ammian konnte aus seiner Sicht dieses Motiv natürlich übergehen; die christlichen Texte sind hier jedoch völlig einheitlich. Schon bei Gregor von Nazianz klingt es implizit an; deutlich ist es bei Ephräm dem Syrer: Da Julian Daniel (9,27) Lügen strafen wollte, wurde er zu Babylon dem Gericht überliefert und verurteilt – auch hier wird also der Perserfeldzug mit dem Tempelbau verbunden, wenn auch von einer anderen Seite her.[431]

Besonders mußte ein solches Argument natürlich die Jerusalemer Kirche treffen. In einer seiner Taufkatechesen hatte sich ihr Bischof Kyrill erst wenige Jahre zuvor auf Mt 24,2 als Aussage über den dauernden Untergang des Tempels berufen und ihn mit dem Einsturz der Mauern Jerichos gleichgesetzt.[432] Erstaunlicherweise aber kennt man von Kyrill selbst keine Reaktion auf den Versuch des Tempelbaus. Erst Rufin und Sokrates erwähnen, daß er während der Bauvorbereitungen an die von Jesus im Evangelium bestätigte Weissagung Daniels erinnert habe, daß „kein Stein auf dem andern bleiben werde".[433] Der von *S. P. Brock* veröffentlichte, Kyrill zugeschriebene Brief will hier offenbar eine Lücke füllen: „Die Strafe unseres Herrn ist gewiß, und sein Urteil, das er über die Stadt der Kreuziger fällte, ist zuverlässig.“[434]

Gewöhnlich nimmt man an, Julian habe sein Unternehmen in bewußter Entsprechung und Umkehrung des Baus der Grabeskirche durch Konstantin geplant. Direkte Belege dafür gibt es nicht. Doch sind Parallelen natürlich vorhanden: Julian plante ja ebenso wie vor ihm Konstantin den Bau als Staatsunternehmen. Die Gründung eines christlichen Jerusalem durch Konstantin würde dadurch aufgehoben, die Stadt nun wieder zum Zentrum des Judentums werden. Wie bei einem Staatsunternehmen zu erwarten, war die Art des Vorgehens sicherlich in beiden Fällen gleich: Der Beschluß wurde dem religiösen (und politischen) Vertreter der betroffenen Gruppe mitgeteilt – durch Konstantins Schreiben an den Jerusalemer Bischof, durch Julians Schreiben an den Patriarchen; ein hoher Beamter wurde mit der Bauaufsicht beauftragt – im Tempelprojekt war es der Antiochener Alypius, der früher Statthalter in Britannien gewesen war; der Provinzstatthalter erhielt Mitteilung über das Unternehmen und den Auftrag, dieses zu fördern. Die kaiserliche Kasse stellte bedeutende Mittel zur Verfügung, die durch private Beiträge ergänzt werden sollten. Wie Konstantin ursprünglich bei der Einweihung der Grabeskirche dabeisein wollte, so plante auch Julian, nach dem Perserfeldzug in Jerusalem zu opfern. Wie schließlich nach dem Bau der Grabeskirche Jerusalem allein den Christen gehören sollte, war wohl nach der Erneuerung des Tempels an die Vertreibung der Christen aus der Stadt und an ein jüdisches Monopol gedacht. Das meint wohl Sokrates, wenn er schreibt, daß die Juden sich ans Werk machten; „den Christen aber jagten sie Angst ein und drohten, sie würden ihnen soviel antun, wie sie einst von den Römern erlitten hatten“.[435]

Wie reagierten die Juden auf Julians Pläne? In der rabbinischen Literatur gibt es keinen einzigen Text, der eindeutig von diesem Unternehmen spricht. *W. Bacher* wollte in R. Acha, einem Zeitgenossen Julians, einen Befürworter des Unternehmens entdeckt haben.[436] Dieser deutet in jMSch V,2,56a die Mischna-Aussage des R. Jose ben Chalafta: „wenn der Tempel wieder erbaut sein wird, wird man zur alten Ordnung zurückkehren“ so: „Das besagt, daß der Tempel vor dem Reich des Hauses David erbaut werden wird.“ Die Wiedererrichtung des Tempels würde also der messianischen Restauration der davidischen Herrschaft vorausgehen. Diese Aussage kann tatsächlich als Befürwortung verstanden werden, kann aber auch viel allgemeiner gemeint sein. Dasselbe gilt von jener R. Achas in jTaan II,1,65a, daß der zweite (bzw. letzte) Tempel fünf Dinge nicht hatte, die im ersten Tempel vorhanden waren. Das mag eine Rechtfertigung des Tempelbaus sein, auch wenn dieser vorläufig nicht alle Qualitäten seines salomonischen Vorbilds aufweist. Aber der Satz kann auch primär eine historische Aussage sein, ein Urteil über den

Abfall der Zeit des zweiten Tempels gegenüber jener Zeit, als es noch ein jüdisches Königreich gab.

Auch die Aussage des Zeitgenossen R. Judan in MidrPs 18,36 (B.81b) hat man als Zustimmung zu Julian verstanden: „die Erlösung kommt über dieses Volk nicht in einem Augenblick, sondern nach und nach"; da Israel sich in der Gegenwart in großen Nöten befinde, könne es nicht eine Erlösung in einem Augenblick vertragen. Auch dies könnte als Aufruf gemeint sein, selbst unvollkommene Verbesserungen schon als Vorbereitung der messianischen Erlösung zu sehen, und dann natürlich auch eine Befürwortung Julians einschließen. Sicher ist das allerdings nicht.

M. Avi-Yonah hat auf den Satz R. Achas verwiesen, wonach die Erwähnung der Erlösung im siebenten Abschnitt des Achtzehngebets bedeutet, daß Israel nur in einem siebenten Jahr (Sabbatjahr) erlöst werde (jBer II,4,4d–5a); 362–363 sei tatsächlich ein Sabbatjahr gewesen.[437] Nun stimmt diese Rechnung zwar aus der Sicht des heutigen jüdischen Kalenders; ob jedoch das Sabbatjahr auch damals schon einheitlich berechnet wurde, steht nicht fest, die vier Grabinschriften von Zoar am Toten Meer, welche das Todesjahr jeweils mit dem Jahr seit der Zerstörung des Tempels und mit dem Jahr im Sabbatzyklus datieren, sind jedenfalls nicht einheitlich aufzulösen.[438] Und selbst wenn 362–363 tatsächlich ein Sabbatjahr gewesen sein sollte, würde das wenig beweisen, ist doch die Verbindung des Sabbats mit der endzeitlichen Erlösung traditionell. Natürlich ist es möglich, daß das Auftreten Julians bestimmte Spekulationen aktualisierte; gegeben aber hat es diese in der gesamten rabbinischen Zeit.

Wenn schon das Rabbinat keine eindeutigen Zeugnisse zu Julians Absichten hinterlassen hat, so können wir vom Patriarchat mit Gewißheit annehmen, daß es auch aus eigenem Interesse gegen den Plan gewesen ist. Bei seiner Verwirklichung hätte ja wieder ein Hoherpriester die Führung über das jüdische Volk übernommen – es sei denn, man hätte an eine zweigeteilte Führung wie zur Zeit der herodianischen Dynastie gedacht; denn als weltlichen Fürsten hätte die behauptete davidische Abstammung den Patriarchen legitimieren können. Auch die von Julian vorgeschlagene Abschaffung der Sendbotensteuer kann dem Patriarchat nicht zugesagt haben. Die Vermutung, Julian habe den Patriarchen über den Verlust dieser Einnahmen mit dem Titel eines *illustris,* also der höchsten Stufe innerhalb der senatorialen Ordnung hinweggetröstet[439], muß bloße Hypothese bleiben.

Was das Rabbinat betrifft, war auch dieses wohl im allgemeinen dem Projekt gegenüber äußerst skeptisch; denn gegen die Priester, die im Fall des Gelingens wieder in den Vordergrund treten würden, hatte es eigene Interessen zu verteidigen – wo noch Zehnter und Erstlingsfrüchte abgegeben wurden, gingen diese gewöhnlich an die Rabbinen statt an die nicht mehr amtierenden Priester. Auch hatten sich die Rabbinen zu lange bemüht, eine allzu drängende Naherwartung einzudämmen, als daß sie dieser nun selbst überstürzt nachgegeben hätten. Vor allem aber mußte es problematisch sein, wenn ein endzeitliches Ereignis wie die Wiedererrichtung des Tempels von einem Nichtjuden in Gang gesetzt wurde, es sei denn, man bejahte dies in Erinnerung an das Beispiel des Kyros, das wohl auch dem bibelkundigen Julian selbst bewußt gewesen sein muß.

Die gewöhnliche jüdische Bevölkerung hat da vermutlich viel spontaner reagiert, besonders wohl die Gemeinden der östlichen Diaspora. Schon Gregor von Nazianz schreibt, sobald Julian den Juden seine Pläne eingeredet hatte, hätten sich diese „mit viel Tatkraft und Begeisterung ans Werk gemacht. Ihre Bewunderer sagen sogar, ihre Frauen hätten nicht nur allesamt ihren persönlichen Schmuck abgenommen, um dem Werk und denen, die sich darum mühten, zu helfen; vielmehr hätten sie sogar in ihren geschürzten Kleidern die Erde (aus dem Tempelgebäude) herausgetragen, ohne ihre schönen Kleider oder ihre zarten Glieder zu schonen; denn sie glaubten ein religiöses Werk zu tun und daß alles im Vergleich mit diesem Unternehmen geringzuschätzen sei."[440] Ephräm der Syrer schreibt von der wahnsinnigen Begeisterung der Juden, die in das Widderhorn bliesen und jubelten; laut Rufinus wurden die Juden übermütig, glaubten die Tage der Propheten gekommen und belästigten die Christen; viele brachen in Richtung Jerusalem auf.[441]

An der Richtigkeit dieser Angaben ist nicht zu zweifeln. Eine Inschrift, die neuerdings an der Westmauer („Klagemauer") entdeckt wurde, datiert *B. Mazar* ins 4. Jahrhundert und deutet sie als Relikt des Unternehmens Julians: „Wenn ihr es seht, wird euer Herz frohlocken und eure Gebeine werden sprossen wie grünes Gras" (Jes 66,13 f leicht abgewandelt).[442] Leider ist eine so genaue Datierung von Inschriften paläographisch nicht möglich; und diese könnte theoretisch auch in einem anderen Zusammenhang entstanden sein; Wann aber sonst konnten Juden sich lange genug in Jerusalem aufhalten, um eine solche Inschrift, sei sie auch noch so flüchtig gearbeitet, ungestört in den Stein zu meißeln? Wenn man schon nicht das Jahr 362–363 annehmen will, müßte man zumindestens bis an den Anfang des 4. Jahrhunderts zurückgehen oder vielleicht an den Aufenthalt Eudokias in Jerusalem im 5. Jahrhundert denken. Somit hat die Datierung in die Zeit Julians zumindest eine sehr hohe Wahrscheinlichkeit.[443] Man kann durchaus damit rechnen, daß ein großer Teil der einfachen jüdischen Bevölkerung, vor allem in der Diaspora, vom Plan Julians begeistert war. Selbst wenn der Kaiser nur geringe Sachkenntnis von der Organisation der jüdischen Selbstverwaltung gehabt hätte (was aber kaum anzunehmen ist), hätte er wohl nicht auf eine positive Reaktion des Patriarchats gebaut, sondern gleich auf das einfache jüdische Volk gesetzt. Dieses hat tatsächlich mitgetan, während Patriarch und Rabbinat sich zurückhielten.

Der *Ablauf der Ereignisse* ist im Zeitraum zwischen dem 19.7.362, als Julian in Antiochien eintraf, und dem 5.3.363, als er gegen die Perser auszog, spätestens jedoch bald nach dem 26.6.363, seinem Todestag, unterzubringen. Die Angabe des syrischen Julianromans, wonach eine jüdische Delegation dem Kaiser schon nach Tarsus entgegenzog, ihn also schon vor seiner Ankunft in Antiochien um die Erlaubnis zum Tempelbau ersuchte, ist nicht ernstzunehmen.

Wenn wir davon ausgehen, daß Julian erstmals in Antiochien mit einer größeren jüdischen Gemeinde zusammengetroffen ist und erst dort die Möglichkeit der Realisierung seines vielleicht schon zuvor gefaßten Gedankens prüfen konnte, vielleicht auch erst aus seiner Enttäuschung über die geringe Begeisterung der Antiochener für sein Hellenisierungsprogramm heraus endgültig den Beschluß gefaßt hat, die Juden in besonderer Weise zu fördern, müssen wir nach seiner Ankunft in Antiochien sicherlich mit ein paar Wochen rechnen, bis es so weit war, daß der Kaiser seinen Beschluß veröffentlichte. Daß die Verbreitung der Nachricht, die Vorbereitung der Baumaterialien und das Zusammenholen von geeigneten Bauarbeitern und jüdischen Freiwilligen eine gewisse Zeit in Anspruch nahmen, ist ebenso selbstverständlich. Da die winterliche Regenzeit für große Bauarbeiten nicht sehr geeignet war, kann die Arbeit an der Baustelle frühestens Mitte Februar, Ende März 363 begonnen haben.

M. Adler vertrat die Ansicht, es sei überhaupt nie zu konkreten Arbeiten gekommen; der Bericht vom wunderbaren Abbruch des Werks gehe allein auf die tendenziöse Behauptung Gregors von Nazianz zurück, dem alle anderen Autoren einschließlich des Heiden Ammian gefolgt seien.[444] Das ist völlig unhaltbar, obwohl natürlich klar ist, daß die christliche Propaganda die Geschichte gewaltig ausgewertet und wunderbar übersteigert hat. Doch auch Ammian glaubt, daß der Abbruch des Werkes nicht ganz natürlichen Gründen zuzuschreiben sei; er ist darin sicher nicht von Gregor abhängig.

Nach Bereitstellung der notwendigen Baumaterialien begannen die Vorarbeiten auf dem Tempelgelände selbst, wozu sicher die Vorbereitung der Fundamente gehörte: Entsprechende Erdarbeiten erwähnen ja alle christlichen Texte ab Gregor von Nazianz. Nahe der Klagemauer hat man ein frühbyzantinisches Haus ausgegraben, das durch Feuer zerstört wurde. Die jüngsten der unter der Schutt- und Aschenschicht gefundenen Münzen stammen aus der Zeit Julians. Daraus schließt *B. Mazar*: „Die konstantinischen Bauten nahe der Westmauer sind vielleicht von Juden zerstört worden, die – durch Julian ermutigt – Vorbereitungen für den Wiederaufbau des Tempels begannen.“[445] Daß man dabei auch den Zugang hindernde Gebäude in nächster Nähe des Tempelgeländes beseitigte, ist durchaus denkbar. Doch hätte sich die christliche Propaganda den Hinweis auf ein solches Zerstörungswerk entgehen lassen? Angesichts des Schweigens der Quellen ist eine Zerstörung des Gebäudes im großen Erdbeben von 363 wahrscheinlicher.[446]

Dann aber kam es durch ein Unglück zum Abbruch der Arbeiten. Ammian schreibt: „Und als so dieser Alypius sich energisch um die Sache kümmerte und der Provinzstatthalter half, brachen immer wieder furchterregende Kugeln von Feuer bei den Fundamenten hervor, verbrannten einige Arbeiter und machten den Platz unzugänglich. Auf diese Art hörte die begonnene Arbeit auf, welche das Element ständig abwehrte" (XXIII,1).

Für den Heiden Ammian war das Unglück ein Vorzeichen, das den sonst so auf Zeichen bedachten Julian vor dem Perserfeldzug hätte warnen sollen.[447] Christliche Deutung hat das Geschehen natürlich völlig anders gesehen, es als göttliche Strafe für jene verstanden, die eine biblische Vorhersage als falsch erweisen wollten. Eine legendenhafte Ausschmückung des Geschehens konnte da nicht ausbleiben. Schon die beiden im Jahr nach dem Ereignis entstandenen Texte sind in dieser Beziehung lehrreich. Ephräm spricht in seinem zweiten Lied gegen Julian vom Erdbeben, das Gott zur Überführung des heidnischen Irrtums bewirkte und das ganze Städte zerstörte. „Jerusalem aber sollte die verfluchten Kreuziger, die sich erfrechten, den Wiederaufbau der Ruinen, des Werkes ihrer Sünden, zu beschließen und in Angriff zu nehmen, ganz besonders in Unrecht setzen ... Jerusalem erbebte, als es sah, daß seine Zerstörer wieder kämen, um seine Ruhe zu stören. Da flehte es den Höchsten um Hilfe gegen sie an und fand Erhörung. Er gebot den Stürmen und sie wehten; er winkte den Erdbeben, und sie kamen; den Blitzen, und sie zuckten; der Luft, und sie verfinsterte sich; den Mauern, und sie stürzten ein; den Toren, und sie öffneten sich. Feuer brach hervor und verzehrte die Schriftkundigen, die bei Daniel gelesen hatten, daß die Verwüstung ewig währen sollte. Sie hatten es gelesen, aber daraus nichts gelernt; darum wurden sie durch ihren elenden Untergang belehrt."[448] Poetische Verarbeitung widersetzt sich streng historischer Deutung. Jedenfalls behauptet Ephräm das Zusammenwirken sämtlicher Elemente, um eine Widerlegung der Danielstelle zu verhindern.

Gregor von Nazianz ist in seiner Spottrede über Julian viel detailreicher. Die mit der Säuberung der Tempelfundamente befaßten Juden seien plötzlich durch einen schrecklichen Sturm vertrieben worden, den ein Erdbeben begleitete. Sie wollten in einem der nahen Heiligtümer Zuflucht suchen; doch brach, als sie eintreten wollten, Feuer aus dem Heiligtum, tötete manche und verstümmelte andere. Auch erschien ein leuchtendes Kreuz am Himmel. Als Folge dieser Ereignisse seien viele Juden zu den Priestern gegangen und getauft worden.[449]

Im Text selbst heißt es, daß er verschiedene, nicht in allem übereinstimmende Erzählungen verwerte; auch ist seine rhetorische Freizügigkeit zu beachten. Auffällig ist die Bemerkung von der Flucht der Juden in „eines der nahen Heiligtümer“ *(ti tōn plēsiōn hierōn)*. Woran denkt hier Gregor? Heidnische Tempel gab es wohl seit Konstantin in Jerusalem nicht mehr. Der Kyrill von Jerusalem zugeschriebene Brief spricht von einer Synagoge beziehungsweise dem Ort, in dem die jüdische Synagoge gewöhnlich zusammenkam (§ 7). Für einen Synagogenbau war natürlich in der kurzen Regierung Julians keine Zeit; die Verwendung eines vorhandenen Gebäudes für den Synagogengottesdienst ist dagegen durchaus anzunehmen. Manche denken an eine christliche Kirche, in der die flüchtenden Juden Schutz gesucht hätten, wogegen sich die Christen gewaltsam wehrten. Möglich ist aber auch ein noch oder schon wieder stehender Teil im Tempelbezirk; Rufinus, Philostorgius und Theodoret sprechen ja von einer Säulenhalle, bei deren Einsturz Juden, die dort Zuflucht gesucht hatten, getötet wurden.

Die Geschichte vom Lichtkreuz am Himmel erinnert nicht nur an die Vision Konstantins, sondern vor allem an einen Brief Kyrills von Jerusalem an Konstantius, in dem er von der Erscheinung eines Lichtkreuzes über Golgota im Jahre 351 berichtet.[450] Spätere Autoren wissen von leuchtenden oder auch schwarzen Kreuzen, die sich auf den Kleidern der Juden zeigten und in keiner Weise entfernen ließen (Rufinus, Sokrates, Theodoret). Es liegt nahe, daß die Tradition von 351 einfach in die Tempelbauepisode übernommen wurde. In den Erzählungen darüber scheint man verschiedene Überlieferungen zusammengefaßt und stark gerafft zu haben, um das Vorgehen der Juden und ihre Bestrafung zusammen mit der himmlischen Bestätigung als zeitliche Einheit zu demonstrieren. Dazu paßt es ja auch, wenn gleich anschließend von der Taufe der bekehrten Juden die Rede ist, ohne die damals übliche lange Vorbereitung, die einer Taufe vorausging.

Die Darstellungen des 5. Jahrhunderts bauen das Geschehen immer mehr aus. Alle Texte betonen, daß sofort nach Beschaffung des Baumaterials, nach der Freilegung der Fundamente und allen Vorbereitungen für die Grundsteinlegung ein Sturm ausbrach, ein Erdbeben folgte und Feuer aus den Fundamenten schlug. Auf Einzelheiten kommt es nicht an, auch nicht auf die erzählerische Ausweitung zu drei Wundern, die die Bekehrung zahlreicher Juden bewirkten oder aber sie noch mehr der Wahrheit widerstehen ließen. Es geht hier immer um religiöse Tendenzen in erzählerischem Kleid, historisch kaum verwertbar.

Am interessantesten ist noch der Kyrill zugeschriebene Brief über die Ereignisse. Er allein erwähnt, daß in dem Erdbeben auch viele Christen umkamen, und bietet eine Liste der von dem Erdbeben betroffenen Ortschaften Palästinas. Hier sind sicher historische Erinnerungen von einem mit der Lage Palästinas vertrauten Mann verarbeitet worden. Interessant ist der Text auch wegen seiner Datierung der Ereignisse auf Montag, den

19. Ijjar, nachdem schon am Vortag ein schwerer Sturm die Grundsteinlegung verhindert hatte. Dieser 18. Ijjar (18. Mai 363) war der Halbfeiertag Lag ba-Omer, den man bewußt als glückbringenden Tag für den Beginn der Arbeiten gewählt haben könnte.[451] Allerdings sind die Belege für dieses Fest alle aus späterer Zeit, weshalb man der Datierung gegenüber vorsichtig sein sollte. Die Tatsache, daß der Wochentag für das Datum richtig angegeben ist, zeigt zwar, daß hier ziemlich frühe Traditionen vorliegen müssen[452], doch können sie sich einfach auf das Erdbeben bezogen haben und erst später mit dem Abbruch des Tempelbaus kombiniert worden sein.

G. W. Bowersock hat sich gegen eine so späte Datierung des Scheiterns von Julians Projekt gewandt. Seine Hauptargumente richten sich allerdings gegen die noch etwas spätere Datierung des Unglücks durch *M. Avi-Yonah*, der aus einem äthiopischen Synaxar und einer syrischen Chronik aus dem Jahr 724 den 27. Mai 363 erschlossen hatte[453]: Das Synaxar erwähnt nur das Tempelprojekt für die Zeit vor dem 27. 5.; der syrische Text spricht zwar vom Erdbeben im Ijjar, nicht aber vom Tempel; das Erdbeben sei hier vielmehr die Strafe für die Freunde von Julians Heidentum. Das Projekt des Tempelbaus sei, so *Bowersock*, schon vor dem Aufbruch Julians zum Perserfeldzug aufgegeben worden. Zwar datiere Johannes der Lyder den Satz Julians „Ich baue mit allem Eifer den Tempel des höchsten Gottes" in die Zeit, „als er gegen die Perser zu Felde zog"; damit brauche jedoch nicht der eigentliche Feldzug gemeint zu sein, sondern die Angabe könne sich einfach auf die Zeit nach dem Verlassen Konstantinopels beziehen. Auch sei der Satz Julians in Brief 89 an Theodor aus Antiochien, er selbst habe die Absicht gehabt *(dienoēthēn)*, den Tempel zu errichten, keineswegs so zu verstehen, daß er dies irgendwann in der Zukunft tun wolle. Als positives Argument für die Frühdatierung des Abbruchs des Projekts wertet *Bowersock* den Zusammenhang bei Ammian, der Julian im Anschluß daran, „in diesen Tagen", noch immer in Antiochien sein läßt.[454]

Die Argumente für die Frühdatierung sind nicht zwingend. Zwar könnte man hier auch Theodoret von Cyrrhus zitieren, der seinen Bericht über den gescheiterten Versuch mit der Bemerkung abschließt, Julian habe, als er davon erfuhr, sich wie einst Pharao verhärtet.[455] Doch ist diese Bemerkung ebenso theologisch motiviert wie das Interesse der anderen Autoren, einen ursächlichen Zusammenhang zwischen dem Scheitern des Perserfeldzuges und dem „gottlosen" Tempelprojekt herzustellen und ihn durch ein zeitliches Ineinanderschieben der Ereignisse einschließlich des Erdbebens zu betonen. Sollte aber die Spätdatierung des Scheiterns stimmen, würde dies bedeuten, daß Julian davon nicht mehr erfahren hat: Ein Bericht des Alypius könnte ihn kaum noch vor seinem plötzlichen Tod erreicht haben.

Die genauen Daten sind also unsicher; unsicher ist auch die Verbindung mit dem großen Erdbeben vom Mai 363, da ja die frühen Texte es noch nicht in diesem Zusammenhang erwähnen, ausgenommen Gregor von Nazianz, der hier schon zwei zeitlich getrennte Ereignisse kombiniert haben mag. Ammian, Ambrosius und Johannes Chrysostomus sprechen einhellig nur von einem Feuer, das zum Abbruch des Unternehmens geführt habe.[456] Das legt nahe, daß ein ungeklärter und geheimnisvoller Brand das Projekt unterbrochen hat; vielleicht nur Wochen später kam es zum großen Erdbeben, welches zusammen mit dem Tod Julians das endgültige Aus für den Versuch bedeuten sollte. Für die christliche Deutung war dies alles natürlich Teil eines einzigen Geschehens und konnte daher auch als zeitliche Einheit dargestellt werden.

M. Avi-Yonah stellt abschließend fest: „Als die Nachricht eintraf, Julian sei gefallen, begann eine christliche Reaktion im Süden des Landes. Ihr ist die Vernichtung der jüdischen Dörfer im Daromas-Gebiet zuzuschreiben."[457] Auch diese unbelegte Behauptung hält einer Überprüfung nicht stand. Zwar mögen jüdische Dörfer im Süden des Landes um diese Zeit Schaden gelitten haben; das wäre jedoch als Folge des großen Erdbebens zu betrachten, das der Ortsliste im Brief „Kyrills" zufolge große Teile des Landes erfaßt hatte. Auch sind natürlich judenfeindliche Ausschreitungen nach dem Scheitern des Tempelprojekts und dem Tod Julians in Palästina nicht undenkbar, jedoch nirgends bezeugt; die Ungewißheit, wie es nach seinem Tod weitergehen sollte, hat wohl von unbedachten Reaktionen abgehalten; auch war ja zumindest bis 364 der Statthalter Palästinas ein Heide; vor allem aber konnten es sich die Behörden in dieser für das gesamte Reich kritischen Lage im Sommer 363 nicht leisten, die Zügel zu lockern. Daß da Christen ungestört ganze Dörfer der Juden vernichten konnten, ist völlig unwahrscheinlich. Welchen Schaden auch immer das Erdbeben in diesen Dörfern anrichtete, Hieronymus bezeugt sie jedenfalls Ende des Jahrhunderts als jüdische Dörfer; die reichen Synagogenbauten auch im Süden des Landes beweisen ihre sogar die christliche Herrschaft überdauernde Lebenskraft.

VIII. Die Samaritaner

Im Anschluß an die Darstellung der Ereignisse in Palästina unter Gallus und Julian müssen wir uns nun der neben Juden, Christen und Heiden vierten Bevölkerungsgruppe des Landes zuwenden. Gewöhnlich werden die Samaritaner in Schilderungen der Geschichte Palästinas im 4. Jahrhundert gar nicht oder nur nebenbei erwähnt. Dies liegt daran, daß es, anders als für die jüdische und christliche Geschichte, für die damalige Entwicklung der samaritanischen Gemeinde kaum Unterlagen gibt, obwohl das 4. Jahrhundert allgemein als Blütezeit der Samaritaner gilt. Jüdische und christliche Quellen berichten höchstens am Rande von Samaritanern; die samaritanischen Texte selbst wiederum sind ausnahmlos spät und historisch nur mit äußerster Vorsicht zu verwerten. Auch die archäologischen Informationen sind recht spärlich, schwer datierbar und vielfach nicht sicher den Samaritanern zuzuordnen. Dennoch ist es geboten, um der Vollständigkeit des Bildes vom Palästina dieser Zeit willen, sich der Bedeutung der Samaritaner bewußt zu bleiben.

Dieses Kapitel versucht, die Angaben der samaritanischen Chroniken zu dem anderweitig historisch Gesicherten in Beziehung zu bringen. Dabei stütze ich mich vor allem auf die sogenannte „Chronik II", deren das 3. und 4. Jahrhundert betreffenden Teil *J. M. Cohen* vor kurzem ediert, übersetzt und kommentiert hat. Er datiert diese Schrift, die *J. Macdonald* als „die beste und genaueste aller Chroniken" bezeichnet[458], in das 14. Jahrhundert.[459] Sie stammt damit etwa aus der gleichen Zeit wie die des arabischen Chronisten Abu'l Fath, der 1355 schrieb und als Hauptquellen die Tolida und das arabische Josuabuch verwendete.[460] Auch inhaltlich stimmt die zweite Chronik mit ihm und mit den übrigen Chroniken weithin überein.

Wie rabbinische Texte belegen, breiteten sich die Samaritaner seit dem 2. Jahrhundert über ihre ursprüngliche Heimat Samaria hinaus aus. R. Abbahu, Leiter einer rabbinischen Schule in Caesarea um 300, sagt: „dreizehn Dörfer wurden in den Tagen der Verfolgung mit Samaritanern vermischt" (jQid IV,1,65 d; jJeb VIII,3,9 d). Er verbindet also die Ausbreitung der Samaritaner mit den Folgen des Bar Kokhba-Aufstandes, was völlig plausibel ist. Zumindest anfangs scheinen sich die Samaritaner mit der jüdischen Bevölkerung problemlos verstanden zu haben; das zeigt auch der Zusammenhang der zitierten Aussage im Eherecht, wonach also mit Mischehen gerechnet werden mußte.

Zusammenleben mit den Samaritanern setzt auch TPes II,3 (L.145) voraus: „Ungesäuertes Brot der Samaritaner ist erlaubt und man erfüllt damit seine Pflicht zu Pesach. R. Leazar hingegen verbietet dies, da sie in den genauen Vorschriften des ungesäuerten Brots nicht Fachleute seien. Rabban Simeon ben Gamaliel sagt: Jedes Gebot, woran die Samaritaner festgehalten haben, nehmen sie genauer als die Juden." Eine religiöse Gemeinschaft ist demnach in weiten, wenn auch natürlich nicht allen Bereichen des Lebens möglich gewesen, und im Vergleich zur Zeit des Neuen Testaments ist von einer weitgehenden Verbesserung der Beziehungen zwischen den beiden religiösen Gemeinschaften auszugehen.

Erst in der Zeit Diokletians kam es gemäß der rabbinischen Überlieferung zum Bruch. Dabei spielte offenbar die Frage eine große Rolle, ob der Wein der Samaritaner religiös unbedenklich sei oder ob man, wie bei jenem der Heiden, befürchten müsse, daß er für Getränkeopfer zu Ehren von Götzen bestimmt sei. Die entscheidende Initiative, den Wein der Samaritaner für verdächtig zu erklären, schreibt der palästinische Talmud R. Abbahu zu (jAZ V,4,44 d).

Der Text erzählt zuerst von R. Simeon b. Eleazar (Ende 2. Jahrhundert), er habe in einer samaritanischen Stadt von einem Schriftgelehrten einen verschlossenen Krug Wein erbeten; Wein im offenen Krug war ihm wohl schon verdächtig, nicht aber im geschlossenen. Der Samaritaner aber habe ihn wiederholt auf die Quelle vor ihm verwiesen: das heißt, wenn er schon religiöse Bedenken habe, dann solle er doch gar keinen samaritanischen Wein trinken. Die Anekdote schließt mit dem Satz: „Schon waren die Samaritaner verdorben."

Dieses Urteil soll die folgende Geschichte um Simeons Zeitgenossen R. Jischmael b. R. Jose bestätigen, der den Samaritanern in Neapolis vorwirft: „Ich sehe, daß ihr nicht diesen Berg verehrt (nämlich den Garizim), sondern Standbilder darunter. Denn es heißt: ‚Und Jakob verbarg sie (die Götzen) unter dem Baum, der bei Sichem war' (Gen 35,4)." Doch dann schöpft der Rabbi Verdacht, die Samaritaner könnten ihn wegen dieses Vorwurfs töten, und flieht frühmorgens (vgl. GenR 81,3, Th-A 974).

Wenn hier den Samaritanern schon Ende des 2. Jahrhunderts Abfall vom biblischen Eingottglauben vorgeworfen wird, könnte dies auf frühere traditionelle Polemik zurückgreifen. Daß seit Hadrians Zeiten auf dem heiligen Berg der Samaritaner ein Jupitertempel stand, konnte diese Polemik nur verstärken. Vielleicht aber hat es tatsächlich eine Offenheit der Samaritaner dieser Zeit gegenüber heidnischen Ausdrucksformen gegeben. *M. Avi-Yonah* etwa möchte dies aus den heidnischen Bildern auf den Münzen der Stadt Neapolis nach dem Bar Kokhba-Aufstand herauslesen.[461] Es ist allerdings fraglich, ob man die samaritanische Bevölkerung von Neapolis direkt für die Münzbilder verantwortlich machen kann. Vielleicht weisen sie einfach auf einen Zuwachs der heidnischen Bevölkerung und ihres Einflusses hin. Daß es unter dem Druck religiöser Verfolgungen in dieser Zeit bei den Samaritanern zu einer gewissen Assimilation gekommen ist, scheinen allerdings auch die samaritanischen Chroniken vorauszusetzen. Hier könnte man vielleicht die Aussage des Epiphanius einordnen, daß die Einwohner von Neapolis der Kore Opfer darbringen, angeblich, weil sie die Tochter des Jiftach sei, die einst Gott als Opfer dargebracht worden war.[462] Im Zusammenhang von jAZ V,4 mag es dem Redaktor jedoch auch darum gehen, frühere Wurzeln für den endgültigen Bruch zu finden, den dann offenbar vor allem R. Abbahu forciert hat, wie die Fortsetzung des Textes zeigt:

„R. Abbahu verbot ihren Wein nach Aussage des R. Chijja und des R. Assi und des R. Ammi. Diese stiegen auf den Königsberg (das samaritanische Gebirge Efraim) und sahen einen Heiden (Samaritaner?), der wegen ihres Weines verdächtig war. Sie kamen und sagten es ihm. Er antwortete ihnen: Und (sollten wir ihren Wein) nicht schon aufgrund eines Vorwands (verbieten)?

Und andere sagten: Eines Sabbatabends fand sich kein Wein in der gesamten Samareitike. Bei Sabbatausgang fand sich eine Fülle von dem, den die Römer gebracht und den die Samaritaner von ihnen angenommen hatten.

Und andere sagten: Als König Diokletian hierherzog, dekretierte er Folgendes: Alle Völker müssen Getränkeopfer darbringen, ausgenommen die Juden. Und die Samaritaner brachten Getränkeopfer dar. Und ihr Wein wurde (deshalb den Juden götzenopferverdächtig und daher) verboten.

Und andere sagten: Etwas wie eine Taube haben sie und bringen ihm Getränkeopfer dar."

Die Erzählung mit ihren drei alternativen Begründungen zeigt, daß zur Zeit der Redaktion des palästinischen Talmud offenbar schon keine Klarheit mehr darüber herrschte, warum genau der Wein der Samaritaner in Verdacht geraten war, religiös nicht einwandfrei zu sein. Nur die Tatsache selbst und ihre Verbindung mit Abbahu von Caesarea wurde einhellig festgehalten.

Die ersten beiden Fassungen der Begründung werfen den Samaritanern vor, Wein von Nichtjuden zu übernehmen, keine religiösen Bedenken dagegen zu haben und dadurch selbst des Götzendienstes verdächtig zu sein. Diesen Vorwurf macht dann die dritte Begründung explizit, nach der die Samaritaner unter Diokletian zum heidnischen Getränkeopfer gezwungen wurden. Am radikalsten ist die vierte Begründung, wonach der Kult am Garizim selbst Getränkeopfer für ein Vogelabbild einschließt, ein Vorwurf, der offenbar auch in der samaritanischen Legende seinen Niederschlag gefunden hat.[463]

Wenn wir tatsächlich eine Einzelbegründung suchen müssen, ist die unter Diokletian erlassene Vorschrift, Staatsdiener und Soldaten hätten ihre Treue zum römischen Staat mit einem Getränkeopfer zu dokumentieren, am wahrscheinlichsten. Daß Samaritaner in der Verwaltung von Caesarea sehr zahlreich waren, belegt eine andere Aussage des R. Abbahu: Die Verwaltung bzw. Besatzung *(taxis)* von Caesarea ist in ihrer Mehrheit samaritanisch und daher bei heidnischen Festen wie die Heiden selbst zu betrachten, die das Fest feiern (jAZ I,2,39 c). Das heißt, daß an diesen Tagen Juden mit ihnen keine wirtschaftlichen oder gesellschaftlichen Kontakte haben dürfen; sonst würden sie selbst in den Geruch des Götzendienstes geraten. Samaritaner behandelt Abbahu hier offensichtlich als zu den Heiden gehörig, eine radikale Position, die auch später durchaus nicht allgemein geworden ist.

Es ist gewiß immer wieder vorgekommen, daß samaritanische Beamte und Soldaten die Opferpflicht als eine religiös nichtssagende Geste akzeptierten. Für die Juden wäre dies allerdings kein zwingender Anlaß gewesen, deshalb den Samaritanern schlechthin die Gemeinschaft aufzusagen. Was hinter dieser Entscheidung stand, bloßes Konkurrenzdenken angesichts des Anwachsens der samaritanischen Bevölkerung[464] oder echte religiöse Bedenken, läßt sich nicht mehr klären. Es bleibt allein die Tatsache, wie die Fortsetzung des Textes jAZ V,4 zeigt: „Die Samaritaner von Caesarea fragten R. Abbahu: Eure Väter haben sich mit unseren (Lebensmitteln) versorgt. Warum versorgt ihr euch nicht von Unserem? Er antwortete ihnen: Eure Väter haben ihre Taten nicht verdorben. Ihr habt eure Taten verdorben." Demnach sind die Samaritaner nun wie Heiden zu betrachten. Es ist nur eine logische Schlußfolgerung, wenn dann R. Jakob bar Acha (um 300) im Namen des R. Chanina sagt: „Den Samaritanern von Caesarea darf man auf Zinsen leihen." Sie gelten nicht mehr als Stammesbrüder, das innerjüdische Zinsverbot hat auf sie keine Anwendung.

Daß Diokletian in seiner Religionspolitik Juden und Samaritaner ungleich behandelte, scheint allerdings auf eine ältere politische Praxis der Römer zurückzugehen. Das Reskript des Antoninus Pius, wodurch nach dem allgemeinen Beschneidungsverbot Hadrians nur den Juden die Beschneidung wieder erlaubt worden ist, scheint zumindest zeitweise sehr restriktiv ausgelegt worden zu sein. Tatsächlich behaupten die samaritanischen Chroniken, die Religion der Samaritaner sei von den römischen Kaisern des 3. Jahrhunderts verfolgt worden und die Beschneidung verboten gewesen. Dieses Verbot habe auch noch zur Zeit der Geburt des großen Reformators Baba Rabba gegolten; gegen Ende des 3. Jahrhunderts sei ihnen sogar das Besteigen des Berges Garizim verboten worden.

In diese Zeit fällt die Tätigkeit des großen Reformers der Samaritaner, Baba Rabba, der „Großen Pforte" (wohl ein Ehrentitel anstelle des eigentlichen Namens). Trotz der im Zusammenhang mit seiner Geschichte zitierten Kaiser des frühen 3. Jahrhunderts datiert man ihn gewöhnlich in die erste Hälfte des 4. Jahrhunderts.[465] Einen genaueren Ansatz versucht *J. M. Cohen*, der annimmt, daß Baba Rabba um 288 geboren wurde und zwischen 308 und 328 auftrat.[466] Im folgenden sei die Chronik II in ihren wesentlichen Punkten zusammengefaßt (Paragrapheneinteilung nach *J. M. Cohen*).

Baba Rabba, ältester Sohn des samaritanischen Hohenpriesters Netanael, soll zum Widerstand gegen die Römer, welche schon lange die Samaritaner verfolgt und auch die Beschneidung verboten hatten, aufgefordert haben (§ 1–2). Als ersten Schritt öffnete er wieder alle von den Feinden geschlossenen samaritanischen Synagogen und setzte die wenigen Weisen und Ältesten, die die Verfolgung überlebt hatten, zur Lehre der Tora und zur Betreuung der Synagogen in ihren Orten ein (§ 4).[467] Eine Gruppe von sieben Männern, drei Priestern und vier Laien aus dem Stamm Josef, bildeten die neue Führung; viele Priester hingegen widersetzten sich anfangs Baba Rabba und wurden durch Laien ersetzt. Die sieben Männer sollten in ihren jeweiligen Gebieten für religionsgesetzliche Entscheidungen, Lehre und Gericht zuständig sein und allgemein die Gemeindeführung übernehmen (§ 5).

Des weiteren soll Baba Rabba acht Synagogen aus Stein errichtet haben, offenbar alle im samaritanischen Kernland. Gewissermaßen in Überschneidung mit der Verteilung der Gebiete an die sieben Führer erfolgt nun eine Einteilung der Gebiete Israels in elf Regionen für die Priester (entsprechend den elf Stämmen Israels bei der Landverteilung – Levi als zwölfter Stamm bekam ja kein eigenes Land). Dabei verteilt Baba Rabba alle Regionen von Gaza bis Tyrus und auch östlich bis zum Jordan (§ 9). Sicher haben wir es hier mit einer literarischen Fiktion beziehungsweise einer symbolischen Beanspruchung ganz Israels gemäß der ursprünglichen biblischen Landverteilung zu tun; diese ist jedoch wohl nicht ganz ohne samaritanische Siedlungen in den einzelnen Regionen zu denken.

Da die Römer die Einhaltung des Religionsgesetzes durch die Samaritaner verhindern, erheben sich diese zum Neumond des siebten Monats gemeinsam gegen die Unterdrücker (§ 11). Gegen das anziehende römische Heer sammelt Baba Rabba Truppen und behält die bisher an Rom geleisteten Steuern zurück. In seinem Widerstand gegen die römische Herrschaft hilft ihm die Tatsache, daß der chaldäische König, also wohl der Perserkönig, zu dieser Zeit Krieg gegen den römischen Kaiser („König Alexander") führt. Auch kommt es zur selben Zeit zu Plünderungszügen von Arabern, die Baba Rabba vertreiben kann, weshalb ihn auch die Fürsten der Umgebung unterstützen (§ 14).

Da die Römer gegen Baba Rabba nichts ausrichten können, stacheln sie die Juden an, gegen ihn Krieg zu führen; als Lohn versprechen sie ihnen die Erlaubnis, den Tempel wieder aufzubauen (§ 15). Tatsächlich schmieden daraufhin die jüdischen Ältesten ein Komplott gegen Baba

Rabba, der in der Synagoge von Nemara den Sabbat zu verbringen pflegt; doch eine mit einer Samaritanerin befreundete Jüdin verrät dieser den Plan und warnt so Baba Rabba (§ 16). Trotz des fehlgeschlagenen Anschlags erlaubt Kaiser Gordian den Juden, ihren Tempel wieder aufzubauen; ein Wirbelsturm vereitelt jedoch den Versuch (§ 17).

In der Folge sendet Baba Rabba seinen Neffen Levi nach Konstantinnopel. Dort soll er die römischen Bräuche kennenlernen; dies wird ihn befähigen, den römischen Bronzevogel zu bezwingen, der an der Grenze zum Garizim aufgestellt ist und jedesmal, wenn ein Samaritaner naht, *Ibrijjos*, „Hebräer", schreit und ihn so den römischen Wachen verrät.

Dreizehn Jahre später kehrt Levi, inzwischen unerkannt in Konstantinopel zu höchsten Ehren aufgestiegen, mit großer Begleitung nach Palästina zurück und besteigt den Garizim. Der Bronzevogel meldet sofort die Anwesenheit eines Hebräers. Levi läßt die römischen Soldaten auf dem Berg nach einem Samaritaner suchen, doch müssen diese natürlich erfolglos bleiben. So kann Levi den „irre gewordenen" Vogel zerstören lassen (§ 18f). Es folgen siegreiche Kämpfe Babas mit den Römern. Schließlich bieten diese Frieden an und locken Baba nach Konstantinopel. Dort bleibt er unter „König Philipp" in ehrenhafter Gefangenschaft und wird schließlich von den Römern in einem glanzvollen Staatsbegräbnis bestattet.

Soweit in Kürze der romanhafte Inhalt der Chronik. Uns würde natürlich ihr *historisches Fundament* interessieren. Daß Baba Rabba gelebt und in seinem samaritanischen Volk eine Reform durchgeführt hat, ist nicht zu bezweifeln. Alles weitere zeitlich in die sonst bekannten Ereignisse einzuordnen, ist jedoch äußerst schwierig.

Beginnen wir mit den zahlreichen römischen Kaisernamen in der samaritanischen Chronik. In jüdischen Quellen ist kaum einer von ihnen bekannt. Haben sich die Samaritaner sehr viel mehr für die politische Geschichte ihrer Zeit interessiert als die Juden? Oder haben sie im Mittelalter ihre eher romanhaften geschichtlichen Überlieferungen mit historischem Material aufgefüllt? Diese Frage ist für die Zuverlässigkeit samaritanischer Geschichtstraditionen entscheidend. Leider kann sie hier nicht beantwortet werden. Tatsache ist, daß die Geschichte Baba Rabbas sich nicht mit den Daten der für seine Zeit genannten römischen Kaiser koordinieren läßt.[468] Viel leichter ist sie im Rahmen des 4. Jahrhunderts zu verstehen. Dazu paßt nicht nur die Tatsache, daß Baba Rabba seine letzten Jahre in Konstantinopel verbringt[469], sondern auch der große Synchronismus in § 10, der das Auftreten Baba Rabbas datiert: „Und er erschien im Jahr 4600 seit Erschaffung der Welt, das ist das Jahr 1806 seit dem Einzug der Israeliten in das Land Kanaan ... das Jahr 1005 seit der Ankunft der Samaritaner aus dem ersten Exil. Dieses Exil war das Exil Nebukadnezzars ... das Jahr 655 seit dem Auftreten des Königs Alexander, des Königs der ganzen Welt, das ist das Jahr 308 seit dem Auftreten Jesu, des Sohnes Marias."

Von Interesse wäre natürlich, wann und mit welchem Material man diesen Synchronismus zusammengestellt hat. Hier muß es genügen, daß er ins frühe 4. Jahrhundert weist. Damit würde auch übereinstimmen, daß unter Baba Rabba der persische König gegen die Römer Krieg führte, ein Ereignis allerdings, das sich auch in viele andere Abschnitte des 3. und späterer Jahrhunderte einfügen würde. Ebenso sind Arabereinfälle im 4. Jahrhundert keine Seltenheit. Schließlich paßt auch die Angabe, die Juden hätten für ihr Vorgehen gegen Baba Rabba die Erlaubnis zum Tempelbau erhalten, am besten zur Erinnerung an den Versuch zum Wiederaufbau des Jerusalemer Tempels unter Julian. Die Erklärung, ein Wirbelsturm habe nach Abschluß aller Vorbereitungen für den Bau die bereitgelegten Materialien zerstreut, findet sich auch in der Kirchenvätertradition zum gleichen Thema! Mit der immer stärker werdenden Gegnerschaft zwischen Juden und Samaritanern könnte sich sehr wohl eine Tradition gebildet haben, bei der eigenes Unglück dem Tun des Gegners zugeschrieben und der Verräter für sein Handeln anfangs auch noch belohnt wird, ehe Gottes Eingreifen dies schließlich doch verhindert.

Das größte Problem bei der historischen Einordnung Baba Rabbas ist jedoch seine kriegerische Tätigkeit. Für diese gibt es außerhalb der samaritanischen Tradition keine Belege. Da innerhalb dieser Überlieferung aber auch sonst offenbar zeitlich weit auseinanderliegende Ereignisse teleskopartig ineinandergeschoben wurden, wäre es denkbar, daß die Samaritaneraufstände des späten 5. und frühen 6. Jahrhunderts in die Zeit Baba Rabbas zurückdatiert worden sind. Denkbar wäre aber auch eine Beteiligung der Samaritaner an den Unruhen unter Gallus. Dafür fehlen allerdings wiederum außersamaritanische Belege, und in den samaritanischen Chroniken müßte sie gewaltig aufgebläht worden sein, denn das Ausmaß dieser Unruhen war ja, wie wir sahen, ziemlich gering. Schließlich ist vielleicht auch die vereinzelte Notiz von einem jüdischen Aufstand gegen Konstantin hier heranzuziehen, doch bleibt die Überblendung der Geschichte Babas mit den späteren Samaritaneraufständen die wahrscheinlichste Erklärung. Umfangreichere militärische Tätigkeiten Baba Rabbas im 4. Jahrhundert sind mangels Belegen sicher auszuschließen.

Andererseits läßt sich eine samaritanische Beteiligung bei der Beseitigung des Jupiterkults auf dem Garizim durchaus vorstellen. Die Lebensbeschreibung Petrus des Iberers erzählt, die Römerin Pomnia habe den Götzen auf dem Garizim umgestürzt.[470] Aber es mag auch davor schon Versuche der Samaritaner gegeben haben, ihren heiligen Berg wiederzugewinnen; in diesem Zusammenhang könnte auch die Reformtätigkeit Baba Rabbas gesehen werden, dessen Neuorganisation der samaritanischen Verwaltung ebenfalls nur kurzlebig gewesen sein kann.

Immerhin entstehen in den Jahrzehnten nach Baba Rabba die wichtigsten Texte der samaritanischen Liturgie: der Defter mit seinen ältesten Hymnen (dem Durran), die einem der sieben von Baba Rabba ernannten Führer, Amram Dara, zugeschrieben werden. Amrams Sohn Marqa verfaßte die bedeutendste religiöse Schrift der samaritanischen Tradition, Memar Marqa.[471]

Für eine Wiederbelebung der samaritanischen Gemeinde spricht weiterhin die Tatsache, daß ab dem späten 4. Jahrhundert die Samaritaner in den Gesetzen des Codex Theodosianus den Juden gleichgestellt werden; in den Zeiten des heidnischen Rom hatten sie ja nicht mit den Juden die Vorteile einer erlaubten Religion teilen dürfen (siehe CTh XIII,5,18 von 390; CTh XVI, 8,16 von 404: Mit diesem Gesetz werden Juden und Samaritaner von bestimmten Beamtenlaufbahnen ausgeschlossen; CTh XVI,8,28 von 426 sichert die Erbrechte von Juden und Samaritanern, die zum Christentum übertreten; Novelle 3 von 438 schließlich schließt Heiden, Juden und Samaritaner sowie Häretiker von allen Ämtern aus: alles negative Gesetze; doch zeigt allein die Tatsache, daß die Samaritaner nunmehr eigens genannt werden müssen, daß man sie als eigene Gruppe anerkannt hat).[472] Schließlich ist auch die bloße Tatsache, daß die Samaritaner im 5. und 6. Jahrhundert stark genug waren, mehrere Aufstände gegen die byzantinische Staatsgewalt durchzuhalten, ein hinreichendes Zeichen vorausgehenden Wachstums und längerer Blütezeit.

Äußere Belege für die Verbreitung der Samaritaner im 4. Jahrhundert sind *archäologische Funde* mit samaritanischen Inschriften. Nur von zwei Synagogen – beide außerhalb von Samaria gelegen und ins späte 4. oder frühe 5. Jahrhundert datiert – sind Reste erhalten. Schon 1949 wurde *Salbit* (hebr. Scha'alvim, 12 Kilometer südöstlich von Ramla) ausgegraben. Der Bau mißt 15,4 x 8 m und ist mit einem Mosaikfußboden ausgestattet. In seinem Zentrum befindet sich ein Kreis mit einem Berg, wohl dem Garizim, auf den hin das Gebäude ausgerichtet ist, und einer griechischen Inschrift; zwei weitere samaritanische Inschriften sind in den Rändern des Mosaiks eingetragen.[473] Der zweite Synagogenfund stammt aus Bet Schean, wo der Mosaikfußboden einer dreischiffigen Basilika (14,2 x 17 m) neben drei griechischen auch wieder eine samaritanische Inschrift aufweist; ob dies allerdings eine rein samaritanische Synagoge war, oder ob der Bau nur in irgendeiner Form von Zusammenarbeit von Juden und Samaritanern gemeinsam genutzt wurde, ist nicht ganz sicher.[474]

G. Reeg nennt in diesem Zusammenhang auch noch die dreischiffige Synagoge, die 1975 vor dem Tel Aviver Haaretz-Museum gefunden wurde und auf deren Mosaikfußboden zwei griechische und eine samaritanisch-aramäische Inschrift erhalten sind.[475] Doch ist dieser Bau, den die Ausgräberin als samaritanische Kirche betrachtet hat[476], erst gegen Ende der byzantinischen Zeit entstanden.

Zu solch spärlichen architektonischen Resten kommen noch einige samaritanische Inschriften, die in die von uns besprochene Zeit gehören könnten. Im allgemeinen stammen sie wohl ebenfalls von Synagogen. Gewöhnlich enthalten sie die Zehn Gebote, aber auch andere Bibelworte. Einige Belege kommen aus dem Zentrum Samarias, so zwei Inschriften aus Sichem, wo Aqbon, der Bruder Baba Rabbas und nach diesem Hoherpriester, in der Mitte des 4. Jahrhunderts die Synagoge gebaut haben soll. Nahebei liegt Balata, wo Epiphanius eine Synagoge bezeugt[477] und eine Dekaloginschrift gefunden wurde. Ein Türsturz mit einer Dekaloginschrift stammt aus Bet al-Ma', etwas westlich von Sichem; aus derselben Gegend kommen schließlich die Inschriften von Chuzn Ja'aqub (Chelqat ha-Sade) mit dem Dekalog beziehungsweise den Schöpfungsworten. In das 4. Jahrhundert könnte auch eine samaritanische Inschrift aus der Gegend von Gaza gehören, wo Eusebius Samaritaner bezeugt[478], ebenso eine Lampe mit samaritanischer Inschrift aus Caesarea, wo man schon früher ein Bronzearmband mit samaritanischer Aufschrift gefunden hatte.[479]

Gewiß sind alle diese Informationen äußerst spärlich und erlauben nicht annähernd ein geschlossenes Bild von der Entwicklung der Samaritaner in der uns interessierenden Zeit. Da aber bisher nicht einmal auf dem Garizim oder in seiner Umgebung samaritanische Synagogen archäologisch einwandfrei gesichert werden konnten, ist wohl noch mit manchen Entdeckungen zu rechnen, falls nicht die Aufstände des 5. und 6. Jahrhunderts zu gründlicher Zerstörung geführt haben und insofern nicht gerade die Identifizierung samaritanischer Bauten als solcher besondere Probleme stellen sollte.

IX. Der jüdische Patriarch

Schon mehrmals wurde in früheren Kapiteln die Einrichtung des jüdischen Patriarchats erwähnt. Seit dem 2. Jahrhundert war diese Institution die von der römischen Regierung anerkannte Vertretung des jüdischen Volkes in Palästina, ja wohl im gesamten römischen Reich. Die aus der rabbinischen Bewegung herausgewachsene Führung ist, soweit wir sie zurückverfolgen können, in der Familie von Jehuda dem Patriarchen, dem Redaktor der Mischna, erblich; diese Familie führt sich auf Hillel, den Ahnherrn der rabbinischen Bewegung, und letztlich auf David zurück, was auch ihre politischen und fast messianischen Ansprüche unterstreicht.

Angesichts der Bedeutung des Patriarchats überrascht es, daß seine Geschichte nur sehr mangelhaft belegt und auch entsprechend dürftig erforscht ist.[480] Unsere Dokumentation ist für das 2. und 3. Jahrhundert mit Ausnahme weniger Kirchenvätertexte rein rabbinisch und spiegelt daher die innerjüdischen Gruppeninteressen des Rabbinats. Im 4. Jahrhundert hingegen sind rabbinische Belege sehr selten. An ihre Stelle treten Inschriften, Kirchenvätertexte, einzelne heidnische Schriften und vor allem die Gesetze des Codex Theodosianus: Es sind also in erster Linie nichtjüdische Quellen, die ihrerseits wieder ganz bestimmte Interessen verfolgen.

Die Einseitigkeit des jeweils vorliegenden Materials ist gewiß in einem Wandel des Amtes begründet: Von einer innerjüdischen Führungsinstitution, die im Lauf der Zeit auch vom Staat anerkannt wurde, entwickelte sich das Patriarchat immer mehr zu einem nach außen gerichteten Amt, dessen Einfluß auf die innerrabbinische religiöse Diskussion entsprechend abnahm. Eine genauere Untersuchung der Entwicklung des Patriarchats im 4. Jahrhundert steht jedoch, abgesehen von Untersuchungen zu den Gesetzestexten, noch aus.

Als Ausgangspunkt für die Darstellung sei die schon in einem früheren Kapitel besprochene Synagoge von Chammat Tiberias mit ihren Inschriften und dem Tierkreismosaik gewählt. Das Fußbodenmosaik von Chammat Tiberias weist mehrere Stifterinschriften auf. Die größte besteht aus neun Feldern mit insgesamt acht Namen. Der einzige zwei Felder umfassende Teil dieser Inschrift, der schon dadurch als besonders bedeutsam hervorgehoben ist, lautet: „Seve(ros), der Zögling *(threptos)* der illustren *(lamprotatōn)* Patriarchen, hat es gemacht. Segen über ihn. Amen.“ Die zweite Hälfte dieses Textes, beginnend mit dem Wort „Patriarchen“, steht im absoluten Zentrum der Inschrift. Das hebt den Text ebenso heraus wie die Schlußformel; das „Amen“ schließt gewissermaßen die gesamte Inschrift ab (die anderen Teilinschriften enden jeweils mit „er möge leben“, „er werde gerettet“ oder ohne abschließenden Wunsch). Severos wird auch in einer anderen Inschrift der Synagoge genannt, hier ebenfalls mit dem Titel „Zögling der illustren Patriarchen“: Auch hier wird er gesegnet, weil er etwas fertiggestellt hat, und zwar zusammen mit Ioullos (= Hillel), der als der für die Synagoge Verantwortliche *(pronoētēs)* bezeichnet wird; auch in der großen Inschrift kommt dieser Hillel vor, der „verantwortungsvoll *(pronoumenos)* alles fertiggestellt hat“.[481]

In jüdischen Inschriften ist der Ausdruck „*Patriarch(en)*“ sonst nur in der Diaspora belegt. In einer Inschrift auf einer Säule der Synagoge von Stobi in Mazedonien[482] behält sich der Stifter (Cl.) Tiberius Polycharmos bestimmte Räumlichkeiten des Gebäudekomplexes vor. Sollte jemand an seinen Anordnungen etwas ändern, „gebe er dem Patriarchen 25 Myriaden Denare“.

Die Inschrift ist zu Beginn mit den griechischen Buchstaben TIA datiert. *J.-B. Frey* bezog dies auf die mazedonische Ära und bestimmte daher das Datum mit 165 n. Chr. Infolgedessen war der „Patriarch“ für ihn „irgendein Provinzfunktionär, der besonders mit der Einhebung und Verwaltung der für den religiösen Fonds bestimmten Gelder beauftragt ist“.[483] Zu diesem frühen Datum sei ja kaum mit einem Einfluß des Patriarchen Palästinas, so es ihn damals schon als rechtlich anerkannte Institution gegeben habe, in der Diaspora zu rechnen.

Nun kann die Jahreszahl aber auch auf eine andere der damals nebeneinander gebrauchten Zeitrechnungen bezogen werden. Die im Text genannte ungeheure Geldsumme läßt an eine Zeit starker Inflation denken, weshalb man heute die Inschrift gewöhnlich später datiert. 264 ist ein mögliches Datum, eher noch 281, eine Zeit, in der die Anerkennung des palästinischen Patriarchen auch im übrigen römischen Reich schon durchaus denkbar ist.[484]

B. Lifshitz erklärt die Bestimmungen der Inschrift aus dem römischen Recht, unter dem Vereinigungen oder Gemeinden mit stets wechselnder Mitgliedschaft von den Behörden nicht gern als Besitzer von Grund oder Gebäuden gesehen wurden. Das habe den Stifter veranlaßt, den Hausbesitz nicht direkt der Gemeinde, sondern in legaler Fiktion dem jüdischen Patriarchen oder vielleicht einem provinziellen Würdenträger mit demselben Titel zu vermachen; deshalb hatten auch Strafgelder an diesen entrichtet zu werden.[485] Problematisch ist in dieser Erklärung nur die Annahme von jüdischen Würdenträgern in den Provinzen, die ebenfalls den Titel eines Patriarchen getragen hätten; für eine solche Vermutung gibt es keine Belege. „Kleine Patriarchen“ sind nicht nachzuweisen.[486]

Patriarchen in der Mehrzahl wie in Chammat Tiberias werden in zwei

Grabinschriften aus der Diaspora genannt. Eine auf 383 datierte lateinische Grabinschrift von Catania lautet: „Ich, Aurelius Samuel ... beschwöre euch bei der Ehre der Patriarchen; ebenso beschwöre ich euch beim Gesetz, das der Herr den Juden gegeben hat: niemand öffne das Grabmal und lege eine andere Leiche auf unsere Knochen! Sollte aber jemand es öffnen, gebe er (als Strafe) dem Fiscus zehn Pfund Silber."

Eng damit verwandt ist die nicht genauer datierte Grabinschrift von Argos: „Ich, Aurelios Ioses, flehe die göttlichen und großen Mächte an, die (Mächte) Gottes und die Mächte des Gesetzes, und die Ehre der Patriarchen und die Ehre der Ethnarchen, und die Ehre der Gelehrten und die Ehre des Gottesdienstes, der jeden Tag Gott zuteil wird ...": niemand möge dieses Grab zerstören.[487]

J.-B. Frey bezieht den Ausdruck „Patriarchen" in beiden Fällen auf die biblischen Patriarchen.[488] Dagegen stellt *B. Lifshitz* fest: „Der Ausdruck *timē* hingegen, der schwerlich den biblischen Patriarchen angemessen ist, spiegelt gut die tiefe Achtung des jüdischen Volkes vor seinen geistigen Führern."[489] Die Reihe „Patriarchen, Ethnarchen, Gelehrte" in der Inschrift von Argos scheint tatsächlich auf Würdenträger zu verweisen; doch schließt die Reihe mit dem „Gottesdienst", auf den ebenfalls der Begriff *timē* Anwendung findet, was das Argument von *Lifshitz* schwächt.

Die Entscheidung, wie wir die Inschriften zu verstehen haben, wäre leichter, wenn wir mehr über die Auslandsbeziehungen des palästinischen Patriarchen wüßten; rabbinische Texte sind gerade auch in ihren Aussagen über das Patriarchat sehr selektiv. Doch weist zumindest das Datum der Inschrift von Catania in eine Zeit, in der der Patriarch nachweislich auch in Italien seine Steuer einhob: Somit ist für alle drei Inschriften der palästinische Patriarch nicht auszuschließen, wenn auch nicht strikt zu beweisen. Die Mehrzahl „Patriarchen" ist kein Problem; sie kann sich auf die Familie beziehungsweise den Hof des Patriarchen beziehen, wie es in der Inschrift von Chammat Tiberias sicher der Fall ist, wo einer der Stifter wegen seiner engen Beziehungen zum Patriarchat besonders hervorgehoben wird.

1. Titel und offizielle Stellung

Die Inschrift von Chammat Tiberias bezeichnet den Patriarchen als *lamprotatos*, was dem lateinischen *clarissimus* entspricht. Diese Bezeichnung wurde im 3. Jahrhundert als Titel für Mitglieder der senatorialen Klasse eingeführt und in konstantinischer Zeit den Leitern bestimmter höchster Ämter verliehen. Im 4. Jahrhundert gliederte man das Clarissimat in drei Ränge: einfache *clarissimi*, darüber die *spectabiles*, an höchster Stelle die *clarissimi et illustres*. Wie bei Würdetiteln vielfach üblich, kam es auch bei diesen im Lauf der byzantinischen Zeit zu einer gewissen Inflation und damit Abwertung; Ende des 4. Jahrhunderts werden schon einfache Provinzstatthalter als *clarissimi* tituliert; im 6. Jahrhundert schließlich geben Senatoren die Bezeichnung *clarissimus* ganz auf. In der uns interessierenden Periode hingegen ist dieses Stadium noch nicht erreicht; daher könnte die Verwendung solcher Titel für die jüdischen Patriarchen ein wichtiges Zeichen für ihre Stellung innerhalb des römischen Reiches sein.[490]

In jüdischen Inschriften finden wir die Bezeichnung *lamprotatos* in Bet Schearim, wo eine Grabinschrift dem illustren Synagogenvorsteher von Beirut gilt; hier könnte der Ausdruck auch formlos als Ehrenbezeichnung verwendet sein; anders ist dies bei den beiden weiteren Belegen, der schon zitierten Inschrift aus der Synagoge von Sepphoris (S. 114) und einer Grabinschrift von Schiqmona bei Haifa, wo der so Bezeichnete jeweils auch *Comes* genannt wird.[491] Bei der Inschrift von Chammat Tiberias könnte man natürlich ebenfalls an eine Verwendung von *lamprotatos* als bloße Ehrenbezeichnung denken – eine Frage, die allerdings mit jener des genauen Datums der Inschrift verbunden ist; wahrscheinlicher ist jedoch, daß hier ein staatlicher Titel gemeint ist, denn auch offizielle staatliche Texte (allerdings sicher aus späterer Zeit) verwenden diese Bezeichnung für den Patriarchen. Falls der Brief Julians an die jüdische Gemeinde echt ist, haben wir darin den frühesten offiziellen Beleg für eine solche Einstufung: Julian sagt, er habe schon an „den Bruder Julos (= Hillel), den ehrwürdigsten Patriarchen", geschrieben. Der hier verwendete griechische Ausdruck *aidesimōtatos* war im späteren 4. Jahrhundert gleichwertig mit *lamprotatos*. Es ist vielleicht kein Zufall, wenn nach Erlöschen des jüdischen Patriarchats auf dem Konzil von Chalzedon der Bischof von Jerusalem den Titel eines Patriarchen mit derselben Ehrenbezeichnung *aidesimōtatos* erhält.

Eindeutige und unbestreitbare Belege für die Titulatur des Patriarchen enthält jedoch erst der Codex Theodosianus. CTh XVI,8,8 von 392 nennt die Patriarchen *viri clarissimi et illustres*, reiht sie also an der Spitze der senatorialen Rangstufe ein, gleich einem Praefectus praetorio, dem höchsten Beamten im Reich; auch CTh XVI,8,11 von 396 und XVI,8,13 von 397 nennen die Patriarchen *illustris*. Wenn CTh XVI,8,15 von 404 die Patriarchen als *spectabiles* bezeichnet, sie also nur der mittleren Gruppe zuordnet, ist das nicht unbedingt als Rückstufung und Rangminderung zu betrachten. Vielleicht war damals gerade ein noch junger Patriarch im Amt, der nicht sofort und automatisch mit seinem Amtsantritt auf die allerhöchste Rangstufe gelangte.[492] Später scheint er sie aber sehr wohl erreicht zu haben; das geht aus CTh XVI,8,22 von 415 hervor, wonach dem Patriarchen strafweise die Privilegien *(codicilli)* der Ehrenpräfektur genommen werden.

Alle gesicherten offiziellen Belege für die Rangtitel der jüdischen Patriarchen stammen also aus der Zeit zwischen 392 und 415 – eventuell ist noch Julians Brief von 362 und 363 dazuzurechnen. Gerade in der Zeit, da das Christentum sich schon als Staatsreligion durchgesetzt hat, ist demnach die offizielle staatliche Anerkennung der jüdischen Führung am höchsten, eine fürwahr auffällige Tatsache. Die zwei einzigen früheren Gesetze, die die Patriarchen erwähnen, CTh XVI,8,1 und 2 von 315 (richtiger wohl 329) und 321, beide also aus der Zeit Konstantins, führen keinen Titel an. Doch ist daraus nicht unbedingt abzuleiten, daß die Patriarchen damals noch keine offizielle Würdenstellung hatten – die Gesetze Konstantins sind ja nicht im Wortlaut erhalten. Jedenfalls bleibt erstaunlich, daß die Titel erst so spät ausdrücklich belegt sind.

Sollte erst Kaiser Theodosius I. die jüdischen Patriarchen mit den allerhöchsten Würden geehrt haben, würde dies der verbreiteten Vorstellung von einer ständigen Verschlechterung der jüdischen Lage seit der Christianisierung des römischen Reiches radikal widersprechen. Deshalb ist jeder Beleg, der die Verleihung solcher Titel schon früher beweisen könnte, von größter Bedeutung. Wenn der Ausdruck *lamprotatos* in der Inschrift von Chammat Tiberias als offizielle Bezeichnung des Patriarchen verwendet sein sollte, wäre diese Inschrift der früheste Beleg. Daher rührt das besondere Interesse an ihrer möglichst genauen Datierung.

Nun geht allerdings *M. Dothan* bei seiner Datierung des Baustadiums der Synagoge, aus dem die Inschrift stammt, gerade von der Verwendung des Titels aus. Wenn Julian ihn verliehen hätte, meint *Dothan,* hätte er sich dessen sicher gerühmt, und auch Konstantius sei, in Anbetracht der die Juden beleidigenden Ausdrucksweise in seinen Gesetzen, wohl kaum der Verleiher des Titels. Als mögliche Kandidaten blieben also nur noch Konstantin oder, wahrscheinlicher, Diokletian, der sich mit den Juden gut verstanden und diese vielleicht mit der Titelverleihung auch in ihrer Polemik gegen die Christen habe stärken wollen. Der Bau der Synagoge könne demnach noch vor Ende der Regierung Diokletians erfolgt sein; sollte aber der Vorgängerbau erst im Erdbeben von 306 zerstört worden sein, komme auch die Zeit des erbitterten Christenfeindes Galerius oder eben Konstantins in Frage.[493]

Auch wenn der zeitliche Rahmen für die Entstehung der Synagoge archäologisch ungefähr gesichert werden kann, ist diese genauere Datierung geradezu abenteuerlich, versucht sie doch, das unbekannte Baudatum durch etwas noch Unbekannteres, nämlich den Zeitpunkt der Titelverleihung, festzulegen. Auch widerspricht *Dothan* seiner eigenen Frühdatierung des Mosaiks; denn den Tierkreis mit dem Sonnengott im Zentrum läßt er „etwa ein Jahrhundert, nachdem R. Jochanan der Dekoration der Wände (von Synagogen) mit Gemälden zustimmte, und offenbar kurz vor der Regelung, mit der R. Abun darstellenden Mosaiken nicht widersprach", entstanden sein[494]: das traditionelle Todesdatum Jochanans ist 279. Außerdem ist *Dothans* Frühdatierung nicht zu vereinbaren mit seiner Deutung des Tierkreismosaiks als Kalenderbild im Zusammenhang mit der Verkündigung des festen Kalenders: Der Tradition nach ist diese im Jahr 358 erfolgt. Somit ist das Mosaik leider keine sichere Basis für eine Frühdatierung des Titels *lamprotatos*, bevor nicht das genauere Datum des Mosaiks unabhängig vom Titel festgelegt werden kann.

Wir dürfen nicht von der verbreiteten Annahme ausgehen, daß die Erhöhung des jüdischen Patriarchats zu senatorialem Rang und gar zu dessen höchster Würde als *illustris* unter den christlichen Kaisern nicht mehr möglich gewesen sei. Gesetze und andere Zeugnisse weisen in eine völlig andere Richtung. Wie *L. I. Levine* betont, erreichte erst im christlichen Rom das Patriarchenamt seinen Höhepunkt: „Mit der Unterstützung christlicher Kaiser wurde der religiösen Autorität wiederum ausgedehnter politischer Einfluß hinzugefügt. Alle Hinweise deuten darauf hin, daß das letzte Jahrhundert des Patriarchats, das mit dem Beginn der byzantinischen Herrschaft zusammenfiel, eines der erfolgreichsten in der Geschichte des Amtes war."[495]

Dieser Aussage werden wir im folgenden Abschnitt über den politischen Einfluß des Patriarchen im 4. Jahrhundert noch näher nachgehen. Für den Augenblick genügt die damit übereinstimmende Feststellung, daß nichts gegen eine späte Erhöhung des Patriarchats spricht, wir deshalb vernünftigerweise die Verleihung des Titels möglichst nahe den Belegen dafür ansetzen sollten.

Eine solche Erhöhung ist in der Zeit Julians durchaus denkbar, vielleicht auch als Entschädigung für den Wegfall der Patriarchensteuer im Zusammenhang mit dem Tempelbau oder allgemeiner im Rahmen der Religionspolitik des Kaisers. Möglich ist aber auch eine Verleihung des Rangs unter Theodosius; dieser mag an einer zentralen, starken und zugleich leichter kontrollierbaren Vertretung seiner jüdischen Untertanen interessiert gewesen sein; aber auch als Anerkennung für die Zurückhaltung der jüdischen Führung gegenüber den Verlockungen Julians könnte eine solche Rangerhebung gedacht gewesen sein. Ebenso ist eine stufenweise Erhebung des Patriarchats vorstellbar, etwa die Verleihung des Titels *clarissimus* durch Julian, die des höchsten Ranges *illustris* unter Theodosius. Eine frühere Verleihung ist natürlich nicht ausgeschlossen, doch wegen des völligen Fehlens von Belegen nicht sehr wahrscheinlich.[496] Sollte der offizielle Titel erst unter Theodosius I. verliehen worden sein, wäre die Bezeichnung des Patriarchen als *lamprotatos* im Mosaik von Chammat Tiberias nur informell zu verstehen.

2. Machtbefugnisse und politischer Einfluß

Die von den Kaisern den Patriarchen zuerkannten Würdetitel waren nicht bloß Auszeichnungen ohne machtpolitische Folgen. Sie waren vielmehr Ausdruck der Tatsache, daß die römische Regierung den Patriarchen als den Führer des Judentums anerkannte und unterstützte. Die gesetzlich abgesicherte innerjüdische Position des Patriarchen verlieh diesem aber auch in der Außenwelt beachtlichen Einfluß.

Für die innerjüdische Position des Patriarchen waren aus der Sicht des Gesetzgebers zwei Aspekte von besonderem Interesse (auf den dritten, nämlich eine geregelte Finanzierung des Patriarchats, kommen wir später zu sprechen). An erster Stelle verlangte das Gesetz die Anerkennung durch den Patriarchen, wenn jemand als jüdischer Religionsdiener von den Verpflichtungen der Kurie befreit werden wollte. Was schon Konstantin in CTh XVI,8,2 von 330 bestimmt hatte, stellte CTh XVI,8,13 von 397 erneut fest: Nur wer der Gewalt der illustren Patriarchen untersteht, genießt als jüdischer Religionsdiener Privilegien in Entsprechung zu denen des christlichen Klerus. Die Regierung war also an einer zentralen Führung der jüdischen Gemeinden äußerst interessiert. Seit der Zeit von Jehuda ha-Nasi hatten die Patriarchen die Ernennung der lokalen jüdischen Führung (Leiter von Gemeinden, Synagogen, Besetzung der jüdischen Gerichte) immer mehr an sich gezogen; im späten 3. Jahrhundert waren sie jedoch von den Rabbinen zunehmend kritisiert worden. Angesichts der Versuche führender Rabbinen, sich von den Patriarchen mehr und mehr unabhängig zu machen, konnte diesen eine solche staatliche Rückendeckung nur willkommen sein.

Zweitens anerkannte das Gesetz den Patriarchen als letzte Instanz in der innerjüdischen Rechtssprechung. Auch diese rechtlichen Befugnisse des Patriarchen gehen mindestens auf die Anfänge des 3. Jahrhunderts zurück, waren jedoch ebenfalls in manchen jüdischen Kreisen in Frage gestellt worden. In diesem Zusammenhang ist wohl auch ein Reskript Diokletians von 293 zu sehen. Der Text ist an einen gewissen Juda ohne Titel oder Amtsbezeichnung gerichtet, der wohl als der jüdische Patriarch Jehuda III. anzusehen ist[497]: „Der Konsens von Privatleuten macht den, der keinem Gericht vorsteht, nicht zum Richter. Und was dieser festgesetzt hat, hat nicht die Autorität einer judizierten Sache" (CJust 3,13,3).

Während der Schwächung des Patriarchats hatten sich manche Rabbinen auch in der Ordination selbständig gemacht, welche eine wesentliche Voraussetzung für die Ausübung der innerjüdischen Gerichtsbarkeit war – unter anderem schützte sie vor Ansprüchen, die aus einem Fehlurteil erwachsen konnten. Vielleicht hat sich der Patriarch daher selbst an die Regierung gewandt und um Unterstützung ersucht. Der an einer zentralen Verwaltung interessierte Diokletian erließ gerne ein entsprechendes Reskript. Dieses zwang die Rabbinen, sich mit dem Patriarchen zu einigen und einen Kompromiß mit ihm einzugehen.[498] In beiden Punkten, sowohl in der Frage der Ordination wie auch in der des Gerichts, war damit die traditionelle Führungsposition des Patriarchen an der Spitze des Sanhedrin durch staatliche Autorität abgesichert worden.

Waren schon die Bestimmungen des Codex Theodosianus hinsichtlich der Befreiung jüdischer Religionsdiener von der Kurie ganz in der Linie dieses Reskripts Diokletians, so ist es noch mehr CTh XVI,8,8 vom 17.4.392: „Jüdische Beschwerden behaupten, daß trotz des Protestes der Vorsteher ihres Gesetzes Leute, welche sie nach eigenem Willen ausschließen, durch die Autorität von Richtern wieder in ihre Religionsgemeinschaft aufgenommen werden. Wir befehlen, daß dieses Unrecht völlig beseitigt werde; auch darf nicht eine eifrige Gruppe innerhalb dieser Religion die Möglichkeit unverdienter Wiederaufnahme *(reconciliatio)* erlangen, sei es durch Gewalt der Richter, sei es durch Erschleichung eines Reskriptes, wenn ihre Vorsteher dagegen sind, welche nach dem Urteil der hervorragenden und illustren Patriarchen in Angelegenheiten ihrer Religion eindeutig Entscheidungsvollmacht haben." Wenn ein jüdischer Richter, der vom Patriarchen eingesetzt wurde, jemanden aus der jüdischen Gemeinde exkommuniziert, darf dieser nicht an ein weltliches Gericht appellieren und dieses darf sich nicht in die Sache einmischen.

In nichtreligiösen Fragen hob dann CTh II,1,10 vom 3.2.398 die rechtliche Eigenständigkeit der Juden weithin auf: „Juden, die nach dem allgemeinen römischen Gesetz leben, haben sich in jenen Fällen, die nicht sosehr ihrem Glauben als vielmehr Gerichtsstand, Gesetzen und Rechtsbestimmungen zugehören, nach üblicher Weise an die Gerichte zu wenden und alle Rechtssachen nach römischen Gesetzen zu betreiben oder zu verteidigen; sie seien schlechthin unter unseren Gesetzen ..." Aber auch dieses Gesetz ließ noch die Möglichkeit, bei Einverständnis der Parteien in zivilrechtlichen Streitigkeiten irgendwelche Juden oder die Patriarchen als Schiedsrichter zu wählen. Dann stand einer öffentlich-rechtlichen Anerkennung des Urteils nichts im Wege. Die Provinzrichter mußten diese Urteile wie solche von offiziellen Schiedsrichtern vollstrecken. Die Einschaltung von jüdischen Richtern war also nur noch freiwillig, dennoch blieb die jüdische Gerichtsbarkeit noch immer eine rechtlich anerkannte Möglichkeit auch über das rein religiöse Recht hinaus.

In der Praxis allerdings scheint sich der Patriarch nicht einmal an diesen vorgegebenen Rahmen gehalten zu haben. Offenbar war sein Prestige groß genug, daß auch Christen ihn als Schiedsrichter anriefen oder in Streitigkeiten, die sie mit Juden hatten, entscheiden ließen; der normale staatliche Rechtsweg war ja äußerst kostspielig und konnte viele Jahre dauern! Dagegen wendet sich CTh XVI,8,22 von 415: Der wegen verschiedener Vergehen gemaßregelte Gamaliel „habe keine Vollmacht, unter Christen Recht zu sprechen; und wenn es einen Streitfall zwischen ihnen und Juden gibt, werde er von den Provinzstatthaltern entschieden". Dem Wortlaut des Gesetzes nach war es ein Straferlaß gegen Gamaliel, also nicht als prinzipielle Festlegung gedacht, die auf Dauer und allgemein gelten sollte. Die innerjüdische Schiedsgerichtsbarkeit wurde Gamaliel nicht genommen.

Das zuletzt genannte Gesetz gehört aber schon in die Endphase des Patriarchats. Noch wenige Jahre früher stellte der Gesetzgeber den Patriarchen ausdrücklich unter Schutz, wie aus CTh XVI,8,11 von 396 an den Comes Orientis hervorgeht: „Wenn jemand es wagen sollte, öffentlich eine ehrenrührige Erwähnung des Patriarchen zu machen, verfalle er dem Strafurteil." Und noch CTh XVI,8,15 von 404 stellt fest: „Alle Privilegien, welche unser Vater seligen Angedenkens und noch frühere Herrscher den ehrenwerten *(spectabilis)* Patriarchen oder denen, die diese den übrigen vorgesetzt haben, verliehen haben, behalten ihre Kraft."

Somit war der jüdische Patriarch bis nach 400 eine äußerst einflußreiche, durch staatliche Privilegien und höchste Ehrentitel ausgezeichnete Persönlichkeit von beachtlicher Macht. Daß sich dies auch außerhalb der jüdischen Gemeinde auswirkte, geht aus einer Reihe von Belegen deutlich hervor. In erster Linie sind es Briefe des großen antiochenischen Rhetors Libanius, der mehrfach mit dem jüdischen Patriarchen korrespondierte.[499]

Besonders aufschlußreich ist Brief 1105 des Libanius an den Patriarchen: „Solange es Hilarius schlecht geht, trauern wir beide, er und ich. Nichts von all dem hätte passieren dürfen, auch nicht das viele Gerede in den Städten um das Geschehene. Nachdem er aber durch Mißgeschick darin verwickelt sein mußte, welches einen einsichtigen Mann sich verfehlen ließ – hättest du nämlich ihm nichts vorzuwerfen, hättest du dich nicht so ihm gegenüber verhalten, der du davor zurückschreckst, irgendjemandem zu schaden, vielmehr gewohnt bist, Gutes zu tun. Verhalte dich nun wie Achill zu Telephos, heile das aus Zorn Geschehene durch Milde und veranlasse alle zu sagen, daß du das erste Haus unter uns, das mit viel Schaden eingestürzt ist, wiedererrichtet hast."

Der im Brief genannte Hilarius war Statthalter von Palästina. Offensichtlich war er in eine Affäre verwickelt – leider ist Libanius zu vornehm, im Brief mehr als bloße Andeutungen zu bringen. Der jüdische Patriarch, rangmäßig über dem Statthalter stehend, war davon betroffen und hatte offenbar die Absetzung des Statthalters, wenn nicht auch gerichtliche Maßnahmen gegen ihn erreicht. Nur die Fürbitte des Patriarchen, so meint Libanius, könnte das Geschick des so tief gefallenen Statthalters nochmals wenden.

Diese Geschichte erinnert an einen Brief des Hieronymus aus der Zeit um 390: „Vor kurzem hat Kaiser Theodosius den Statthalter Hesychius, gegen den der Patriarch Gamaliel tiefste Feindschaft hegte, zum Tode verurteilt, weil er einen Notar aufgehetzt habe und in dessen (des Patriarchen) Papiere eingedrungen sei."[500]

Gegen Ende des 4. Jahrhunderts war demnach der Patriarch so einflußreich, daß er sich sogar gegen den römischen Statthalter durchsetzen konnte. Dies erklärt auch, warum Libanius wiederholt an ihn Empfehlungsschreiben richtete. Brief 973 ist ein solches Schreiben, das Philippianus, der im Gefolge des Statthalters Siburius, eines Heiden, 390 nach Palästina kam, beim Patriarchen einführt und abschließend erwähnt, welch gute Meinung auch der Statthalter vom Patriarchen hat. In Brief 974 empfiehlt Libanius dem Patriarchen den Juristen Euthymius, der knapp bei Kasse ist: „das (zu ändern) bist nach der Glücksgöttin sowohl du wie auch der Statthalter imstande, du aber noch eher als der Statthalter". Brief 1084 ist zugunsten eines Theophilus geschrieben, der sich in einer rechtlichen Angelegenheit in Palästina aufhält. Aus einem Brief an seinen Schüler Priscio, in dem sich Libanius ebenfalls für Theophilus verwendet, geht hervor, daß dieser ein Heide aus Palästina ist (Brief 1085). Ein weiterer Brief des Libanius (Nr. 917) interveniert beim Patriarchen im Interesse einer gewissen Ammonilla. Daß diese Art von Beziehungen zwischen Patriarch und Libanius jedoch nicht einseitig war, zeigt Brief 914 vom Jahr 388: Hier antwortet der Rhetor auf eine Intervention des Patriarchen bezüglich eines Unrechts, das Juden widerfahren ist; Libanius versichert, er habe sich von der Gegenseite nicht beeinflussen lassen.

Daß Libanius dem Patriarchen auch in innerjüdischen Angelegenheiten schreibt, wirft ein bezeichnendes Licht auf das Verhältnis zumindest von Diasporajuden zu ihrem obersten Vertreter im römischen Reich. Auf Brief 1097, der sich dafür einsetzt, daß der antiochenische Jude Themnestos nicht mehr seine Vaterstadt verlassen muß, werden wir im Zusammenhang mit der Patriarchensteuer noch zurückkommen. Von höchstem Interesse ist Brief 1251 an den Statthalter Palästinas Priscianus: In der jüdischen Gemeinde von Antiochien war man äußerst beunruhigt in der Befürchtung, daß ein wegen seines tyrannischen Verhaltens abgesetzter Gemeindevorsteher wieder die Gemeindeführung übernehmen könnte. Die Juden waren der Meinung, dies geschehe auf Befehl des Patriarchen[501], weil der Statthalter es so wolle, konnten dies aber nicht beweisen. Libanius entschuldigt sich beim Statthalter dafür, daß er diese bloße Vermutung der aufgeregten Menge weitergibt, und schließt auch keine direkte Bitte an; offenbar glaubt er, mit der Mitteilung allein sein Ziel schon erreicht zu haben. Wenn dieses Verständnis des Briefes stimmt, geht daraus nicht nur hervor, daß der Patriarch die Macht hatte, den Gemeindevorstand einer großen Diasporagemeinde wie Antiochien zu besetzen; der Umweg der über bevorstehende Entscheidungen entrüsteten jüdischen Bürger, die Libanius an den Statthalter Palästinas schreiben lassen, damit der Patriarch eine auf Wunsch des Statthalters getroffene Entscheidung wieder zurücknehme, offenbart vielmehr ein Geflecht von Beziehungen, das man ohne diesen Brief nie vermutet hätte. Zumindest in einem Fall, wo man glaubt, daß der Patriarch eine Entscheidung in Absprache mit der römischen Behörde getroffen hat, hält man es für sinnvoll, einen Heiden bei der Behörde intervenieren zu lassen, anstatt sich direkt an den Patriarchen zu wenden.

Das bisher Gesagte zeigt schon deutlich, daß der Patriarch im 4. Jahrhundert zur höchsten Gesellschaft gehörte; rangmäßig war er der bedeutendste Mann schlechthin in Palästina. Es ist sicher nicht übertrieben, wenn *L. I. Levine* schreibt, daß die Autorität des Patriarchen im 4. Jahrhundert in mancher Beziehung die der Hasmonäer und der herodianischen Herrscher übertraf.[502] Die vielfach geäußerte Meinung, die Stellung der Juden habe sich im 4. Jahrhundert entscheidend verschlechtert, stimmt also zumindest für ihre oberste Führung nicht.

Daß die exponierte Stellung des Patriarchen und sein Einfluß diesen auch zur Zielscheibe von Angriffen und Spott machen konnten, geht schon aus CTh XVI,8,11 von 396 hervor, das Beleidigungen des Patriarchen mit Strafen bedroht. Welcher Art dergleichen abwertende Äußerungen über den Patriarchen sein konnten, mag ein eigenartiger Text in der *Historia Augusta* zeigen, die ja ungefähr um diese Zeit entstanden ist. Dort (Quadr. tyr. 8, 1–4) wird dem Kaiser Hadrian folgende Aussage zugeschrieben: „Ägypten ... habe ich insgesamt als leichtsinnig kennengelernt, wankelmütig und allen Bewegungen des Gerüchts nachflatternd. Dort sind die, die Serapis verehren, Christen, und es gibt Verehrer des Serapis, die sich als Christi Bischöfe bezeichnen. Kein *Synagogenvorsteher der Juden* ist dort, kein Samaritaner, kein christlicher Priester, der nicht Astrologe, nicht Vogelschauer, nicht Wahrsager wäre. Der *Patriarch selbst* wird, wenn er nach Ägypten kommt, von den einen Serapis, von den andern Christus zu verehren genötigt."

Der Text ist nicht auf den christlichen Patriarchen Alexandriens zu beziehen, wie gelegentlich geglaubt wurde; vielmehr spricht er von einem auswärtigen Würdenträger; dieser ist offensichtlich weder Hellene noch Christ, wie der letzte Satz des Zitats nahelegt. Es muß also der jüdische Patriarch sein, wohl Gamaliel V., über den sich der Verfasser lustig macht.[503] Ob der Patriarch je nach Ägypten reisen konnte, ist allerdings schon aufgrund seiner Würdestellung fraglich.[504] Gewöhnlich hat er jedenfalls die Verbindungen mit der Diaspora durch seine Sendboten, die *apostoloi*, wahrgenommen. *W. Schmid*, der Reisen des Patriarchen in die Diaspora nicht ganz ausschließen möchte, sieht in dem zitierten Text nicht eine „gewaltsame Bedrohung des Patriarchen durch den christlichen Pöbel oder den der Serapisreligion" ausgedrückt,[505] sondern den Zwang der politischen Verhältnisse. Diese nötigen den Patriarchen zur politischen Rücksichtnahme sowohl auf das christliche Staatskaisertum und sein Credo als auch auf das unter Julian erneuerte Heidentum; deshalb übersetzt er den Text: „Selbst jener Patriarch, kommt er nach Ägypten, sieht sich von der einen Seite genötigt, dem Serapis seine Reverenz zu erweisen, von der andern, dem Christus."[506]

An eine tatsächliche Begebenheit hinter dieser Notiz ist wohl kaum zu denken; eher will sie einfach ägyptische Unbeständigkeit mit der Behauptung kennzeichnen, daß hier sogar der jüdische Patriarch, mögen die Juden noch so hartnäckig an ihrer Religion festhalten, zu Konzessionen gegenüber Christentum und Heidentum gezwungen werde. In erster Linie bezeugt der Text also die Bekanntheit des Patriarchen weit über Palästina hinaus sowie seine Kompromißlosigkeit in religiösen Fragen.

Wie gut der hier wohl gemeinte Gamaliel auch außerhalb der jüdischen Welt bekannt war, geht übrigens noch aus einem um 400 entstandenen medizinischen Werk hervor: „Für die Milz hat der Patriarch Gamaliel jüngst ein einzigartiges Heilmittel mit Experimenten nachgewiesen."[507]

3. Sendboten und Patriarchensteuer

Im Hadriansbrief der Historia Augusta heißt es nach der oben zitierten Stelle (8,6 f) über die ägyptische Bevölkerung: „Ihr einziger Gott ist das Geld. Diesen verehren die Christen, denselben die Juden, denselben auch alle Völker." Wegen des Zusammenhanges mit der vorausgehenden Erwähnung des Patriarchen möchte *W. Schmid* hier eine Anspielung auf die Patriarchensteuer sehen; hinter dem Text stehe die innerjüdische Polemik gegen die Einhebung des „Krongeldes" *(aurum coronarium)* durch die Patriarchen; die Historia Augusta kommentiere dazu, daß in Wirklichkeit alle gleich geldgierig sind, seien doch die Christen an erster Stelle genannt.[508] Ob der Aussage diese Absicht zugrundegelegt werden kann, ist fraglich, selbst wenn kurz zuvor der Patriarch erwähnt wurde. Schließlich werden hier doch die Juden ganz allgemein zwischen Christen und allen Völkern genannt. Doch ist das Thema der Patriarchensteuer und auch der Polemik dagegen zweifellos von Bedeutung.

Mit der Anerkennung des Patriarchats durch den römischen Staat muß auch die Finanzierung der Institution irgendwie geregelt worden sein. Dazu gehört sicher die Verleihung von staatlichen Ländereien in Staatspacht an das Patriarchenhaus, wie in rabbinischen Texten öfter erwähnt wird; ebenso wissen wir von Handelstätigkeit des Patriarchenhauses schon im 3. Jahrhundert, aber auch vom Verkauf von Richter- und Gemeindefunktionen. Doch hat man sich gewiß schon früh bemüht, der

Institution des Patriarchats durch Spenden der jüdischen Bevölkerung und vielleicht auch geregelte Beiträge der Gemeinde eine finanzielle Basis zu verschaffen. *J. Juster* sieht die Einführung einer Patriarchensteuer *(aurum coronarium)* als römisches Privileg schon im 2. Jahrhundert in den frühesten Erwähnungen von Sendboten der Patriarchen impliziert;[509] doch bedeutet die Ernennung von Sendboten noch nicht notwendig die Einhebung einer regelmäßigen Steuer für den Patriarchen, selbst wenn Texte des 4. bis 5. Jahrhunderts oft beides miteinander verbinden. Als römisches Privileg können wir uns die Einhebung einer Patriarchensteuer frühestens unter Jehuda ha-Nasi um 200 vorstellen. Denkbar ist aber auch, daß diese interne jüdische Steuer erst später aufgekommen ist, etwa im Zusammenhang mit dem Verschwinden des *fiscus Judaicus*, wohl in der Inflationszeit des 3. Jahrhunderts. Jedenfalls ist die Einhebung einer Steuer zugunsten des Patriarchats erst ab dem 4. Jahrhundert belegt, und da auch nur in der Diaspora.

Ebenso unsicher wie die Anfänge der Patriarchensteuer sind auch ihre Höhe und die Form ihrer Einhebung. *Juster* bezeichnet die Patriarchensteuer als „fixen und jährlichen Beitrag", was er aus dem Namen und dem in CTh XVI,8,29 von 429 verwendeten Ausdruck *anniversarius canon* ableitet; eher ist jedoch mit freiwilligen Spenden zu rechnen, deren Höhe die römische Behörde laut dem genannten Gesetz erst durch Nachforschungen in Erfahrung bringen muß; bei einer festen Steuer wäre dies wohl nicht notwendig gewesen. *Justers* Annahme zusätzlicher Abgaben in Form von Zehnten und Erstlingen stützt sich auf die Geschichte des Comes Joseph bei Epiphanius. Da aber dergleichen landwirtschaftliche Abgaben von Anfang an nach einem nur in Palästina geltenden Gesetz zu leisten waren und sogar dort nach Zerstörung des Tempels immer mehr in Vergessenheit gerieten, ist diese in ihrer Formulierung der Bibel entnommene Information des Epiphanius für uns unbrauchbar.

Tatsächlich ist die Geschichte über den Comes Joseph,[510] der als Sendbote *(apostolos)* nach Kilikien geschickt wurde und dort in jeder Stadt von den Juden „Zehnten und Erstlingsfrüchte" einhob, der früheste Beleg dafür, daß das palästinische Patriarchat in der Diaspora finanzielle Unterstützung suchte. Trotz der anachronistischen Formulierung des Epiphanius ist die Tatsache, daß der Patriarch Gesandte unter anderem auch im Interesse der Finanzierung seiner Institution ausschickte, nicht zu bezweifeln. Primäre Aufgabe der Sendboten war jedoch ganz allgemein die Aufrechterhaltung der Verbindung des Patriarchen mit der Diaspora. In diesem allgemeinen Sinn erwähnt schon Eusebius die „Apostel": „Auch jetzt noch ist es bei den Juden Sitte, die Überbringer der Rundschreiben ihrer Führer Apostel zu nennen."[511]

In Brief 1097 schreibt Libanius „den Patriarchen" zugunsten eines gewissen Theomnestus, der ein solcher Sendbote gewesen sein dürfte.

Daß Libanius hier die Mehrzahl „Patriarchen" als Adressaten verwendet, während er gewöhnlich den ihm persönlich bekannten Patriarchen direkt anspricht, könnte vielleicht mit einem Wechsel im Patriarchat zusammenhängen, dessen neuen Inhaber er noch nicht persönlich kennt; vielleicht aber wendet er sich auch nur offiziell an den Patriarchenhof als Institution, in der der Patriarch gemeinsam mit seinem Sanhedrin für die Ernennung von Sendboten verantwortlich ist. Jedenfalls hat Theomnestus den mit ihm befreundeten Libanius um diesen Brief an das Patriarchat gebeten, da er in seinem Alter nicht mehr reisen will. Er möchte in Antiochien bleiben; sollte sich dies jedoch nicht machen lassen, möchte er zumindest so bald wie möglich wieder in seine antiochenische Heimat zurückkehren. Von den Aufgaben des Mannes ist bei Libanius nicht näher die Rede; auffällig ist jedoch auch hier wieder, daß ein hochgestellter Jude den Heiden Libanius für sich beim Patriarchenhof intervenieren läßt.

Die erste direkte Erwähnung der Patriarchensteuer ist in dem in seiner Echtheit etwas umstrittenen Brief des Kaisers Julian enthalten. Nach der Zusicherung, die Juden vor ungerechten Steuerforderungen geschützt und belastende Steuerlisten eigenhändig ins Feuer geworfen zu haben, schreibt Julian: „Und da ich wünsche, daß ihr noch mehr gedeiht, habe ich Bruder Iulos, den ehrwürdigsten Patriarchen, ermahnt: die Sendbotensteuer *(apostolē)*, die es bei euch geben soll, möge verboten werden und niemand soll fürderhin die Macht haben, eure Volksmengen mit derlei Eintreibungen von Abgaben zu unterdrücken."

Nur hier wird die vom Patriarchen eingehobene Steuer ausdrücklich als „Sendbotensteuer" bezeichnet. Will Julian sie als ungerechte Unterdrückung *(adikein)* bezeichnen? Oder bezieht sich dieser Ausdruck schon wieder allgemein auf die zuvor genannten ungerechten Steuerlasten der Juden? Daß Julian die Patriarchensteuer gleichzeitig mit übermäßigen staatlichen Belastungen abschaffen will, paßt in seine Politik. Gleichzeitig hätte er damit auch die unabhängige Stellung des Patriarchen angegriffen und geschwächt, was zu seinem Tempelbauprojekt gut passen würde.

Autoren, die den Brief Julians als jüdische Fälschung aus der Zeit um 400 ansehen, betrachten vielfach den zitierten Abschnitt als Widerhall der innerjüdischen Polemik gegen die Einhebung der Patriarchensteuer; auf gleiche Weise wurde auch der schon zitierte Text aus der Historia Augusta gedeutet. Genausogut kann natürlich Julian selbst eine solche Polemik, wie sie in Teilen des Diasporajudentums durchaus nicht undenkbar ist, für seine Zwecke aufgegriffen haben.

Daß eine Reihe von Kirchenvätertexten, die von der Geldgier der jüdischen Führer sprechen, innerjüdische Klagen schadenfroh aufgreifen, ist natürlich möglich, braucht aber nicht so zu sein; ebenso kann darin einfach Neid angesichts des Reichtums des Patriarchen zum Ausdruck kommen. Johannes Chrysostomus meint, der Mangel an Geld könne es nicht sein, der die Juden am Wiederaufbau des Tempels hindert: „trägt nicht der Patriarch die Beiträge aller von überall her zusammen und besitzt unermeßliche Schätze?“[512] An anderer Stelle sagt er: „Rede mir nur nicht von diesen Patriarchen, diesen Krämern, diesen Kaufleuten, die angefüllt sind mit allem Unrecht!“[513] Palladius greift das Thema in seiner Schrift über Johannes Chrysostomus im Zusammenhang mit der innerkirchlichen Polemik um den Verkauf kirchlicher Würden durch den Patriarchen von Alexandrien nochmals auf: „Man sagt, daß der schändliche und fälschlich so genannte Patriarch der Juden jährlich oder jedes zweite Jahr die Synagogenvorsteher auswechsle, um Geld einzuheben“; der christliche Patriarch eifere diesem Vorbild nach.[514] Schließlich sei auch noch Hieronymus genannt, der die Führer der Juden als „einfallsreich in Habgier und Prunksucht“ bezeichnet.[515]

Die erste gesetzliche Erwähnung der Patriarchensteuer erfolgt in einem staatlichen Eingriff dagegen. CTh XVI,8,14 vom 11.4.399 ist in Mailand erlassen und an den Praefectus praetorio für Italien, Messala, gerichtet: „Es ist (Ausdruck) eines unwürdigen Aberglaubens, daß Synagogenvorsteher oder Älteste der Juden oder solche, die sich Apostel nennen und zur Einforderung von Gold und Silber von dem Patriarchen zu bestimmter Zeit ausgesandt werden, die von den einzelnen Synagogen geforderte und eingehobene Summe demselben überbringen. Deshalb werde alles, was – wie wir in Anbetracht der Zeit vertrauen – schon eingesammelt wurde, getreulich in unseren Staatsschatz überführt. Im übrigen aber bestimmen wir, daß dem Vorgenannten nichts zu senden sei. Es mögen also die Völker der Juden wissen, daß wir die Durchführung einer solchen Ausbeutung abgeschafft haben. Jene aber, die von diesem Entvölkerer der Juden zu diesem Geschäft der Eintreibung ausgeschickt worden sind, gegen diese soll, wenn sie den Richtern übergeben werden, wie gegen Leute geurteilt werden, die gegen unsere Gesetze verstoßen.“

In diesem Gesetz fällt manche wörtliche Parallele mit dem Schreiben Julians in derselben Sache auf, vor allem aber der scharfe und beleidigende Ton. Es könnte natürlich wieder eine innerjüdische Polemik aufgreifen, was allerdings schwer zu beweisen ist. Wahrscheinlich ist es aus dem Streit zwischen Honorius und Arkadius zu verstehen, als fiskalische Schikane gegenüber dem östlichen Teil des Reiches, jedoch nicht als primär judenfeindliche Maßnahme. Man will einfach den Abfluß von Geld in den verfeindeten Teil des Reiches verhindern. Daß man dafür ein eigenes Gesetz erläßt, beweist wohl, daß es um beträchtliche Summen geht.

Schon fünf Jahre später, als die Beziehungen zwischen den beiden kaiserlichen Brüdern sich wieder gebessert hatten, wurde das Gesetz aufgehoben: „Unlängst haben wir befohlen, daß das, was den Patriarchen von den Juden dieser Gegenden aus Gewohnheit geleistet wird, ihnen nicht mehr geleistet werde. Nun aber wollen wir diesen früheren Befehl zurücknehmen und alle wissen lassen, daß wir gemäß den von den früheren Kaisern erteilten Privilegien den Juden in unserer Güte die Erlaubnis erteilt haben, (Geld wieder) übersenden zu dürfen" (CTh XVI,8,17 vom 25.4.404).

4. Das Kalenderprivileg

Eine wesentliche Aufgabe der Sendboten des Patriarchen war seit den Anfängen dieser Institution die Überbringung des Festkalenders an die Gemeinden der Diaspora. Das erforderte der Brauch, die Beobachtung des Neumondes in Israel zur unabdingbaren Voraussetzung für die Festlegung des Monatsbeginns zu machen, vor allem aber die Notwendigkeit, das jüdische Mondjahr durch Einfügung von Schaltmonaten immer wieder an das Sonnenjahr anzugleichen, sind doch die meisten jüdischen Feste an die Jahreszeiten gebundene landwirtschaftliche Feste.

Ursprünglich wurde der religiöse Kalender sicher im Tempel festgelegt, für den er von grundlegender Bedeutung war. Später hat der Patriarch als Führer des Judentums es zu seinem Privileg gemacht, mit dem unter seiner Leitung stehenden beziehungsweise von ihm ernannten Gericht den jährlichen Festkalender zu bestimmen.[516] Dieses Privileg war ein hervorragendes Mittel, die Gemeinden der Diaspora an die zentrale Führung in Palästina zu binden. Daher hielten die Patriarchen daran beharrlich fest, auch als die mathematisch-astronomischen Kenntnisse in der jüdischen Bevölkerung, insbesondere im Rabbinat, schon längst die Berechnung eines festen Kalenders ermöglicht hätten.

Erst im 4. Jahrhundert soll der Patriarch unter christlichem Druck auf sein Privileg verzichtet haben: Um nämlich im christlichen Osterfeststreit jene (Mehrheit von) Christen, die das Osterfest weiterhin zusammen mit den Juden am 15. Nisan und nicht an einem Sonntag begingen, von ihrem Verhalten abzubringen, habe man „den Patriarchen verboten, das Datum der Pessachfeier im voraus zu verkünden".[517] Da der Patriarch einsah, daß hier Widerstand nutzlos sei, habe er sein Kalenderprivileg aufgegeben und einen festen Kalender verkündet.

Die Darstellung des Tierkreises im Mosaik der Synagoge von Chammat Tiberias soll als Kalenderbild an diesen Akt erinnern. Der Tierkreis zusammen mit den Jahreszeiten sei nämlich „eine anerkannte künstlerische Ausdrucksform gewesen, die in Verbindung mit den auf den Wänden aufgelisteten dazugehörigen Priesterklassen auch als eine Art Kalender diente".[518] Die jüdische Tradition gibt für die Einführung des festen Kalenders durch den Patriarchen Hillel II. das Jahr 358 an. *M. Dothan* hingegen, der die Mosaiken von Chammat Tiberias in die letzten Jahrzehnte des 3. oder in das erste Viertel des 4. Jahrhunderts datieren möchte, rechnet mit der Möglichkeit, daß Hillel II. den festen Kalender schon früh in seiner Amtszeit eingeführt habe, etwa zwischen 320 und 330, was auch der Zeit des Neubaus dieser Schicht der Synagoge entspräche.[519] Bereits im Zusammenhang mit der Verwendung des Ausdrucks *lamprotatos* für den Patriarchen auf dem Mosaik der Synagoge mußten wir feststellen, wie stark ungesicherte Hypothesen bei der Datierung des Mosaiks mitspielten (S. 188 f). Wenn nun eine jüdische Geschichtstradition zwar für die Deutung des Tierkreises herangezogen wird, dabei aber das traditionelle Datum geändert werden muß, erregt dies zumindest Mißtrauen.

Nun sind schon für die ursprüngliche Tradition kaum echte Belege zu erbringen. Gewöhnlich verweist man[520] auf eine Talmudstelle, die zuerst als frühe Tradition (Baraita) in der Frage des Schaltjahrs anführt, in dringenden Fällen dürfe man sofort nach Neujahr den Schaltmonat einfügen; dies müsse aber auf jeden Fall der Monat Adar sein, also der letzte Monat im jüdischen Kalender. Den Text kommentiert dann der Talmud:

„Ist das so?! Man hat doch Raba (die Nachricht) gesandt: ‚Ein Paar kam von Raqqat (= Tiberias) und der Adler ergriff es; in ihrer Hand waren Dinge aus dem in Luz Gemachten – und was ist dies? Purpur (für die Schaufäden). Durch das Erbarmen (Gottes) und durch ihr eigenes Verdienst kamen sie heil heraus. Und die Nachkommen der Lenden Nachschons wollten einen Vertreter festsetzen, aber der Edomiter ließ sie nicht. Doch die Männer der Versammlung versammelten sich und setzten sich einen Vertreter in dem Monat fest, in dem der Priester Aaron starb‘ (Monat Ab)“ (Sanh 12 a).

Dieser Präzedenzfall würde also der früheren Tradition widersprechen, nach der der Schaltmonat immer der Monat Adar sein muß. Um den Widerspruch auszugleichen, schließt der Talmud an den Text den aramäischen Kommentar: „Sie haben es beschlossen, aber nicht bekanntgemacht.“ Es folgt die Begründung des Ausdrucks „Vertreter“ für den Monat aus 1 Kön 4,7: Salomo hatte zwölf „Vertreter“, die je einen Monat lang den König versorgen mußten.

Der Text nennt in verschlüsselter Form Probleme, die die römische Herrschaft, hier als Adler oder Edomiter bezeichnet, in der Zeit Rabas (nach der Tradition 352 gestorben) jüdischen Sendboten macht, die in religiösen Angelegenheiten (Purpurfäden als Schaufäden) unterwegs sind; ebenso ist davon die Rede, daß die Regierung das Einsetzen eines Schaltmonats verhindern wolle.

S. Lieberman, der die Verhinderung der Kalenderboten in Sanh 12 a auf dem Hintergrund des christlichen Osterfeststreits deutete[521], verweist auf Epiphanius, nach dem es in der in Mesopotamien verbreiteten Diataxis Apostolon heißt: „Ihr macht keine Berechnungen, sondern macht es (das Osterfest), wann es eure Brüder aus der Beschneidung (halten). Mit ihnen gemeinsam feiert es ... Und wenn sie irren, kümmere es euch nicht.“[522] Um diese Praxis zu verhindern, habe man sich gegen die Verkündigung des jüdischen Festkalenders gewandt. Der jüdische Patriarch sei sich bewußt gewesen, daß es sich hier nicht um einen Angriff auf die jüdische Tradition handle und daß er in einer letztlich innerchristlichen Angelegenheit sich nicht durchsetzen könne; deshalb habe er einen festen Kalender eingeführt.

Die Beweisführung hier wirft Probleme auf, so plausibel die Hypothese auch klingt; denn in der gesamten rabbinischen Literatur gibt es keinen einzigen deutlichen Hinweis auf dieses Ereignis, das doch eine einschneidende Änderung gebracht hätte. Zwar sieht *H. Graetz* einen Beleg für den festen Kalender in jEr III,9,21 c: „R. Jose sandte ihnen (den Leuten von Alexandrien) ein Schreiben: ‚Obwohl sie (Druck Venedig: wir) euch die Listen der Feste *(sidre moᶜadot)* geschrieben haben, ändert nicht den Brauch eurer Väter seligen Angedenkens‘.“ Das heißt, trotz des festen Kalenders sollen sie nicht den zweiten Feiertag aufgeben, der für die Diaspora vorgeschrieben war, um bei der Unsicherheit der Datenübermittlung die Einhaltung des richtigen Tages auf jeden Fall zu garantieren.[523] Es ist jedoch nicht einzusehen, warum dieser Text sich auf einen *festen* Kalender und nicht einfach auf die übliche Jahresliste der Feiertage beziehen soll.

Der erste ausdrückliche Beleg für die Kalenderfestsetzung durch Hillel II. ist in einem kalendarischen Werk des Abraham bar Chijja aus dem Jahr 1122 enthalten.[524] Er spricht von Meinungsverschiedenheiten bei der Berechnung der Jahre ab Erschaffung der Welt und verweist dabei auf ein Responsum des Hai Gaon, der diese Frage ausführlich behandelt habe. In jenem Text betont Hai Gaon, daß die zu seiner Zeit übliche Kalenderberechnung nicht von den Zeiten des ersten Menschen überliefert sei. Mose habe zwar Israel über die Grundlagen der Kalenderberechnung unterrichtet, zugleich aber die Anweisung erteilt, solange es einen Sanhedrin gebe, sich an die Tradition zu halten und die Feste vorzuziehen oder zu verschieben, wenn dies zum Beispiel der Stand der Vegetation gebiete. Aber schon früh habe man sich an die Berechnung von Zyklen gehalten, diese jedoch nach den Bedürfnissen abgewandelt, „bis zu den Tagen des Hillel b. R. Jehuda im Jahre 670 der seleukidischen Zeitrechnung (358/359 n. Chr.). Von diesem Jahr an hat man (Feste) nicht mehr vorgezogen oder verschoben, sondern an dieser Ordnung festgehalten, die man in Händen hatte; denn das Ende der Berechnung der Früheren war dadurch gekommen.“

Die Information wirft Probleme auf. Scherira Gaon, der Vater des von Abraham bar Chijja zitierten Hai Gaon, schrieb im Jahr 994/995 einen

Brief zum selben Thema, der in der Geniza von Kairo gefunden wurde. Es ist möglich, daß dieser Brief der Text ist, auf den sich Abraham bar Chijja bezog: Falls Hai als Leiter des rabbinischen Gerichts *(Ab Bet Din)* an der Akademie seines Vaters das Responsum mit diesem mitunterzeichnet hätte, wäre in Anbetracht der häufig vorkommenden verkürzten Zitierweise ohne weiteres verständlich, daß man später ihm den Text zugeschrieben hat; denkbar ist aber auch, daß Hai aus einem im Genizatext erwähnten früheren Brief (aus dem Jahr 991/992) zur selben Frage an die Juden Ägyptens zitiert. Jedenfalls erwähnt dieser Text Hillel II. überhaupt nicht.

Ein Vergleich des Genizatextes mit dem Zitat in Abraham bar Chijja führte *J. Mann* zu dem Schluß, daß der Satz über Hillel II. zusammen mit der Textstelle, zu der er gehört, eine Kommentierung des Responsentextes durch Abraham bar Chijja und nicht Teil des Originaltextes sei.[525] Sollte diese Annahme zu Recht bestehen, wäre die Überlieferung von der Kalenderreform überhaupt erst ab 1122 nachzuweisen.

Das heißt natürlich nicht, daß diese Angabe eine Erfindung des Abraham bar Chijja ist. Dagegen spricht schon die mit der seleukidischen Zeitrechnung erfolgte Datierung des Patriarchen, die in Spanien nicht üblich war und die unseren Kenntnissen nach richtig ist. Hillel II. hat sonst in der jüdischen Tradition praktisch keine Bedeutung gehabt und ist fast unbekannt geblieben.

Aber auch für den Fall, daß Abraham bar Chijja sich zu Recht auf Hai Gaon beruft, der nicht lange vor ihm lebte, oder sonst gaonäische Traditionen zur Verfügung hat – Tatsache bleibt das Jahrhunderte währende Schweigen der erhaltenen jüdischen Texte über ein Ereignis, das für die jüdische Religion doch höchste Bedeutung haben mußte. Woher wußte Hai Gaon von dieser Tradition? Saadja Gaon hat sich ausführlich mit der Kalenderfrage befaßt – sein *Sefer ha-Mo^cadim* ist allerdings nur fragmentarisch erhalten –, diese Tradition aber offenbar nicht erwähnt. Auch spätere Autoren wie Maimonides, der sich ebenfalls mit dem Kalender beschäftigte, erwähnen die Einführung des festen Kalenders im 4. Jahrhundert nicht.

Indirekt scheint allerdings Maimonides eine Änderung der Kalenderpraxis in dieser Zeit zu bezeugen; denn er sagt, daß die Festsetzung des Monatsbeginns durch Sichtung des Neumonds und die Einschaltung eines Schaltmonats aus praktischen Gründen nur der Sanhedrin im Land Israel oder ein von diesem eingesetztes Gericht von ordinierten Gelehrten vornehmen könne. Wenn es dort keinen Sanhedrin gebe, müsse nach der heute üblichen Weise der Berechnung vorgegangen werden. „Und wann begann Israel nach dieser Rechnung zu berechnen? Seit dem Ende der Gelehrten der Gemara, in der Zeit, als Israel verwüstet war und dort kein festes Gericht mehr verblieb. In den Tagen der Gelehrten der Mischna und auch in den Tagen der Gelehrten der Gemara bis zu den Tagen Abajes und Rabas hingegen stützte man sich auf die Festsetzung (des Kalenders) im Lande Israel."[526]

Abaje und Raba, der Tradition nach 339 beziehungsweise 352 gestorben, sind für die Endphase der traditionellen Kalenderfestlegung genannt, was mit dem zeitlichen Ansatz bei Abraham bar Chijja zusammenpaßt. Die ergänzenden Angaben Rambams – das Ende der Gemara und eines festen rabbinischen Gerichts in Palästina – würden jedoch auf eine spätere Zeit hinweisen: Wie öfter, hat Maimonides auch hier keine genaueren geschichtlichen Vorstellungen. Wenn er jedoch die Überlieferung von einem festen Kalender Hillels II. gekannt hätte, hätte er sich gewiß präziser ausgedrückt.

So schwerwiegend das Schweigen von Jahrhunderten auch ist, noch wesentlicher ist die Tatsache, daß es auch in gaonäischer Zeit keine Einheitlichkeit in Kalenderfragen gegeben hat. Es ist hier nicht der Platz, auf die Entwicklung des festen Kalenders genauer einzugehen; einige wenige Fakten mögen genügen.[527]

Von Interesse ist einmal die Kalenderpraxis der *Samaritaner*. Sie folgen wie der jüdische Kalender einem neunzehnjährigen Zyklus, nämlich dem 432 v. Chr. in Athen eingeführten metonischen Zyklus zum Ausgleich von Sonnen- und Mondkalender. Seine genauere Anwendung ist jedoch bis heute Privileg der hohenpriesterlichen Familie, die zweimal jährlich den Kalender ausgibt.[528] Dabei berufen sich die Samaritaner auf die Überlieferung des Kalendergeheimnisses von Adam her, dem Gott es geoffenbart hat; die Traditionskette stimmt allerdings nicht mit der rabbinischen von Pirqe Rabbi Eliezer 8 überein. Deutet die Gemeinsamkeit des Zyklus auf eine weiter zurückgehende gemeinsame Kalendertradition? Dies wäre möglich, da es später wohl kaum noch zu gegenseitigen Anleihen zwischen Juden und Samaritanern in so zentralen Fragen gekommen sein dürfte. Denkbar ist aber auch, daß, vom verbreiteten Vorbild des metonischen Zyklus ausgehend, beide unabhängig voneinander eine Lösung des Problems gefunden haben.

Die *Karäer* wollen nach ihrer Trennung vom Hauptzweig des Judentums von einer Festsetzung des Kalenders mittels Berechnung nichts mehr wissen; sie kehren zur Festsetzung der Neumonde aufgrund von Beobachtung zurück und setzen auch den Schaltmonat gemäß der Reife der Gerste in Palästina ein: Dies legt zumindest nahe, daß der feste Kalender im 8. Jahrhundert noch keine unumstrittene Übung gewesen ist.[529]

Stimmt diese Annahme, so ist es nur logisch, wenn das karäische Beispiel Schule machte und man auch im größeren Judentum in Kalenderfragen kritischer wurde. Zwar stand der Kalender in allgemeinen Umrissen fest; doch waren auch in gaonäischer Zeit so manche Fragen der praktischen Anwendung noch offen. Besonders der alte Brauch, daß der Versöhnungstag weder auf einen Freitag noch auf einen Sonntag fallen dürfe, und ähnliche traditionelle Rücksichten erforderten zusätzliche Regelungen, die nicht feststanden.

Ein Brief des Exilarchen (David ben Jehuda?) aus dem Jahr 835 zeigt, daß sich das babylonische Judentum damals immer noch in Kalenderfragen voll auf Palästina verließ. Seinerzeit ging es um die Frage, ob die Monate Marcheschwan und Kislew defektiv (zu 29 Tagen) oder voll (zu 30 Tagen) zu rechnen seien. Palästina entschied für die erste Möglichkeit, da der Neumond des Monats Nisan dort schon an einem Dienstag zu sehen war und man nicht den Monatsbeginn erst am folgenden Donnerstag ansetzen konnte. Der Exilarch schließt mit der allgemeinen Bemerkung: „Wir stützen uns immer auf sie (die palästinischen Führer), damit Israel nicht in Gruppen gespalten sei. Und ich und die Häupter der Akademien, die Rabbinen und ganz Israel, wir halten uns an den Kalender, der von den Gelehrten (Palästinas) ausgeschickt worden ist."[530]

Doch dann scheint der Vorrang Israels in Kalenderfragen nicht mehr beachtet worden zu sein. Im Jahr 921/922 kam es zu einem gewaltigen Streit, als der palästinische Gaon Aaron ben Meir – vielleicht war damals auch noch sein Vater Gaon und Aaron dessen Kalenderbeauftragter – vom Recht der Kalenderverkündigung Gebrauch machte und dabei offensichtlich gegen die Auffassungen der babylonischen Juden entschied. Saadja erfuhr in Aleppo von der Kalenderentscheidung Ben Meirs und vertrat in seiner Streitschrift *Sefer ha-Mo^{c}adim* scharf und äußerst polemisch den babylonischen Standpunkt. Stücke dieser Schrift sind aus der Geniza von Kairo bekannt geworden.[531] Die Einzelheiten der Kontroverse sind für unseren Zusammenhang unwesentlich; wichtig aber ist die Tatsache, daß man noch um diese Zeit keinen einheitlichen festen Kalender kannte, der alle Probleme in allgemein anerkannter Weise geregelt hätte.

Somit bleibt offen, wann der feste Kalender in seiner uns jetzt bekannten Form eingeführt worden ist. Ebenso unbeantwortet bleibt die Frage, wann und wo die Tradition ihren Ursprung hat, derzufolge der Patriarch Hillel II. diese Kalenderreform durchgeführt hat. Natürlich könnte es zu seiner Zeit tatsächlich Ansätze zu einer Kalenderreform gegeben haben. Kontrollieren läßt sich dies jedoch nicht, und infolgedessen wird auch ihre Begründung mit christlichen Problemen des Osterfeststreits fragwürdig.

Die wenigen uns bekannten Fakten der späteren Geschichte des jüdischen Kalenders legen die Annahme nahe, daß in spättalmudischer oder früher gaonäischer Zeit, als Babylonien anstelle des geschwächten palästinischen Judentums mehr und mehr die führende Rolle übernahm, die babylonischen Juden sich in der Kalenderberechnung, die natürlich zumindest in Grundzügen schon viel älter war, von Palästina immer mehr lösten; nur im Zweifelsfall, wie etwa noch im Jahr 835, wurde den palästinischen Führern die Entscheidung zugestanden. Wohl im Kampf gegen die Karäer, die sich auch in Kalenderfragen wieder den älteren Traditionen zuwandten, machten sich die babylonischen Führer dann in dieser Sache völlig selbständig. Der Versuch Ben Meirs, nochmals alte Privilegien Palästinas aufleben zu lassen, mußte in diesem größeren Zusammenhang scheitern.[532]

Die Deutung des Tierkreismosaiks von Chammat Tiberias als Kalenderbild in Erinnerung an die Einführung des festen Kalenders durch Hillel II. ist somit nicht zu begründen. Weder kann man das Datum der Einführung des festen Kalenders als Ausgangspunkt für die Datierung des Mosaiks heranziehen noch umgekehrt durch eine Frühdatierung des Mosaiks auch den traditionellen Zeitpunkt der Kalenderverkündigung vorverlegen. Die Einführung des Tierkreises in die Synagogenkunst ist also anders zu begründen. Am wahrscheinlichsten sind in diesem Zusammenhang kultische Traditionen, die Sonne und Gestirnen schon in früher israelitischer Zeit größte Bedeutung zumaßen. Durch die Christianisierung des römischen Reiches wurde das Motiv aus heidnischen Assoziationen gelöst; das nahm ihm auch das ihm bis dahin für das Judentum anhaftende Tabu. Angesichts der kulturellen Aufgeschlossenheit weiter Kreise des Judentums im Palästina des 4. Jahrhunderts konnte dann auch die bildliche Darstellung des vom Tierkreis umgebenen Sonnengottes nicht mehr anstößig erscheinen. Sie wurde es erst wieder im 5. Jahrhundert: So hatte man beim Neubau der Synagoge für dieses Bild keine Verwendung mehr und überdeckte es mit einem neuen Mosaikfußboden.[533]

5. Patriarchat und hellenistische Kultur

Wenn das Mosaik von Chammat Tiberias auch für die Kalenderfrage nicht verwertbar ist, so ist andererseits der Tierkreis auf dem Fußboden dieser Synagoge sicher als Beleg für die kulturelle Aufgeschlossenheit im Umkreis des Patriarchats anzusehen. In solcher Nähe zu seiner Residenz können wir ja auf jeden Fall mit seinem Einfluß rechnen, wie dies auch die Erwähnung des Severus als eines der Stifter nahelegt. Chammat Tiberias ist eines der frühesten Beispiele für die Verwendung von figuralen Mosaiken in Synagogen. Auffällig ist auch das rein hellenistische Vorbild der Darstellung, die stilistisch zum Beispiel mit dem späteren Tierkreismosaik von Bet Alfa scharf kontrastiert.

Die Mosaikinschrift der Synagoge bezeichnet Severus als „Zögling" *(threptos)* der glanzvollen Patriarchen. *M. Dothan* sieht diesen Ausdruck im Kontrast zu *mathētēs*, wie man wohl Schüler der Halakha bezeichnet hätte; bei solchen würde man auch eine Erwähnung in rabbinischen Quellen erwarten. Als *threptos* hingegen „würde er zu einer fast anonymen Gruppe gehört haben, die in rabbinischen Quellen einfach als *di bei nsi'ah* oder *ilin d'nsi'ta* genannt werden, das heißt, die Leute des Hauses des Patriarchen" (so jAZ III,1,42c in Verbindung mit R. Jose, also auch aus unserer Zeit). Unter Hinweis auf Sota 49b spricht *Dothan* von den großen Gruppen junger Männer, die im Haus des Patriarchen wohnten und erzogen wurden, und schließt daraus für Severus: „Sein kultureller Hintergrund – die griechische Erziehung, die er am Hof des Patriarchen erhielt – war genügend Anlaß zu Stolz, um in zwei unserer griechischen Inschriften erwähnt zu werden."[534]

Für unseren Zusammenhang wäre es von größtem Interesse, wenn die Behauptung, es habe eine griechische Schule am Patriarchenhof des 4. Jahrhunderts gegeben, zuträfe. Leider geht sie über das Beweisbare hinaus. Einmal ist die Festlegung des griechischen Wortes *threptos* in diesem Sinn anfechtbar: Es bezeichnet in erster Linie den im Haus aufgewachsenen Sklaven, dann im weiteren Sinn ein Pflegekind (ein in Ägypten aufgewachsener Grieche wird einmal zum Beispiel als *threptos* des Nils bezeichnet); mehr als ein Nahverhältnis zum Patriarchen oder zu seinem Hof (Mehrzahl!) ist mit dem Ausdruck kaum gemeint; darauf ist Severus stolz. Zweitens spricht der talmudische Text, der die Existenz einer griechischen Schule am Hof des Patriarchen beweisen soll, von Rabban Gamaliel in der Zeit um 100. Die griechische Schule, die der Text für diese frühe Zeit am Patriarchenhof bezeugt, muß nicht unbedingt auch mehr als zweihundert Jahre später noch existiert haben. Doch selbst wenn dies der Fall gewesen sein sollte, hat sie wohl nur elementaren Ansprüchen genügt. So hat ja der Patriarch seinen eigenen Sohn zum Studium fortschicken müssen, wie aus Brief 1098 des Libanius hervorgeht, der dem Patriarchen schreibt:

„Dein Sohn ist angekommen. Er konnte schon lernen, hat er an mir doch schon Anteil gehabt, bevor er mich sah, dank der Redegewalt des Argeios. So wartete nichts Schöneres mehr auf ihn. Doch war es vielleicht für ihn ein Gewinn, viele Städte zu sehen, wie auch Odysseus. Ich bitte dich also, für sein Weglaufen Verständnis zu haben, ihm nicht zu zürnen und ihn nicht in Verlegenheit zu bringen. Denn das könnte ihm Trauer bereiten, die – wie wir sehen – auch denen ein Hindernis wird, die gar sehr nach Beredsamkeit streben."

Die Einordnung dieses Textes in der Briefsammlung des Libanius bereitet gewisse Schwierigkeiten, die den meisten Gelehrten jedoch überwindlich erscheinen. Der Adressat ist wohl doch der jüdische Patriarch, nämlich Gamaliel.[535] Sein Sohn hat schon eine nichtjüdische Schule unter einem Schüler des Libanius, Argeios, wohl in Caesarea oder Beirut besucht. Beim großen Rhetor Libanius selbst sollte er seine Ausbildung abschließen. Dem ist er aber bald wieder davongelaufen.

Erziehungsprobleme scheint es bei den Söhnen der Patriarchen öfter gegeben zu haben. Das geht nicht nur aus der Geschichte über den Comes Joseph hervor, der zufolge der sterbende Patriarch dem Joseph seinen minderjährigen Sohn anvertraut hatte, welcher sich jedoch lieber in den Thermen von Gadara herumtrieb und dort den Mädchen nachstellte.[536] Auch wenn wir die Details der Geschichte beiseitelassen, bleibt die Beziehung des Patriarchensohnes und seiner Freunde zum hellenistischen Badeort Gadara bestehen, die kaum als böswillige Erfindung abzutun ist.

Daß nach Einführung der Erblichkeit der Patriarchenwürde oft noch sehr junge Männer das Amt antraten, wird in der patristischen Literatur direkt zu einem Topos. Schon Eusebius kommentiert Jes 3,4 „Ich werde ihnen Jünglinge zu Fürsten geben und Kinder werden über sie herrschen" mit Bezug auf die jüdischen Patriarchen: „Wenn jemand die bei den Juden so genannten Patriarchen sieht, Jünglinge fürwahr, nicht nur hinsichtlich der Jugend des Körpers, sondern auch seelisch noch unreif und geistig unfertig", weiß man, wovon die Weissagung gesprochen hat.[537] Hieronymus, von Eusebius abhängig, kommentiert denselben Vers: „Wenn wir die Patriarchen der Juden betrachten, die Jünglinge oder noch Knaben sind, verweiblicht und Genüssen zugetan, dann sehen wir die Weissagung erfüllt."[538] Auch ein Text aus den Katechesen Kyrills von Jerusalem ist hier wohl heranzuziehen; er legt Gen 49,10 („Nie weicht von Juda das Zepter, der Herrscherstab von seinen Füßen, bis der kommt, dem er gehört") so aus: „Mit dem Aufhören der jüdischen Herrschaft war die Ankunft Christi angedeutet. Wären sie jetzt nicht unter der Herrschaft der Römer, wäre Christus noch nicht gekommen. Wenn sie noch jemand aus dem Stamm Juda oder David hätten, dann wäre der Erwartete noch nicht gekommen. Ich schäme mich nämlich, ihre jüngste Geschichte hinsichtlich der bei ihnen nun Patriarchen genannten Männer zu erwähnen, was ihre Herkunft ist und wer ihre Mutter. Ich überlasse das den Wissenden."[539] Die Stellung der Patriarchen scheint Kyrill also nicht die These zu widerlegen, daß die Herrschaft vom jüdischen Volk gewichen ist, was er als Zeichen für die Ankunft Christi deutet.

M. Avi-Yonah möchte auch jMeg III,2,74a in diesem Zusammenhang sehen.[540] R. Jirmeja fordert in einem Brief Judan Nesia auf: „Hasse deine Freunde und liebe deine Feinde", das heißt, er soll sich von seinen Jugendfreunden trennen. Einer solchen Deutung widersprechen chronologische Probleme, da Jehuda III. wohl beträchtlich älter als Jirmeja war.[541] Daher ist der ohne jeden weiteren Zusammenhang überlieferte Text sicher allgemeiner zu verstehen und hat nichts mit den zuvor genannten Erziehungsproblemen zu tun.

Die schon früher genannten Briefe des Libanius an den Patriarchen Gamaliel runden das Bild von der am Patriarchenhof gepflegten hellenistischen Kultur ab. Die Tatsache allein, daß sich der Rhetor im Rahmen seiner umfangreichen Korrespondenz immer wieder an den jüdischen Patriarchen wendet, zeigt deutlich genug, daß ein gemeinsames Bildungsniveau vorausgesetzt und der Patriarch auch außerhalb der jüdischen Welt gekannt und anerkannt wird. Die häufigen Anspielungen der Briefe auf die griechische Mythologie setzen eine entsprechende Bildung des Patriarchen voraus; man erwartet von ihm das Verständnis der flüchtigen Anspielungen auf Homer und nimmt an, daß ihn die Nennung griechischer Götter nicht verletzt. Das Patriarchenhaus und sicher auch breitere Schichten der jüdischen Gemeinden des Ostens müssen sich in Gesellschaft und Kultur des römischen Reiches ganz heimisch gefühlt haben.

6. Das Ende des Patriarchats

Weitgehende kulturelle Anpassung an die hellenistische Umwelt, höchstes Ansehen und gewaltiger politischer Einfluß, gleichzeitig ein gewisser Abstand gegenüber rabbinischen Kreisen bestimmen also das Bild des Patriarchats, wie es sich aus den Angaben der nichtjüdischen Texte ebenso wie aus dem Schweigen der rabbinischen Literatur ergibt. CTh XVI,8,14 von 399 (siehe S. 198) stört dann allerdings das friedliche Bild. Der Ton des Gesetzes ist von unerhörter Aggressivität gegenüber einem offiziell hochgeehrten Minderheitenvertreter im römischen Reich. Wenn die Vermutung innerjüdischer Polemik gegen die Patriarchensteuer stimmt, könnten Kreise um Honorius dies als Signal dafür verstanden haben, daß nicht alle Vertreter der Judenheit auf die traditionelle Form der jüdischen Selbstverwaltung großen Wert legten. Wie gesagt, war das Gesetz aber im Grunde nur aus Honorius' Streit mit seinem Bruder zu verstehen und wurde daher auch schon bald nach Erlaß wieder aufgehoben.

Immerhin bedeutete das Vorgehen des Honorius ein Warnsignal. Trotzdem kommt CTh XVI,8,22 vom 20.10.415 wie ein unerwarteter Paukenschlag: „Weil Gamaliel glaubte, ungestraft Gesetze übertreten *(delinquere)* zu können, je höher er durch den Glanz der Würden erhoben ist, wisse deine illustre Autorität (angesprochen ist der Praefectus praetorio Aurelianus, an den das Gesetz gerichtet ist): unsere kaiserliche Hoheit hat an den illustren Magister officiorum Weisungen erlassen, ihm seien die Privilegien der Ehrenpräfektur zu nehmen, sodaß er in jener Ehrenstellung sei, in der er sich vor Verleihung der Präfektur befand."

Der Patriarch ist also seiner Ehrenpräfektur entkleidet, strafweise auf seinen früheren Rang zurückversetzt *(spectabilis?)*, weil er sich als über dem Gesetz stehend empfand. Im Bewußtsein seiner erhabenen Stellung hat er offenbar den Bogen seiner Möglichkeiten überspannt. Welche Gesetzesverstöße ihm zur Last gelegt werden, läßt sich der Fortsetzung des Gesetzestextes entnehmen: Er darf keine Synagogen mehr bauen (siehe S. 128), nicht Rechtsfälle zwischen Juden und Christen entscheiden (S. 191), keine christlichen oder allgemein nichtjüdischen Sklaven konvertieren, christliche Sklaven gar nicht besitzen (S. 41 f).

Wie wir schon gesehen haben, geht aus dem archäologischen Befund deutlich hervor, daß sich die Juden (Palästinas) nie um das Verbot des Neubaus von Synagogen gekümmert haben. Auch die Gesetze bezüglich der Beschneidung und Sklavenhaltung konnten in der Praxis nicht durchgesetzt werden, wie die zahlreichen Wiederholungen solcher Verordnungen auch noch nach 415 deutlich machen. Umso mehr verwundert es, daß der Kaiser nun auf einmal so scharf gegen den jüdischen Patriarchen vorging; dieselben Beschuldigungen hätten ja sicher auch schon früher vorgebracht werden können. Am ehesten ist natürlich auf entsprechende Interventionen in Konstantinopel zu schließen. Dafür kommen eine Reihe von Personen in Frage: so etwa der Bischof von Jerusalem, vielleicht auch jener von Caesarea, der ja noch Metropolit der Kirchenprovinz Palästina war, oder vielleicht ein Bischof, der sich in Tiberias selbst niederlassen wollte, wo es um diese Zeit auch schon ein christliches Kloster gab. Auch dem Statthalter Palästinas könnte das stolze Vorgehen des ihm rangmäßig überlegenen Patriarchen ein Dorn im Auge gewesen sein; schließlich wäre eine der Damen des kaiserlichen Hauses (etwa Pulcheria), die sich ebenfalls für Palästina interessierten, eine mögliche Kandidatin. Leider sind dergleichen Vermutungen nicht zu erhärten.

Für dieses Mal scheint der Angriff auf den Patriarchen noch glimpflich ausgegangen zu sein. Er wird lediglich im Rang zurückgestuft und an die Einhaltung bestehender Gesetze erinnert. Daß er allerdings so ganz ohne Ehrentitel genannt wird, einfach beim Namen, ist ein böses Omen. Und tatsächlich ist die nächste Information, die wir über das Patriarchat besitzen, bereits die Meldung von seinem Untergang. CTh XVI,8,29 vom 30. 5. 429 ist an den Comes sacrarum largitionum, einen der Finanzminister der byzantinischen Verwaltung, gerichtet und regelt nur noch die fiskalische Verlassenschaft der einst so machtvollen Institution:

„Die Vorsteher der Juden *(primates)*, die in den Synhedrien der beiden Palästina ernannt werden oder in anderen Provinzen sich aufhalten, sollen gezwungen werden, was immer sie nach dem Ausgang *(post excessum)* der Patriarchen als Tribut *(sub titulo pensionis)* erhalten haben, herauszugeben. In Zukunft jedoch soll auf deren Risiko unter dem Druck der Finanzbeamten von allen Synagogen eine jährliche feststehende Summe *(anniversarius canon)* in der Höhe gefordert werden, die einst die Patriarchen unter dem Titel des Krongoldes forderten. Wieviel das aber ist, mögest du mit eifriger Nachforschung in Erfahrung bringen; auch was aus den westlichen Gebieten den Patriarchen überbracht zu werden pflegte, werde unserer Finanzkammer abgeführt."

Das Patriarchat muß demnach zwischen 415 und 429 erloschen sein. Vielfach wird sein Ende auf 415 datiert.[542] Aus dem Gesetzestext geht dies jedoch keineswegs hervor, und andere Belege dafür gibt es nicht. Sicher ist von Interesse, daß schon zwei Wochen nach dem Gesetz vom 20. 10. 415 CTh XVI,9,3 vom 6. 11. nicht an den Patriarchen gerichtet ist, sondern an „Meister *(didascalus)* Annas und die Ältesten der Juden". Noch auffälliger ist der Inhalt des Gesetzes, der jenem an Gamaliel gerichteten zuwiderläuft: „Wir befehlen, daß jüdische Herren ohne Angst vor Verleumdung christliche Sklaven besitzen dürfen, allerdings unter der Bedingung, daß sie ihnen gestatten, ihre eigene Religion zu behalten. Daher sollen die Richter der Provinzen ihre Informationen auf ihre Glaubwürdigkeit überprüfen und die Frechheit derer zu unterdrücken wissen, die glauben, durch zeitgerechte Ansuchen sie (die Juden) falsch beschuldigen zu können ..." Ebenso ist CTh XVI,8,23 vom 24. 9. 416 an Annas und die Ältesten der Juden adressiert. In diesem Gesetz geht es darum, daß Juden nicht aus religiösen Gründen, sondern nur „zur Vermeidung von Strafprozessen und aus verschiedenen Notwendigkeiten" Christen geworden sind. Ihnen sei es erlaubt, zum eigenen Gesetz zurückzukehren, was auch den Richtern (d. h. Statthaltern) der Provinzen zur Kenntnis gebracht werden soll.

In beiden Fällen geht es also um Gesetze, die für eine Mehrzahl von Provinzen Geltung haben. Es wäre interessant zu wissen, welche Stellung Annas damals im Judentum einnahm. Stand er an der Spitze einer provinzübergreifenden jüdischen Selbstverwaltung? War er der Repräsentant der Juden im Westen des römischen Reiches (beide Gesetze sind ja in Ravenna erlassen)? Oder war er einfach der Sprecher einer Reihe von betroffenen jüdischen Ortsgemeinden, von diesen mit der Eingabe an die Regierung betraut und deshalb auch in der gesetzlichen Antwort genannt? Leider verfügen wir über keinerlei Informationen, ob es im Westen des Reiches eine die Gemeinden übergreifende Organisationsform des Judentums gegeben hat und wie diese ausgesehen haben könnte. Jedenfalls dürfen wir die Gesetze nicht als Beleg dafür heranziehen, daß das Patriarchat schon damals durch regionale Selbstverwaltungskörper der Juden ersetzt worden ist. Vielleicht waren die Gesetze einfach nur im Westen von Interesse oder auch bewußt im Gegensatz zu Regelungen im Osten des Reiches erlassen worden.

Vor kurzem hat *Y. Dan* den Versuch gemacht, von einer Notiz in der Chronik des Comes Marcellinus zum Jahr 418 ausgehend, das Ende des Patriarchats genauer zu datieren.[543] Im sehr fehlerhaften Text ist von Comes Plinta die Rede, der in Palästina bei einem Aufstand umgekommen sein soll. Doch nennt derselbe Text später Plinta als einen der Konsuln des Jahres 419. Schon früher hat man dessen Ernennung als Belohnung für die Niederschlagung jener Revolte betrachtet. Nach Meinung *Dans* könnte der Aufstand des Jahres 418, falls er eine Erhebung der Juden war, im Zusammenhang mit der Abschaffung des Patriarchats gesehen werden, die dann vor 420 anzusetzen sei. Doch scheint der Text viel zu isoliert und überdies auch zu unklar, um auf ihn die Behauptung zu stützen, daß es in Palästina im Jahr 418 zu einem solchen jüdischen Aufstand gekommen sei; damit verliert aber auch die auf ihm basierende These, das Patriarchat sei im Zusammenhang mit dem Aufstand aufgehoben worden, jeglichen Halt.

Aus der Formulierung *post excessum patriarcharum* in CTh XVI,8,29 läßt sich schließen, daß der Patriarch nicht seines Amtes enthoben wurde, sondern daß die Patriarchenfamilie in gerader Linie ausgestorben war und keine direkten männlichen Erben existierten. Wir müssen das Patriarchat wohl in Entsprechung zu den Vasallenkönigen sehen, die nach alter römischer Praxis in Gebieten, die aus verschiedensten Gründen nicht ohne Schwierigkeiten in direkte römische Verwaltung überführt werden konnten, für eine Übergangszeit eingesetzt wurden; auch hier galt Erblichkeit in gerader Linie. War kein Sohn als Erbe vorhanden, konnte die römische Regierung entweder einen anderen Verwandten in das Amt einsetzen oder, wenn die Umstände es erlaubten, selbst direkt die Verwaltung übernehmen. Das scheint auch im Fall der jüdischen Patriarchendynastie so gewesen zu sein. Die Juden waren so lange friedlich gewesen, daß man ihrer nun auch ohne einen Puffer in Form weitgehender Autonomie Herr zu werden glaubte.

Zumindest für den Augenblick ließ man aber noch gewisse Formen der jüdischen Selbstverwaltung zu[544], führte sogar selbst solche ein, nämlich die Synhedrien der beiden palästinischen Provinzen; die Provinz Tertia Palaestina, die um diese Zeit natürlich schon existierte, wurde im Gesetz wohl wegen der zu geringen Zahl jüdischer Einwohner nicht genannt. Die erwähnten Synhedrien waren also jene von Galiläa und Judäa, wovon das erste sicher am ehemaligen Patriarchensitz Tiberias residierte; vom zweiten wissen wir nichts – vielleicht war es in Caesarea angesiedelt. Auch ist von Primaten in anderen Provinzen die Rede. Es ist denkbar, daß die Regierung mit einer Zersplitterung der innerjüdischen Selbstverwaltung das Judentum zu schwächen hoffte; doch fehlen uns hier wie in so vielen Punkten Belege.

In der Folgezeit hören wir von dergleichen Vertretern der Juden in den einzelnen Provinzen nichts; diese Organisationsform scheint sich also nicht lange gehalten zu haben und von den Juden nicht akzeptiert worden zu sein. Die Tatsache, daß den neuen Primaten nicht die von der jüdischen Gemeinde zur Verfügung gestellten Geldmittel belassen wurden, diese vielmehr in die allgemeine Steuerkasse abzuführen waren, zeigt das Desinteresse der Regierung an einer solchen Form der Selbstvertretung. Sie scheint also nur eine vorübergehende Regelung gewesen oder als Zugeständnis an die Juden verstanden worden zu sein. Tatsächlichen Einfluß auf die weitere Entwicklung des Judentums, vor allem des palästinischen beziehungsweise des rabbinisch orientierten, scheint fast nur der Sanhedrin (doch existierte dieser als solcher noch länger?) oder die rabbinische Schule in Tiberias ausgeübt zu haben.

Zum Abschluß des Kapitels sei noch kurz auf die Reihenfolge der Patriarchen ab 300 eingegangen. Vorweg sei die von *H. Graetz*[545] aufgestellte und fast allgemein übernommene Liste angeführt: Jehuda III. 300–330; Hillel II. 330–365; Gamaliel V. 365–385; Jehuda IV. 385–400; Gamaliel VI. („der Letzte") 400–425.

Die Jahreszahlen für die einzelnen Patriarchen sind natürlich äußerst schematisch. Auch ist die Liste als ganze infolge der äußerst mangelhaften Quellen sehr unsicher. Die rabbinische Literatur nennt nach Jehuda III. Nesia keinen Patriarchen mehr mit Namen, es sei denn, in jBer III,1,6a, wo R. Mana nicht an der Beerdigung von Nehorai, der Schwester von Jehuda Nesia, teilnehmen will, ist Jehuda IV. Nesia gemeint;[546] da es hier aber um die überlebende Schwester des Patriarchen geht, gerieten wir mit dieser Annahme sicher mit den von *Graetz* angegebenen Jahreszahlen in Konflikt; eher ist an eine Schwester zu denken, die Jehuda III. viele Jahre überlebt hat. *L. I. Levine* möchte übrigens nach Jehuda III. Nesia, den er etwa 275–305 datiert, einen zusätzlichen Gamaliel einschieben (bei ihm Gamaliel V.), der von 305–320 regiert haben soll.[547]

Einzige Quelle für eine Liste der Patriarchen ist der Seder Tannaim we-Amoraim aus dem 9. Jahrhundert, der nach Jehuda III. Hillel, Gamaliel, Jehuda und Gamaliel nennt.[548] Doch weichen die einzelnen Handschriften stark voneinander ab, weshalb der Herausgeber folgende Aufstellung vorschlägt: Jehuda Nesia, Gamaliel, die Brüder Jehuda und Hillel (Söhne des R. Gamaliel), Gamaliel, Jehuda Nesia, Gamaliel „der Letzte".[549]

Die einzige Möglichkeit für eine Kontrolle dieser späten und nicht einheitlich überlieferten Liste bieten die nichtjüdischen Erwähnungen einzelner Patriarchen. Epiphanius meint in der Geschichte vom Comes Joseph, der Patriarch habe damals Hillel geheißen, sein Sohn Jehuda; doch gibt er seine Unsicherheit in diesem Punkt zu. Gewöhnlich vermutet man, er habe die Reihenfolge verwechselt. Kaiser Julian schreibt an den Patriarchen Hillel (auch bei Unechtheit des Briefes müßte die zeitliche Zuordnung stimmen); dazu kommt die sehr späte Nachricht, dieser Hillel (II.) habe 358 den Kalender reformiert. Der Briefpartner des Libanius aus den Jahren 388–392 bleibt ohne Namen; allerdings ist wohl anzunehmen, daß in dieser Zeit kein Wechsel des Amtsinhabers stattgefunden hat. Hieronymus erwähnt den Patriarchen Gamaliel in Brief 57 um das Jahr 395, die medizinische Schrift des Marcellus um 400 und CTh XVI,8,22 von 415 nennen ebenfalls Gamaliel. Ob diese verschiedenen Erwähnungen denselben Gamaliel meinen, ist unsicher; wenn ja, müßte er eine sehr lange Amtszeit gehabt haben, die vor 390 einsetzte und bis nach 415 währte; dies ist natürlich nicht unmöglich; Probleme würden sich dann aber aus der Tatsache ergeben, daß die Gesetze von 392–397 den Patriarchen als *illustris* titulieren, 404 jedoch nur als *spectabilis*, während Gamaliel bei seiner Rückstufung 415 wieder *illustris* war, was sich doch am ehesten mit einem Wechsel des Amtsinhabers erklären läßt (siehe S. 187). Da aber gewöhnlich der Sohn nicht den Namen des Vaters erhält (es sei denn, dieser starb vor der Geburt des Kindes), müßte man bei Annahme zweier Gamaliel dazwischen noch einen anderen Patriarchen vermuten, wofür es gar keinen Anhaltspunkt gibt.[550]

Eine Lösung der Probleme, die sich für die Aufstellung einer Patriarchenliste ergeben, kann hier schon mangels verläßlicher Quellen nicht versucht werden; doch ist es nicht unwichtig, auf die Schwierigkeiten und das völlig fehlende Fundament der traditionellen Liste hingewiesen zu haben.

X. Das Rabbinat

Das Judentum der hier geschilderten Periode rechnet man gewöhnlich zum „rabbinischen" Judentum. Damit ist impliziert, daß das Rabbinat damals richtunggebend war. Doch welche Bedeutung hatte es wirklich in der jüdischen Gesellschaft Palästinas? Die uns erhaltenen jüdischen Zeugnisse aus jener Zeit sind, soweit literarisch, ausnahmslos Hervorbringungen der rabbinischen Gruppe. War sie also repräsentativ für das damalige Judentum insgesamt? Es bestünde die Gefahr, diese literarischen Zeugnisse zu überschätzen und absolut zu nehmen, würden nicht vor allem archäologische Funde uns zur Vorsicht mahnen und zu einer kritischen Lektüre der rabbinischen Texte anhalten.

Gehen wir von einem einfachen Faktum aus: Aus den rabbinischen Schriften kann man etwa hundertfünfzig Rabbinennamen der vierten und der fünften amoräischen Generation, also den Lehrern unserer Epoche zuordnen. Sicher hat es damals noch andere Rabbinen gegeben, die nicht erwähnt werden, zudem sind viele Namen, da sie nur einmal und ohne Zusammenhang vorkommen, nicht zeitlich einzuordnen. Auch sonst gibt es bei einer solchen Erhebung zahlreiche Fehlerquellen, und es ist beispielsweise fraglich, ob nicht ähnlich lautende Namen manchmal ein und denselben Mann bezeichnen. Doch dürfte das Doppelte oder Dreifache der genannten Zahl ausreichen, um auch jene Rabbinen einzubeziehen, von denen man keinen einzigen Satz für überlieferungswürdig gehalten hat. Selbst bei dieser Schätzung könnten wir für Palästina nie mit mehr als vielleicht hundert zur gleichen Zeit tätigen Rabbinen rechnen. Berücksichtigt man außerdem, daß ein großer Teil von ihnen in den Zentren Tiberias, Caesarea und Sepphoris lebte, eventuell auch in Lydda, wird deutlich, daß es damals, wenn überhaupt, nur wenige jüdische Dorfgemeinden gab, die ihren eigenen Rabbi hatten.

Dazu kommt, daß die bisher bekannten jüdischen Inschriften jener Zeit die talmudischen Rabbinen praktisch ignorieren. Eine Analyse sämtlicher jüdischer Inschriften aus den ersten sechs Jahrhunderten zeigt zwar, daß eine Reihe von Männern darin als Rabbi tituliert werden; doch ist es praktisch nie möglich, sie mit Rabbinen zu identifizieren, die uns aus der rabbinischen Literatur bekannt sind. Auch geht aus den Inschriften nie hervor, daß die Bezeichnung Rabbi mehr als ein geläufiger Ehrentitel ist. Die genannten Leute müssen also durchaus nicht Rabbinen im Sinn der rabbinischen Schriften gewesen sein, Männer, die nach Jahren des Studiums jüdischer Tradition und der Jüngerschaft bei älteren Meistern als selbständige Meister der Tradition ordiniert worden sind.[551] Selbst wenn eine Grabinschrift von Qasrin im Golan, die einen R. Abun nennt, sich auf den in den rabbinischen Schriften genannten R. Abun beziehen sollte, der um die Mitte des 4. Jahrhunderts gestorben ist, ändert das kaum etwas am negativen Bild.[552]

Vielleicht aber kann man aus den Herkunftsbezeichnungen der Rabbinen etwas über die Verbreitung rabbinischer Ideale erfahren. Die meisten von ihnen stammen natürlich aus den schon genannten rabbinischen Zentren Tiberias, Sepphoris und Caesarea. Einzelne tragen aber auch den Beinamen Daroma oder ähnlich, kommen also aus dem Süden, das heißt im allgemeinen aus Lydda oder dessen Umgebung. Manche kommen auch aus Jaffa, andere aus Tyrus und Sidon, wohin – wie wir gesehen haben – das galiläische Judentum gute Beziehungen hatte, oder aus dem Ostjordanland (Bosra, Edrei). Auch aus Babylonien kommen noch immer Rabbinen; die sonstigen Länder der Diaspora sind hingegen im palästinischen Rabbinat dieser Zeit kaum vertreten: Ein Rabbi wird als Kappadokier bezeichnet, ein anderer als Alexandriner, R. Zemina war zumindest zeitweise in Rom. In jüdischen Inschriften aus der Diaspora kommt in vorislamischer Zeit die Bezeichnung Rabbi nur vereinzelt vor und ist wohl immer ganz allgemein verwendet, meint also nicht den talmudischen Rabbi. Das verstärkt den Eindruck, daß in dieser Zeit das Rabbinat noch eine fast ausschließlich palästinische beziehungsweise babylonische Sache war (auch der *didaskalos* Annas, Adressat zweier in Ravenna erlassener Gesetze des Codex Theodosianus, muß kein Rabbi im Sinn des Talmud gewesen sein).

Auffällig ist ferner, daß kein Rabbi dieser Zeit nach einem der Orte der Tetrakomia, also dem Kerngebiet jüdischer Siedlung in Galiläa, benannt ist, es sei denn R. Eleazar bar Merom ist nach Meiron genannt.[553] Anzunehmen, daß dieses Gebiet eben der selbstverständliche Bereich für die Rekrutierung des rabbinischen Nachwuchses war und daher in den Namen nicht aufscheint, wird der Sachlage wohl nicht gerecht. Wir müssen auch berücksichtigen, daß viele der genannten Rabbinen selbst Söhne oder Väter von Rabbinen waren; das Erbprinzip setzte sich also schon damals durch, und mit ihm bildete sich eine rabbinische Kaste heraus; das bedeutet, daß die Zahl der in die rabbinische Bewegung einbezogenen Familien noch niedriger anzusetzen ist, als aus der ohnehin schon geringen Zahl von Rabbinennamen hervorgeht. Sicherlich ergeben sich damit auch Rückschlüsse auf die vermutliche Breitenwirkung des Rabbinats.

1. Die rabbinischen Schulen

Schulzentren des Rabbinats in der hier besprochenen Periode sind nur an drei oder vier Orten festzustellen, in Tiberias, Sepphoris, Caesarea und eventuell in Lydda. Das bei weitem wichtigste dieser Zentren war *Tiberias*. Die Stadt war seit dem späten 3. Jahrhundert Sitz des Patriarchen und wohl zuvor auch schon seiner Schule, die anfangs dem der Überlieferung nach 279 verstorbenen R. Jochanan bar Nappacha unterstand. Angesichts dieser Konzentration des Rabbinats verwundert es, daß kein einziger inschriftlicher Beleg für die Bezeichnung Rabbi aus Tiberias oder seiner näheren Umgebung stammt. In den Briefen des Libanius an den Patriarchen oder auch in zeitgenössischen Kirchenvätertexten werden Rabbinen von Tiberias meines Wissens nie genannt. Einzig in der von ihnen selbst stammenden Literatur sind sie der ständige Mittelpunkt. Dies mag Zufall sein, ist aber doch bemerkenswert.

Rabbinische Texte erwähnen wiederholt das (große) Lehrhaus *(sidra rabba)* in Tiberias (z. B. jSanh X,1,28a); vielleicht ist es mit der doppelten Säulenhalle *(diplē stoa*: MidrPs 93,8,B.416) gleichzusetzen, zu der R. Chaggai hinabzugehen pflegte. Von R. Abun heißt es, daß er für das große Lehrhaus neue Tore anfertigen ließ. R. Mana aber soll dazu nur kritisch Hos 8,14 zitiert haben: „Israel hat seinen Schöpfer vergessen und große Paläste gebaut" (jScheq V,6,49b). Das Lehrhaus war wohl die offizielle Schule des Patriarchen, von dem in diesem Zusammenhang allerdings nie die Rede ist. Wenn R. Huna als *Safra de-sidra* bezeichnet wird (jKil III,1,28c; jSchab IX,2,12a), ist das wohl seine offizielle Funktion im tiberianischen Lehrbetrieb neben dem Leiter der Schule. Ob er offiziell für den Bibelunterricht verantwortlich, also der Exeget der Schule war (in jKil geht es um die Schreibweise eines Worts in Jes 61,11), oder vielleicht auch nur eine der rabbinischen Schule angeschlossene Grundschule leitete, ist aus dieser Bezeichnung nicht zu ersehen.

Die wichtigsten Vertreter der Schule von Tiberias in der uns hier beschäftigenden Zeit waren der aus Babylonien zugewanderte R. Jirmeja, der zugleich mit dem aus Lydda stammenden R. Acha und mit R. Chaggai lehrte; Jirmejas Schüler waren Jona und Jose – in der Mitte des 4. Jahrhunderts die führenden Gelehrten von Tiberias –, ebenso R. Chizkijja und R. Zera der Jüngere. Unter den Schülern Chaggais zeichnete sich vor allem R. Jonatan aus; der bedeutendste Schüler Achas war der schon genannte R. Huna.

Wenn man die Namen der im 4. Jahrhundert in Tiberias tätigen Rabbinen durchsieht, stellt man fest, daß eine Reihe prominenter Männer nicht dorther stammten, sondern von auswärts kamen. Die Anziehungskraft der Stadt bestand in ihrer großen Tradition (der aber die der anderen

Zentren durchaus nicht nachstand), vor allem aber auch darin, daß hier der Sitz des Patriarchen war, der das Privileg beanspruchte, zusammen mit seinem Sanhedrin Rabbinen zu ordinieren. Wie wir gesehen haben, war eine Stellung als Religionsdiener unter den Patriarchen auch für den römischen Gesetzgeber Voraussetzung für die Befreiung von kurialen Pflichten.

Es hängt sicher mit der gesetzlichen Anerkennung des Patriarchats zusammen, daß die Rabbinen dies im 4. Jahrhundert kaum noch kritisierten; die am Ende des Jahrhunderts vorgetragene Kritik an seiner Ordinationspraxis wurde auch nicht in Tiberias selbst laut, sondern in Caesarea (jBik III,3,65d Jakob von Kefar Neburaja und andere). In Tiberias und vielleicht allgemein im Rabbinat muß man wohl zu einem Modus vivendi mit dem Patriarchen gekommen sein; die Rabbinen mußten mit ihm ja auch, wie erwähnt, in der Frage des Kalenders zusammenarbeiten (jEr III,21c; Sanh 12a). Wir müssen wohl annehmen, daß es in Tiberias neben der offiziellen Schule des Patriarchen auch andere rabbinische Lehrer mit ihren Jüngern gegeben hat, daß nicht alle in derselben Patriarchenschule organisiert waren.

Älter als die Schule von Tiberias war die von *Sepphoris*; sie war schon vor jener die Schule des Patriarchats gewesen und wahrte auch weiterhin ihre Bedeutung. Ein R. Chanina aus Sepphoris soll dort seine Funktion (als rabbinischer Lehrer oder Richter oder in irgendeiner Gemeindeposition?) dem R. Mana abgetreten haben (jPes VI,1,33a), der wohl ein Sohn des R. Jose von Tiberias war.[554] Möglicherweise ist R. Mana (= Mani) nach Sepphoris gezogen, weil es zwischen ihm und dem Patriarchen von Tiberias Differenzen gegeben hatte: Zumindest nennt Taan 23b Leute des Patriarchenhauses, die R. Mana große Schwierigkeiten machen, wenn sie durch Sepphoris reiten; erst das Gebet Manas am Grab seines Vaters befreit ihn von diesen Belästigungen. Dergleichen Spannungen könnte auch eine andere Stelle belegen, der zufolge R. Mana nicht am Begräbnis Nehorais, der Schwester von Jehuda Nesia, teilnehmen will (jBer III,1,6a).

Falls der Text (und vielleicht auch die vorangehende Stelle über das Begräbnis von Jehuda Nesia selbst) das Begräbnis der Patriarchenschwester in Sepphoris ansiedelt, wäre dies auch ein Beleg dafür, daß Verbindungen des Patriarchenhauses mit dieser Stadt noch weiterbestanden, als das Patriarchat bereits nach Tiberias verlegt worden war.

Erwähnt sei noch, daß in Sepphoris damals offensichtlich zahlreiche Priesterfamilien wohnten, was zu entsprechenden halakhischen Diskussionen Anlaß gab und wohl das Interesse an der Weitergabe des Tetragramms, des heiligsten Gottesnamens, förderte (jJoma III,7,40d). Auch ein R. Abdima von Sepphoris, ein Zeitgenosse des R. Mana, wird in der Tradition mehrfach genannt.

Relativ zahlreiche Nachrichten besitzen wir über die rabbinische Schule von *Caesarea*. Ihre Mitglieder werden im palästinischen Talmud immer wieder kollektiv als die „Rabbinen von Caesarea", gleichsam als geschlossene Körperschaft oder Gilde, zitiert. Die rabbinische Schule in Caesarea geht auf R. Hoschaja im frühen 3. Jahrhundert zurück; um die Wende zum 4. Jahrhundert erlebte sie eine zweite Blütezeit, als R. Abbahu (um 309 gestorben) ihr wichtigster Vertreter war; damals pflegten die Rabbinen von Caesarea regelmäßige Kontakte mit ihren babylonischen Kollegen, von denen auch manche in Caesarea studierten. Im weiteren Verlauf des 4. Jahrhunderts sind solche engen Verbindungen zu Babylonien nicht mehr belegt; die Schule aber stand mit Lehrern wie Abbahus Sohn R. Zera, R. Isaak b. Eleazar II., R. Zeriqan, R. Chizkijja und anderen nach wie vor in hohem Ansehen.

Aus der zweiten Hälfte des 4. Jahrhunderts wissen wir zwar über die Tätigkeit der Rabbinen Caesareas fast nichts mehr; doch muß die rabbinische Schule der Provinzhauptstadt noch bis in das 5. Jahrhundert in Betrieb gewesen sein. Das Leben am Sitz der Provinzverwaltung hat das dortige Rabbinat sicherlich vor besondere Aufgaben gestellt, wie auch der kosmopolitische Charakter der Stadt im Unterschied zu den mehrheitlich jüdischen Zentren Tiberias und Sepphoris den Charakter der rabbinischen Schule geprägt haben muß.[555]

Lydda, das vierte zu erwähnende rabbinische Zentrum, hatte in unserer Periode seine Blütezeit schon hinter sich; es brachte aber noch immer eine Reihe bedeutender Rabbinen hervor, so vor allem R. Jehuda ben Pazzi und R. Acha. Auch ein Lehrer des Hieronymus (nicht unbedingt ein Rabbi) kam aus dieser Stadt, die bei manchen Rabbinen nicht den besten Ruf hatte, galten doch ihre Bewohner als hochmütig und unzulängliche Kenner der Tora (so R. Jirmeja in jSanh I,2,18c). Zudem galt die Stadt als besonders arm. Daß dieses südliche Zentrum der rabbinischen Tradition im Aufstand gegen Gallus um 352 untergegangen ist, wie *Z. Frankel* meinte, läßt sich absolut nicht beweisen, selbst wenn man im späten 4. Jahrhundert von Rabbinen des Südens nicht mehr viel hört. Sie gehörten einfach nicht zum Zentrum der literarischen Tätigkeit der Rabbinen, die um diese Zeit mit der Redaktion des palästinischen Talmud befaßt waren.

2. Stellung und Aufgaben der Rabbinen

Aus den rabbinischen Schriften könnte man den Eindruck gewinnen, daß die Rabbinen sofort nach der Zerstörung des Tempels im Jahre 70 die Leitung des jüdischen Volkes übernommen hätten und in dieser Stellung sowohl innerjüdisch wie sehr schnell auch von der römischen Regierung einhellig anerkannt worden wären. So wird in der Tat die Geschichte des Judentums nach 70 vielfach gesehen. Typisch ist die Beurteilung durch *E. Schürer*: „In das Erbe der Sadducäer und Priester traten die Pharisäer und Rabbinen. Schon seit zwei Jahrhunderten waren sie mehr und mehr zur führenden Macht geworden. Nun fiel ihnen mit einem Male die Alleinherrschaft zu ... Diese Gelehrten, welche in solcher Weise das höchste Gut Israels pflegten, bildeten nun noch ausschließlicher und unumschränkter als ehedem die höchsten Autoritäten des Volkes."[556]

Eine genauere Analyse der rabbinischen Texte läßt jedoch deutlich werden, wie sehr Wunschdenken und Wirklichkeit auseinanderklaffen. Aus späterer Sicht wurden die Anfänge der rabbinischen Bewegung verklärt und langsam gewachsene Verhältnisse in die „Urzeit" der Bewegung zurückprojeziert, um damit gegenwärtige Zustände als „schon immer so gewesen" jeder Kritik zu entziehen.

Rabbi zu sein galt in den entscheidenden Jahrhunderten nie als Beruf, sondern als Lebensform. Das Lernen der Tora war eine in sich heilige Handlung, die im Jüngerkreis geübt und auch in die eigene Lebenspraxis umgesetzt wurde; sie war aber nicht dem Broterwerb in Gemeinde- und Synagogenleitung oder im jüdischen Gericht zugeordnet. Die Rabbinen waren anfangs eine in sich geschlossene Kaste, deren Einfluß auf das normale jüdische Leben Palästinas eine Sache der geistigen Ausstrahlung und nicht eine solche offizieller Funktionen war. Erst ab dem 3. Jahrhundert drangen die Rabbinen im Dienst des nunmehr auch öffentlich anerkannten Patriarchen immer mehr in verantwortliche Gemeindepositionen vor oder nahmen Funktionen an seinem Hof wahr. Kraft der vom Patriarchen als Privileg gewahrten Ordination konnte der rabbinische Jünger überhaupt erst selbständig, selbst Rabbi werden. Als solcher durfte er in religiösen Fragen Lehre erteilen, richten, aber auch im Sanhedrin mitwirken, dem zentralen rabbinischen Gericht des Patriarchen, dem die Festlegung des religiösen Kalenders vorbehalten war, das aber auch in allen anderen Fragen die oberste Instanz des jüdischen Rechts darstellte. Diese Institution verstand sich als direkte Nachfolgerin des Hohenrats zur Zeit des Tempels, hatte aber erst im Lauf der Jahrhunderte ihre spätere Bedeutung erlangt; nach dem Aufhören des Patriarchats konnte sie dessen Führungsaufgaben – wohl zusammen mit der rabbinischen Akademie in Tiberias – übernehmen.

Lange Zeit hatten Rabbinen sich gegen die Übernahme von öffentlichen Positionen gewehrt, getreu dem Grundsatz von Abot IV,5, daß man die Tora nicht als Spaten verwenden dürfe, um sich damit den Lebensunterhalt zu verdienen. Auch betrachteten viele Rabbinen die Tätigkeit in der öffentlichen Gemeindeverwaltung als minderwertig, verachteten den gewöhnlichen Schullehrer als ungebildet, ebenso auch den volkstümlichen Prediger in der Synagoge. Das hing natürlich mit der Tatsache zusammen, daß in den jüdischen Gemeinden ältere Führungsstrukturen der grundbesitzenden Notabeln sich lange hielten und selbst vom Patriarchat nicht umgangen werden konnten. Erst ab dem 3. Jahrhundert beginnen umfassende Versuche des Rabbinats, sich in Gemeindeführung, Synagoge mit Liturgie und Predigt wie auch im Schulunterricht festzusetzen.

a) Die Stellung des Rabbi in der Synagoge

Spätere Verhältnisse verbinden den Rabbi vor allem mit der Synagoge und ihrem Gottesdienst. In der frühen rabbinischen Zeit hingegen waren viele Rabbinen der Ansicht, die Synagoge stehe an Würde dem Lehrhaus nach; auch sei das Studium nicht um des Gemeinschaftsgottesdienstes in der Synagoge willen zu unterbrechen, das Gebet im Lehrhaus vielmehr vorzuziehen. Lange Zeit gehörten die Synagogen nicht zum direkten Einflußbereich der Rabbinen, das bestätigen auch die erhaltenen Synagogeninschriften, die, wie gesagt, die Rabbinen ignorieren. Auffallend ist ferner die Tatsache, daß es für die meisten Synagogenfunde keine Hinweise in der rabbinischen Literatur gibt und umgekehrt die meisten in rabbinischen Texten genannten Synagogen bisher archäologisch nicht nachgewiesen werden konnten; es besteht also nur ein kleiner Deckungsbereich zwischen den archäologisch bestätigten und den literarisch erwähnten Synagogen.

Deutlich wird die Machtlosigkeit der Rabbinen in den Synagogen in jAZ III,3,42d: „In den Tagen des R. Jochanan begannen sie, die Wände mit Bildern zu bemalen, und er hinderte sie nicht.“ Ein aus der Geniza stammendes Textfragment in Leningrad fährt fort: „In den Tagen des R. Abun begannen sie, Mosaikbilder zu legen, und er hinderte sie nicht.“ Die Aussage ist hier zwar allgemein gehalten, gilt aber zumindest *auch* für die Synagogen, wie der archäologische Befund deutlich macht. Explizit ist dies in Targum Pseudojonatan zu Lev 26,1 gesagt, der dem biblischen Bilderverbot folgenden Satz hinzufügt: „Doch dürft ihr auf den Boden eurer Heiligtümer einen mit Darstellungen und Bildern dekorierten Fußboden legen, nicht aber, um euch vor ihm (zur Anbetung) hinzuwerfen.“

Im 3. Jahrhundert wurde die Einstellung der Rabbinen zur Synagoge immer positiver und mehrten sich, wie gesagt, ihre Versuche, Einfluß zu gewinnen. Das zeigen verschiedene Aussprüche von Rabbinen über die Bedeutung der Synagoge in jBer V,1,8d–9a; hier wird auch der Satz des R. Jochanan, der Mensch solle an einem für das Gebet geeigneten Ort beten, sofort auf die Synagoge gedeutet, obwohl Jochanan ebenso die Aussage zugeschrieben wird, wer zuhause bete, sei wie von einer eisernen Mauer umgeben (so konzentriert und geschützt): Für die Rabbinen der nachfolgenden Generation war es bereits ganz selbstverständlich, daß die Synagoge die Gebetsstätte schlechthin war.

R. Jochanan und R. Jonatan werden in jBer IX,1,12d auch schon Versuche zugeschrieben, Gebetsformeln zu normieren. Sie „gingen, in gewissen Ortschaften des Südens Frieden zu stiften. Sie kamen in einen Ort und hörten den Vorbeter, der sagte: ‚Der große, heldenhafte, furchtbare, der mächtige und überragende Gott'. Und sie brachten ihn zum Schweigen. Sie sagten zu ihm: Du hast kein Recht, der Formulierung, die die Gelehrten in den Segenssprüchen festsetzten, etwas hinzuzufügen." Man kann wohl annehmen, daß die beiden Rabbinen aus Tiberias nicht einfach in ihrer Eigenschaft als Rabbinen unterwegs waren, sondern im offiziellen Auftrag des Patriarchen, der sich bemühte, seine Kontrolle über die Synagogen des Landes auszuüben.

Was man diesem Text mit Gewißheit entnehmen kann, ist die Abweichung lokaler Gebetsformeln vom rabbinischen Standard. Das hat sich auch in den folgenden Jahrhunderten nicht allzu sehr geändert. Charakteristisch ist jBer V,4,9c: R. Acha und R. Jehuda ben Pazzi sitzen in der Synagoge und hören, wie ein Vorbeter eine Benediktion des Achtzehngebets ausläßt; sie schreiten nicht ein, sondern müssen erst bei R. Simon Auskunft einholen, was hier das richtige Verhalten gewesen wäre. R. Levi bar Chita hört in Caesarea (wohl in der Synagoge) die Leute das Schema griechisch beten und möchte die hebräische Rezitation durchsetzen, doch R. Jose, der davon erfährt, erlaubt das Gebet in Griechisch, wenn man es nicht hebräisch rezitieren kann (jSota VII,1,21a). Auch hinsichtlich der Bibellesung herrschte keine einheitliche Praxis: So erfährt R. Chananja b. Acha in LevR 3,6 (M.69) erst in der Synagoge, welche Lesung gehalten wird. Allgemein belegt jBer durchgehend das Interesse der Rabbinen an der Synagogenliturgie sowie an der Bibellesung für die Festtage; das bedeutet aber nicht, daß sie ihre Ansichten auch durchsetzen konnten, sondern nur, daß sie sich darum bemühten und aus ihrer Reserve der Synagoge gegenüber herauskamen.

Gelegentlich konnten sich die Rabbinen aber auch besondere Rechte in der Synagoge anmaßen. So wird etwa in jMeg III,4,74a von R. Berekhja erzählt, er habe in der Synagoge von Bet Schean einen Mann zurechtgewiesen, der sich dort im Wasserbecken Hände und Füße wusch. Am nächsten Tag tat er das selbst. Der getadelte Mann stellte ihn darauf zur Rede: „Rabbi, dir ist es erlaubt und mir ist es verboten?" Als Antwort bekam er ein Zitat des R. Jehoschua ben Levi zu hören: „Die Synagogen und Lehrhäuser gehören den Gelehrten und ihren Schülern."

Mit ihrer zunehmenden Wertschätzung der Synagoge treten die Rabbinen auch als Prediger beim Synagogengottesdienst auf. So predigt etwa R. Berekhja in einer nicht näher genannten Synagoge und beendet seinen Vortrag mit einem Spendenaufruf für einen zugewanderten Babylonier (LevR 32,7, M.752 f). R. Jirmeja predigt in Tiberias in der Ratssynagoge (jTaan I,2,64a). Ein besonders nahes Verhältnis zur Synagoge scheinen die

Rabbinen von Caesarea gehabt zu haben. Eine Reihe von ihnen betätigt sich in der „Aufstandssynagoge", so im 4. Jahrhundert noch R. Isaak ben Eleazar (jBik III,3,65d).[557] Man darf zwar nicht jedesmal, wenn es heißt, daß ein Rabbi „predigte, auslegte", automatisch auf eine Predigt in einer Synagoge schließen, falls dies nicht ausdrücklich gesagt wird; aber viele solcher Stellen sind zweifellos in einer Synagoge zu lokalisieren. So wird etwa von R. Jona eine Predigt (beziehungsweise ein Lehrvortrag) am Eingang des Patriarchenhauses, also wohl im Freien, erwähnt (Schab 155b). Im Freien könnten auch die Predigten anläßlich der öffentlichen Fasten um Regen stattgefunden haben (so jTaan II,1,65b R. Berekhja und R. Chaggai; LevR 3,6, M.69, R. Chananja bar Acha).

In der Frage des öffentlichen Fastens scheinen die Rabbinen allgemein Einfluß auf die jüdische Bevölkerung ausgeübt zu haben. So ist in jTaan mehrmals von Fasten die Rede, die die Rabbinen anordnen (z. B. III,4,66d R. Acha). Auch die Patriarchen sollten daran teilnehmen, wie R. Chelbo den Patriarchen Judan auffordert. Doch scheint man sich damit nicht durchgesetzt zu haben; denn anschließend wird der Ausspruch des R. Jose zitiert, daß die Fasten in seiner Zeit keine richtigen Fasten mehr seien, weil das Patriarchat sich nicht daran beteilige (II,1,65a). An anderer Stelle schreibt R. Jakob bar Acha den Lehrern vor, was sie Frauen antworten sollen, die sie fragen, an welchen Tagen Fasten erlaubt seien (II,13,66a). Dies also ist ein Gebiet des religiösen Lebens, das die jüdische Bevölkerung offensichtlich den Rabbinen anvertraut.

Wie wenig aber die Rabbinen mit ihren Vorstellungen auch in den für sie einfachsten Fragen des Gebets das Volk beeinflussen konnten, zeigt eine Predigt des R. Chanan von Sepphoris. Er wendet Hld 2,2 „wie eine Lilie unter Disteln" auf den an, der als einziger unter zehn Männern in der Synagoge das Gebet vor dem Schema rezitieren, bei einer Hochzeit den Segen über die Brautleute oder bei einem Todesfall den Segen über die Trauernden sprechen kann (LevR 23,4, M.530f). Auch solche einfachen und häufigen Gebetsformeln sind also offenbar den meisten unbekannt.

b) Rabbinen in Gemeindeleitung und Gericht[558]

Der palästinische Talmud setzt voraus, daß Rabbinen in den jüdischen Gemeinden gewisse Entscheidungsbefugnisse haben. Zum großen Teil geht es in den diskutierten Fällen zwar um theoretische Erörterungen des Religionsgesetzes. Doch sind sehr wohl auch praktische Entscheidungen von Rabbinen angeführt; oft werden sie als selbstverständliche Tatsache nur nebenbei erwähnt, um eine theoretische Diskussion zu illustrieren. Im Prinzip ist an solchen Angaben nicht zu zweifeln, auch wenn wir das Bild des Talmud nicht verallgemeinern dürfen. Selbstverständlich war der

Einfluß der Rabbinen am Sitz des Patriarchen in Tiberias oder in seiner früheren Residenz Sepphoris größer als etwa in den gewöhnlichen jüdischen Dörfern, wo die alteingesessenen Führungsschichten weiterhin die Gemeindeleitung innehatten. Und auch in den rabbinischen Zentren mußten die Rabbinen die Konkurrenz der von den Patriarchen eingesetzten Honoratioren erdulden, wie die Polemik in jBik III,3,65d deutlich zeigt.

Von R. Chaggai und R. Jose erzählt jPea VIII,7,21a (vgl. jScheq V,2,48d), daß sie Parnassim einsetzten, in der Gemeinde mit der öffentlichen Wohlfahrt oder allgemein mit der Leitung Beauftragte. Dies geschah wohl auf Anordnung des Patriarchen, an dessen Schule sie unterrichteten. Die von R. Jose in Kafra ernannten Parnassim mußten übrigens zur Übernahme ihrer Aufgabe erst überredet werden. Daß es nicht leicht war, für solche Posten Leute zu finden, geht auch aus LevR 25,1 (M. 568 f) hervor, wo R. Huna als Sühne im Fall einer schweren Verfehlung, die durch ein irdisches Gericht nicht geahndet werden kann, empfiehlt, das gewohnte Pensum im religiösen Studium zu verdoppeln; wer aber weder Bibel noch Mischna gelernt habe, der solle sich als Parnas oder Kassier für die Armenkasse zur Verfügung stellen.

Im Gerichtswesen tätige Rabbinen waren, wenn sie nicht einfach als Schiedsrichter angerufen wurden, offenbar ebenfalls vom Patriarchen eingesetzt, sei es auch nur allgemein kraft der Ordination. Sie waren eindeutig imstande, ihre Entscheidungen notfalls auch gegen den Widerstand der Betroffenen durchzusetzen; dies geht z. B. aus jKet VII,9,31d hervor, wonach R. Jirmeja einen Mann zur Scheidung von seiner Frau zwang. In jKet I,2,25b entschied R. Chanina über die Auszahlung der einer Frau aus dem Ehevertrag zustehenden Summe und zog R. Mana hinzu, das Dokument zu unterschreiben. In jKet XI,1,34d geht es um eine Erbschaftsfrage, ein anderes Mal wiederum um die Regelung von Schulden eines Abwesenden (jKet IX,10,33b). Solche Beispiele lassen sich mühelos vermehren.

Von Interesse ist, daß die talmudischen Beispiele vielfach auch Fälle anführen, in denen ein Rabbi gemeinsam mit Männern zu Gericht sitzt, die nicht Rabbinen sind: Z. B. jBB III,3,14a R. Huna zusammen mit Chilqijja bar Tobi und Chijja bar Rab. Trotz aller Polemik gegen nichtordinierte Richter und gelegentlicher Aufforderungen, nicht mit solchen Leuten zu Gericht zu sitzen, müssen sich eben die Rabbinen in die bestehenden Verhältnisse finden.

Entscheidungen, die größere Gruppen der jüdischen Gemeinde betreffen, werden ebenfalls Rabbinen zugeschrieben, wie wir schon im Zusammenhang mit dem Aufstand gegen Gallus gesehen haben: R. Jona und R. Jose erlauben zur Zeit des Ursicinus die Versorgung der römischen Truppen mit Brot auch an einem Sabbat; R. Mani tut dasselbe für die

Leute des Proclus in Sepphoris (jSanh III,6,21 b). Hier geht es um eine religiöse Entscheidung im engeren Sinn. In einem anderen Fall, auf den ebenfalls schon kurz hingewiesen wurde, ist es eine zivilrechtliche Entscheidung: „In den Tagen des R. Mani war ein *numerus* (römische Truppe) in Sepphoris und ihre (der Bewohner) Söhne wurden von ihnen verpfändet (beziehungsweise von den Soldaten ergriffen). Als für sie die Zeit kam, wegzugehen, erließ R. Mani einen Aufruf gemäß der Entscheidung des R. Immi (daß man in Notfällen auch vermietete Häuser verkaufen darf). Er sagte: Nicht, daß ich seiner Meinung wäre; aber im Interesse der Leute von Sepphoris (habe ich so entschieden), damit ihre Söhne nicht endgültig verlorengehen" (jPes IV,9,31 b). Es bestand offenbar die Notwendigkeit, Geld für die Ablösung vom Militärdienst *(aurum tironicum)* aufzubringen.[559] Wäre die hier gefällte Entscheidung nicht durch entsprechende Autorität gedeckt gewesen, hätte man mit einer Fülle von Prozessen betroffener Mieter rechnen müssen. So darf man aus dieser Episode wohl ableiten, daß zumindest einzelne Rabbinen dergleichen relativ weitreichende Fragen zu entscheiden befugt gewesen sind.

Nach dem Zeugnis des Talmud haben einzelne Rabbinen auch außerhalb ihrer eigentlichen Wirkungsstätte religionsgesetzliche Fragen entschieden. Besonders für Tyrus gibt es eine Reihe von Belegen. So entschied etwa R. Jassa in Tyrus über die Zulässigkeit bestimmter Gefäße (wie zuvor auch R. Jirmea im Golan: jAZ II,4,41 c); R. Ba und R. La behandelten dort eine Anfrage über die Erlaubtheit von Früchten im Zusammenhang mit dem Sabbatjahr (jSchebi II,6,33 d). Von Interesse ist auch eine Anfrage, die R. Tanchum bar Papa in zwei eherechtlichen Fragen aus Alexandrien an R. Jose richtete (jQid III,14,64 d). Dergleichen Fälle belegen nicht unbedingt eine überregionale Machtbefugnis der Rabbinen; sie wurden eher als anerkannte Gelehrte um ihre Rechtsmeinung befragt. Im Einzelfall wäre hier auch erst zu erkunden, wieviele Juden in Tyrus sich überhaupt der rabbinischen Ausprägung des Judentums verpflichtet fühlten. Offensichtlich war die Autorität der Rabbinen dort nicht ganz gesichert, auch nicht bei Leuten, die sich um dergleichen religiöse Fragen kümmerten.

Dies geht aus Anekdoten über einen Mann aus Kefar Neburaja, Jakob, hervor. Er trug zwar nicht den Titel Rabbi, wurde aber dennoch in Tyrus in halakhischen Fragen zu Rat gezogen, wobei er jeweils nach seinem Bibelverständnis entschied. Einmal handelte es sich um die Frage, ob man den Sohn einer Nichtjüdin und eines Juden am Sabbat beschneiden dürfe, das andere Mal darum, ob man einen Fisch rituell schächten müsse. In beiden Fällen geriet Jakob deswegen mit R. Chaggai in Konflikt, der sich auf das traditionelle Gesetzesverständnis berief (GenR 7,2, Th–A 50–52; der erste Fall auch jJeb II,6,4 a = jQid III,14,64 d). Derselbe Jakob ist uns auch schon in Caesarea begegnet, als Gegner der Praxis des Patriarchen, gewisse Posten gegen Bezahlung zu vergeben (jBik III,3,65 d). Gelegentlich hat man versucht, diesen Jakob als Judenchristen zu charakterisieren[560], was aber durchaus nicht gerechtfertigt ist.

Ist auch gerade in der Frage des tatsächlichen Einflusses der Rabbinen auf das jüdische Gemeindeleben und Rechtswesen im 4. Jahrhundert vieles noch äußerst unklar, läßt sich doch die Grundtendenz der uns zur Verfügung stehenden Belege mit *J. Neusner* so zusammenfassen: „Der Talmud porträtiert den Rabbi als wirksame Autorität über Israel. Doch Details des Bildes widersprechen immer wieder seinen Grundzügen. Der Rabbi war Teil der Verwaltung eines Mannes, der am Rand der rabbinischen Bewegung stand, einen Fuß innen, den anderen außen. Der Gelehrte war in seiner Macht weiterhin durch Willen und Zustimmung des Volkes beschränkt, durch feststehenden Brauch und andere Gruppen jüdischer Größen ... Einerseits konnte der Rabbi manche praktische Entscheidungen treffen. Andererseits strebte er Autorität über Israel in Konkurrenz mit dem Patriarchen und örtlichen Dorfgrößen an. Und im allgemeinen hatte kein Jude viel zu entscheiden."[561]

3. Die Rabbinen und ihre nichtjüdische Umwelt

Es ist hier nicht der Ort, die religiösen und geistigen Vorstellungen der Rabbinen im 4. Jahrhundert wenigstens kurz zu schildern; auch wäre es sehr schwierig, die geistigen Entwicklungen dieser Zeit gegenüber dem Jahrhundert davor herauszuschälen. Nur zwei eng miteinander verknüpfte Gebiete, die geeignet sein können, die Geschichte unserer Periode näher zu beleuchten, seien hier kurz gestreift: Wie standen die Rabbinen zur römischen Oberherrschaft und wie reagierten sie auf die christlich werdende Umwelt? Sind hier erkennbare Veränderungen gegenüber einer Zeit festzustellen, als Gegenspieler des Judentums noch das Heidentum und eine heidnische Regierung waren?

Was die *Einstellung zur Regierung* betrifft, wurde im Zusammenhang mit dem Aufstand gegen Gallus und mit dem Tempelbauprojekt Julians schon das zurückhaltende, pragmatische Benehmen der Rabbinen erwähnt. Sie suchten nach einem Weg, mit der Regierung auszukommen, solange keine religiösen Grundbelange berührt waren – und das war in unserer Periode offenbar nie der Fall. Natürlich ist diese Aussage nur mit Vorbehalt zu machen; denn die Redaktoren, die für die uns vorliegenden Schriften verantwortlich sind, haben selbstverständlich auch ihr Material gefiltert. Wiche das Bild allerdings zu stark von der Wirklichkeit ab, würden wir erwarten, Korrekturen aus dem Ablauf der Geschichte beziehungsweise aus nichtjüdischen Quellen zu erhalten. Dies ist nicht der Fall.

Die rabbinischen Schriften zeigen, daß die Rabbinen durchaus nicht in einer abgeschlossenen Welt lebten; vielmehr standen sie mit der römischen Welt und ihrer Verwaltung in täglichem Kontakt. Gewisse Kenntnisse von der allgemeinen Verwaltung ihrer Zeit, also auch von den seit Beginn des 4. Jahrhunderts eingeführten Reformen und neuen Beamtentiteln gehen aus den entsprechenden griechischen und lateinischen Fremdwörtern in den rabbinischen Texten hervor; besonders sind auch die als Fremdwörter übernommenen Begriffe aus der Rechtssprache sehr informativ.[562]

Konkrete Aussagen beziehen sich vor allem auf das Gerichtswesen. Unter anderem wird die verfängliche Art der Befragung des Angeklagten bei Gericht geschildert (so R. Chanina b. Isaak GenR 37,2, Th-A 345; anonym 63,10, Th-A 693), ebenso das Gerichtsverfahren von der Anklage über die Folter bis zur Hinrichtung (R. Berekhja in PRK 24, M. 357f); auch die Berufungsinstanzen vom Dux über den Provinzstatthalter *(eparchos)* bis zum Magister militum *(stratelatēs)* kommen zur Sprache (R. Jehuda b. R. Simon in GenR 49,9, Th-A 510f).[563] Die Bestechlichkeit der Behörden ist ein altes Thema (R. Acha in HldR 7,9), ebenso die Klage über die Besteuerung, wenn zum Beispiel R. Isaak b. R. Zera von der Gefräßigkeit Esaus spricht (PRK 6, M. 115); auch die erst von Konstantin eingeführte Gewerbesteuer *(chrysargyron)* ist schon genannt (jBQ III,1,3c).

Der Übergang von Latein zu Griechisch als Sprache auch der öffentlichen Verwaltung spiegelt sich wohl in der Polemik des R. Jehuda b. R. Simon, es sei eine Schande für Rom, daß es seine Dokumente nicht in seiner eigenen Sprache unterschreibe; R. Chanina bar Adda protestiert dagegen, dies sei sehr wohl der Fall (EstR 4,12). Auch die Polemik gegen die Abhängigkeit Roms von Griechenlands Kultur ist in rabbinischen Texten nichts Neues, sie wird nur weitergeführt. So sagt etwa R. Huna in GenR 16,4 (Th-A 148), daß Griechenland dem frevlerischen Reich (Rom) in drei Dingen vorangegangen sei: in der Schiffahrt (andere Lesart: in den Gebräuchen beziehungsweise Gesetzen), in der Malerei und in der Sprache. An derselben Stelle heißt es zuvor, daß alle Königreiche (also auch Rom) nach Assur benannt sind, weil sie sich an Israel bereichern *(mitascherot)*; R. Jose fügt diesem Wortspiel des R. Huna ein weiteres mit dem Namen Ninive hinzu: Alle Reiche schmückten sich auf Israels Kosten.

In MidrPs 14,1 (B. 57a) erklärt R. Jehuda im Namen Samuels, der in Ps 14,1 genannte Tor *(nabal)*, der meint, es gibt keinen Gott, sei Esau = Rom, das die ganze Welt mit Leichen *(nebelot)* füllte. Dieses Wortspiel schränkt anschließend R. Huna so ein: „weil es das Land mit den Leichen der Israeliten anfüllte." Dabei geht es aber eindeutig um historische Erinnerungen, nicht um Erfahrungen der Gegenwart (trotz der Aussage des Hieronymus über die Tausende von Toten im Aufstand gegen Gallus).

Denn konkrete Klagen über Unterdrückungsmaßnahmen der Regierung in der eigenen Zeit hören wir praktisch nicht. Zwar heißt es in jMQ III,1,81 d, in den Tagen Jirmejas sei es zu einer Notlage gekommen: *W. Bacher* versteht den Ausdruck *ʿaqa'* als drückenden Erlaß der Regierung;[564] doch die Fortsetzung macht deutlich, daß einfach an finanzielle Probleme gedacht ist, etwa eine fällige Steuerforderung oder ähnliches; denn R. Jirmeja reagiert darauf, indem er zu R. Jakob b. R. Bun schickt und ihn um einen Silberleuchter bittet, was dieser entrüstet ablehnt (offenbar in Berufung auf die Steuerfreiheit der Rabbinen). Konkreteres ist auch aus der Geschichte über R. Isaak b. Eleazar nicht herauszulesen: Vergeblich versucht dieser, am Strand von Caesarea einen Knochen einzugraben; er kommt immer wieder zum Vorschein. Darin sieht der Rabbi ein göttliches Zeichen. „Nach einigen Tagen ging ein Regierungsbote (*veredarius*) vorbei. Er (der Knochen) kollerte zwischen seine Füße, er stolperte darüber und stürzte sich zu Tode. Man ging und untersuchte ihn und fand, daß er negative Nachrichten (wörtlich: schlechte Briefe) gegen die Juden von Caesarea trug" (LevR 22,4, M.506; GenR 10,7, Th-A 81 f und öfter).

Bei aller, im allgemeinen traditionsgebundenen, Klage über die Unterwerfung unter die römische Fremdherrschaft fehlt den Rabbinen die Bereitschaft zum aktiven Widerstand. Wie schon frühere Generationen gelehrt haben, richten auch die Meister des 4. Jahrhunderts ihre ganze Hoffnung auf eine direkt von Gott bewirkte Errettung am Ende der Zeiten. Bis dahin kann man nur resigniert wie R. Nachman in GenR 6,3 (Th-A 42 f) feststellen: Rom hält sich an den Sonnenkalender, Israel an den Mondkalender. Wie die Sonne nur bei Tag herrscht, so herrscht Rom nur in dieser Welt; der Mond hingegen herrscht bei Nacht und bei Tag; daher wird Israel in dieser und in der kommenden Welt herrschen. „Solange das Licht der großen (Himmelsleuchte) da ist, ist das Licht der kleinen nicht offenbar. Ist aber das Licht Esaus einmal untergegangen, wird das Licht Jakobs offenbar. Das bedeutet die Bibelstelle: ‚Auf, werde licht' (Jes 60,1)."

Diese Zeit darf man aber nicht selbst herbeizwingen, wie R. Chelbo in HldR 2,18 aus Hld 2,7 ableitet: „Hier sind vier Schwüre enthalten. (Gott) ließ Israel schwören, daß es nicht gegen die Königreiche revoltiere, daß es nicht das Ende herbeidränge, daß es nicht seine Geheimnisse den Völkern der Welt offenbare und daß es nicht (geschlossen wie) eine Mauer aus der Diaspora (in das Land Israel) hinaufziehe." R. Judan verbindet anschließend den Text („Stört die Liebe nicht auf, weckt sie nicht, bis es ihr selbst gefällt") mit Gen 25,28 („Isaak aber liebte Esau"), um zu deuten, man habe zuzuwarten, „bis das Wohlgefallen des Alten (Isaak) erfüllt worden ist", sein Segen über Esau = Rom sich erfüllt habe. R. Berekhja hingegen deutet zwar „die Liebe" auf die Liebe Gottes zu Israel, aber auch ihm gilt es, diese Liebe nicht vorzeitig zu wecken, alles Gott zu überlassen.

Die Äußerungen über die Regierung sind zwar gelegentlich in ihrer

Terminologie Zeugnisse ihrer Zeit, sonst jedoch weichen sie nicht von früheren Erklärungen ab. Eine Reaktion auf einen christlich gewordenen Staat ist zumindest an der Oberfläche nicht merkbar. Daran ändert auch der Verweis auf einzelne rabbinische Aussagen nicht, die nun erstmals oder zumindest häufiger belegt sind.

Vielfach zitiert man in diesem Zusammenhang rabbinische Texte, nach denen auch andere Völker behaupten, Israel zu sein. In diesem Sinn wird mehrmals in der rabbinischen Literatur das Gleichnis gebracht, daß Weizen, Stroh und Spreu miteinander stritten, für wen von ihnen man das Feld besät habe: die Entscheidung kommt erst bei der Ernte. Ebenso werden die Völker der Welt sagen: „Wir sind Israel und unseretwegen wurde die Welt erschaffen"; doch Israel antwortet darauf: „Wartet, bis der Tag des Heiligen, gepriesen sei er, kommt; dann werden wir wissen, für wen die Welt erschaffen wurde." R. Abun, dem dieses Gleichnis zugeschrieben wird (GenR 83,5, Th-A 1000f; HldR 7,7 zu 7,3), begründet in jPea II,6,17a (= jChag I,8,76d) die Tatsache, daß der Großteil der Tora nicht geschrieben, sondern nur mündlich überliefert wurde, so: Damit sei eine Abgrenzung zwischen Israel und den Völkern der Welt möglich; diese können zwar auch das Buch mit der schriftlichen Tora hervorziehen, die mündliche Tora aber besitzen sie nicht.

J. Heinemann rechnet mit der Möglichkeit, daß das Gleichnis vom Weizenfeld auch gegen samaritanische Ansprüche gerichtet sein könnte.[565] Angesichts der Mehrzahl „Völker der Welt" ist dies jedoch eher unwahrscheinlich. Die Interpretation dieser Texte als Reaktion auf christliche Ansprüche liegt gewiß nahe, wenn sie auch nicht voll beweisbar ist.[566]

Dasselbe gilt von der Aussage des R. Chijja bar Luljani, der aus Zef 3,9 ableitet, daß die Noachiden, also die Völker, die nur den Bund Gottes mit Noach (Gen 9) befolgen, nicht aber die gesamte Tora, einst alle Gebote auf sich nehmen, am Ende aber doch wieder zum Götzendienst zurückkehren werden (aus Ps 2,3 abgeleitet). Die Aussage ist zu stark auf den Bibeltext bezogen, als daß wir daraus ableiten dürften, die Rabbinen hätten erkannt, daß sich die nichtjüdische Umwelt einer bibelgemäßeren Religionsform zugewandt habe (jAZ II,1,40c).

Dasselbe gilt auch von der R. Acha im Namen des R. Chuna (vielleicht richtiger umgekehrt) zugeschriebenen Aussage in jNed III, 12f,38a: „Es wird sich der frevlerische Esau in seinen Gebetsmantel hüllen und mit den Gerechten im Garten Eden für die Zukunft sitzen. Doch der Heilige, gepriesen sei er, wird ihn wegziehen und hinausführen. Was ist der Schriftbeweis? ‚Erhebst du dich auch wie der Adler und baust dein Nest zwischen den Sternen, ich stürze dich von dort hinab – Spruch des Herrn' (Obd 4). ‚Sterne' bedeutet nichts anderes als ‚Gerechte', wie es heißt: ‚Und die Männer, die viele gerecht werden ließen, werden sein wie die

Sterne auf immer und ewig' (Dan 12,3)." Auch hier liegt zwar ein Bezug auf das christlich gewordene Rom nahe; doch ist das Motiv der Selbsteinschätzung Roms als „Gerechte" älter, als daß der Text so eindeutig verstanden werden könnte.[567]

Keine rabbinische Aussage ist, für sich genommen, als einwandfrei gesicherte Reaktion auf das Christentum als die nun herrschende Größe zu verwerten. Dieses Faktum, daß der palästinische Talmud (ebenso aber auch die gleichzeitigen Midraschim) keine Notwendigkeit sieht, zwischen Christentum und Heidentum klar zu unterscheiden, deutet *J. Neusner* so: „Nicht zu wissen, daß Leute, die dieselben heiligen Schriften verehrten, die Israel für heilig hielt, nun in Rom herrschten, nicht anzuerkennen, daß das Heidentum in seiner groben Form einer Religion Platz gemacht hatte, die von Israel sprach und beanspruchte, ein Stück Israel darzustellen – das scheint mir ein bewußter Akt der Selbsttäuschung."[568]

War es das wirklich? Das würde voraussetzen, daß die Rabbinen den Wandel erkannten und trotzdem nicht wahrhaben wollten. Vielleicht aber war von ihrem Selbstverständnis her der Übergang von einem Heidentum, das ja längst nicht mehr der grobe Polytheismus früherer Zeiten war, zum Christentum nicht so wesentlich, daß man darauf anders als auf das frühere Heidentum hätte reagieren müssen. Auch ist die starke Traditionsgebundenheit rabbinischen Denkens zu berücksichtigen, ebenso die durch Jahrhunderte eingeübte Abwehrhaltung gegenüber allem Nichtjüdischen. Diese Haltung gewährte Schutz, hinderte aber auch Beweglichkeit, Nuancierung und Differenzierung. Das alles ist für uns heute schwer nachvollziehbar.

So ist wohl die zurückhaltendere Formulierung von *J. Maier* angebracht. Er stellt zwar auch fest, „wie stark für jüdisch-rabbinisches Bewußtsein die Kontinuität zwischen heidnischem und christlichem römischen Reich im Vordergrund stand, nämlich so sehr, daß spezifisch christliche Anliegen als solche gar nicht zur Geltung kommen konnten"; dazu versucht er aber folgende Begründung: „Das mochte zwar auch an der Art des Christentums gelegen haben, dem man gemeinhin begegnete, doch grundlegend war das nach wie vor maßgebliche Denkschema der Zweiteilung der Menschheit in Israel und die ‚Weltvölker', das Rechnen mit den vier Weltreichen à la Daniel, wobei die Konfrontation mit ‚Rom' (‚Esau'/‚Edom') als viertem und letztem Weltreich das aktuelle heilsgeschichtstheologische Bewußtsein so sehr beherrschte, daß der Religion dieser Weltmacht lange keine besondere Beachtung geschenkt wurde."[569] Wenn der römische Gesetzgeber im Codex Theodosianus Häretiker, Juden und Heiden vielfach in einem einzigen Gesetz als gemeinsamen Gegner zusammenfaßt, sehen wir dieses Denken in zwei Lagern ja auch auf der christlichen Gegenseite.

4. Die rabbinischen Schriften

Was bisher über die Rabbinen gesagt wurde, wissen wir nur aus ihren eigenen Schriften. Wir sollten jedoch diese Texte nicht nur als Steinbruch verwenden, um aus ihnen die uns interessant scheinenden Einzelaussagen herauszugreifen. Auch als Ganzes sind sie in das Bild des Judentums der Zeit hineinzunehmen. Der palästinische Talmud, GenesisRabba, LevitikusRabba und KlageliederRabba, aber wohl ebenso noch Hoheslied-Rabba, RutRabba und Pesiqta de Rab Kahana sind Produkte und somit Zeugnisse des hier geschilderten Jahrhunderts. Reicht auch das in diesen Schriften enthaltene Material zum Teil weiter zurück, haben sie doch im 4. Jahrhundert ihre entscheidende Prägung und im frühen 5. Jahrhundert ihre endgültige Form gefunden.

Warum entsteht gerade nun, etwa gleichzeitig mit dem Aufhören des Patriarchats und der Promulgation des Codex Theodosianus, der Drang, angesammelte Traditionen zu redigieren, in eine feste Form zu bringen und abzuschließen? Wenn wir diese Frage beantworten könnten, wüßten wir wohl mehr über die Auffassung der Rabbinen von ihrer Zeit und Geschichte, als wir den Einzelaussagen entnehmen können. Doch leider können wir auch in diesem Punkt nur wenig Sicheres sagen, sind vielmehr auf Vermutungen und Hypothesen angewiesen.

Ansatzpunkte für eine Einordnung sind am ehesten beim *palästinischen Talmud* zu finden. Zwar enthält er ebensowenig wie irgendeine andere rabbinische Schrift direkte Angaben, wer sie wann verfaßt habe und was ihr Ziel sei. Doch ist aus den im Talmud genannten Rabbinen zu erschließen, daß nur ein Datum ab 400 in Frage kommt. Das Fehlen von Hinweisen auf spätere Verhältnisse macht andererseits ein viel späteres Datum unwahrscheinlich. Die Autoren oder besser Redaktoren haben wir in rabbinischen Kreisen zu suchen, ist doch der Text eindeutig Literatur für jene, von denen er ununterbrochen spricht.

Der Anlage nach ist der Talmud ein Kommentar zur Mischna, dem um 200 redigierten Religionsgesetz der Rabbinen; doch ist der Text natürlich nicht nur an theoretischen Erörterungen darüber interessiert, wie das Gesetz der Mischna mit jenem der Bibel eine Einheit bildet und in zusätzlichen, nicht aufgenommenen Traditionen seine Ergänzung findet. In den ständigen Diskussionen über die Frage, wie dieses Gesetz in der Praxis der eigenen Gegenwart anwendbar sei, enthält der Talmud natürlich auch Hinweise auf zeitgenössische Ereignisse. Doch ist auffällig, wie wenig an konkreten und aus nichtrabbinischen Quellen überprüfbaren Geschehnissen im Talmud aufgezeichnet wurde. Nach Diokletian wird kein Kaiser mehr genannt, es sei denn vielleicht Julian in jNed III,2,37d; doch ist die Lesart des Namens völlig ungewiß. Somit bleibt als einzige

Gestalt der „Profangeschichte" des 4. Jahrhunderts Ursicinus, der Feldherr des Gallus.

Das Kolorit des 4. Jahrhunderts entsteht im palästinischen Talmud somit nicht aus der Erwähnung von geschichtlichen Personen und Ereignissen, sondern aus der Sprache des Alltags, den angeführten Titeln, Institutionen, Ämtern und bürokratischen Vorgängen, die das römische Reich und seine Verwaltung ab Konstantin prägten. Das Gefühl eines größeren historischen Abstandes zu den Autoritäten der Mischna gewinnt man sonst nur aus der inzwischen eingetretenen Reife rabbinischer Denkprozesse und vor allem aus immer wieder genannten Traditionsketten, mit denen bestimmte Aussagen über Generationen von Rabbinen zurückverfolgt werden. Mit der großen Weltgeschichte scheint man nichts mehr zu tun zu haben.

J. Neusner sieht diese Unbrauchbarkeit des palästinischen Talmud für die Rekonstruktion einer Tatsachengeschichte in der Gleichgültigkeit der Redaktoren gegenüber dem Zeitgeschehen begründet: „Ein Dokument, das hinsichtlich der Ereignisse der eigenen Zeit so schweigsam ist, möchte deutlich beanspruchen, daß es so gelesen werde, als ob es in einem Vakuum geschrieben worden sei ... Wir erfahren von Leuten, die unfähig waren zurechtzukommen, es sei denn durch massive Bemühungen, Gleichgültigkeit zu mimen."[570]

War die Haltung der Rabbinen zu ihrer Gegenwart tatsächlich ein „nicht einmal Ignorieren"? Gewiß sonderten sie sich von der nichtjüdischen Umwelt so weit als möglich ab; sie versuchten, ihren eigenen Lebensrhythmus beizubehalten, sich dessen bewußt, daß es innergeschichtlich keine entscheidenden Änderungen mehr geben werde, bevor das Ende des „vierten Reichs", der Weltmächte, käme und die Herrschaft Gottes anbräche. Aus dieser Einstellung erwuchs ein ausgeprägter Quietismus, eine Zeitlosigkeit und Unberührtheit von der Geschichte, ohne daß man diese Haltung schon als bewußtes Ignorieren, als Tun-als-ob-sich-nichts-geändert-hätte bezeichnen könnte. Sie wurde auch durch den Basistext gefördert, an dem man arbeitete: auch die Mischna befaßt sich ja nur am Rande mit den Problemen ihrer eigenen Zeit, will vielmehr Ausdruck der ewigen gottgewollten Weltordnung sein. Insofern stand die Arbeit der Rabbinen von vornherein unter dem Aspekt der Ewigkeit.

Doch wie ist der palästinische Talmud tatsächlich kompiliert und redigiert worden? Unter dem Eindruck vor allem der zahlreichen langen Wiederholungen im Text, aber auch des Fehlens von Kommentaren zu zahlreichen Traktaten der Mischna, hat man gelegentlich behauptet, der Text sei überhaupt nie im eigentlichen Sinn redigiert worden; vielmehr hätten die Rabbinen einfach vorhandene Materialblöcke zusammengestellt, ohne an ihnen etwas zu ändern. Diese Hypothese ist nicht haltbar; die Wiederholungen sind vielmehr eine großzügige Form des Verweises auf Parallelstellen, wobei man jeweils den ganzen Kontext eines Zitats mitzitierte, um es nicht aus dem Zusammenhang zu reißen. Daß Traktate fehlen, läßt sich hingegen auch mit anderen Gründen erklären. Wir haben sicher damit zu rechnen, daß in den rabbinischen Schulen, wo die Mischna schon bald den wesentlichen Lehrstoff darstellte, deren Text zuerst auf die Übereinstimmung mit der biblischen Tradition und mit anderen tannaitischen Lehren überprüft worden ist. So entstanden im Lauf der Zeit zu den einzelnen Kapiteln und Traktaten der Mischna immer umfangreichere Kommentare. Im Austausch zwischen den einzelnen Schulen wurden sie ergänzt und erweitert und erlangten schließlich in einer umfassenden Revision durch die für die Endredaktion verantwortlichen Rabbinen von Tiberias ihre endgültige Form.

Doch nicht der gesamte Talmudtext wurde in Tiberias redigiert. Der Traktat Neziqin mit seinen drei „Pforten" (Baba Qamma, Baba Metsia, Baba Batra), die das Vermögens- und Schadensrecht behandeln, ist wohl in Caesarea bearbeitet worden. Das erschließt man aus den in diesem Traktat genannten Rabbinen, der Unzahl von Beispielen, die in Caesarea spielen, aber auch aus der Sprache mit den besonders zahlreichen griechischen Fremdwörtern. Etwas problematischer ist die im selben Zusammenhang von *S. Lieberman* vertretene Meinung, dieser Traktat sei auch früher als der Rest des palästinischen Talmud entstanden, etwa um 350, was seinen im Vergleich zum übrigen palästinischen Talmut rudimentären Charakter erkläre.[571]

J. Neusner hat, wie schon erwähnt, die Gleichgültigkeit des palästinischen Talmud gegenüber der zeitgenössischen Geschichte als absichtliche Selbsttäuschung verstanden, eine Einstellung, die die Redaktoren nicht durchgehalten hätten, wenn der Talmud in einem kosmopolitischen Zentrum redigiert worden wäre. Gerade dies ist aber bei Neziqin der Fall, und dennoch unterscheidet sich Neziqin in dieser Hinsicht nicht vom übrigen palästinischen Talmud. *Neusner* meint, daß man in Neziqin kaum beurteilen könne, wie die Rabbinen von Caesarea auf die Umwelt reagierten, in der sie ihr Leben zubrachten, da dieser Traktat zu wenig nichtgesetzliches Material enthalte.[572]

Doch geht diese Erklärung nicht an der eigentlichen Frage vorbei? *Warum* haben die Rabbinen von Caesarea sich in ihrem Werk so sehr beschränkt, warum sich nicht mit ihrer Umwelt auseinandergesetzt? Die Thematik von Neziqin hätte dies sehr wohl erlaubt; auch wäre es den angenommenen Adressaten des Werks, nämlich den in der Halakha unbewanderten jüdischen Richtern von Caesarea, sicher willkommen gewesen. Auch wäre zu fragen, warum eine jüdisch-rabbinische Schule, die in einer größtenteils nichtjüdischen Stadt lebt, sich nicht des Traktats Aboda Zara, „Götzendienst", angenommen hat. Die darin behandelten Fragen waren doch für die Juden Caesareas besonders brennende Probleme! Auch hier gibt es mehr Fragen als Antworten.

Das größte Problem in der Beurteilung des palästinischen Talmud ergibt sich aber aus den darin fehlenden Traktaten, darunter vor allem die gesamte Ordnung Qodaschim und fast die ganze Ordnung Toharot (Ausnahme: drei Kapitel des Traktats Nidda über die Unreinheit der menstruierenden Frau). Die gelegentlich geäußerte Hypothese, auch zu diesen beiden Ordnungen habe es einst eine palästinische Kommentierung gegeben, die aber durch die Ungunst der Zeit verloren gegangen sei, ist nicht zu begründen. Die andere Theorie, die geschichtlichen Umstände hätten den Abschluß des palästinischen Talmud verhindert, klingt zwar im ersten Moment plausibel; sie wirft aber die Frage auf, warum man dann das Werk nicht fortgesetzt habe, sobald die Lage sich wieder gebessert hatte.

Vom Inhalt her könnte man plädieren, daß die Ordnung Qodaschim über den Tempeldienst nicht kommentiert wurde, weil ja der Tempel nicht mehr existierte und für seine künftig zu erwartende Restauration die Behandlung des Themas in der Mischna (zum Teil auch in Sifra und anderen Midraschim) zu genügen schien. Allerdings wäre dann zumindest eine Kommentierung des Traktates Chullin für die praktische Anwendung der Speisegesetze zu erwarten gewesen. Hinsichtlich der Reinheitsvorschriften in Toharot könnte ebenfalls die praktische Unanwendbarkeit eines Großteils dieser Vorschriften Anlaß gewesen sein, außer dem praktisch wichtigen Traktat über die menstruierende Frau nichts in den Talmud aufzunehmen. Dies alles sind jedoch nur Vermutungen; sie schließen nicht aus, daß eben doch äußere Umstände mitveranlaßt haben, daß sich die Redaktoren des palästinischen Talmud im Vergleich zum babylonischen Gegenstück so kurz faßten und auf umfangreiche Gebiete der Mischna verzichteten.

Die klassische Antwort auf unsere Frage ist die „Katastrophentheorie": Die Ungunst der Verhältnisse, der wachsende Druck der christlichen Regierung und schließlich der Untergang des Patriarchats hätten die Meister der Schule von Tiberias bewogen, das in Jahrhunderten angesammelte Traditionswissen in eine geordnete Form zu bringen und somit kommenden Geschlechtern weiterzugeben.

In ihrer extremen Form ist diese Theorie heute weithin in Mißkredit geraten. Die herrschenden historischen Verhältnisse jedoch völlig außer acht zu lassen, wäre ein ebenso abzulehnendes ahistorisches Denkschema. Unsere Darstellung hat gezeigt, daß es den Juden Palästinas im ersten Jahrhundert unter christlicher Herrschaft durchaus nicht so schlecht gegangen ist, wie vielfach behauptet wird. Die Blüte des Patriarchats in den letzten Jahrzehnten seines Bestehens und die staatlich-rechtliche Absicherung der zentralen Führung des Judentums im römischen

Reich kann nicht ohne Einfluß auch auf die Lage der rabbinischen Schule in Tiberias gewesen sein. Die aus der Patriarchensteuer und anderen Quellen fließenden Mittel müssen auch der rabbinischen Akademie eine ausreichende Existenzgrundlage gesichert haben; andererseits hat das staatlich gesicherte Monopol des Patriarchats auf die Ernennung von jüdischen Religionsdienern im weitesten Sinn sicher auch die Anforderungen an die Ausbildung erhöht, einen Bezugstext gleich der Mischna zu Zeiten von Jehuda ha-Nasi gefordert, und das haben offensichtlich die Rabbinen von Tiberias mit dem palästinischen Talmud zu verwirklichen versucht.

Die Ausgangsposition für das Unterfangen der Rabbinen von Tiberias war somit eher positiv. Der Untergang des Patriarchats vor 429 oder auch schon dessen Maßregelung im Jahr 415 mögen dann zu einem beschleunigten Abschluß des Unternehmens beigetragen haben, weil die weitere Existenz der Schule von Tiberias gefährdet erschien. Ein anderer Aspekt, der für die historische Einordnung des palästinischen Talmud vielleicht auch berücksichtigt werden muß, ist die weitgehende Abschaffung der jüdischen Gerichtsautonomie um 398. Ein westlicher Jude hat darauf mit der Collatio legum Mosaicarum et Romanarum reagiert, um zu zeigen, daß zwischen biblischem und römischem Recht weitgehende Übereinstimmung herrsche, also kein Grund zur Aufhebung der jüdischen Rechtsautonomie bestehe. Für die Rabbinen von Tiberias mag das Gesetz von 398 Anlaß gewesen sein, das begonnene Werk, dessen praktische Anwendbarkeit bei Gericht nur noch bedingt gegeben war, vorzeitig abzuschließen; es könnte aber auch dazu beigetragen haben, dem Werk eine stärker innerjüdische, weithin theoretische Orientierung zu geben, als vielleicht ursprünglich geplant war. Sollte jedoch der palästinische Talmud etwas später anzusetzen sein, wäre auch ein gewisser, zumindest atmosphärischer Zusammenhang mit den Vorarbeiten für den Codex Theodosianus, der 429 in Auftrag gegeben wurde, vielleicht nicht ganz von der Hand zu weisen. Sicher sind dies alles nur Hypothesen, zugleich aber auch Denkanstöße, um den palästinischen Talmud in seiner Zeit einzuordnen.

Wie schon gesagt, haben die Rabbinen damals aber nicht nur den palästinischen Talmud vollendet, sondern zugleich auch eine Reihe von Midraschim verfaßt. GenesisRabba und LevitikusRabba sind eng mit dem palästinischen Talmud verbunden. Nicht nur dieselben Rabbinennamen und dieselbe Sprache verbinden die Schriften miteinander, sondern auch zahlreiche gemeinsame Textstellen. Im einzelnen sind die Parallelen aber schwer zu beurteilen. Im allgemeinen denkt man an relativ komplizierte Beziehungen der Schriften zueinander, etwa in dem Sinn, daß beispielsweise die Redaktoren des palästinischen Talmud eine frühe Fassung von Genesis- oder LevitikusRabba zur Verfügung hatten, für die Endform dieser Midraschim aber wieder die Endform des palästinischen Talmud benützt wurde. Ähnliches wird man für Klagelieder- und RutRabba annehmen dürfen. Schließlich ist hier die Pesiqta de Rab Kahana zu nennen, eine Sammlung von Predigten für Feste und ausgezeichnete Sabbate; diese ist ihrerseits wieder sehr eng mit LevitikusRabba verwandt, so daß man gelegentlich sogar einen gemeinsamen Autor für beide Werke angenommen hat. Eine Reihe anderer Midraschim ist wohl bald nach diesen grundlegenden Werken entstanden.[573]

Eine genauere Beurteilung der literarischen Beziehungen dieser Werke zueinander ist nicht mehr möglich. Deutlich ist aber ihr Nahverhältnis, das übrigens auch an einer ausgeprägten gemeinsamen Formelsprache erkennbar ist. „Die außerordentlich große Zahl der Formeln, ihre gleiche Anwendung in verschiedenen Traditionswerken, lassen entweder auf eine extreme Standardisierung oder auf einen geschichtlich extrem geschlossenen Raum schließen", betont *G. A. Wewers.*[574]

Tatsächlich dürfte der enge zeitliche Rahmen, innerhalb dessen diese Werke entstanden sind, und der beschränkte Kreis an Rabbinen, denen wir sie zuschreiben dürfen, für ihre weitgehende Verflechtung miteinander ausschlaggebend sein. Wenn die Rabbinen dieser Zeit im palästinischen Talmud ein primär, obwohl durchaus nicht ausschließlich religionsgesetzliches Werk verfassen, zugleich aber auch Bibelkommentare, ja in LevitikusRabba und Pesiqta de Rab Kahana Predigtwerke zu biblischen Texten schaffen, beweist dies die Breite ihrer Interessen und ebenso ihr Bemühen, auf das Predigtwesen in der Synagoge verstärkten Einfluß zu gewinnen.

G. Scholem hat die Vermutung geäußert, daß eine Reihe von Schriften der jüdischen Mystik „in ihrer uns vorliegenden Redaktion spätestens auf das 5. und 6. Jahrhundert zurück"-gehen und „eine unzweifelhafte Harmonie zwischen der Stimmung dieser Schriften und gleichzeitigen geschichtlichen Verhältnissen vom 4. Jahrhundert an" bestehe. „Das Elend der Zeit, die beginnenden Verfolgungen durch die Kirche vom 4. Jahrhundert an" hätten den Blick dieser Mystiker von dem Reich der Geschichte abgelenkt und der höheren Welt des göttlichen Thronwagens zugewandt.[575]

Wie aus unserer Darstellung hervorgeht, waren die damaligen Verhältnisse keineswegs so negativ für die jüdische Bevölkerung, daß wir auf solchem Hintergrund das Aufbrechen einer neuen mystischen Bewegung verstehen könnten. Auch haben neuere Arbeiten deutlich gemacht, daß *Scholems* Datierungen im allgemeinen diese mystischen Texte viel zu früh ansetzen und die Kreise, aus denen die Hekhalotliteratur erwachsen ist, eher der nachtalmudischen Zeit angehören.[576]

Doch auch ohne solche zweifelhaften Einordnungen von jüdischen Schriften in die hier besprochene Epoche und den Kreis der Rabbinen des späten 4. und frühen 5. Jahrhunderts bleibt noch genug gesichertes Schrifttum, um diese Zeit als die literarisch fruchtbarste Periode des palästinischen Rabbinats seit der Redaktion der Mischna um 200 (und der bald danach entstandenen Tosefta und der halakhischen Midraschim) zu bezeichnen. In dieser wahrhaftigen Explosion literarischen Schaffens nur die Reaktion auf die Vorzeichen eines heraufziehenden Gewitters zu sehen, den Versuch, noch rechtzeitig die Ernte in die Scheunen zu bringen, um kommenden Generationen und friedlicheren Zeiten das geistige Erbe der Zeit zu übermitteln, geht kaum an. Die anonym gebliebenen Redaktoren der rabbinischen Schriften dieser Zeit sind ja nicht nur Sammler, sondern auch schöpferische Männer gewesen, auf der von ihnen geschaffenen Basis konnten die Erben der rabbinischen Tradition Palästinas über die Jahrhunderte weiterarbeiten. Mögen die Aufhebung des Patriarchats und der zeitweilig stärker werdende Druck des Christentums dem Werk eine besondere Dringlichkeit verliehen haben, so läßt es sich doch in seiner Gesamtheit nicht einfach als Reaktion auf die Not der Zeit verstehen.

Die literarische Produktion des palästinischen Rabbinats im frühen 5. Jahrhundert bezeugt, wie übrigens auch die Synagogenbauten der Zeit, nicht nervöse Hektik vor dem Untergang, sondern eine Vitalität und einen Optimismus wie schon lange nicht mehr. Daß gemäß dem Willen des römischen Gesetzgebers nach dem Ende des Patriarchats die regionalen jüdischen Synhedrien, das heißt also doch wohl in erster Linie die rabbinischen Schulen mit ihren wesentlichen Vertretern, die offiziellen Repräsentanten des Judentums sein sollten, zeigt auch die öffentliche Anerkennung der Kraft des Rabbinats. Zwar hat sich diese von außen herangetragene Ordnung nicht bewährt und durchgesetzt, wohl aber ist die Schule von Tiberias mit ihrem Leiter in vielen Belangen für die nächsten Jahrhunderte dem Patriarchat in seiner Führungsrolle nachgefolgt.

Ausblick

Im Verlauf dieser Darstellung hat sich gezeigt, daß das Judentum Palästinas im 4. Jahrhundert zwar gewisse Einschränkungen hinnehmen mußte und durch das Vordringen des Christentums in die Defensive gedrängt worden ist, daß es sich aber gegen die christliche Übermacht erstaunlich gut gehalten hat. Auf den abschließenden Seiten soll eine Zusammenschau dieser Ergebnisse versucht und zugleich aufgezeigt werden, welche Zukunftsperspektiven dem Judentum Palästinas im frühen 5. Jahrhundert offenstanden. Zwei Schwerpunkte, an denen die Studie ausgerichtet war, gelten auch hier, nämlich die christliche Judengesetzgebung des Codex Theodosianus einerseits, das Verhältnis von Juden und Christen in Palästina andererseits.

1. Codex Theodosianus und politische Wirklichkeit

Bisher haben wir die die Juden betreffenden Gesetze der christlichen Kaiser im jeweiligen thematischen Zusammenhang besprochen. Dabei sind notwendigerweise die großen Entwicklungslinien dieser Gesetzgebung etwas zu kurzgekommen und sollen darum hier nachgezeichnet werden.

Aus der Zeit von Konstantin bis zu Theodosius II. sind uns insgesamt etwa fünfzig die Juden betreffende Gesetze erhalten (die Zahl ist nicht genau, da einzelne Gesetze im Codex Theodosianus in thematische Einheiten zerstückelt oder aber gelegentlich auch doppelt gebracht werden). Nur zehn dieser Gesetze stammen aus der Zeit vor Theodosius I., somit der größeren Hälfte der hier behandelten Periode. Je zwanzig Gesetze wurden in den Regierungszeiten von Theodosius I. beziehungsweise Arkadius und Honorius in den Jahren 383–404 sowie unter Theodosius II. zwischen 408 und 429 erlassen. Novelle 3 des Theodosius von 438 faßt dann einige wesentliche Bestimmungen zusammen.

Rein von der Zahl der Gesetze her gesehen ist das Judentum also seit der Erklärung des Christentums zur Staatsreligion im Jahr 380 viel stärker in das Blickfeld des Gesetzgebers geraten, als dies in den ersten Jahrzehnten christlicher Herrschaft im römischen Reich der Fall war. Was bedeutet dies für die tatsächliche Lage der Juden? *M. Avi-Yonah* überschreibt das Kapitel, in dem er sich mit dieser Frage beschäftigt: „Der große Angriff auf die Juden und das Judentum in den Jahren

383–438."[577] Kann man das tatsächlich sagen, und wenn ja, hat dieser große Angriff auch Erfolg gehabt?

Ein Überblick über die einschlägigen Gesetze zeigt, daß ihnen keine vorausschauende und planende Judenpolitik der christlichen Kaiser zugrundeliegt. Vielmehr waren es gewisse Vorkommnisse und Interventionen einzelner, welche zu Gesetzen führten; diese hatten vielfach nur regionale und zeitlich begrenzte Gültigkeit, wie schon aus zahlreichen Wiederholungen und Widersprüchen bei Gesetzen zur selben Thematik deutlich wird. Deshalb ist es im Einzelfall immer wichtig, auch den Ort, wo ein Gesetz erlassen wurde, und den Adressaten zu berücksichtigen. Viele Texte waren für Palästina von vornherein bedeutungslos und gewannen hier erst nach Promulgation des Codex Theodosianus Geltung (was noch immer nichts über ihre praktische Durchsetzung aussagt).

Grundthemen der Gesetzgebung schon ab Konstantin sind der Schutz jüdischer Konvertiten zum Christentum vor Nachstellungen ihrer ehemaligen Religionsgenossen – eine praktische Auswirkung der von Konstantin proklamierten Religionsfreiheit –, das Verbot, daß Juden christliche Sklaven beschneiden (vielleicht in Kontinuität früherer römischer Gesetze hinsichtlich der Beschneidung, auf jeden Fall aber auch zum Schutz der Christen gedacht), und auf der anderen Seite die Befreiung jüdischer Religionsdiener von den Verpflichtungen der Kurie, des Stadtrates.

Es fällt auf, daß die Mehrzahl der *Konversionen betreffenden Gesetze* im Westen des Reiches erlassen wurden; dort war das Problem offensichtlich aktueller als im Osten. Eine direkte Beziehung zu Palästina ist nicht nachzuweisen und auch aus den literarischen Zeugnissen der Zeit nicht herauszulesen. Konversionen von Juden zum Christentum waren in erster Linie ein Problem der Diaspora.

Aber auch in der Diaspora waren Konversionen kein einseitiges Phänomen. Dies geht aus CTh XVI,8,7 von 353 hervor, wonach ein zum Judentum übergetretener Christ sein Vermögen an die Staatskasse verliert. Dreißig Jahre später mußte Kaiser Gratian nochmals zum Thema Stellung nehmen. In CTh XVI,7,3, am 21. 5. 383 in Padua erlassen, droht er jenen Strafen an, die „die Würde der christlichen Religion und Benennung vernachlässigen und sich von der jüdischen Ansteckung beflecken lassen".[578] Ebenfalls im Westen, nämlich in Ravenna, erlassen ist CTh XVI,8,19 vom 1. 4. 409 gegen die Sekte der „Himmelsverehrer", eine in Nordafrika entstandene Gruppe, die sich an das jüdische Gesetz hielt. Diese Leute „wagen den Glauben so sehr zu mißbrauchen, daß sie gewisse Christen zwingen, den abscheulichen und häßlichen Namen ‚Juden' anzunehmen". Sie sind zu ermahnen, „damit nicht in die christlichen Mysterien eingeweihte Personen gezwungen werden, eine Perversität anzunehmen, die jüdisch und dem römischen Reich fremd ist, nachdem sie schon Christen geworden waren ... Es wiegt schwerer als Tod und ist grausamer als Mord, wenn jemand aus dem christlichen Glauben von jüdischer Ungläubigkeit befleckt wird." Das Problem der Judaizanten, das auch Johannes Chrysostomus einige Jahre zuvor zu seinen Predigten gegen die Juden gereizt hatte, war somit auch im Westen des Reiches aktuell.

Andererseits spricht CTh IX,45,2, 397 von Arkadius in Konstantinopel erlassen, von Juden, die aus nichtreligiösen Gründen im Christentum Zuflucht suchen und erst nach Bezahlung ihrer Schulden beziehungsweise nach Erweis ihrer Unschuld aufgenommen werden dürfen. Man hat also erkannt, daß mit einer forcierten Begünstigung des Christentums das Risiko verbunden ist, nur verdächtige Subjekte anzuziehen. Noch CTh XVI,8,23 von 416 (Ravenna) erlaubt die Rückkehr von Konvertiten zum Judentum, wenn ihre Motive nicht religiöser Art waren. Demnach zeigen die Gesetze über Konversionen das Christentum, obwohl inzwischen Staatsreligion, eher in einer Verteidigungsstellung, seiner Sache durchaus nicht sicher.

Was *Sklaven* betrifft, beschränkte sich Konstantin auf das Verbot der Beschneidung von Nichtjuden (CTh XVI,9,1). Konstantius ging 339 (CTh XVI,9,2) darüber hinaus, indem er bereits den Erwerb nichtjüdischer Sklaven durch Juden strafbar machte. Diese Verfügung ließ sich in der Praxis nicht durchsetzen, wie zwei im Westen des Reiches später erlassene Gesetze zeigen. CTh III,1,5 vom 22.9.384 (in den Codex wurde das nach Rhegium gesandte Exemplar aufgenommen) bestimmt genauer: „Kein Jude, wer auch immer, darf einen christlichen Sklaven kaufen noch einen ehemaligen Christen mit jüdischen Riten anstecken. Wenn aber eine öffentliche Nachforschung das als geschehen feststellt, müssen die Sklaven weggenommen werden und ihre Besitzer eine entsprechende und dem Verbrechen angemessene Strafe erleiden. Hinzugefügt sei, daß, falls bei Juden entweder noch christliche Sklaven oder aus Christen zu Juden gewordene Sklaven angetroffen werden, diese von den Christen mit einem angemessenen Preis aus der Knechtschaft losgekauft werden." Anders als bei Konstantius ist hier dem jüdischen Besitzer Schadenersatz zugesichert. Wie uneinheitlich die Gesetzgebung war, zeigt sich auch darin, daß CTh XVI,8,22 von 415 bestimmte, eventuell im Besitz Gamaliels befindliche christliche Sklaven sollten der Kirche anheimfallen, wenige Monate später jedoch Honorius in Ravenna den Besitz christlicher Sklaven erlaubt (CTh XVI,9,3).

Im Osten wurde die Frage durch CTh XVI,9,4 vom 10.4.417 neu aufgegriffen: „Ein Jude darf einen christlichen Sklaven weder kaufen noch als Geschenk erwerben"; tut er es dennoch, verliert er den Besitz, und der Sklave, der die Tatsache angezeigt hat, geht zur Belohnung frei. Die Sklaven jedoch, die der Jude schon besitzt, obwohl sie Christen sind, die ihm jetzt oder in Zukunft als Erbschaft oder Pfand zukommen, darf er behalten, solange „er sie weder gegen ihren Willen noch mit ihrer Zustimmung dem Unflat seiner eigenen Sekte beimischt". Die Sprache ist zwar für die Juden beleidigend, dennoch wird ihnen unter gewissen Umständen der Besitz christlicher Sklaven gestattet. Noch schärfer ist der Ton von CTh XVI, 9,5 vom 9.4.423: „Wir halten es nämlich für ein Unrecht, daß höchst religiöse Sklaven durch die Herrschaft gottlosester Käufer befleckt werden."[579] In der Sache aber bietet das Gesetz nichts Neues und dokumentiert höchstens die Wirkungslosigkeit früherer Erlässe.

Eine Grundintention der Gesetze, die Juden den Besitz von christlichen Sklaven untersagen, ist eindeutig die Verteidigung des christlichen Glaubens; wirtschaftliche Motive sind höchstens sekundär. Allerdings klingt immer mehr durch, daß jüdische Herrschaft über Christen allgemein abzulehnen ist.

Gegen *Mischehen* zwischen Juden und Christen geht CTh IX,7,5 vom 14.3.388 vor. Das von Theodosius I. in Thessaloniki erlassene Gesetz stellt sicher aus religiösen Gründen eine Mischehe zwischen Juden und Christen dem Verbrechen des Ehebruchs gleich: „Kein Jude nehme eine christliche Frau zur Ehe und kein Christ schließe die Ehe mit einer Jüdin." Für einen traditionsbewußten Juden war es selbstverständlich, eine nichtjüdische Frau nur nach deren Konversion zum Judentum zu heiraten; Adressaten des Gesetzes waren demnach wohl in erster Linie Randschichten des Judentums, besonders in der Diaspora. Das immer stärker unter rabbinischem Einfluß stehende Judentum Palästinas war kaum davon betroffen.

Im frühen 5. Jahrhundert wurden in gewissen Gebieten die Christen offenbar empfindlicher gegen manche jüdischen Bräuche und die Juden in der verschärften Auseinandersetzung wohl auch aggressiver. Das dokumentiert CTh XVI,8,18 vom 29.5.408, in Konstantinopel erlassen, wonach die Provinzstatthalter den Juden verbieten sollen, zu Purim im Andenken an frühere Ereignisse eine Art Kreuz zu verbrennen (den Hamansgalgen) „in Verachtung des christlichen Glaubens und mit gotteslästerlicher Einstellung ... Sie sollen in ihre Scherze nicht das Zeichen unseres Glaubens mischen, dürfen aber – ohne Verachtung des christlichen Gesetzes – ihre Riten beibehalten; doch werden sie ohne Zweifel das bisher Erlaubte verlieren, wenn sie sich nicht von Unerlaubtem zurückhalten."

Einige Monate später muß Honorius in Ravenna dem Prokonsul Afrikas Donatus ein Gesetz ausstellen (CTh XVI,5,44 vom 24.11.408); denn „die neue und ungewohnte Waghalsigkeit der Donatisten, Häretiker und Juden hat klargemacht, daß sie die Sakramente des christlichen Glaubens in Verwirrung bringen wollen". Gegen diese ansteckende Seuche ist scharf vorzugehen. Es handelt sich um den schweren und langwierigen Kampf der katholischen Kirche gegen die afrikanischen Donatisten, mit denen die Juden in einen Topf geworfen werden. Kurz darauf (CTh XVI,5,46 vom 15. 1. 409, Ravenna) werden in einem Rundumschlag mit den Donatisten alle Häretiker, die Juden und auch die Heiden genannt. Sie alle sollen nicht glauben, daß die früher gegen sie erlassenen Gesetze nicht mehr in Kraft seien. Offensichtlich war dies aber doch der Fall, wie die nachfolgenden Drohungen gegen nachlässige Richter und Beamte deutlich machen. Die Kirche befand sich hier eindeutig in einer Verteidigungsstellung.

Primär innerchristliche Interessen verfolgt auch CTh XV,5,5, am 1. 2. 425 in Konstantinopel erlassen, wonach an Sonntagen und christlichen Feiertagen in allen Städten Theater und Zirkus verboten sind, damit sich die Christen ganz dem Gottesdienst widmen. In einem Seitenhieb gegen Juden und Heiden heißt es: „Wenn auch jetzt noch Leute im Wahnsinn jüdischer Gottlosigkeit oder im Irrtum des einfältigen Heidentums verfangen sind, sollen sie wissen, daß es Zeiten für das Gebet und andere Zeiten für Lustbarkeiten gibt.“ Traditionstreue Juden hatten mit Zirkus und Theater nichts zu schaffen; der Ausfall gegen sie gehört zur gehässigen Rhetorik so mancher Gesetze dieser Jahre. Es fällt auf, daß sich solch gehässige Sprache gegen die Juden gerade in jenen Gesetzen bemerkbar macht, die christliche Interessen verteidigen, also wohl auf kirchliche Kreise oder kirchlich gesinnte Beamte zurückgehen. Der manchmal judenfeindliche Ton wirkte sicher bedrohlich; für das tägliche Leben der Juden ergaben sich jedoch daraus kaum Konsequenzen. Aus jüdischer Sicht waren die Sklavengesetze und die Gesetze über Konversionen, die ja unter anderem auch in das Erbrecht eingriffen, bedenklicher; doch ist uns von irgendwelchen Folgen für die jüdischen Gemeinden Palästinas nichts bekannt.

Die bisher genannten Gesetze zielten im Grunde auf eine Abgrenzung der christlichen Gemeinschaft von der jüdischen im Interesse des Christentums. Aus christlicher Sicht bemühten sie sich um eine Wahrung des Bestandes; Durchlässigkeit soll es nur von der jüdischen zur christlichen Seite geben, nicht aber umgekehrt.

Ein zweiter großer Komplex von Gesetzen galt hingegen den Juden direkt, ihren Privilegien, ihrer Selbstverwaltung, ihrer Kult- und Religionsfreiheit. Seit konstantinischer Zeit gibt es in diesem Zusammenhang Gesetze nur in der Frage der Verpflichtung zur *Kurie* (beginnend mit CTh XVI,8,3 von 321), wovon schon ausführlich die Rede war. Diese Befreiungen erfolgten in deutlicher Anlehnung an die Regelungen für den christlichen Klerus (CTh XVI,8,2.4 von 330 und 331; explizit XII,1,99 und XVI,8,13 von 383 beziehungsweise 397). Daß Juden, die nicht von der Kurie befreit waren, zu dieser Verpflichtung angehalten wurden (CTh

XII,1,158 von 398 für Süditalien; XII,1,165 von 399 allgemein), war selbstverständlich. Hervorzuheben ist die nüchtern neutrale Gesetzessprache all dieser Texte und die in mehreren von ihnen enthaltene Anerkennung geregelter Formen jüdischer Selbstverwaltung.

Die *innerjüdische Selbstverwaltung* wurde schon durch Konstantins CTh XVI,8,2 von 330 gestärkt, wonach jüdische Religionsdiener nur bei Bindung an Patriarchen und Älteste von der Kurie dispensiert waren. Und was das Patriarchat betrifft, wurde bereits hervorgehoben, daß sein offizieller Status in Gesetzen ab 392 seinen Höhepunkt erreichte; abgesehen vom Sonderfall CTh XVI,8,14 (Mailand 399) mit seiner Patriarchenbeschimpfung ist die Sprache der Gesetze neutral bis ehrerbietig. Die Einschränkung der innerjüdischen Jurisdiktion auf religiöse Fragen und auf das Schiedsgericht (CTh II,1,10 von 398) ist nicht als judenfeindliche Maßnahme zu sehen, sondern gehört zu den Bestrebungen der Regierung, die Rechtslage zu vereinheitlichen. Zu betonen ist, daß noch 396 ein von Arkadius an die Juden gerichtetes Gesetz (CTh XVI,8,10 vom 27. 2. 396) diesen und ihren Führern das alleinige Recht zuspricht, ihre Marktpreise festzulegen: „Es ist nämlich gerecht, jedem seine eigene Sache zu überlassen." Einmischungen Außenstehender werden mit Strafe bedroht. Auch legt noch CTh XVI,8,20 beziehungsweise VIII,8,8 (beide Ravenna, 26. 7. 412) fest, daß Juden am Sabbat nicht vor Gericht oder sonstige Behörden zitiert werden dürfen. Der gravierende Eingriff in die innerjüdische Organisation erfolgte, wie schon betont, erst mit der Aufhebung des Patriarchats zwischen 415 und 429.

Synagogen erkannte der Gesetzgeber ausdrücklich als religiöse Gebäude an (Trier, CTh VII,8,2 von ?373). Ab 393 wurden Gesetze zu ihrem Schutz notwendig, wobei CTh XVI,8,21 von ?418 (Illyrien) erstmals auch gleichzeitig eine Warnung an die Juden enthielt, nicht im Vertrauen auf ihren Rechtsschutz übermütig zu werden. CTh XVI,8,25 von 423 brachte eine eindeutige Verschlechterung für die Juden zugunsten der Christen, die sich Übergriffe auf Synagogen hatten zuschulden kommen lassen: Wenn ihre Interessen es zu verlangen schienen, brauchten die Christen die Synagogen nicht mehr zurückgeben, sondern konnten Ersatzgrundstücke anbieten; auch Gegenstände aus den Synagogen konnten sie gegen finanzielle Entschädigung behalten. Von Strafandrohungen gegen Christen war keine Rede mehr, den Juden hingegen wurde der Bau neuer Synagogen verboten. XVI,8,26, wenig später erlassen, beschimpft die Juden, ehe es den gesetzlichen Schutz der Synagogen bestätigt, und droht ihnen dann Bestrafung an, falls sie Nichtjuden zu beschneiden wagten.

Das Jahr 423 war somit eindeutig ein Tiefpunkt für die Juden. Da der Gesetzgeber sie bei wiederholten christlichen Übergriffen auf ihre Synagogen nur noch halbherzig schützte und den Neubau von Synagogen verbot, wurden seine Zusagen, daß „die Religionsgemeinschaft der Juden durch kein Gesetz verboten ist" (CTh XVI,8,9 von 393) und „die Juden an ihre eigene Zeremonien gehalten seien" (CTh XVI,8,13 von 397), zumindest zeitweilig ausgehöhlt.

Eine für die Juden folgenschwere Entwicklung bahnte sich mit ihrem schrittweisen *Ausschluß aus dem öffentlichen Dienst* an. Schon am 22.4.404 hatte Honorius mit CTh XVI,8,16 Juden und Samaritaner aus dem Dienst als *agentes in rebus* (Geheimdienst) ausgeschlossen. CTh XVI,8,24, am 10.3.418 von Honorius in Ravenna erlassen, versuchte eine weitergreifende Regelung: „Denen, die im jüdischen Aberglauben leben, werde in Zukunft der Zugang zum kaiserlichen Dienst *(militia)* untersagt. Wer immer also im Geheimdienst oder bei den Palatini den Diensteid geleistet hat, dem erteilen wir die Erlaubnis, den Dienst zu Ende zu führen und die gesetzliche Laufbahn abzuschließen, wobei wir diese Tatsache eher ignorieren als begünstigen. In Zukunft aber sei nicht erlaubt, was wir für die Gegenwart wenigen nachsehen. Jene aber, die an die Perversität jenes Geschlechts gebunden sind und denen nachgewiesen wird, daß sie (dennoch) den bewaffneten Dienst angestrebt haben, für die legen wir unzweideutig fest, daß sie ihren Dienstgürtel zurücklegen müssen; frühere Verdienste sollen ihnen nicht helfen. Gewiß nehmen wir nicht Juden, die entsprechende Studien absolviert haben, die Freiheit, als Rechtsanwälte tätig zu sein. Auch erlauben wir, daß sie die Ehre der pflichtmäßigen Aufgaben *(munera)* der Kurie genießen, die ihnen durch das Vorrecht der Geburt und den Glanz der Familie zukommen. Dies muß ihnen genügen; daher sollen sie das Verbot des kaiserlichen Dienstes *(militia)* nicht als Diskriminierung betrachten." Die Erlaubnis, weiter in den Kurien zu dienen, muß den Betroffenen angesichts der damit verbundenen Lasten wie ein Hohn vorgekommen sein.

Die kirchliche Gesetzessammlung der Constitutiones Sirmondianae enthält ein Gesetz Valentinians, am 9.7.425 in Aquileia an den Praefectus praetorio für Gallien erlassen, das dieses Berufsverbot ausweitet und christlich begründet. Nachdem Manichäern und allen anderen Häretikern der Aufenthalt in Städten verboten wurde, heißt es: „Auch den Juden oder Heiden verweigern wir die Erlaubnis, Rechtsfälle zu vertreten und dem kaiserlichen Dienst anzugehören. Wir wollen nicht, daß diesen Personen christlicher Religion dienen, damit sie nicht durch die mit der Herrschaft gegebene Gelegenheit die ehrwürdige Religion mit der Sekte vertauschen" (CSirm. 6).

So folgenreich diese Gesetzgebung für die weitere Entwicklung der Rechtsstellung der Juden in christlichen Ländern sein sollte, ist doch zu betonen, daß alle erwähnten Gesetze im Westen des römischen Reiches erlassen wurden und zunächst einem spezifischen Problem der westlichen Diaspora galten, bevor sie in den Codex Theodosianus aufgenommen wurden. Wieviele Juden von diesen Regelungen betroffen waren, wissen wir nicht. Doch gehen wir kaum in der Annahme fehl, daß sie für das jüdische Kerngebiet Palästinas nur von geringer Bedeutung waren. Zwar gibt es einen jüdischen Grabstein aus Jaffa, der dem Titel nach aus dem 4. Jahrhundert stammt und einen Tanchum, Sohn des Simon, als Centenarius (also gleich dem früheren Centurio) der Limes-Truppen nennt;[580] auch erwähnt eine Grabinschrift von Bet Schearim einen Mann, der Vater des R. Paregorios und des Palatinus Julian war;[581] Julian war demnach kaiserlicher Steuerbeamter; schließlich ist uns in den Synagogeninschriften ein Rechtsanwalt begegnet. Insgesamt aber waren solche jüdischen Beamten oder Soldaten in Palästina sicher eine verschwindende Minderheit. Schon aus religiösen Bedenken mußte eine Karriere im Staatsdienst eher die Ausnahme bleiben; höchstens die Funktion eines Anwalts konnte im Interesse der eigenen Gemeinde erstrebenswert erscheinen.

Die *dritte Novelle des Theodosius*, vom 31. 1. 438, faßt eine Reihe der judenfeindlichen Bestimmungen aus den vorausgegangenen Jahren zusammen, ohne aber damit schon eine systematische Fixierung der theodosianischen Judenpolitik zu sein. Der Text wirkt eher wie eine feierliche programmatische Aussage anläßlich des dreißigjährigen Regierungsjubiläums des Kaisers; dazu würde die Präambel passen, in der er die Sorge um die wahre Religion als ein Hauptanliegen seiner Regierung bezeichnet und – als 37jähriger! – die Absicht bekundet, die Erfahrungen seines langen Lebens als ewiges Gesetz der Nachwelt weiterzugeben.

Wer würde, so heißt es im Text weiter, angesichts der wunderbaren Naturordnung nicht nach dem Urheber eines solchen Werkes fragen? „Dies wagen die in den Sinnen geblendeten Juden, die Samaritaner, Heiden und die übrigen Arten von häretischen Monstern.“ Daß die Beschuldigung, zumindest in solch allgemeiner Form, auf Juden und Samaritaner nicht zutrifft, stört den Kaiser nicht. Vielmehr leitet er daraus als ewiges Gesetz ab: Juden und Samaritaner dürfen keine Ehren und Würden erlangen, keine städtischen Verwaltungsämter, ja nicht einmal das Amt des Verteidigers der Stadt ausüben. Wer der höchsten Majestät und den römischen Gesetzen feindlich gegenübersteht, kann nicht als Rächer dieser Gesetze auftreten. Es wäre für den Glauben beleidigend, könnten solche Leute Urteile gegen Christen und sogar gegen Bischöfe fällen. Des weiteren verbietet Theodosius den Neubau von Synagogen; nur direkt vom Einsturz bedrohte Synagogen dürfen restauriert werden. Wer einen Christen, Sklaven oder Freigeborenen, zu einem anderen Glauben verführt, wird mit Todesstrafe und Verfall des Vermögens bedroht. Wer ein Amt erschlichen hat, soll die Würde nicht besitzen, wer eine Synagoge errichtet hat, wissen, „daß er zum Vorteil der katholischen Kirche gearbeitet hat“. Erschlichene Ehren sind wirkungslos, Bauarbeiten an einer Synagoge, die nicht bloße Reparatur sind, mit fünfzig Pfund Gold zu bestrafen; außerdem wird das Gebäude beschlagnahmt. Schließlich sieht die Novelle vor, daß Angehörige ganz gleich welcher Religionsgemeinschaft weiterhin im Interesse des Gemeinwohls die Lasten der Kurie und auch die Pflichten eines Gerichtsdieners (*cohortalinus*) auf sich nehmen müssen und nicht freigestellt werden – allerdings mit der Einschränkung, daß Amtsdiener (*adparitores*) nur in Privatprozessen die Gerichtsurteile exekutieren und daß sie nicht als Gefängnisaufseher dienen dürfen, damit sie ja nicht über christliche Gefangene gestellt sind. Anschließend nennt der Text weitere Bestimmungen für Heiden und Häretiker.

Die in rhetorischem Stil und voller Wiederholungen formulierte Novelle ist der schärfste Rundumschlag eines Kaisers gegen sämtliche Nichtkatholiken; sie beschimpft sie nicht nur, sondern verwehrt ihnen jeden Zutritt zum öffentlichen Dienst, wo damit nicht nur Pflichten verbunden sind, die jeder gerne meiden möchte. Auch sperrt sie die nichtkatholischen Gruppen durch das völlige Verbot der Konversion zu ihnen in ein Getto und engt mit dem Verbot des Neubaus von Synagogen die Kultfreiheit weiter ein.

Doch bleibt die Frage, wie wirksam die Novelle in der Praxis gewesen ist. Hier ist einmal an den schon zitierten Text CTh XVI,5,46 von 409 zu erinnern, demzufolge Juden nicht glauben sollen, frühere Gesetze hätten keine Geltung mehr, und in dem römische Beamte mit Strafen bedroht werden, wenn sie die Gesetze nicht oder nur nachlässig anwenden. Wie *A.H.M.Jones* betont, nimmt man allzu leichtfertig an, daß römische Bürger die Gesetze befolgten: „Mein eigener Eindruck ist, daß viele, wenn nicht die meisten Gesetze nur von Zeit zu Zeit und sporadisch durchgesetzt wurden; ihr wesentlicher Quellenwert liegt im Nachweis, daß die Mißbräuche, die sie beseitigen sollten, der Zentralregierung bekannt waren. Die Gesetze lassen meiner Ansicht nach auf die Schwierigkeiten des Reiches schließen und belegen die Bestrebungen der Regierung, nicht aber, was sie erreichte." Und an anderer Stelle schreibt *Jones*: „Abgesehen von ihrem Ausschluß aus dem öffentlichen Dienst und vom Amt des Verteidigers erlitten die Juden somit bis zur Herrschaft Justins keine ernsthaften Benachteiligungen in ihren Bürgerrechten." Trotz des steigenden Drucks der öffentlichen Meinung sei die Regierung den Juden gegenüber relativ tolerant geblieben.[582]

Eine allgemeine Antwort auf die Frage nach den Konsequenzen der Gesetze, vor allem der dritten Novelle, im täglichen Leben ist nicht möglich. Es fehlen die Unterlagen dafür. Mit einiger Vorsicht wird man behaupten dürfen, daß die Berufsverbote am ehesten durchgesetzt wurden, was auch verschiedene Kirchenvätertexte aus dieser Zeit belegen. Schwieriger war es schon, das Verbot des Besitzes christlicher Sklaven und der Konversion zum Judentum zu überwachen. Darum wird sich in erster Linie die Kirche gekümmert haben, die jede etwaige Übertretung der Behörde denunzierte. Was den Neubau von Synagogen betrifft, können wir mit Sicherheit feststellen, daß dieses Verbot in Palästina höchstens kurzfristig eingehalten wurde und in den folgenden Jahrhunderten zahlreiche neue Synagogen entstanden. Insgesamt war wohl das Diasporajudentum von der Gesetzgebung stärker betroffen als die jüdische Gemeinde Palästinas; diese war in erster Linie von der Aufhebung des Patriarchats berührt, wußte aber offenbar auch ohne dieses seine Einheit zu wahren.

Die Aussage *Avi-Yonahs*, daß ab 383 der Totalangriff des römischen Staates gegen das Judentum einsetzt, ist so pauschal sicher nicht richtig. Auch nach dem Gesetz gegen Gamaliel von 415 gibt es noch gesetzliche Bestimmungen, die gegenüber früheren Erlässen Verbesserungen bedeuten, so CTh XVI,9,3.4 von 415 beziehungsweise 417, worin Juden unter gewissen Umständen der Besitz christlicher Sklaven erlaubt wird, aber auch XVI,8,23 von 416, das unter Umständen die Rückkehr von jüdischen Konvertiten zum Judentum erlaubt. Die Berufsverbote für Juden ab 404 waren wohl auf den Reichswesten beschränkt und wurden erst mit der Promulgation des Codex Theodosianus beziehungsweise mit der dritten Novelle 438 auch im Osten des Reiches wirksam. Sicher zeigen die Gesetze zum Schutz der Synagogen ab 393, daß die jüdischen Gemeinden zunehmend den Angriffen des christlichen Pöbels und der Kirche ausgesetzt waren. Doch noch steht der Gesetzgeber eindeutig auf der Seite der Rechtsordnung.

Was den Osten des Reiches betrifft, ist in der Gesetzgebung eine vor allem atmosphärische Verschlechterung für die Juden erst in den Jahren 423–425 unter dem Praefectus praetorio Asklepiodotus festzustellen, auch wenn dieser von fanatischer christlicher Seite noch immer als zu judenfreundlich denunziert wurde. Ein weiterer Tiefpunkt kam dann mit dem Jahr 438 und seiner dritten Novelle. Doch auch mit der Promulgation des Codex Theodosianus war die Gesetzeslage durchaus nicht voll vereinheitlicht. Dies bezeugen zum Beispiel voneinander abweichende Regelungen in der Frage christlicher Sklaven bei jüdischen Besitzern, die nebeneinander in das Gesetzeswerk aufgenommen wurden und so den Behörden einen gewissen Spielraum ließen. Strikte Befolgung des Codex Theodosianus und seiner Gesetze darf man auch nach 438 nicht unbedingt voraussetzen. Sonst wäre es nicht notwendig gewesen, auch in den folgenden Jahrzehnten immer wieder Gesetze zu Fragen zu erlassen, die eigentlich schon gesetzlich geregelt waren.

2. Barsauma: Druck judenfeindlicher Fanatiker?

Die Gesetze von 423 zum Schutz der Synagogen werden manchmal als Reaktion auf die Ausschreitungen der fanatischen Mönche des mesopotamischen Klostervorstehers Barsauma betrachtet; ebenso werden die judenfeindlichen Bestimmungen der dritten Novelle gelegentlich auf Jerusalemer Ereignisse des Jahres 438 zurückgeführt, in deren Mittelpunkt wiederum dieser syrische Mönch gestanden haben soll. So sei hier auf die Barsauma-Geschichte näher eingegangen, da sie den Druck des fanatischen Mönchtums auf die christliche Judengesetzgebung gerade in einer entscheidenden Phase illustrieren könnte.

Bis zu Beginn dieses Jahrhunderts wußte man fast nichts über den mesopotamischen Mönch Barsauma. Nur seine Teilnahme an der „Räubersynode" von Ephesus im Jahre 449 und am Konzil von Chalzedon zwei Jahre später war bekannt. Dann veröffentlichte *F. Nau* in mehreren Fortsetzungen Auszüge aus seiner syrischen Biographie, die auch wesentliche Aufschlüsse über die Geschichte Palästinas im frühen 5. Jahrhundert zu bieten scheint, worauf *F. Nau* in einer späteren Studie hinwies.[583] Der volle Text der Biographie ist noch immer nicht publiziert.

Barsauma (nicht mit Barsauma von Nisibis zu verwechseln, der ein Nestorianer war; unser Barsauma war ein Monophysit) soll bei Samosata geboren und jung Mönch geworden sein. Um 400 sei er das erste Mal nach Jerusalem gepilgert, als in Palästina noch eine große Zahl von Heiden lebte und Juden und Samaritaner die Christen verfolgten. In den Jahren 419–422 soll er dann mit vierzig Mönchen nach Jerusalem und weiter in den Sinai gezogen sein und dabei Tempel und Synagogen zerstört haben. Ausführlich schildert der syrische Text die Zerstörung der Synagoge von Rabbat Moab im Ostjordanland, die an Größe und Pracht dem salomonischen Tempel vergleichbar gewesen sei. Die Gesetze zum Schutz der Synagogen, die in Schreiben an den Praefectus praetorio Asklepiodotus erlassen wurden und die auch die heidnischen Tempel schützten, waren nach Meinung *Naus* eine Reaktion auf die Übergriffe dieser fanatischen Mönche. Asklepiodotus, laut der Vita Simeons des Säulenstehers ein Onkel der Kaiserin Eudokia und wohl noch Heide, stehe zusammen mit der erst 421 getauften Kaiserin hinter diesen juden- und heidenfreundlichen Gesetzen.[584]

Eine weitere Reise soll Barsauma zusammen mit hundert Brüdern 438 nochmals nach Palästina gebracht haben. Auf dem Seeweg über Zypern trafen die Mönche wohl in Caesarea ein; über Sebaste reisten sie nach Jerusalem weiter. Auf den Wunsch Eudokias kam es zu einem Treffen der beiden, wobei die Augusta einen wertvollen Schleier gegen den Mantel des Asketen eintauschte.

Von den Juden gebeten, erteilte Eudokia ihnen damals die Erlaubnis, an der Stätte des Tempels in Jerusalem zu beten, woraufhin „die Priester und Führer Galiläas" an das Volk der Juden ein Schreiben richteten: „Wisset, daß die Zeit der Zerstreuung unseres Volkes aufgehört hat und der Tag der Wiedervereinigung unserer Stämme gekommen ist. Denn siehe, die Könige der Römer haben befohlen, daß unsere Stadt Jerusalem uns wiedergegeben werde. Eilt, zum Laubhüttenfest nach Jerusalem zu kommen, da unser Reich in Jerusalem wieder aufgerichtet werden wird."

Inzwischen war Barsauma, von den Gerüchten aufgeschreckt, mit seinen Mönchen ein weiteres Mal nach Jerusalem gekommen. Am ersten Tag des Laubhüttenfestes betrat er insgeheim die Stadt und hielt sich in einem Kloster verborgen. Doch einige seiner Mönche begaben sich auf den Tempelplatz, um die Zinne des Tempels zu sehen, und erblickten dort die klagenden Juden. Die beiden Gruppen stießen aufeinander, auf der Seite der Juden gab es eine Anzahl Toter; da begaben die Juden, begleitet von Römern, sich zu Eudokia, die sich in Bethlehem aufhielt. Auf ihre Anklage hin wurden achtzehn Mönche verhaftet, das Urteil aber dem aus Caesarea herbeigerufenen Statthalter überlassen. Doch Barsauma erreichte die Freilassung seiner Mönche, zumal die Leichen der Juden keine Wunden aufwiesen, sie also eines natürlichen Todes gestorben sein mußten.

In seiner historischen Rekonstruktion setzt *Nau* den dritten Jerusalembesuch Barsaumas Anfang 438 an, den vierten Besuch im Oktober desselben Jahres. Ende des Jahres sei dann Eudokia wieder in Konstantinopel gewesen und ihr Bericht habe zur judenfeindlichen dritten Novelle des Theodosius geführt, die dementsprechend in den Januar 439 statt 438 zu datieren wäre.[585]

Die syrische Lebensbeschreibung Barsaumas gibt keine Daten an. *F. Nau* hat sie aus dem Vergleich mit einer Reihe von Quellen, so dem Codex Theodosianus mit seinen Gesetzen von 423 zum Schutz der Synagogen, den Angaben über die Heiliglandreise der Eudokia und der syrischen Biographie Simeons des Säulenstehers erschlossen. Dabei ergeben sich allerdings Probleme. Nicht nur verschiebt er unnötigerweise die Intervention Simeons gegen den kaiserlichen Schutz der Synagogen in das Jahr 438 (statt des üblichen Datums 423). Daß Asklepiodotus sich in Antiochien aufhielt, als die Kaiserin auf ihrer Jerusalemreise das Wohlwollen dieser Stadt gewann, und während ihres Aufenthaltes befahl, für eine zerstörte Synagoge Ersatz zu leisten, läßt sich nicht beweisen. Vielmehr dürfte Asklepiodotus in der Simeonsbiographie (dort als Konsul Asklepiades bezeichnet) nur wegen der mit seinem Namen verbundenen Gesetze von 423 genannt worden sein, deretwegen er auch zum Sympathisanten der Heiden und Juden (trotz der ausfälligen Sprache dieser Gesetze gegen die Juden!) sowie als Feind der Christen hochstilisiert wurde.

Was die Datierung der dritten Novelle betrifft, gibt es verschiedene

Gründe für das Jahr 439: handschriftliche Überlieferung, ebenso die Tatsache, daß ein Datum im Januar 438 schwer verständlich macht, warum sie nicht in den erst später promulgierten Codex aufgenommen wurde; beides ist jedoch kein durchschlagendes Argument, weshalb auch *Th. Mommsen* in seiner Textausgabe das Jahr 438 beibehalten hat. Die Novelle als Reaktion auf den Bericht der von ihrer Wallfahrt schon heimgekehrten Eudokia zu sehen, ist nicht notwendig; ein Zirkelschluß von der Hypothese, der Text reagiere auf den Bericht der Eudokia, auf ein späteres Datum ist nicht statthaft.

Das Zusammendrängen zweier Jerusalemreisen Barsaumas in dasselbe Jahr 438 wirft ebenfalls Probleme auf, obwohl es nicht völlig unmöglich wäre, daß beide Reisen in diesem kurzen Zeitraum stattfanden. So datiert denn auch *M. Avi-Yonah* die vierte Reise Barsaumas in die Zeit der Verbannung Eudokias nach Jerusalem ab 443. Der in der Barsauma-Vita zitierte Brief der jüdischen Führer Galiläas an die Juden der Diaspora ist seiner Meinung nach „zweifellos eine zeitgenössische, aber der Stimmung der Juden angepaßte Erfindung. Das einzige wirkliche Resultat dieser Erwartungen (nämlich der Juden, die auf Eudokia ihre Hoffnung setzten) war, daß den Juden wieder erlaubt wurde, Jerusalem zu betreten und vielleicht auch, sich darin anzusiedeln. Diese Genehmigung blieb noch bestehen, als Bar-Sauma und seine Mönche die Juden Jerusalems bedrängten."[586] Ebenso möchte *K. G. Holum* diese Ereignisse in die frühen Jahre des Exils der Kaiserin datieren, auf deren Erlaubnis, daß die Juden am Tempelplatz beten dürften, „die Diaspora begeistert reagierte und viele der Frommen sich auf den Weg in die Heilige Stadt machten. Eudokia hatte eine zionistische Bewegung und eine explosive Situation geschaffen."[587]

Zwar lassen sich Belege für messianische Erwartungen der Juden um 440 bringen; dennoch schießt solche Verwertung der Barsauma-Geschichte weit über das Ziel hinaus. Die kurze Analyse des Textes durch *E. Honigmann* hat seine historische Unbrauchbarkeit deutlich genug herausgestellt. Nach ihm ist der Text um die Mitte des 6. Jahrhunderts entstanden und somit nicht das Zeugnis eines Schülers Barsaumas, also eines Augenzeugen, wie *F. Nau* vermutet hatte. Ein Großteil des Inhalts ist legendär, auch wenn der Text von gewissen Kenntnissen der zeitgenössischen Geschichte und Geographie zeugt. Da weder die Vita Petrus des Iberers noch die Plerophorien des Johannes Rufus die Taten dieses ersten Helden der Monophysiten in Jerusalem erwähnen, möchte *Honigmann* in deren Schilderung eher die Ereignisse aus den Jahren 516–518 gespiegelt sehen, die Kyrill von Skythopolis in der *Vita Sabbae* dargestellt hat.[588]

Leider steht die Veröffentlichung des gesamten Textes und eine gründliche Analyse desselben im Rahmen der syrisch-christlichen Literatur noch aus; sie würde sicher so manche Typisierungen und Klischees in der Auseinandersetzung der syrischen Kirche mit dem Judentum zutage fördern. Bis diese Untersuchung vorliegt, sollte man aber mit der historischen Auswertung des Textes eher vorsichtig sein, auch wenn die judenfeindlichen Züge in dieser Mönchslegende sehr wohl zu dem passen, was wir sonst von der Einstellung des Mönchtums jener Zeit, vor allem des ungebildeten Mönchtums in Syrien und Ägypten, zum Judentum wissen. Doch ist hier nochmals eine Einschränkung am Platz. *W. Cramer* hält es zwar für eine Tatsache, daß im orientalischen Raum theologische Konflikte sogar in Zerstörungen von Kirchen und Synagogen mündeten, bezeichnet jedoch diesbezügliche Berichte als „wenig glaubwürdige (Heiligen)legenden ..., in welchen solche Geschichten zum Genus litterarium gehören, so daß aus ihnen nichts über den jeweiligen konkreten Fall zu entnehmen ist. Übrigens wird solche gegenseitige Zerstörung der Gotteshäuser auch für die innerchristliche Auseinandersetzung berichtet, ist also nicht allein typisch für die Streitigkeiten zwischen Christen und Juden."[589]

Wenn *S. Safrai* vom Judenhaß, der vor allem von Kirchenvätern und Mönchen geschürt wurde, und von den Attacken von Fanatikern gegen die Juden und deren Einrichtungen spricht und dann meint: „Der Fall des Mönches Barsauma von Nisibis, der in den Jahren 419–422 mit einer Bande von Anhängern durch Palästina zog und mehrere Synagogen in Schutt und Asche legte, sei hier nur stellvertretend für viele ähnliche Vorkommnisse in der Diaspora genannt"[590], ist dies nicht hinreichend belegbar. Die Gefahr jüdischer Geschichtsschreibung, alles, was zu einer jüdischen Leidensgeschichte beitragen kann, allzu unkritisch als Tatsache zu übernehmen, ist noch immer allgegenwärtig, auch wenn die gegenteilige Gefahr, Spuren der Judenfeindschaft in der Geschichte vorschnell zu verharmlosen, nicht von der Hand zu weisen ist.

3. Auswirkungen eines Jahrhunderts christlicher Herrschaft?

Als Ergebnis unserer Untersuchung können wir festhalten, daß die jüdische Bevölkerung Palästinas im ersten Jahrhundert christlicher Herrschaft nicht so gelitten hat, wie man vielfach schreibt. Sicher ist im Lauf der Zeit der christliche Druck auch in Palästina stärker geworden. Doch können wir im Gegensatz zur Diaspora Synagogenzerstörungen durch fanatische Christen nicht nachweisen. Auch sind uns, anders als etwa auf Menorca, wo es anläßlich der Ankunft der Reliquien des hl. Stephanus zu antijüdischen Aktionen und Zwangstaufen kam, aus dem Heiligen Land Zwangstaufen für diese Zeit nicht bezeugt.

Schließlich dürfte sich auch, was den Anteil der Juden an der Bevölkerung Palästinas betrifft, in dieser Zeit keine negative Veränderung ergeben haben, selbst wenn Hieronymus schreibt: „Im Vergleich zu ihrer früheren Menge ist kaum noch ein Zehntel von ihnen übriggeblieben.“[591] Auf welche Vergleichszeit bezieht er sich und wie kann er seine Meinung begründen? *S. W. Baron* meint, trotz aller Übertreibung sogar hinsichtlich Palästinas, für das diese Aussage hauptsächlich gelte, spiegle sie „das enorme Schrumpfen der jüdischen Bevölkerung im ganzen Reich“.[592] Doch geht Hieronymus hier nicht eher von exegetischen Motiven anstatt von tatsächlichen Beobachtungen aus? Die Synagogenausgrabungen in Palästina zeigen doch, daß die jüdische Bevölkerung im 5. bis 6. Jahrhundert durchaus nicht zurückgegangen ist, sondern sich eher noch weiter ausgebreitet und auch wirtschaftlich durchaus gehalten hat.

Sicher wird das Judentum Palästinas durch das Vordringen des Christentums eingeschränkt, das nun langsam die Mehrheit im Lande erringt; doch sind die Juden noch immer imstande, an der allgemeinen Wohlfahrt des Landes teilzuhaben; Palästina bleibt ja gerade auch in dieser Periode, wo es Eudokias Exil wird, ein wichtiges geistiges Zentrum des Reiches und profitiert davon auch wirtschaftlich; die Erneuerung der Wallfahrt Helenas durch Eudokia hat dem Wallfahrtswesen neue Impulse gegeben, die etwas später erfolgte Erhebung Jerusalems zum Patriarchat das Land aus der geistigen Bevormundung durch Alexandrien oder Antiochien gelöst. Zwar sind nun zahlreiche Gesetze in Kraft, die das Christentum vom Judentum abschirmen und zu diesem Zweck auch die beruflichen Möglichkeiten der Juden einschränken; doch die Lage der Juden im römischen Reich und insbesondere in Palästina ist weiterhin durch den in den Codex Theodosianus aufgenommenen Grundsatz geprägt: *Die jüdische Religion ist durch keinerlei Gesetz verboten.*

Somit ist die Geschichte des ersten christlichen Jahrhunderts in Palästina für die jüdische Bevölkerung gewiß nicht immer leicht und erfreulich gewesen, doch besteht auch kein Anlaß für eine tränenreiche Leidensgeschichte. Die jüdische Tradition hat sich als stärker und lebenskräftiger erwiesen, als ihr in damaliger Zeit und später oft zugetraut wurde.

Anmerkungen

1. *J. Parkes*, The Conflict of the Church and the Synagogue 153; doch siehe auch die Überschrift bei *J. Neusner*, Major Trends in Formative Judaism III, Chico 1985, 77: „The Fourth Century as the True First Century in the History of the Judaic and Christian West."
2. Siehe *B.S. Bacharach*, The Jewish Community; *J. Cohen*, Roman Imperial Policy.
3. *Lactantius*, De mortibus persecutorum 7,4 (CSEL 27, 180).
4. Dazu *Jones*, LRE 106.373.
5. *Y. Dan*, Palaestina Salutaris.
6. Siehe *Jones*, LRE 46.
7. *Jones*, LRE 713.
8. Siehe *E.M. Smallwood*, The Jews under Roman Rule 498 f.
9. So *M. Speidel*, Roman Army Studies I, Amsterdam 1984, 313 Anm. 11. *S.T. Parker*, BASOR 247 (1982) 25 Anm. 9 hält diese Vermutung für plausibel.
10. Dazu siehe *D.F. Graf*, The Saracens and the Defense of the Arabian Frontier, BASOR 229 (1978) 1–26, 19; *B. Lifshitz*, Légions romaines en Palestine, in: Hommages à M. Renard, Brüssel 1969, II 458–469.
11. *Eusebius*, Onomastikon (GCS 11/1, 6).
12. Dazu *M. Gichon*, Research on the Limes Palaestinae: A Stocktaking, in: Roman Frontier Studies, Oxford 1979, 843–864.
13. *P. Mayerson*, The Saracens and the Limes, BASOR 262 (1986) 35–47.
14. Zu den Zahlen siehe *Jones*, LRE 680–682, und *M.P. Speidel*, The Roman Army in Arabia, ANRW II 8, Berlin-New York 1977, 687–730, 725 f (Nachdr. in: ders., Roman Army Studies I). Eine Liste der Militärposten in Palästina findet sich bei *F.-M. Abel*, Géographie II 178–184.
15. Siehe *Jones*, LRE 207 f.
16. *D. Sperber*, Roman Palestine 200–400. Money and Prices 126–8.154.
17. *D. Sperber*, Money 96. Der hier zitierte Satz des R. Samuel b. R. Bun (jHor III,9,48 c) ist allerdings nicht unbedingt so zu verstehen, daß der Besitzer von Gold Kredit bekommt, der Besitzer von Goldmünzen hingegen bar zahlen muß. Er könnte auch einfach besagen, daß man mit Münzen leichter die täglichen Bedürfnisse bezahlen kann als mit Goldbarren.
18. *E.M. Smallwood*, The Jews under Roman Rule 535.
19. *E. Huntington*, Palestine and its Transformation, London-New York 1911.
20. *Sozomenos*, Kirchengeschichte 4,25,3 (GCS 182).
21. *D. Sperber*, Roman Palestine 200–400. The Land, 63.
22. *D. Sperber*, The Land 136 Anm. 1.
23. *D. Sperber*, The Land 131.
24. Siehe auch *P. Mayerson*, The Wine and Vineyards of Gaza in the Byzantine Period, BASOR 257 (1985) 75–80.

25. *M. Avi-Yonah*, Geschichte der Juden im Zeitalter des Talmud 19f.
26. *M. Broshi*, The Population.
27. *H.G. Kippenberg*, Garizim und Synagoge 171.
28. *M. Avi-Yonah*, The Samaritan Revolts against the Byzantine Empire, Eretz Israel 4 (1956) 127–132 (hebr.). *Kippenberg*, Garizim und Synagoge 161, bezeichnet dies als „eine im ganzen wahrscheinliche Zahl".
29. *Z. Safrai*, Gebulot 31f.
30. Der umstrittene Text ist nur in der syrischen Fassung (ed. *W. Cureton* 29) überliefert. *G. Alon*, The Jews in their Land 752, glaubt, daß Diocaesarea irrtümlich statt Diospolis steht, während z.B. *S. Klein*, Sefer ha-Jischub 131, den Satzteil über den aramäischen Namen als Glosse eines Schreibers betrachtet.
31. Dazu siehe *V. Colorni*, Legge ebraica e leggi locali, Mailand 1945, 104–120, gegen die Auffassung von *J. Juster*, Les Juifs II 111 ff, daß auch die Juden der Diaspora bis 398 in zivilrechtlichen Streitigkeiten eigene Jurisdiktion hatten. Vgl. auch *A.M. Rabello*, On the Relations between Diocletian and the Jews 158f.
32. Digesten 50,2.3.3. Siehe auch *J. Juster*, Les Juifs II 243 f. Der mit „Glauben" wiedergegebene lateinische Ausdruck *superstitio* ist nicht unbedingt als „Aberglaube" negativ zu verstehen. Siehe *D. Grodzynski*, „Superstitio", Revue des Etudes Anciennes 76 (1974) 36–60,50ff, wonach der Begriff ab dem 2. Jahrh. als Religion der Minderheiten verstanden wird und erst allmählich einen negativen Beigeschmack bekommt. In Gesetzestexten bekommt erst ab Ende des 3. Jahrh.s der Begriff einen beleidigenden Unterton.
33. Ob dieser allgemeine Zwang zu Getränkeopfern in die Zeit Diokletians fällt oder erst in die Verfolgung Maximians von 307 zu datieren ist, ist umstritten: siehe *A.M. Rabello*, On the Relations 150f, der am ehesten an das Jahr 303 denkt.
34. Digesten 48,8.11. *A.M. Rabello*, The Legal Condition 700–703, schließt aus dem Kontext in den Digesten (Sklaven), daß es primär um das Verbot für Juden geht, ihre nichtjüdischen Sklaven zu beschneiden.
35. *Lactantius*, De mortibus persecutorum 48,2 (CSEL 27,229).
36. Für die frühere Datierung tritt jetzt wieder *K.L. Noethlichs*, Die gesetzgeberischen Maßnahmen 26, ein. Ebenso *K.D. Reichardt*, Die Judengesetzgebung im Codex Theodosianus, Kairos 20 (1978) 16–39,20. Für die Datierung auf 329 siehe die Begründung bei *A. Linder*, The Roman Imperial Government 103–105; dort auch die frühere Literatur zur Frage.
37. Siehe *W. Schubert*, Die rechtliche Sonderstellung der Dekurionen (Kurialen) in der Kaisergesetzgebung des 4.–6. Jahrhunderts, Zeitschrift der Savigny-Stiftung für Rechtsgeschichte 86, Romanistische Abteilung (1969), 287–333.
38. Daß *secta* zumindest in dieser Zeit noch nicht abwertend als „Sekte" verstanden wird, geht deutlich aus CTh XVI,2,5 von 323 hervor, wo vom Klerus *catholicae sectae* die Rede ist. Den vorangehenden Passus *synagogis Iudaeorum patriarchis vel presbyteris* übersetzt *C. Pharr „to the synagogues of the Jews as patriarchs and priests", also enger als unsere Übersetzung, die alle hauptamtlichen jüdischen Religionsdiener einschließt.*
39. S. Lieberman, *Palestine 359–364.*

40. *A. Linder*, The Roman Imperial Government 114f.
41. *A. Linder*, The Roman Imperial Government 122–4.
42. *A. Linder*, The Roman Imperial Government 113.
43. Dazu *Jones*, LRE 713.
44. Einen heidnischen Stadtrat in Tiberias nimmt *M.D. Judlewitz*, Tiberias (hebr.), Jerusalem 1950, 63, an.
45. *Y. Dan*, The City 73.
46. Talmud Yerushalmi. Avoda Zara, übers. von *G.A. Wewers*, Tübingen 1980, 123.
47. Zur umfassenderen Frage der *castra* in talmudischer Zeit siehe *S.S. Miller*, Studies 13–59.
48. CIJ II 985; siehe *A. Linder*, The Roman Imperial Government 111 Anm. 95.
49. Mit *plebs* gibt *G. Alon*, Jews 471 f Anm. 28, den Ausdruck wieder. Für die Deutung auf Grundbesitzer siehe *L.I. Levine*, The Jewish Patriarch 661.
50. *A. Büchler*, The Political and Social Leaders of the Jewish Community of Sepphoris in the Second and Third Centuries, London o.J. 16, möchte darin einen Sohn oder Enkel eines Stadtrates sehen; Rabbinen bemühten sich ja ständig um Befreiung von solchen Verpflichtungen.
51. Zur Entwicklung siehe *Jones*, LRE 740ff.
52. Statt *patriarchisque* ist wohl *patribusque* zu lesen (vgl. CTh XVI,8,2).
53. *Origenes*, Contra Celsum 2,13 (GCS 142).
54. Siehe *H. Langenfeld*, Christianisierungspolitik 46 Anm. 110.
55. *M. Avi-Yonah*, Geschichte 178, möchte das Gesetz noch später datieren und erst unter Konstantius im Jahr 339 ansetzen (mit *O. Seeck*, Regesten).
56. So *J. Juster*, Les juifs I 269. Ebenso *E.E. Urbach*, Zion 25 (1960) 167 Anm. 130.
57. *H. Langenfeld*, Christianisierungspolitik 50. Siehe auch *A. Linder*, The Roman Imperial Government 133.
58. *Eusebius*, Vita Constantini IV,27,1 (GCS 130).
59. So *H. Langenfeld*, Christianisierungspolitik 75.
60. So *K.L. Noethlichs*, Die gesetzgeberischen Maßnahmen 39f.
61. Zu dieser Wiedergabe von *mancipentur* siehe *H. Langenfeld*, Christianisierungspolitik 71 f.
62. *H. Langenfeld*, Christianisierungspolitik 70.
63. *Eusebius*, Kirchengeschichte IV,6,3 (GCS 9,308).
64. *Eusebius*, Märtyrer Palästinas 11,9f (GCS 9,937f).
65. *Itinera Hierosolymitana*, CSEL 38, 22.
66. *Eusebius*, Demonstratio evangelica VI,13,17 (GCS 23, 264f); *Kyrill von Jer.*, Katech. 16,18 (PG 33,944). *Hieronymus* deutet in seinem Jesajakommentar die Stelle 1,8 im selben Sinn: Gott hat den Tempel verlassen, die Stadt wurde verödet. „Das muß man nicht mit vielen Worten beweisen, vor allem uns nicht, die wir das verödete Sion und das zerstörte Jerusalem sowie den bis zum Erdboden eingerissenen Tempel sehen" (CC 73,14).
67. *Epiphanius*, De ponderibus et mensuris 14 (PG 43,261).
68. *H. Donner*, Pilgerfahrt 58 Anm. 91.
69. *J. Wilkinson*, Christian Pilgrims 87.
70. *Itinera Hierosolymitana*, CSEL 38,22.

71. *Eusebius*, zu LXX Ps 58 (PG 23,541).
72. *M. Avi-Yonah*, Geschichte 166.
73. Als Belegstellen folgen Gen 23,15; 1Chron 21,25; Gen 33,19. Der Name des Tradenten lautet übrigens im Midrasch ha-Gadol zu Gen 33,19 (M. 522): R. Jehuda beR. Samuel.
74. *Eusebius*, Vita Constantini III,18 f (GCS 90–92).
75. So *M. Avi-Yonah*, Geschichte 167.
76. *O. Seeck*, Zeitschrift für Kirchengeschichte 17 (1897) 58, zitiert nach *F. Winkelmann*, Zur Geschichte des Authentizitätsproblems der Vita Constantini, Klio 40 (1962) 187–243, 199; siehe auch *ders.* in der Einleitung zu seiner Textausgabe in den GCS, LI Anm. 1.
77. *Eusebius*, Vita Constantini II,26 f (GCS 59). Siehe *A. Ehrhardt*, Constantine, Rome and the Rabbis, BJRL 42 (1959 f) 288–312, 305 f.
78. *K.L. Noethlichs*, Die gesetzgeberischen Maßnahmen 38. Siehe den ebenso scharf formulierten Erlaß Konstantins gegen die Häretiker in *Eusebius*, Vita Constantini III,64 (GCS 117 f).
79. *D. Grodzynski*, „Superstitio", Revue des Etudes Anciennes 76 (1974) 56 unter Verweis auf *E. Volterra*, Quelques remarques sur le style des constitutions de Constantin, Mélanges Lévy-Bruhl, 1958, 325–334.
80. *M. Avi-Yonah*, Geschichte 160.
81. *Johannes Chrys.*, Adv.Judaeos V,11 (PG 48,900).
82. *M. Avi-Yonah*, Palaestina, München 1974 (Sonderdruck aus Pauly-Wissowa, Supplementband XIII), 444. Das zweite Zitat: Geschichte 177 f. *B.G. Nathanson*, The Fourth Century Jewish „Revolt" 68, sieht zu Recht in Johannes Chrys. die einzige unabhängige Quelle für einen jüdischen Aufstand unter Konstantin – spätere byzantinische Chroniken hängen sicher von ihm ab –, hält aber immerhin für möglich, „that there was some sort of modest uprising in Jerusalem".
83. *M. Avi-Yonah*, Geschichte 167.
84. *S. Lieberman*, Palestine 324 f.
85. *R.L. Wilken*, John Chrysostom 52.
86. *Hieronymus*, ep. 51,9 (CSEL 54,411).
87. *Eusebius*, Kirchengeschichte VII,15 (GCS 9,668–670).
88. *Eusebius*, Kirchengeschichte VIII,1,5 (GCS 9,738).
89. *Eusebius*, Kirchengeschichte VIII,2,1 (GCS 9,740).
90. Listen bei *J.D. Mansi*, Collectio Conciliorum II, Florenz 1759 (Nachdr. Paris 1901) 698; *C.H. Turner*, Hg., Ecclesiae Occidentalis Monumenta Iuris Antiquissima 1,1, Oxford 1899, 42 ff.
91. *Z. Safrai*, Gebulot 32; *J. Geiger* in: *Z. Baras* usw., Hg., Eretz Israel I 225; für den Hinweis siehe aber auch schon *F.M. Abel*, Géographie II 198 Anm. 5 und 287 unter Verweis auf Josephus, BJ II,499, wo Zabulon anstelle von Kabul steht.
92. *M. Ben-Dov*, The Dig 186 f.
93. *M. Ben-Dov*, The Dig 194 f; *H. Geva*, The Camp 246.
94. So z. B. *N. Avigad*, Discovering Jerusalem 205.
95. *M. Ben-Dov*, The Dig 192; ebenso *H. Geva*, The Camp 251.
96. *M. Ben-Dov*, The Dig 194 f.

97. *M. Ben-Dov*, The Dig 198 f.
98. *H. Geva*, The Camp 251 ff.
99. *N. Avigad*, Discovering Jerusalem 225 f.
100. *N. Avigad*, Discovering Jerusalem 207.
101. *B. Mazar*, Der Berg des Herrn 17.
102. *B. Mazar*, Der Berg des Herrn 24; 22.
103. *Eusebius*, Demonstratio Evangelica VIII,3 (GCS 393).
104. *Johannes Chrys.*, Adv.Judaeos V,11 (PG 48,901).
105. So z. B. *E. Otto*, Jerusalem – die Geschichte der heiligen Stadt, Stuttgart 1980, 168.171.
106. *M. Ben-Dov*, The Dig 191. Für einen dreizelligen Tempel auf dem Tempelplatz argumentiert auch *B. Bagatti*, Il „tempio di Gerusalemme" dal II all' VIII secolo, Biblica 43 (1962) 1–21, 14; siehe auch *M. Avi-Yonah*, Geschichte 204.
107. *M. Stern*, Greek and Latin Authors II 396.
108. *Itinera Hierosolymitana*, CSEL 39,22. Ein Fragment des Mattäuskommentars des Origenes zu 24,15 (GCS 194) deutet den „Greuel der Verwüstung" auf die „Statue Hadrians oder des Gaius" auf dem Tempelplatz, während die anderen Textfassungen nur von der Statue sprechen, die Pilatus im Tempel aufstellte. Siehe auch *J. Wilkinson*, Christian Pilgrims 78 f, der übrigens im Nordwesten der Stadt neben dem Venustempel einen Jupitertempel annimmt und nicht an einen einzigen Tempel der Trias denkt.
109. *Hieronymus*, In Is 1,2 (CC 73,33).
110. *Kyrill von Jerusalem*, Katech.10,11 (PG 33,676 f; vgl. Katech.15,15, PG 33,889).
111. *Eusebius*, Vita Constantini III,25–40 (GCS 89–95).
112. *E.D. Hunt*, Holy Land Pilgrimage 10.
113. *C. Coüasnon*, The Church; *V. Corbo*, Il Santo Sepolcro.
114. *Hieronymus*, ep. 58,3 (CSEL 54,531 f).
115. *J. Wilkinson*, Christian Pilgrims 82 f.
116. *Melito von Sardes*, Osterpredigt (SC 123,116).
117. *Kyrill von Jerusalem*, Katech. 10,19 (PG 33,685–7); vgl. 4,10 (S. 469).
118. *Ambrosius*, De obitu Theodosii, CSEL 73,40 ff.
119. *Hieronymus*, In Sach III,14,20 (CC 76A,898).
120. *Paulinus von Nola*, ep. 31,5 f (CSEL 29,272 f).
121. *Sozomenos*, Kirchengeschichte II,1,4 (GCS 50,48); *Sokrates*, Kirchengeschichte I,17 (PG 67,117–120); *Rufinus*, Kirchengeschichte X,7–8 (GCS 9,969–971).
122. *J. Vogt*, Helena Augusta, das Kreuz und die Juden, Saeculum 27 (1976) 211–222. Zur Entwicklung der Kreuzauffindungslegende siehe *E.D. Hunt*, Holy Land Pilgrimage 38–49 (Literatur!). Die antijüdische Note der Legende betont *A. Linder*, Judaism as a Focal Point in the Conflict between Judaism and Christianity (hebr.), in: *B.Z. Kedar*, Hg., Jerusalem in the Middle Ages. Selected Papers, Jerusalem 1979,5–26, 17 ff. Doch siehe auch *Z. Rubin*, The Church of the Holy Sepulchre and the Conflict between the Sees of Caesarea and Jerusalem, The Jerusalem Cathedra 2 (1982) 79–105, der meint, Eusebius habe die Kreuzauffindung wegen der dabei vom Jerusalemer Bischof Maka-

rius gespielten Rolle absichtlich unterdrückt bzw. nur in sehr verschleierter Form erwähnt.

123. Siehe *M. van Esbroeck*, Jean II 99.112; 115–125 Übersetzung des armenischen Textes.
124. *Eusebius*, Vita Constantini I,19 (GCS 25); IV,62,2 (GCS 146).
125. *Eusebius*, Vita Constantini III,31 f (GCS 98 f).
126. So *J.W. Crowfoot*, Early Churches 21.
127. *V. Corbo*, Il Santo Sepolcro I 117. Die hadrianische Mauer selbst ist wiederum aus herodianischem Material errichtet.
128. *V. Corbo*, Il Santo Sepolcro I 69 f.
129. *Eusebius*, Vita Constantini III,27 (GCS 96); III,32 (GCS 99); vgl. Oratio Tric. VII,12–IX,8 (GCS 215–8).
130. *Kyrill von Jerusalem*, Katech. 18,33 (PG 33,1056). Siehe *C. Coüasnon*, The Church 15; *E.D. Hunt*, Holy Land Pilgrimage 11.
131. *Eusebius*, Vita Constantini IV,44 f (GCS 138 f); Weiherede III,34 ff (GCS 99–101).
132. *Eusebius*, Vita Constantini III,33 (GCS 99).
133. *Sokrates*, Kirchengeschichte I,17 (PG 67,121).
134. *Eusebius*, Vita Constantini III,41–43 (GCS 101); *Itinera Hierosolymitana*, CSEL 38,23.25.
135. Siehe *J. Wilkinson*, Christian Pilgrims 84; vgl. *Eusebius*, Demonstratio Evangelica VI,18,23 (GCS 23,278).
136. *Eusebius*, Oratio Tric. IX,17 (GCS 221).
137. *Hieronymus*, ep. 58,3 (CSEL 54,532). *P. Welten*, Bethlehem und die Klage um Adonis, ZDPV 99 (1983) 189–203, sieht in diesem Text keinen Beleg für die Verbreitung des Adoniskults, sondern einfach ein literarisches Motiv, von Mt 2,18 und der klagenden Rachel bestimmt.
138. *Eusebius*, Vita Constantini III,51–3 (GCS 105–7).
139. Dazu siehe *Z. Safrai*, Fairs in the Land of Israel in the Mishna and Talmud Period (hebr.), Zion 49 (1984) 139–158.
140. *Eusebius*, Onomastikon, GCS 11/1,7; *Sozomenos*, Kirchengeschichte II,4,2 ff, GCS 50,54 f. Die bei den Ausgrabungen gemachten Kleinfunde, u. a. aus dem konstantinischen Brunnen, bestätigen diese Angaben: *E. Mader*, Mambre (Textband), Freiburg 1957, 295 f und passim.
141. *J.W. Crowfoot*, Early Churches 160.
142. *A. Ovadiah*, Corpus of the Byzantine Churches in the Holy Land, Bonn 1970; *A. Ovadiah–C.G. de Silva*, Supplementum to the Corpus of the Byzantine Churches in the Holy Land, Levant 13 (1981) 200–261; 16 (1984) 129–164.
143. *M. van Esbroeck*, Jean II, 111 f, datiert ihre Einweihung auf den 15.9.394.
144. *A.M. Schneider*, Die Brotvermehrungskirche von et-tabga am Genesarethsee und ihre Mosaiken, Paderborn 1934; *M. Avi-Yonah*, Art. Heptapegon, EAE II, 497–501. Zur Datierung siehe *S. Loffreda*, LA 20 (1970) 370–80.
145. *Hieronymus*, ep. 108,14 (CSEL 55,324) erwähnt diese Kirche.
146. *A. Negev*, The Churches of the Central Negev. An Archaeological Survey, RB 81 (1974) 400–422; siehe auch den Bericht von *A. Negev* und *S. Margalit* über neue Grabungen in Subeita in RB 93 (1986) 267–9.

147. *Hieronymus* vergleicht die Zerstörung des Marneion von Gaza mit jener des Serapeion in Alexandrien, weist ihr also überragende Bedeutung zu: In Is 17,2 f (CC 73,268); ep.107,2 (CSEL 55,292).
148. Die detaillierte Kenntnis vom Bau der großen Kirche in Gaza, vergleichbar nur mit unseren Informationen über die Grabeskirche, verdanken wir der Vita Porphyrii des Marcus Diaconus. Die Aussage über die Größe der Kirche dort Kap. 92 f (S. 71 f).
149. *Epiphanius*, Panarion 30,4,1–12,9 (GCS 25,338–348). Nicht zur Verfügung stand mir die Dissertation von *G. Koch*, A Critical Investigation of Epiphanius' Knowledge of the Ebionites: A Translation and Critical Discussion of Panarion 30, Univ. of Pennsylvania 1976, der 376–383 auch auf die Historizität der Joseph-Erzählung eingeht.
150. *Epipanius*, Panarion 30,4,1–6 (GCS 25,338 f).
151. *Comes*, früher nur inoffizielle Bezeichnung der höchsten Beamten in der Umgebung des Kaisers, wurde unter Konstantin eine offizielle Rangordnung in drei Klassen und ersetzte bei manchen höchsten Beamten den früheren Titel; so hatte z. B. der Comes Orientis die gesamte Reichsdiözese des Ostens unter sich. Doch wurde auch schon früh die Bezeichnung Comes als bloßer Ehrentitel verliehen, was auch hier vorausgesetzt wird. Siehe *Jones*, LRE 104 f.
152. Epiphanius, Panarion 30,11,9–12,1 (GCS 25,347).
153. Als getauften Juden bezeichnet z. B. *L. Lucas*, Zur Geschichte 3, Epiphanius. *B. Bagatti*, Alle origini della chiesa II 66, deutet das Verhalten des Epiphanius bei seinem Besuch in der Kirche von Anablata (siehe Anm. 86), wo er einen Vorhang zerreißt, weil sich darauf ein heiliges Bild befindet, damit, daß er wegen seiner jüdischen Herkunft Bilder abgelehnt habe. Doch ist diese Haltung in der frühen Kirche zu weit verbreitet, als daß man daraus solche Schlüsse ziehen könnte.
154. Dazu siehe *R. Lorenz*, Arius judaizans? Untersuchungen zur dogmengeschichtlichen Einordnung des Arius, Göttingen 1979, 224: „Die Parallelen zwischen Arianismus und jüdischem Denken, welche in dieser Arbeit besprochen wurden, reichen nicht aus, Abhängigkeitsverhältnisse mit Bestimmtheit zu behaupten ... nicht unwahrscheinlich, daß jüdisch-häretische und judenchristliche Einflüsse auf Lukian von Antiochien und Arius wirkten." Entscheidend sei aber bei aller Nähe zu jüdischem Denken, „daß Arius vom Origenismus ausging". Das machte ja auch den Streit um Origenes in den Theologenkreisen Palästinas des späten 4. und frühen 5. Jahrhunderts so virulent. Epiphanius spielte dabei als radikaler Gegner der Lehren des Origenes eine entscheidende Rolle. Allgemeiner zur dogmatischen Diskussion im Palästina dieser Zeit siehe *L. Perrone*, La chiesa di Palestina e le controverse cristologiche, Brescia 1980. Damit ist natürlich noch nicht das tatsächliche Verhalten der Juden geklärt. Zwar beschuldigt Athanasius immer wieder die Juden der Zusammenarbeit mit seinen Gegnern; doch ist dabei viel Polemik, und auch wenn manches davon den Tatsachen entsprechen sollte, darf man nicht Diasporaverhältnisse auf Palästina übertragen. Die Aussage von *L. Lucas*, Zur Geschichte 28 f, daß abgesehen von den judenfeindlichen Gesetzen des Arianers Konstantius Juden und Arianer immer zusammenstanden und

alle Kirchenväter von diesem Bündnis zwischen Juden und Arianer wußten, ist viel zu pauschal.

155. *Y. Zafrir*, The Conflict between Christians and the Jews in the Tiberias Region in the Byzantine Period (hebr.), in: All the Land of Naphtali, Jerusalem 1967, 79–90. S. 84 nennt er den Kommentar des Hieronymus zu Jes 9,1 (CC 73,123) als Beleg für die Ausbreitung des Christentums in dieser Region, doch bezieht sich der Text wohl eher als historische Auslegung auf die Zeit Jesu, als nach Anfangserfolgen der christlichen Predigt im Gebiet von Zabulon und Naftali „in jüngster Zeit ihr Glaube belastet wurde, da die meisten Juden im Irrtum verharrten".
156. Dieser Bericht des *Petrus Diaconus* wird i. a. Egeria zugeschrieben: *Itinera Hierosolymitana* (CSEL 38,112f).
157. *V. Corbo*, Cafarnao I 72.
158. *E. Testa*, I Graffiti 87 Anm. 106. *Testa* meint, Joseph sei von einem orthodoxen ebionitischen Lehrer eingeführt worden. Doch was ist ein orthodoxer Ebionit?
159. *E. Testa*, I graffiti 87.
160. *E. Testa*, I graffiti 87 Anm. 107.
161. Siehe die ausführliche Kritik von *J.F. Strange*, BASOR 233 (1979) 64–69.
162. *M. Avi-Yonah*, A Sixth-Century Inscription from Sepphoris, IEJ 11 (1961) 184–7. Auch ist er der Meinung, der Grabungsbefund sei gar nicht auf eine Kirche zu deuten, sondern als römische Villa zu verstehen und das sogenannte Baptisterium ein gewöhnlicher Keller: EAE IV 1073f. *J.F. Strange* und *Th.R.W. Longstaff* erwähnen im Bericht über ihre Grabung 1985 in Sepphoris (RB 93,1986,253) eine Reihe von Höhlen auf dem Gelände der römischen Villa, darunter eine Zisterne, ein Silo und in den noch nicht untersuchten Höhlen vielleicht rituelle Bäder.
163. *F. Manns*, Un centre judéo-chrétien important: Sepphoris, in: *ders.*, Essais sur le Judéo-Christianisme, Jerusalem 1977, 165ff, hier 179f. Er stützt sich auf die Grabung von *L. Waterman*, von der es jedoch nur den Preliminary Report, Michigan 1937, gibt.
164. *B. Bagatti*, Alle origini della chiesa I 129–134; *ders.*, Gli scavi di Nazaret I, Jerusalem 1967.
165. *E. Testa*, Il Simbolismo.
166. Dazu siehe v. a. *M. Simon*, Verus Israel 277ff.
167. *R.L. Wilken*, John Chrysostom 73, meint, die Fülle an Informationen über Judenchristen bzw. Judaizanten im späten 4. Jahrhundert weise auf eine neue Blüte des judaisierenden Christentums zu dieser Zeit, vielleicht gefördert durch die Tempelbaupläne Julians.
168. *Itinera Hierosolymitana*, CSEL 38,99. Zum Zeugnis des Eusebius in der syrischen Fassung seiner Schrift über die Märtyrer Palästinas siehe *G. Fuks*, Scythopolis 145f; in derselben Schrift erwähnt Eusebius auch, wie erschüttert Juden während der Verfolgung von 309 waren, wenn sie im Gerichtssaal die hebräischen Namen der Christen hörten: dazu siehe *S. Lieberman* in der Festschrift für *S.W. Baron*, hebr. Band, Jerusalem 1974, 237.
169. Dazu siehe vor allem *B. Bagatti*, Alle origini I 14–16; *M. van Esbroeck*, Jean II, sieht in der Übertragung der Stephanus-Reliquien nach Jerusalem, der

Ernennung des Porphyrius von Gaza zum Staurophylax und in der Predigt zur Weihe der Sionskirche bewußte Bemühungen, über jüdische Traditionen eine Einigung der Kirche Jerusalems zu erreichen.

170. *Hieronymus*, ep.125,12 (CSEL 55,131). *E. Testa*, Il Simbolismo 531, meint, dieser Mönch sei sicher mit dem hebräischen Lehrer des Hieronymus Bar Chanina gleichzusetzen, dessen Namen Rufinus polemisch in Barabbas umwandelt (*Hieronymus*, Contra Rufinum I,13, CC 79,12). Dies ist aber äußerst unwahrscheinlich.
171. Siehe *B. Bagatti*, Alle origini I 29ff; *M. Simon*, Verus Israel 307f.
172. *Sozomenos*, Kirchengeschichte II,3,7 (GCS 50,52).
173. *Kyrill von Jerusalem*, Katech.7,6 (PG 33,612).
174. *J.W. Crowfoot*, Early Churches 102.
175. *M. Avi-Yonah*, The Economics 42 Anm. 14 unter Berufung auf Petrus den Iberer.
176. *Eusebius*, Vita Constantini III,32 (GCS 92f).
177. *Marcus Diaconus*, Vita Porphyrii Kap. 76–79.84.
178. *M. Avi-Yonah*, The Economics 44, nennt eineinhalb Millionen Goldstücke, etwa zehn Tonnen Gold, die Eudokia in Jerusalem bis zu ihrem Tod im Jahr 460 ausgegeben habe; bei Nikephorus ist dies aber die Gesamtsumme, die Eudokia für ihre sämtlichen Stiftungen zur Verfügung gestellt hat; siehe *E.D. Hunt*, Holy Land Pilgrimage 239.
179. *R.S. Hanson*, Tyrian Influence in the Upper Galilee, Cambridge Mass. 1980.
180. Dazu siehe v.a. *H. Donner*, Pilgerfahrt; *E.D. Hunt*, Holy Land Pilgrimage; *P. Maraval*, Lieux saints; *J. Wilkinson*, Christian Pilgrims.
181. *Eusebius*, Demonstratio Evangelica VI,18,23 (GCS 23,278).
182. *Eusebius*, Vita Constantini III,44ff (GCS 102–4).
183. *Eusebius*, Kirchengeschichte X,3,1 (GCS 9,860); Vita Const. IV,43,2 (GCS 138).
184. Die frühen Texte sind gesammelt in: *Itinera Hierosolymitana* (CSEL 39; ebenso in CC 175/6). Kommentierte Übersetzungen: *H. Donner*, Pilgerfahrt; *J. Wilkinson*, Jerusalem Pilgrims before the Crusades, Warminster 1977.
185. *Hieronymus*, ep.107,2.3 (CSEL 55,292).
186. *M.E. Stone*, Holy Land Pilgrimage of Armenians before the Arab Conquest, RB 93 (1986) 93–110: So wurde Euthymius kurz nach Gründung seines Klosters im Jahr 428 von einer Gruppe von 400 armenischen Pilgern besucht! Der erste sicher belegte armenische Pilger war Eutaktus von Satala, der vor 361 im Heiligen Land war und dort von gnostischen Irrlehren infiziert wurde. Das zeigt, wie relevant die 6. Katechese Kyrills von Jerusalem mit ihrer eingehenden Warnung vor den Manichäern war! Siehe *M.E. Stone*, An Armenian Pilgrim to the Holy Land in the Early Byzantine Era, Revue des Etudes Arméniennes 17 (1985) 173–8.
187. *H. Donner*, Pilgerfahrt 29.42.
188. *S. Klein*, Sefer ha-Massa Itinerarium Burdig. al Eretz Israel, hier nach der Zusammenfassung bei *B.Z. Luria*, Pirqe Jeruschalaim, Jerusalem 1980,402 zitiert. Der Originalartikel war mir wegen falscher Quellenangabe bei *Luria* nicht auffindbar.

189. So *M. Avi-Yonah*, Economics 45, der von jüdischen und samaritanischen Führern spricht; in Anm. 37 sieht er allgemein den Einfluß jüdischer Führer in den frühen Itineraria und in der Madaba-Landkarte.
190. *J. Wilkinson*, Christian Pilgrims 86.
191. In Sychar nennt er auch ein „Bad" *(balneum)*, was *H. Donner*, Pilgerfahrt 53, als „Taufbrunnen" deutet. *C. Nauerth*, Pilgerstätten am Garizim in frühchristlicher Zeit, Dielheimer Blätter zum Alten Testament 20 (1984) 17–45, 21–23 sieht dagegen im Ausdruck einfach eine als *locus sanctus* gewertete Badeanlage, vielleicht ein rituelles Bad (Miqwe) der Samaritaner, das u. U. mit den Synagogengründungen des Baba Rabba zu verbinden sei.
192. Zur rabbinischen und patristischen Ijobstradition siehe *J.R. Baskin*, Pharao's Counsellors. Job, Jethro and Balaam in Rabbinic and Patristic Tradition, Chico 1983, 7–43.
193. Die Übersetzung ist *H. Donner*, Pilgerfahrt 54–8, entnommen.
194. *S.H. Blank*, The Death of Zechariah in Rabbinic Tradition, HUCA 12–13 (1937f) 327–346; *M. McNamara*, The New Testament and the Palestinian Targum to the Pentateuch, Rom 1966, 160–163.
195. *H. Donner*, Pilgerfahrt 55f, versteht den Ausdruck beim Pilger von Bordeaux vom Jupitertempel, von dem 333 noch zumindest Reste sichtbar gewesen sein müßten.
196. Nach der Tabelle von *E. Mahler*, Handbuch 529, fiel der 9. Ab 333 auf den 7. August.
197. *Hieronymus*, In Matt.IV zu Mt 23,35 (CC 77,220).
198. Prophetenleben 13 (Textausgabe *Th. Schermann*, Prophetarum Vitae, Leipzig 1907; Übersetzung in *P. Rießler*, Altjüdisches Schrifttum außerhalb der Bibel, Augsburg 1928).
199. *Itinera Hierosolymitana*, CSEL 38,25.
200. *H. Donner*, Pilgerfahrt 63 Anm. 110; ebenso schon *J. Jeremias*, Heiligengräber 77ff.
201. Dazu siehe *M. Simon*, Les saints d'Israel dans la dévotion de l'Eglise ancienne, RHPR 34 (1954) 98–127; Nachdr. in: *ders.*, Recherches 154–180.
202. *J. Wilkinson*, Christian Pilgrims 88.
203. *H. Donner*, Pilgerfahrt 73f; vgl. 119 Anm. 125 zu Johannes Chrys., 5. Homilie (PG 49,69): „Von einem Grabe weiß er anscheinend nichts." Ebenso schon *J. Jeremias*, Heiligengräber 102 Anm. 1.
204. *P. Devos*, La date du voyage d'Égerie, Analecta Bollandiana 85 (1967) 165–197; ebenso schon *A. Baumstark*, Oriens Christianus 1 (1911) 32–76. Ihnen folgen z. B. *J. Wilkinson*, Egeria's Travels, London 1971, 237–9, und *P. Maraval*, Égérie. Journal de Voyage (SC 296), Paris 1982, 38.
205. *Egeria* 5,1 (CSEL 38,43). *P. Maraval*, Lieux saints 38, spricht von einer „Lokalisierung christlicher, genauer gesagt monastischer Herkunft; denn die christliche Bevölkerung der Halbinsel waren im 4. Jahrhundert im wesentlichen Mönche."
206. *Egeria* 9,7 (CSEL 38,50).
207. *H. Donner*, Pilgerfahrt 104 Anm. 85.
208. *Egeria* 13,1 (CSEL 38,55).
209. *Egeria* 13,3 (CSEL 38,56).

210. *Egeria* 13,4 (CSEL 38,56). Was *opu* in diesem Zusammenhang bedeuten soll, ist nicht sicher.
211. *Eusebius*, Onomastikon, GCS 11/1, 152 f.
212. *Epiphanius*, Panarion 60,2,1 (GCS 31,379).
213. *Hieronymus*, ep. 73,7–9 (CSEL 55,20 f).
214: *F.L. Horton*, The Melchizedek Tradition, Cambridge 1976,64–82.90–113; *M. Simon*, Melchisédech dans la polémique entre juifs et chrétiens et dans la légende, RHPR 17 (1937) 58–93; Nachdr. in: *ders.*, Recherches 101–126. 115–8, hält er diese Lokalisierung am Jordan für samaritanisch, was ich nicht für sehr wahrscheinlich halte, da ja die Samaritaner ihre Tradition im Dorf Salem bei Neapolis hatten.
215. *H. Donner*, Pilgerfahrt 140.
216. *Hieronymus*, ep.108,12 (CSEL 55,320); *Eusebius*, Demonstratio Evangelica VI,18,22 f (GCS 23,278).
217. *Hieronymus*, ep. 108,11 (CSEL 55,319).
218. *Hieronymus*, Komm. zu Mt 27,33 (CC 77,270); ep. 46,3 (CSEL 54, 332); Komm. zu Eph 5,14 (PL 26,559).
219. *Hieronymus*, ep. 57,10 (CSEL 54,522) stellt ebenfalls fest, daß die Jakobssöhne nicht in Hebron, sondern in Sichem begraben sind.
220. *Hieronymus*, ep. 108,13 (CSEL 55,323).
221. *Hieronymus*, ep. 108,14 (CSEL 55,324 f).
222. *Hieronymus*, Komm. zu Nah, Vorwort (CC 76 A,526).
223. Siehe *J. Jeremias*, Heiligengräber 100 f.
224. *S. Klein*, Sefer ha-Jischub I 5 Anm. zu Elqosch.
225. *J. Wilkinson*, L'apport de saint Jérôme à la topographie, RB 81, (1974) 245–257, 255 f.
226. *M. Avi-Yonah*, The Economics 45.
227. *E.D. Hunt*, Holy Land Pilgrimage 135.
228. *Hieronymus*, Adv. Vigilantium 5 (PL 23,358 f).
229. *J. Jeremias*, Heiligengräber 33 f.
230. Der pauschale Rückgriff von *J. Jeremias*, Heiligengräber, auf jüdische Grabtraditionen aus früher Zeit wäre im einzelnen zu überprüfen. Wo wurden von Juden wirklich Gräber verehrt und nicht einfach in schriftgelehrten Kreisen Orte als Stätten des Begräbnisses biblischer Gestalten angegeben, ohne materielle Grabstätten zeigen zu können? Auch die „Prophetenleben" des Pseudo-Epiphanius, die wohl auf eine jüdische Grundschrift zurückgehen, sind in dieser Beziehung durchaus nicht eindeutig.
231. *L. Rothkrug*, The „Odour of Sanctity", and the Hebrew Origins of Christian Relic Veneration, Historical Reflections 8 (1981) 95–142, ist trotz des Titels für unsere Thematik völlig unergiebig.
232. *Egeria* 16,5 (CSEL 38,59). Übersetzung *H. Donner*, Pilgerfahrt.
233. *H. Donner*, Pilgerfahrt 119 Anm. 105.
234. *P. Maraval*, Lieux saints 41.
235. *D. Vanderlinden*, Revelatio Sancti Stephani (BHZ 7850–7856), Revue des Etudes Byzantines 4 (1946) 178–217: Kritischer Text 190–207. Der übliche Text findet sich in PL 41,807 ff. Siehe auch *J. Martin*, Die revelatio S. Stephani und Verwandtes, Historisches Jahrbuch 77 (1958) 419–433. Sozome-

nos, Kirchengeschichte IX,16,4 (GCS 50,407) kündigt eine Schilderung dieser Auffindung an, doch bricht seine Darstellung zuvor ab.

236. Dazu *P. Maraval*, Lieux saints 43–47.
237. So *E.D. Hunt*, Holy Land Pilgrimage 215 f; ausführlich *M. van Esbroeck*, Jean II, der auch die Analogie zur Kreuzauffindung betont.
238. So *E.D. Hunt*, Holy Land Pilgrimage 216. Zur Lokalisierung von Kefar Gamala, wo diese Reliquien gefunden wurden, werden zwei Orte vorgeschlagen: der eine liegt etwa 25 km von Jerusalem an der Straße nach Eleutheropolis, der zweite in gleicher Entfernung, aber nordwestlich von Jerusalem und noch in dessen Stadtgebiet. Nur die zweite Lokalisierung entspricht allen sonstigen Angaben: *S. Mittmann*, Chaphargam(ala) bei Heliopolis (Ba^c^albek), ZDPV 91 (1975) 69–76, 71–3.
239. *E.D. Hunt*, Holy Land Pilgrimage 216.
240. Siehe *M.-A. van den Oudenrijn*, Gamaliel: Äthiopische Texte zur Pilatusliteratur, Freiburg 1959: Die Schrift gehört in die Kategorie der Pilatusliteratur und ist wohl noch im 5. Jahrhundert in koptischer Sprache geschrieben worden. Das Werk ist als Erbauungsliteratur ohne besonderen Propagandazweck geschrieben, auch wenn der „Judenhaß dieses christlichen Schriftstellers, der als ‚nom de plume' gerade einen der berühmtesten Rabbinernamen der Vergangenheit aufgegriffen hatte" (S. XXIX), nicht zu übersehen ist.
241. Die Pilatusakten geben vor, aus dem Hebräischen übersetzt worden zu sein. Die griechische Fassung wird auf 425 datiert, könnte aber ältere Vorlagen haben. Der Text versucht, die Schuld an Jesu Tod allein den Juden anzulasten.
242. Nikodemusevangelium 17,1 f: *E. Hennecke-W. Schneemelcher*, Neutestamentliche Apokryphen in deutscher Übersetzung I, Tübingen ³1959, 348 f.
243. *Hennecke-Schneemelcher* I 354. I 342 § 14 erstatten der Priester Phinees, der Lehrer Adas und der Levit Angäus Bericht.
244. *M. van Esbroeck*, Jean II, 125.134. 101–5 bietet er eine Übersetzung der georgischen Erzählung vom Martyrium des Stephanus, in der ebenfalls Gamaliel dessen Leichnam bestattet.
245. Dazu zuletzt *F. Lotter*, Die Zwangsbekehrung der Juden von Menorca um 418 im Rahmen der Entwicklung des Judenrechts der Spätantike, Historische Zeitschrift 242 (1986) 291–326.
246. *Sozomenos*, Kirchengeschichte IX,16 f (GCS 50, 407 f).
247. *P. Maraval*, Lieux saints 42.
248. *Sozomenos*, Kirchengeschichte VII,29,1–2 (GCS 50,345).
249. *Paulinus von Nola*, ep. 31,6 (CSEL 29,274).
250. Dazu siehe *E.D. Hunt*, Holy Land Pilgrimage 129 f.
251. *Augustinus*, De civitate Dei 22,8 (CC 48,820).
252. Dazu siehe *A. Stuiber*, RAC 6 (1966) 925 ff.
253. *Hieronymus*, Contra Joannem Hier. 14 (PL 23,383).
254. Aus der umfangreichen Literatur siehe v. a. *D.J. Chitty*, The Desert A City. An Introduction to the Study of Egyptian and Palestinian Monasticism under the Christian Empire, London 1966 (Nachdr. 1977); *G.D. Gordini*, Il monachismo romano in Palestina nel IV secolo, in: Saint Martin et son temps (Studia Anselmiana 46), Rom 1961, 85–107; *O. Meinardus*, Laurae and Monasteries of Judaea, Jerusalem 1980.

255. *Eunapius*, Vitae Sophistarum VI,11,8. Zur Bildungsfeindschaft der orientalischen Mönche, die daraus direkt ein Ideal machen, siehe *A.J. Festugière*, Ursprünge christlicher Frömmigkeit, Freiburg 1963.
256. *P. Maraval*, Lieux saints 60, spricht geradezu vom „caractère volontariste de la mise en place, à partir du IVe siècle, d'une géographie sacrée chrétienne".
257. *Gregor von Nyssa*, ep. 2,10, ed. G. Pasquali, Leiden 1959, 16.
258. *Hieronymus*, ep. 66,14 (CSEL 54,665).
259. *Hieronymus*, Komm. zu Ez, Vorwort zu Buch 3 (CC 55,91) und zu Buch 7 (CC 55,277).
260. *M. Avi-Yonah*, The Economics 49.
261. *Hieronymus*, ep. 54,13 (CSEL 54,479 f); Übersetzung *H. Donner*, Pilgerfahrt 74; das nächste Zitat ebenda 14.
262. *Hieronymus*, ep. 58,4 (CSEL 54,533).
263. *Hieronymus*, ep. 58,2 f (CSEL 54,529–531).
264. *Hieronymus*, ep. 93 (CSEL 55,155). Der Brief des Theophilus findet sich bei Hieronymus als ep. 92.
265. *H. Donner*, Pilgerfahrt 29.
266. Für einen allgemeinen Überblick siehe vor allem *F. Hüttenmeister*, Die jüdischen Synagogen; *M.J. Chiat*, A Handbook.
267. *E.M. Meyers*, Meiron.
268. Eine Nuancierung seiner These des tyrischen Einflusses in Meiron bringt *E.M. Meyers*, Galilean Regionalism: A Reappraisal, in: *W.S. Green*, Hg., Approaches to Ancient Judaism V, Atlanta 1985, 115–131.
269. *M. Goodman* in *E.M. Meyers*, Meiron 71 f.
270. *P. Smith* und *E. Bornemann* in *E.M. Meyers*, Meiron 118.
271. *E.M. Meyers*, Meiron 160.
272. *E.M. Meyers*, Meiron 17.
273. *E.M. Meyers*, Meiron 161.
274. *E.M. Meyers*, Meiron 161.
275. Zur Problematik der archäologischen Verwertung von Erdbeben siehe *K.W. Russell*, The Earthquake Chronology. Für 365 führt er gar kein Erdbeben in seiner Liste. Auch betont er die Schwierigkeiten, Erdbebenschäden von solchen zu unterscheiden, die etwa auf kriegerische Tätigkeit zurückgehen, somit auch zwischen den Folgen des Aufstands gegen Gallus und jenen des Erdbebens von 363 zu unterscheiden. Diese Problematik wird uns noch öfter begegnen.
276. *E. Meyers-A.T. Kraabel-J.F. Strange*, Ancient Synagogue Excavations at Khirbet Shema[c], Upper Galilee, Israel 1970–1972, Durham, N. C., 1976, 15: „a semi-detached satellite settlement of Meiron."
277. Das in der Chronik des Eusebius für Tyrus und Sidon belegte Erdbeben wird nur in PG datiert. Ein Datum um 303 könnte eher stimmen: *K.W. Russell*, The Earthquake Chronology 42.
278. Zum Erdbeben von 419 siehe *K.W. Russell*, The Earthquake Chronology 42 f.
279. *E.M. Meyers-J.F. Strange-C. Meyers*, Preliminary Report on the 1977 and 1978 Seasons at Gush Halav, BASOR 233 (1979) 33–57; *E. Meyers*, Gush-Halav (hebr.), Qadmoniot 13 (1980) 41–43.

280. Mitteilung durch *Z. Ilan-E. Damati*, IEJ 34 (1984) 265–8.
281. *E.M. Meyers-J.F. Strange-C. Meyers*, Second Preliminary Report on the 1981 Excavations at en-Nabratein, Israel, BASOR 246 (1982) 35–54; *dieselben*, The Ark of Nabratein – A First Glance, BA 44 (1981) 237–243; *dieselben*, IEJ 32 (1982) 139f.
282. Weitere Synagogen sind Sa'sa etwa 4 km östlich von Gusch Chalab; vielleicht Safed; Kefar Chananja, 9 km südwestlich von Safed: hier gab es vielleicht sogar zwei Synagogen: dazu *Z. Ilan*, IEJ 33 (1983) 255; 1 km westlich davon Beer Scheba; 3,5 km von diesem entfernt ar-Rama; Jesud ha-Ma^{c}ala am Südwestrand des Hule-Sees (dazu *Y. Shoham*, IEJ 35,1985, 189f).
283. *E. Meyers*, Khirbet Shema^c (Anm. 276) 260.
284. *D. Urman*, Jewish Inscriptions 513, möchte lieber von öffentlichen jüdischen Gebäuden sprechen und nur dort die Bezeichnung Synagogen verwenden, wo dies explizit ist. In Qasrin rechnet er für die erste Bauphase aufgrund einer Inschrift damit, daß der Saal religiösen Gemeinschaftsmählern diente (S. 533).
285. *C.M. Dauphin-J.J. Schonfield*, Settlements of the Roman and Byzantine Periods on the Golan Heights: Preliminary Report on Three Seasons of Survey (1979–1981), IEJ 33 (1983) 189–206, bieten noch keine Detailergebnisse, doch Hinweise auf zwei zusätzliche jüdische Orte, Na^{c}aran im Westen, Farj im Osten, wo ein Türsturz mit zwei Menorot und einer griechischen Inschrift gefunden wurde. *Z.U. Ma^{c}oz*, Comments on Jewish and Christian Communities in Byzantine Palestine, PEQ 117 (1985) 59–68, bezweifelt allerdings, daß die Menorot in Farj als jüdische Symbole betrachtet werden können. Aus dem Kontext seien sie eher als christlich, vielleicht judenchristlich, zu interpretieren. Er leitet aus diversen Funden ab, daß die Dörfer im Golan und ganz allgemein in Palästina im Unterschied zu den Städten ausschließlich von Juden oder Christen bewohnt waren; der nordwestliche Teil des Golan wäre demnach ausschließlich jüdisch besiedelt gewesen, während die christlichen Dörfer sich im Süden bzw. im Nordosten befanden; auf ein Zusammenleben von Juden und Christen deutet hingegen der Befund *C.M. Dauphin*, Jewish and Christian Communities in the Roman and Byzantine Gaulanitis: A Study of Evidence from Archaeological Surveys, PEQ 114 (1982) 129–142. Siehe auch *U. Ma^{c}oz*, The Art and Architecture of the Synagogues in the Golan, in: *L.I. Levine*, Hg., Ancient Synagogues Revealed, Jerusalem 1981, 98–115.
286. *B. Mazar*, Beth She^{c}arim I: The Catacombs I–IV, Jerusalem ^{2}1957; *M. Schwabe-B. Lifshitz*, Beth She^{c}arim II: The Greek Inscriptions, Jerusalem 1967; *N. Avigad*, Beth She^{c}arim III: The Catacombs 12–23, Jerusalem 1971 (alle Bände hebr.).
287. Für *K.W. Russell*, The Earthquake Chronology 51, ist die Verbindung des Untergangs von Bet Schearim mit dem Aufstand gegen Gallus durch *B. Mazar* ein Beispiel für die Unsicherheit der Deutung archäologischer Ergebnisse, wenn Kriegsereignisse und Erdbeben so nahe beisammen liegen. Die in Bet Schearim festgestellte Aschenschicht könnte ja auch auf einen Brand im Gefolge eines Erdbebens deuten, wie auch sonst oft belegt ist.
288. *B. Lifshitz*, Donateurs et fondateurs dans les synagogues juives, Paris 1967,

60. Er datiert die Inschrift in die erste Hälfte des 4. Jahrhunderts; *M. Schwabe* hingegen setzt sie in der Festschrift für *D. Yellin*, Jerusalem 1935, 112, ein Jahrhundert später an, in der ersten Hälfte des 5. Jahrhunderts. S. 110 möchte er sie paläographisch zwischen 400 und 420 datieren.

289. *Epiphanius*, Panarion 30,11,9 (GCS 25,347).

290. Nach „Samaritaner" steht *neutra lege constantem*, was nur mit Textänderung interpretierbar ist und in der Wiederaufnahme des Gesetzes in CJust 1,9,18 fehlt. Zu verschiedenen Deutungsmöglichkeiten siehe *C. Pharr*, The Theodosian Code 489.

291. *Altercatio Ecclesiae et Synagogae*, PL 42,1132 (Mitte 5. Jahrhundert).

292. *J. Juster*, Les juifs II 244f, sieht die Juden hiermit von jeglicher Form des öffentlichen Dienstes – *militia armata, militia palatina, militia togata* – ausgeschlossen. Da aber CTh XVI,8,24 von 418, in Ravenna erlassen, wiederum den Juden die Beschäftigung als *agentes in rebus* und als *palatini* untersagt, denen jedoch, die schon im Amt sind, ihre Laufbahn zu vollenden gestattet, könnte XVI,8,16 mit den Scholia Vaticana vielleicht allein auf Samaritaner zu beziehen sein (*Samaritanos Iudaeos*, „samaritanische Juden"); ebenso aber kann das Gesetz von 418 belegen, daß das frühere wirkungslos war.

293. Siehe Anm. 289.

294. Siehe Anm. 164.

295. *B. Bagatti*, Alle origini I 135; ausführlich *ders.*, Antichità di Kh. Qana e di Kefr Kenna, LA 15 (1964f) 251–92.

296. *L.I. Levine*, Excavations at the Synagogue of Ḥorvat ᶜAmmudim, IEJ 32 (1982) 1–12; *D. Adan-Bayewitz*, The Ceramics from the Synagogue of Ḥorvat ᶜAmmudim and their Chronological Implications, IEJ 32 (1982) 13–31.

297. *G. Fuks*, Scythopolis 153.

298. *M.J. Chiat*, Handbook 128–132; *dieselbe*, Synagogue and Church Architecture in Byzantine Beit She'an, Journal of Jewish Art 8 (1980) 6–24.

299. *N. Zori*, The Ancient Synagogue at Beth-Shean (hebr.), EI 8 (1967) 149–167, 167.

300. *F. Vitto*, The Synagogue of Rehov, IEJ 30 (1980) 214–7.

301. *V. Tsaferis*, The Ancient Synagogue at Maᶜoz Hayyim, IEJ 32 (1982) 215–244.

302. *M. Avi-Yonah*, The Foundation of Tiberias, IEJ 1 (1950f) 160–169, gibt 169 als Stadtfläche im 3. Jahrhundert 0,8 km^2 an und schätzt demnach 30–40 000 Einwohner. *M. Broshi*, The Population 5, gibt sich hingegen viel zurückhaltender. Nach seinen Kriterien kommt man auch zu Ende der byzantinischen Zeit, dem absoluten Höhepunkt, was Bevölkerungszahlen in Palästina betrifft, auf nicht mehr als etwa 12 000 Einwohner.

303. Kafra bei Tiberias, Serungin auf der Anhöhe oberhalb davon, sowie Kefar Chittaija 8 km nordwestlich: *F. Hüttenmeister*, Synagogen 251f; 390–2; 258f.

304. *Eusebius*, Onomastikon (GCS 11/1,174f).

305. *Z. Yeivin*, The Synagogue at Chorazein (hebr.), in: All the Land of Naphtali, Jerusalem 1967, 135–8; *ders.*, Excavations at Khorazin (hebr.), EI 11 (1973) 144–157.

306. *S. Loffreda*, The Late Chronology 37f.

307. *Y. Meshorer*, Coins from the Excavations at Khorazin (hebr.), EI 11 (1973) 158–162. Siehe auch *G. Kloetzli*, Coins from Chorazin, LA 20 (1970) 359–369.
308. Siehe S. 82 mit Anm. 197.
309. N. Makhauly und J. Ory im Jahr 1926: Siehe *M. J. Chiat*, Handbook 97.
310. *V.C. Corbo*, Cafarnao I 115–169; *V. Corbo – S. Loffreda – A. Spijkerman*; La Sinagoga di Cafarnao dopo gli scavi del 1969, Jerusalem 1970; *S. Loffreda*, The Late Chronology; *ders.*, Le sinagoghe di Cafarnao, Bibbia e Oriente 26 (1984) 103–114.
311. *M. Avi-Yonah*, IEJ 23 (1973) 43–45, Zitat S. 45. *M. Fischer*, The Corinthian Capitals of the Capernaum Synagogue – A Late Roman Architectural Feature in Eretz-Israel (hebr.), EI 17 (1984) 305–311, würde von den Kapitellen auf die 2. Hälfte des 3. Jahrhunderts schließen.
312. *S. Loffreda*, Vasi in vetro e in argilla trovati a Cafarnao nel 1984. Rapporto preliminare, LA 34 (1984) 385–408, betont S. 407, daß die neuesten Grabungen eine weitere Bestätigung der Spätdatierung bringen.
313. *Gregor d. Gr.*, ep. I,10 (PL 77,457). Wenn die Datierung der Synagoge von Bet Jerach 8 km südöstlich des Sees Gennesaret um 500 stimmt, wäre diese Synagoge nur 50 m neben einer schon bestehenden Kirche gebaut worden! Siehe *M.J. Chiat*, Handbook 305–7.
314. *V. Tzaferis*, New Archaeological Evidence on Ancient Capernaum, BA 46 (1983) 198–204, S. 204.
315. Siehe Anm. 312.
316. *V.C. Corbo*, Cafarnao I 169.
317. Siehe *M.J. Chiat*, Handbook 103–6.
318. *M. Dothan*, Hammath Tiberias 67.
319. *Eusebius*, Onomastikon (GCS 11/1, 26.86.92.98.108.88.86).
320. *D. Barag-E. Netzer*, En-Gedi, RB 79 (1972) 581–3; *D. Barag – Y. Porat*, En-Gedi, RB 81 (1974) 96 f.
321. *Z. Yeivin*, The Synagogue at Eshtemoa (hebr.), Qadmoniot 5 (1972) 43–45.
322. *S. Guttmann*, RB 79 (1972) 421 f; *ders.* zusammen mit *Z. Yeivin* und *E. Netzer*, Qadmoniot 5 (1972) 50 f; zu Inschriften *Z. Yeivin*, Inscribed Marble Fragments from the Khirbet Sûsiya Synagogue, IEJ 24 (1974) 201–209; *A. Negev*, A Town without History – Excavations at Ḥorvat Susiya (Karmel) During 1984 (hebr.), Qadmoniot 18 (1985) 100–105.
323. *A. Kloner*, The Synagogue at Ḥorvat Rimon (hebr.), Qadmoniot 16 (1983) 65–71; *ders.*, RB 89 (1982) 250–253.
324. Das spätere Datum akzeptiert *J. Naveh*, On Stone 89; ebenso schon *B. Lifshitz*, Donateurs 55.
325. *M. Avi-Yonah–A. Negev*, IEJ 13 (1963) 147.
326. Zu den Inschriften siehe *M. Avi-Yonah*, IEJ 12 (1962) 137–9; *J. Naveh*, On Stone 87 f. *M. Avi-Yonah* datiert in EAE I 278 die Zerstörung der ersten Synagoge um 355; in der Folgezeit wurde darüber ein gedeckter Abwasserkanal gebaut, über dem 459 eine neue Synagoge errichtet wurde (ein Kapitell trägt das Monogramm des Konsuls Patricius); die durch Hitze bewirkte Verfärbung der Mosaiken zeigt an, daß diese Synagoge schließlich durch ein Feuer zerstört wurde. – Erwähnt sei hier auch die Synagoge von *Chirbet*

Sumaq an der Südseite des Karmel. Nach *S. Dar*, IEJ 34 (1984) 270 f, wurde sie im 3. Jahrhundert errichtet und während der ganzen byzantinischen Zeit benutzt; in Qadmoniot 17 (1984) 72–75 nennt er das 3.–4. Jahrhundert als Entstehungszeit; nach seinen Angaben in IEJ 35 (1985) 192 maß die Synagoge 14,8 × 19 m.

327. *Ambrosius*, ep. 40,6,18 (PL 16,1103 f).
328. Die Datierung des Gesetzes ist unsicher. *Mommsen* gibt in seiner Ausgabe des CTh auch 412 als mögliches Datum an. *M. Avi-Yonah*, Geschichte 220 Anm. 38 datiert es mit *Seeck* auf 420.
329. Eine umfassende Darstellung einschließlich der Forschungsgeschichte bietet die Dissertation von *B.G. Nathanson*. Davor haben sich am ausführlichsten *M. Avi-Yonah*, Geschichte 181–7, und *S. Lieberman*, Palestine 366–344.423 f, damit beschäftigt. *B.Z. Luria*, Zekher ha-Makkabim bime gezerot Ursiqinos, Sinai 46, Band 90 (1981 f) 97–100, überinterpretiert eine Stelle aus HldR und RutR, die keineswegs in diesen historischen Zusammenhang gehören muß. Siehe auch *J. Geiger*, The Last Jewish Revolt; *ders.* in *Z. Baras* usw., Hg., Eretz Israel I 202–8; *P. Schäfer*, Der Aufstand.
330. *Hieronymus*, Chronicon 282. Olympiade § 15 (GCS 47,238).
331. *Hieronymus*, Kommentar zu Dan 11,34 (CC 75A,924).
332. *Sokrates*, Kirchengeschichte II,33 (PG 67,296A).
333. *Sozomenos*, Kirchengeschichte IV,7,5 (GCS 50,146).
334. *Theophanes Homologetes*, Chronographie zum Jahr 5843 (PG 108,140C).
335. So *H. Graetz*, Geschichte IV 394; ihm folgen *S. Dubnow*, Weltgeschichte III 219 Anm. 1 und *M. Avi-Yonah*, Geschichte 183. Zurückhaltend *J. Geiger*, The Last Jewish Revolt 251, und *B.G. Nathanson*, The Fourth Century Jewish „Revolt" 182. Völlig gegen eine solche Deutung *P. Schäfer*, Der Aufstand 195 („entbehrt jeder Grundlage"), der darin *Z. Frankel*, Der Aufstand 151 Anm. 5, und *S. Lieberman*, Palestine 338, folgt.
336. *M. Avi-Yonah*, Geschichte 184.
337. *W.G. Braude*, Pesikta Rabbati, New Haven 1968, I 149: „After I shall have executed judgment in those four places for that which idolaters wrought in them, then *I will search Jerusalem with lamps.*"
338. *S. Dubnow*, Weltgeschichte III 219 Anm. 1.
339. Es wäre verlockend, den Satzteil „was an (in) ihnen die Heiden taten" als spätere Glosse zu verstehen, womit nicht mehr primär jüdische Schuld, sondern die Unterdrückung der Juden durch die Heiden Gegenstand des Gerichtes wäre. Doch ist bei jeglichem Texteingriff äußerste Vorsicht am Platz.
340. Sennabris liegt am See Gennesaret. *Z. Frankel*, Der Aufstand 150, wollte statt Sennabris Sinkaris lesen – eine Verwechslung von b und k ist in hebräischen Handschriften üblich – und interpretierte daher den Text auf die Bewohner der römischen Festung Singara in Mesopotamien; die ganze Episode sei in den Perserfeldzug des Ursicinus zu verlegen.
341. *S. Lieberman*, Palestine 352, möchte den Text überhaupt nicht auf die Zeit des Gallus beziehen; R. Mana sei ja erst nach dem Tod des Gallus, vielleicht gar erst nach Konstantius, Leiter des rabbinischen Gerichts in Sepphoris geworden. Leider fehlt uns auch für eine solche zeitliche Festlegung die Basis.

342. Auf eine Intervention gleich nach dem Aufstand führt z. B. *M. Avi-Yonah*, Geschichte 187, die Reise der beiden Rabbinen nach Antiochien zurück. *J. Geiger* in *Z. Baras* usw., Hg., Eretz Israel I 206, möchte sich zeitlich nicht festlegen, nimmt jedoch an, „daß sie kamen, um bei Ursicinus in irgendeiner Angelegenheit zu interventieren, die mit dem Aufstand zusammenhing, vielleicht zugunsten jüdischer Anhänger des Aufstands, die sich noch immer verborgen hielten und noch nicht bestraft worden waren". *Z. Frankel*, Der Aufstand 149, meint, die Geschichte datiere aus dem zweiten Aufenthalt des Ursicinus im Osten in den Jahren 359–360; unter Gallus hätten sich die Rabbinen nicht nach Antiochien gewagt. Diese Theorie ist genauso unbeweisbar wie die in Anm. 340 hinsichtlich Sennabris erwähnte These. Nicht zugänglich war mir der Artikel von *R. Delmaire*, Le maître de la milice Ursicinus dans le Talmud de Jerusalem, in: Mélanges à la mémoire de M.-H. Prévost, Paris 1982.
343. Gegenüber meiner kurzen Darstellung in Die römische Herrschaft im Urteil der Juden, Darmstadt 1983, 100–103, ist meine Beurteilung der Beweislage bedeutend skeptischer geworden. *P. Schäfer*, Der Aufstand 197, meint, wenn Naja tatsächlich mit Nawe gemeint sein sollte, wäre dies ein Argument für den Zusammenhang der Ursicinus-Texte mit dem Perserfeldzug; aber auch hier gilt der Einwand, daß die Verbindung mit dem Ursicinus-Text zuvor nur redaktionell ist, der sachlich-zeitliche Zusammenhang dagegen offen bleibt.
344. *M. Avi-Yonah*, Geschichte 182, spricht vom Ausbruch der Revolte im Juni 351, somit zu Beginn des 15. Jahres des Konstantius; *J. Geiger*, The Last Jewish Revolt 250, und *P. Schäfer*, Der Aufstand 184.198, bevorzugen 351, halten aber auch 352 für möglich; *S. Lieberman*, Palestine 337, datiert auf 352 oder eventuell 353.
345. So *S. Lieberman*, Palestine 340. Ähnlich *R.C. Blockley*, Constantius, Gallus and Julian as Caesars of Constantius II., Latomus 31 (1972) 433–469, S. 440: Ammian übergeht ja in seiner Auswahl „what are to him *minutiae*; and these include people whom the historian holds to be socially inferior". S. 439 rechnet er aber auch mit der Möglichkeit, daß der Bericht über den Aufstand im verloren gegangenen Teil enthalten war.
346. *B.G. Nathanson*, The Fourth Century Jewish „Revolt" 31.
347. Nach den Angaben des Pilgers von Bordeaux hatte die kaiserliche Post von Antiochien bis Caesarea 14 Übernachtungsstationen; Militär konnte in Notfällen natürlich auch schneller unterwegs sein.
348. *H. Graetz*, Geschichte IV 393.
349. CTh XVI,8,1 wird zwar von *M. Avi-Yonah* im Gefolge von *O. Seeck* auf 339 datiert und verschlechtert somit die Bilanz des Konstantius (Geschichte 178), ist aber doch wahrscheinlicher auf 329, also unter Konstantin, anzusetzen: siehe S. 31.
350. *D. Bowder*, The Age of Constantine and Julian, London 1978, 48.
351. *H. Graetz*, Geschichte IV 393.
352. *S. Dubnow*, Weltgeschichte III 218.
353. *P. Schäfer*, Der Aufstand 196f.
354. *Z. Frankel*, Der Aufstand 147; *J. Cohen*, Roman Imperial Policy 22 Anm. 160, rechnet ebenfalls mit dieser Möglichkeit; *B.S. Bacharach*, The Je-

wish Community 418, spricht von „einem Juden mit dem Namen oder vielleicht Titel Patricius".

355. So *J. Seaver*, The Persecution of the Jews in the Roman Empire 300–438, Lawrence, Kansas 1952, 13. Er übersetzt „Patricium" mit Patriarch, scheint also einen Überlieferungsfehler im Text vorauszusetzen. Dafür gibt es keinen Hinweis. Vom Patriarchen versteht den Text auch *H. Mantel*, Studies 242.

356. Siehe *J. Naveh*, On Stone and Mosaic 57f. *J. Geiger* in *Z. Baras* usw., Hg., Eretz Israel I 206, und *P. Schäfer*, Der Aufstand 187, urteilen zu negativ, da sie sich allein auf CIJ verlassen.

357. *S. Lieberman*, Palestine 340.

358. *M. Avi-Yonah*, Geschichte 182. Den Hinweis auf Calocerus (S. Aurelius Victor, Liber de Caesaribus 41,11: *specie regni*) bringt *J. Geiger*, The Last Jewish Revolt 253.

359. *F.-M. Abel*, Géographie II 183.

360. Siehe *S.S. Miller*, Studies 43 f. Die Meinung von *M. Avi-Yonah*, die Truppe in Sepphoris sei etwa gleich stark gewesen wie die maurische Kavallerie in Jerusalem (Geschichte 183), ist nicht zu belegen.

361. *M. Avi-Yonah*, Geschichte 183.

362. *Th. Mommsen*, Der Maximaltarif des Diokletian, Berlin 1893, Kapitel 26–28. Siehe auch *Y. Dan*, The City 199.

363. *Jones*, LRE 837.

364. *A.H.M. Jones*, The Cloth Industry under the Roman Empire, Economic History Review, second series 13,2 (1960), zitiert bei *B.G. Nathanson*, The Fourth Century Jewish „Revolt" 224 f.

365. Siehe die Belege in *S. Krauss*, Talmudische Archäologie I, Leipzig 1910, 127–190.

366. Der Gesetzestext nennt keinen Titel des Evagrius. Laut PLRE I 284 f ist Evagrius zuletzt 336(–) Praefectus praetorio gewesen; die Liste der Würdenträger im Anhang nennt für 339 gar keinen Praefectus praetorio. Das würde dazu verleiten, für das Gesetz ein früheres Datum anzunehmen, zumal die Handschriften Konstantin statt Konstantius lesen. Für die These, Euagrius sei 339 Praefectus praetorio Italiens gewesen, siehe *K.L. Noethlichs*, Die gesetzgeberischen Maßnahmen 46, und die dort in den Anmerkungen 273 f angegebene Literatur. Nach ihm ist das Gesetz eher Konstantin II. als Konstantius zuzuschreiben.

367. *Jones*, LRE 836 f.

368. *B.S. Bacharach*, The Jewish Community 408.

369. *B.S. Bacharach*, The Jewish Community 412 Anm. 48. *K.L. Noethlichs*, Die gesetzgeberischen Maßnahmen 48, denkt an eine staatliche Weberei in Nordafrika, konkret in Karthago; alle konkreten Anlässe für Webereigesetze beziehen sich auf Nordafrika (Anm. 286).

370. *Y. Dan*, The City 196–8.

371. So auch *B.G. Nathanson*, The Fourth Century Jewish „Revolt" 227: es ist unwahrscheinlich, daß ökonomische Faktoren eine wichtige Ursache des Aufstandes waren.

372. *Theodoret von Cyrrhus*, Kirchengeschichte IV,19 (GCS 44,259 f).

373. *Z. Frankel*, Der Aufstand 146. Er möchte den ganzen Aufstand in den Süden

Palästinas verlegen. Ursicinus habe nicht persönlich an der Stätte des Aufruhrs sein müssen; „es reichte wohl eine Legion unter einem Subdelegaten hin, um die Städte und unter ihnen Lydda einzuäschern und das Land zur Einöde zu machen" (147).

374. *M. Avi-Yonah* 184. *B.S. Bacharach*, The Jewish Community 418 f, folgt in seiner Zusammenfassung der Ereignisse *Avi-Yonah* und fügt noch Details hinzu, die aber nicht belegt sind. Für Sepphoris siehe auch den Vorbericht von *J.F. Strange* und *Th.R.W. Longstaff* über ihre dortige Grabung: auch sie möchten ein durch Brand im 4. Jahrhundert zerstörtes Haus mit dem Aufstand verbinden: RB 93 (1986) 253.
375. *B. G. Nathanson*, The Fourth Century Jewish „Revolt" 161. Wie problematisch diese Liste ist, geht aus ihren Bemerkungen S. 163 hervor: Tell el Juhadar ist nicht sicher als jüdische Siedlung zu bezeichnen; die Zerstörung von zwei großen Gebäuden und der Münzbefund legen jedoch eine Beteiligung am Gallus-Aufstand nahe, woraus wiederum auf jüdische Bewohner geschlossen werden könne. Dies ist ein völlig unhaltbarer Zirkelschluß. Noch unveröffentlichte Ergebnisse der Ausgrabungen in Tell el Juhadar belegen allerdings umfangreichere Zerstörungen im Rahmen von kriegerischen Handlungen ebenso wie vorausgehende Befestigungsmaßnahmen der Bevölkerung. Der Leiter der Ausgrabungen, Prof. *D. Urman*, hält eine Teilnahme des Ortes am Aufstand gegen Gallus für erwiesen (persönliche Mitteilung vom 3. 2. 1987).
376. *B.G. Nathanson*, The Fourth Century Jewish „Revolt" 164.
377. *H. Graetz*, Geschichte IV, 393.
378. *Johannes Chrysostomus*, Über die Gegner des Mönchslebens 2,9 (PG 47,344). Dazu siehe *R.L. Wilken*, John Chrysostom 31.
379. Aus der umfangreichen Literatur zu Julian seien die älteren Studien von *J. Bidez*, La vie de l'empereur Julien, Paris 1930, und *J. Geffcken*, Kaiser Julianus, Leipzig 1914, hervorgehoben, aus der neueren Literatur *G.W. Bowersock*, Julian, und *R. Browning*, The Emperor Julian. Für das Verhältnis Julians zum Judentum ist noch immer *J. Vogt*, Kaiser Julian, die klassische Studie.
380. *M. Avi-Yonah*, Geschichte 189.
381. *Eusebius*, Vita Constantini III,54 f.58 (GCS 108 f.111).
382. Siehe *Jones*, LRE 407, wo er allgemein vom spätrömischen Reich sagt: „Its religious persecutions were very inefficient"; daher wurde das Heidentum in manchen Gegenden noch zwei Jahrhunderte nach dem offiziellen Verbot ganz offen geübt. Siehe auch LRE 938 ff.
383. Dazu *M. Schwabe*, Chapters on Hellenistic Palestine.
384. So *M. Schwabe*, Chapters on Hellenistic Palestine, gestützt auf Libanius, ep. 1503, 1504, 1526 und 1458.
385. *L.I. Levine*, Roman Caesarea. An Archaeological-Topographical Study, Jerusalem 1975, 21 f.
386. *R.P. Hanson*, The Transformation of Pagan Temples into Churches in the Early Christian Centuries, JSS 23 (1978) 257–267.
387. *Hieronymus*, Vita Hilarionis (PL 23,42).
388. Dazu siehe *Ph. Mayerson*, The City of Elusa.

389. *Marcus Diaconus*, Vita Porphyrii 64. Zu Gaza siehe auch *G. Downey*, Gaza, RAC 8 (1972) 1123–1134; *R. Van Dam*, From Pagaism to Christianity at Late Antique Gaza, Viator 16 (1985) 1–20.
390. *A. Ovadiah – M. Fisher – I. Roll – G. Solar*, The Roman Temple at Qedesh in Upper Galilee (hebr.), Qadmoniot 15 (1982) 121–5, ebenso IEJ 33 (1983) 254; *M. Fisher* u. a., The Roman Temple at Kedesh (Upper Galilee), Tel Aviv 1984.
391. *A.H.M. Jones*, The Social Background of the Struggle between Paganism and Christianity, in: A. Momigliano, Hg., The Conflict between Paganism and Christianity in the Fourth Century, Oxford 1963, 17–37,32: „In the East the pagan opposition was never a serious political force. It was in both senses of the word academic. The leaders of paganism were almost all professors."
392. *Ph. Mayerson*, The City of Elusa 248 f.
393. *Libanius*, Or.31,42. *L.I. Levine*, Caesarea 59.
394. *Y. Dan*, The City 158.
395. Siehe *R. Browning*, The Emperor Julian 169–174.
396. *Jones*, LRE 983 f.
397. Das Material findet sich in PRLE I. Siehe auch *R. von Haehling*, Die Religionszugehörigkeit der hohen Amtsträger des Römischen Reiches seit Constantius I. Alleinherrschaft bis zum Ende der Theodosianischen Dynastie, Bonn 1978.
398. Für mögliche materielle Zeugnisse des Heidentums in dieser Zeit siehe *A. Ovadiah – S. Mucznik*, Orpheus from Jerusalem – Pagan or Christian Image?, The Jerusalem Cathedra 1 (1981) 152–166 (die Autoren glauben an heidnische Herkunft im 4. oder frühen 5. Jahrhundert; erst später habe das Bild eine christliche Umdeutung erfahren); *M. Hengel*, Achilleus in Jerusalem, Heidelberg 1982, 50 f.
399. *Ambrosius*, ep. 40,15 (PL 16,1154).
400. *Sozomenos*, Kirchengeschichte V,3,6 f (GCS 50,196).
401. *Sozomenos*, Kirchengeschichte V,9 (GCS 50,204–6).
402. *Gregor von Nazianz*, Reden gegen Julian 4,93 und 4,86 (SC 309,235.218).
403. *M. Avi-Yonah*, QDAP 10 (1944) 160 f.
404. *Theodoret*, Kirchengeschichte III,7 (GCS 19,182).
405. *Philostorgius*, Kirchengeschichte VII,4 (GCS 21,80).
406. *Rufinus*, Kirchengeschichte XI,28 (GCS 9,1033 f).
407. *Eusebius*, Kirchengeschichte VII,18 (GCS 9,672).
408. *Sozomenos*, Kirchengeschichte V,21,1–4 (GCS 50,227 f); *Philostorgius*, Kirchengeschichte VII,3 (GCS 21,78 f).
409. *A. Negev*, The Inscription of the Emperor Julian at Ma^cayan Barukh, IEJ 19 (1969) 170–173. *Negev* rechnet mit der Möglichkeit, daß die Inschrift am lokalen Tempel oder sonst in einem Tempel der zahlreichen römischen Stätten der Region aufgestellt war. Für die Datierung und Deutung stütze ich mich auf *G.W. Bowersock*, Julian 123 f.
410. Siehe *Jones*, LRE 399. Zum Fortleben des Heidentums in dieser Zeit siehe auch den Anm. 391 genannten von *A. Momigliano* herausgegebenen Sammelband.
411. *H. Grégoire – M.-A. Kugener*, Marc le Diacre, Vie de Porphyre, Paris 1930,

verweisen in der Einleitung zur Textausgabe auf die Parallele der Begründung mit Novelle 103 Justinians; sie halten es nicht für unmöglich, daß diese die Quelle für die Formulierung in der Vita Porphyrii ist (XLIII f). Sie rechnen mit einer Überarbeitung und legendarischen Ausschmückung der Vita im 6.–7. Jahrhundert.

412. *Hieronymus*, ep. 107,2 (CSEL 55,292).
413. *Hieronymus*, Kommentar zu Jes 17,2 f (CC 73,268). *Sozomenos*, Kirchengeschichte VII,15,11 (GCS 50,321) schreibt ebenfalls im Anschluß an die Zerstörung des Serapeions von Tempelzerstörungen in den Provinzen Arabien, Palästina und Phönikien.
414. Kritische Ausgabe der Auszüge: *C.J. Neumann*, Iuliani Imperatoris Librorum Contra Christianos Quae Supersunt, Leipzig 1880. Eine Neuausgabe ist in SC angekündigt.
415. Aus der Literatur zum Themenkreis Julian-Judentum siehe vor allem *M. Adler*, The Emperor Julian; *C. Aziza*, Julien et le Judaisme, in: R. Braun – J. Richer, Hg., L'empereur Julien. De l'histoire à la légende, Paris 1978; *Y.(H) Lewy*, Julian the Apostate; *M. Stern*, Greek and Latin Authors II 502–572; *J. Vogt*, Kaiser Julian.
416. *Julian*, Contra Galilaeos 354 A,B, und ep. 89 a an Theodor. Alle Texte Julians werden hier nach der Textsammlung in *M. Stern*, Greek and Latin Authors, zitiert.
417. Dazu ausführlich *Y.(H) Lewy*, Julian the Apostate.
418. *Sozomenos*, Kirchengeschichte V,22,1 (GCS 50,229).
419. Die Echtheit des Briefes hat vor allem *Y.(H.) Lewy*, Studies in Jewish Hellenism (hebr.), Jerusalem [2]1969, 248–54 (Nachdr. aus Zion 6, 1940 f), ausführlich begründet. Dieser Abschnitt ist in der englischen Übersetzung seines Aufsatzes nicht enthalten. Siehe auch *M. Stern*, Greek and Latin Authors II 508–510.
420. Text in *M. Stern*, Greek and Latin Authors II 559 f.
421. Außer der schon in Anm. 415 genannten Literatur siehe v. a. *G.W. Bowersock*, Julian 88–90.120–122; *S.P. Brock*, The Rebuilding; *ders.*, A Letter; *C.R. Phillips*, Julian's rebuilding. Nicht gesehen habe ich: *D.B. Levenson*, A Source and Tradition-Critical Study of the Stories of Julian's Attempt to Rebuild the Jerusalem Temple, Diss. Harvard 1979.
422. Dazu ausführlich *R.L. Wilken*, John Chrysostom 130–160.
423. So *M. Avi-Yonah*, Geschichte 199.
424. *Rufinus*, Kirchengeschichte X,38–40 (GCS 9,997 f); *Philostorgius*, Kirchengeschichte VII,9 (GCS 21,95–100.235 f); *Sokrates*, Kirchengeschichte III,20 (PG 67,429–432); *Sozomenos*, Kirchengeschichte V,22 (GCS 50,229–232); *Theodoret*, Kirchengeschichte III,20,1–8 (GCS 44,198–200).
425. *Johannes Chrysostomus*, Oratio contra Judaeos 5,11 (PG 48,900), und De S. Babyla 22 (PG 50,568). Ebenso dann Rufinus und Sokrates.
426. Den Text, der wohl im frühen 6. Jahrhundert in Edessa entstanden ist, hat *J.G. Hoffmann*, Julianos der Abtrünnige, Leiden 1880, 108–116, ediert.
427. So *M. Avi-Yonah*, Geschichte 199.
428. *Sokrates*, Kirchengeschichte III,20 (PG 67,429).
429. *Gregor von Nazianz*, Or. 5,3 (SC 309,298).

430. *G. Widengren*, The Status of the Jews in the Sassanian Empire, Iranica Antiqua 1 (1961) 132f. *J. Vogt*, Kaiser Julian 49f, glaubt nicht, daß der Perserfeldzug als Motiv eine Rolle gespielt habe, leisteten doch laut Ammian XXIV,29ff die persischen Juden gegen Julian starken Widerstand; Pirisabora, Birtha und Maiozamalcha, die eine starke jüdische Bevölkerung hatten, wurden niedergebrannt oder ausgerottet.
431. *Ephräm*, Hymni contra Julianum I,20.
432. *Kyrill von Jerusalem*, Katechese 10,11 (PG 33,676f).
433. *Rufinus*, Kirchengeschichte X,38 (GCS 9,997f); *Sokrates*, Kirchengeschichte III,20 (PG 67,429).
434. *S.P. Brock*, A Letter 269, Übersetzung S. 274.
435. *Sokrates*, Kirchengeschichte III,20 (PG 67,429). *M. Avi-Yonah*, Geschichte 195, nimmt als sicher an, daß Julian „in Judäa rings um Jerusalem ein jüdisches Territorium im Rahmen des Imperiums herzustellen" beabsichtigte. Dies muß jedoch bloße Vermutung bleiben.
436. *W. Bacher*, Statements of a Contemporary of the Emperor Julian on the Rebuilding of the Temple, JQR 5 (1898) 168–172; *ders.*, Die Agada III, 111–113. Ihm folgt z.B. *M. Avi-Yonah*, Geschichte 201. *S. Lieberman*, The Martyrs of Caesarea, Annuaire de l'Institut de philologie et d'histoire orientales et slaves 7 (1939–44), 395–446, 412ff, hat in einer Erzählung über R. Acha in KohR 9,8 die Ablehnung von Achas Zustimmung durch andere Rabbinen gesehen. Seine Argumentation ist nicht beweiskräftig.
437. *M. Avi-Yonah*, Geschichte 201.
438. Zur Problematik der Sabbatjahrberechnung siehe *E. Mahler*, Handbuch 410ff; *B.Z. Wacholder*, The Calendar of Sabbatical Cycles during the Second Temple and the Early Rabbinic Period, HUCA 44 (1973) 153–196 (nach seiner Tabelle war erst 363–4 ein Sabbatjahr!); zu den Grabinschriften von Zoar siehe *J. Naveh*, Another Aramaic Tombstone from Zoar, HUCA 56 (1985), 103–116, und *M. Assis*, HUCA 49 (1978) hebr. Teil 5–13.
439. So meint *M. Avi-Yonah*, Geschichte 199.
440. *Gregor von Nazianz*, Oratio 5,4 (SC 309,298–300).
441. *Ephräm*, Hymni contra Julianum I,16.19; II,2: Beide Texte allerdings allgemein und nicht direkt zum Tempelbau; *Rufinus*, Kirchengeschichte X,38 (GCS 9,997).
442. *B. Mazar*, Der Berg des Herrn 88.
443. *R. Jonas*, Titus (Flavius Vespasian) and (Flavius Claudius) Julian: Two Gem Portraits from the Jerusalem Area, PEQ 103 (1971) 9–12, beschreibt ein angeblich in der Gegend von Jerusalem gefundenes Medaillon mit dem Porträt Julians, das stilistisch allerdings nicht in den Orient gehört. Diesen Fund kann man aber nicht mit *J. Geiger* in *Z. Baras* usw., Hg., Eretz Israel I 214, für die jüdische Reaktion verwerten; nicht nur der Fundort ist ungesichert, sondern auch die jüdische Herkunft.
444. *M. Adler*, The Emperor Julian. *C.R. Phillips*, Julian' Rebuilding 167f, glaubt, daß Ammian, Johannes Chrysostomus und Ambrosius alle irgendwie vom offiziellen Bericht des Alypius Kenntnis erlangten, während Gregor von Nazianz zu weit von den Ereignissen und den politischen Zentren

entfernt war und sich auf Volkstradition stützte, die dann auch die Basis der syrischen Berichte geworden sei.

445. *B. Mazar*, The Archaeological Excavations near the Temple Mount, in: Jerusalem Revealed. Archaeology in the Holy City 1968–1974, Jerusalem 1975, 38.
446. So *K.W. Russell*, The Earthquake of May 19, A.D.363, BASOR 238 (1980) 47–64, 56.
447. *C.R. Phillips*, Julian's Rebuilding 168.
448. *Ephräm*, Hymni contra Julianum II,18–20. Übersetzung *S. Euringer* in Bibliothek der Kirchenväter 37, Kempten 1919, 235 f. Die kritische Ausgabe im Corpus Scriptorum Christianorum Orientalium von *E. Beck* stand mir leider nicht zur Verfügung.
449. *Gregor von Nazianz*, Oratio 5,4 (SC 309, 298 ff).
450. *Kyrill von Jerusalem*, Brief an Konstantius (PG 33,1165 ff).
451. *S.P. Brock*, A Letter 268.279 f; *ders.*, The Rebuilding 104. Er rechnet damit, daß dieser Halbfeiertag in den Ereignissen des Jahres 363 seine Ursprünge hat. Angesichts des Scheiterns des Projekts ist dies recht unwahrscheinlich.
452. Dagegen wendet sich *G.W. Bowersock*, Julian 122. Er sieht diesen syrischen Text als alte Fälschung durch jemanden an, der die syrische Tradition gut kannte, doch Jerusalem nicht direkt kannte. Im Osten habe sich die Tradition eines späten Datums für den Abbruch des Tempelprojekts entwickelt, was dann Johannes den Lyder bestimmt haben könnte, ein Brieffragment Julians über den Tempelbau in den Perserfeldzug zu datieren.
453. *M. Avi-Yonah*, Geschichte 204.
454. *G.W. Bowersock*, Julian 120–122, der allerdings den längeren Aufsatz *Brock*'s (A Letter) noch nicht kannte. Die Zitate aus den Briefen Julians: *M. Stern*, Greek and Latin Authors II 568 f.553.
455. *Theodoret von Cyrrhus*, Kirchengeschichte III,20,8 (GCS 44,200).
456. *Ambrosius*, ep. 40,12 (PL 16,1152); *Johannes Chrysostomus*, Contra Judaeos et Gentiles (PG 48,835); Adv. Judaeos V,11 (PG 48,900 f).
457. *M. Avi-Yonah*, Geschichte 209 f.
458. *J. Macdonald*, The Theology 44.
459. *J.M. Cohen*, A Samaritan Chronicle 177.
460. *J. Bowman*, Samaritanische Probleme 25. Eine lateinisch kommentierte Übersetzung zusammen mit arabischer Edition hat *E. Vilmar* besorgt: Abulfathi Annales Samaritani, Gotha 1865. Englische Übersetzung mit Anmerkungen: The Kitāb al-Tarīkh of Abū'Fatḥ. Translated with Notes by *P. Stenhouse*, Sydney 1985 (eigene Kapiteleinteilung).
461. *M. Avi-Yonah*, The Samaritans in the Roman and Byzantine Periods (hebr.), in: Eretz Shomron, Jerusalem 1973, 34–37.
462. *Epiphanius*, Panarion 78,23,6 (GCS 37,473) mit Anspielung auf Ri 11,29 ff. *H.-G. Kippenberg*, Garizim und Synagoge 102, betont, dies sei kaum eine samaritanische Tradition.
463. *J.M. Cohen*, A Samaritan Chronicle 200–204, verbindet die rabbinische Beschuldigung mit der samaritanischen Erzählung vom Bronzevogel.
464. So *G. Alon*, The Jews in their Land in the Talmudic Age II, Jerusalem 1984, 745.

465. *J.A. Montgomery*, The Samaritans 102: „Alle sicheren Angaben legen sein Leben in die Mitte des 4. Jahrhunderts; wahrscheinlich hatte er seine Glanzzeit unter dem östlichen Mitherrscher Konstantius."
466. *J.M. Cohen*, A Samaritan Chronicle 225 f. Die hier publizierten Argumente reichen allerdings nicht für eine so präzise Datierung – die maschinenschriftliche Dissertation *Cohen*'s stand mir nicht zur Verfügung.
467. *J. Bowman*, Samaritanische Probleme 36, vermutet allerdings, daß erst Baba Rabba selbst die Institution der Synagoge bei den Samaritanern eingeführt hat.
468. *P. Stenhouse* (siehe Anm. 460) Anm. 732.876.949 neigt allerdings eher der Datierung Baba Rabbas im frühen 3. Jahrhundert zu, akzeptiert also die Kaisernamen, muß sich dann allerdings mit anderen Anachronismen abfinden.
469. Gegen die Geschichtlichkeit des Aufenthalts in Konstantinopel wendet sich *J.M. Cohen*, A Samaritan Chronicle 226 f.
470. *H.-G. Kippenberg*, Garizim und Synagoge 100. *R. J. Bull*, RB 75 (1968) 238–243, berichtet von der Grabung von 1966 auf dem Berg Garizim, wo in drei Zisternen Münzen von Diokletian bis Julian gefunden wurden. Von den vierzig datierbaren Münzen gehören außer fünf alle in die erste Hälfte des 4. Jahrhunderts, was ein regeres Leben auf dem Garizim in der ersten Hälfte des 4. Jahrhunderts mit deutlichem Bruch nach Julian zu belegen scheint.
471. *J. Macdonald* XVII bezeichnet Memar Marqa als „wahrscheinlich das bedeutendste samaritanische Werk nach dem samaritanischen Pentateuch und Targum".
472. Auffällig bleibt jedoch die im Verhältnis zu Juden so seltene Nennung von Samaritanern in Gesetzen, ebenso das völlige Fehlen der Erwähnung eines Vorstehers der samaritanischen Bevölkerungsgruppe oder sonst einer Leitungsinstitution. Die Vermutung von *J. A. Montgomery*, daß alle Gesetze über die Juden auch die Samaritaner einschließen, mag stimmen, läßt sich aber nicht belegen.
473. *G. Reeg*, Die samaritanischen Synagogen 635–7.
474. *G. Reeg*, Die samaritanischen Synagogen 571–5; *N. Tzori*, EAE I 225–8. Auch ist zu bemerken, daß die samaritanische Inschrift aus einem späteren Stadium stammt, somit eine Beziehung des Baus schon um 400 zu den Samaritanern nicht gesichert ist. Zu der Inschrift zuletzt *J. Naveh*, IEJ 31 (1981) 220–222.
475. *G. Reeg*, Die samaritanischen Synagogen 631 f.
476. *H. Kaplan*, A Samaritan Church on the Premises of „Museum Haaretz" (hebr.), Qadmoniot 11 (1978) 78–80. Die These einer samaritanischen Kirche wurde sofort angegriffen, zuletzt von *Y. Tsafrir*, A New Reading of the Samaritan Inscription from Tel Qasile, IEJ 31 (1981) 223–6. Dort weitere Literatur.
477. *Epiphanius*, Panarion 80,1,6 (GCS 37,485).
478. *Eusebius*, De martyribus Palaestinae 8,10 (GCS 9,927).
479. Dazu *I. Ben-Zvi*, A Lamp with a Samaritan Inscription, IEJ 11 (1961) 139–142.

480. Siehe *H. Mantel*, Studies 175–253; *L. I. Levine*, The Jewish Patriarch; *H. Zucker*, Studien 148–172.
481. Zu den Inschriften siehe *M. Dothan*, Hammath Tiberias 57–60; *B. Lifshitz*, Donateurs 61–66; *ders.*, ZDPV 78 (1962) 180–184.
482. Text in CIJ I 505 (Nr. 694); dazu *B. Lifshitz* in den Prolegomena zur Neuausgabe von CIJ I, 76f; *ders.*, Donateurs 18. Für eine Analyse des Textes siehe *M. Hengel*, Die Synagogeninschrift von Stobi, ZNW 57 (1966) 145–183.
483. *J.-B. Frey*, CIJ I 507; ebenso S. CX.
484. *F.M. Heichelheim*, zitiert von *B. Lifshitz* in den Prolegomena zu CIJ I, 76.
485. *B. Lifshitz*, Prolegomena zu CIJ I, 77.
486. Auf „kleine Patriarchen" bezieht den Text *M. Dothan*, Hammath Tiberias 59. Belege für „kleine Patriarchen" hat *J. Juster*, Les juifs I 402–5, zu bieten versucht.
487. CIJ I 466 (Nr. 650) und 519 (Nr. 719).
488. *J.-B. Frey*, CIJ I 467, begründet dies damit, daß sie vor dem Gesetz genannt werden. Dann aber verweist er einschränkend auf die Inschrift von Argos und ihren Zusammenhang. Diese aber versteht er S. 519 wieder problemlos von den biblischen Patriarchen. Zur Inschrift von Catania aber verweist *Frey* auch auf die Deutung von *G. Libertini*, die Patriarchen seien die Führer der jüdischen Diaspora. *M. Dothan*, Hammath Tiberias 59, bezieht „Patriarchen" in beiden Inschriften mit *Frey* auf die biblischen Patriarchen.
489. *B. Lifshitz*, Donateurs 65.
490. Zu den Titeln siehe *P. Koch*, Die byzantinischen Beamtentitel, Jena 1903; *Jones*, LRE 142f.378.525–9.
491. *M. Schwabe – B. Lifshitz*, Beth Shea[c]arim II, Jerusalem 1967, Nr. 164; CIJ II 114 (Nr. 883).
492. So *A. Linder*, Roman Imperial Legislation on the Jews (hebr.), Jerusalem 1983, 160.
493. *M. Dothan*, Hammath Tiberias 58f.67.
494. *M. Dothan*, Hammath Tiberias 68.
495. *L. I. Levine*, The Jewish Patriarch 685.
496. Eine Verleihung der Würde unter Julian oder gar erst unter Theodosius vermutet z.B. *R. Syme*, Ipse Ille Patriarcha 124; *M. Avi-Yonah*, Geschichte 199, stellt die Verleihung unter Julian als Faktum dar.
497. Siehe *A.M. Rabello*, On the Relations 160–162; *ders.*, The Legal Condition 733–5. Argumente gegen diese Deutung bei *G. Alon*, Jews, Judaism and the Classical World 433–5.
498. So *A.M. Rabello*, On the Relations 163–6; *L. I. Levine*, The Jewish Patriarch 682–5, der auch auf die Beziehungen des R. Abbahu von Caesarea zum Hof des römischen Statthalters als Anzeichen für die Schwäche des damaligen Patriarchen verweist.
499. Siehe *M. Schwabe*, The Letters. Die Texte mit Übersetzung und Anmerkungen: *M. Stern*, Greek and Latin Authors II 589ff.
500. *Hieronymus*, ep. 57,3 (CSEL 54,506).
501. Der Text nennt nicht explizit den Patriarchen, sondern den *archōn tōn archontōn*, „Vorsteher der Vorsteher", was aber kaum den Vorsitzenden des

Gemeindevorstands von Antiochien meinen kann, da dann die Einschaltung des Statthalters von Palästina unverständlich wäre: so auch *M. Stern*, Greek and Latin Authors II 599 in Anschluß an *M. Schwabe*, A New Document. Dieser datiert den Brief S. 108 auf das Jahr 364.

502. *L. I. Levine*, The Jewish Patriarch 651.
503. *R. Syme*, Ipse ille Patriarcha 128, zur Einstellung der Historia Augusta zu den Juden: „Die Befassung der HA mit Juden war, wie es scheint, weder einheitlich noch besonders böswillig. Eher Spaß und Kuriositäten als irgendeine Voreingenommenheit hinsichtlich Kult, Rasse und Nationalität." Zur Datierung der Historia Augusta siehe auch *M. Stern*, Greek and Latin Authors II 612 ff; zur zitierten Stelle 639 f.
504. *R. Syme*, Ipse ille Patriarcha 127 Anm. 45: „Die römische Regierung hätte das Eindringen eines *vir illustris* in Ägypten nicht gerne gesehen."
505. *W. Schmid*, Die Koexistenz 172.
506. *W. Schmid*, Die Koexistenz 174.
507. *Marcellus*, De medicina XXIII,77, Corpus Medicorum Latinorum V, ed. *M. Niedermann*, Leipzig-Berlin 1916, 185.
508. *W. Schmid*, Die Koexistenz 176 f.
509. *J. Juster*, Les juifs I 385.
510. *Epiphanius*, Panarion 30,11 (GCS 25,346).
511. *Eusebius*, Kommentar zu Jes 18,1 f (GCS 119).
512. *Johannes Chrysostomus*, Contra Judaeos et Gentiles 16 (PG 48,835).
513. *Johannes Chrysostomus*, Adversus Judaeos 6,5 (PG 48,911).
514. *Palladius*, Dialogus de vita S. Joannis Chrysostomi 15 (PG 47,51).
515. *Hieronymus*, Kommentar zu Jes II,5,18 f (CC 73,76).
516. Siehe *L.I. Levine*, The Jewish Patriarch 669–671; *H. Zucker*, Studien 167–9.
517. *M. Avi-Yonah*, Geschichte 168.
518. *M. Dothan*, Hammath Tiberias 68; vgl. 48 f.
519. *M. Dothan*, Hammath Tiberias 49.52.
520. So schon *H. Graetz*, Geschichte IV 395; ihm folgt z. B. *M. Avi-Yonah*, Geschichte 168.
521. *S. Lieberman*, Palestine 333 f.
522. *Epiphanius*, Panarion 70,10 (GCS 31,243).
523. *H. Graetz*, Geschichte IV 552 f Anm. 58.
524. *Abraham bar Chijja*, Sefer ha-Ibbur III,7, ed. *H. Filipowski*, London 1851, 97. Eine nach drei Handschriften korrigierte Textfassung der Stelle bietet *M. M. Kasher*, Torah Shelemah XIII 24, ebenso *H. Z. Taubes*, Otzar ha-Geonim le Massekhet Sanhedrin, Jerusalem 1966, 92.
525. *J. Mann*, Gaonic Studies, HUC Jubilee Volume, Cincinnati 1925, 223–262, 239; Text des Responsums 241–8. *M. M. Kasher*, Torah Shelemah XIII 24 Anm. 3 lehnt diese These *Manns* scharf ab. Vor allem ist im Text der Wechsel von „wir" zu „ich", den *Mann* als den Beginn des kommentierenden Einschubs betrachtet, in Handschriften nicht gegeben; auch betont Abraham bar Chijja zu Beginn des Responsums ausdrücklich, daß er es nicht notwendig habe, etwas hinzuzufügen.
526. *Maimonides*, Mischne Tora, Hilkhot Qiddusch ha-Chodesch V,1–3.
527. Grundlegend sind dazu die Arbeiten von *Ch. J. Bornstein*, Machaloqet Rab

Saadja Gaon u-Ben Meir, Festschrift N. Sokolow, Warschau 1904, 19–189; *ders.*, Dibre jeme ha-ibbur, HaTequfa 16 (1922f) 237–292. Siehe auch *E. Mahler*, Handbuch, dessen historische Darstellung allerdings mit Hillel II. endet.

528. Siehe dazu *S. Powels*, Der Kalender der Samaritaner anhand des Kitāb Ḥisāb As-Sinīn und anderer Handschriften, Berlin-New York 1977, 27–54. Jüdischer wie samaritanischer Kalender haben 7 Schaltjahre im 19jährigen Zyklus gemeinsam, nicht aber, welche Jahre diese Schaltjahre sind. In den Details hat der samaritanische Kalender viel von den Arabern übernommen, weshalb eine frühe gemeinsame Kalendertradition zwischen Juden und Samaritanern eine schwer beweisbare Hypothese bleiben muß.

529. Dazu siehe *Z. Ankori*, Karaites in Byzantium, The Formative Years, 970–1100, New York 1959, 292–353; *L.J. Weinberger*, On the Provenance of Benjamin b. Samuel Quštani, JQR 68 (1977f) 46–60. Nach karäischer Meinung hat R. Isaak Nappacha den berechneten Kalender eingeführt, womit offenbar nicht der palästinische Gelehrte des 3. Jahrhunderts, sondern ein späterer babylonischer Rabbi gemeint ist (*Ankori* 350 Anm. 138); auf rabbanitischer Seite antwortete man auf die karäische Polemik, der feste Kalender sei spät, mit Rückführung dieses Kalenders auf die Zeit Adams. Siehe auch *S. Lieberman*, Shkiin, Jerusalem [2]1970, 19f, zu Belegen für eine Verbindung Gamaliels mit der Kalendereinführung. Deutlich geht aus diesen verschiedenen Texten zumindest hervor, daß man in gaonäischer Zeit nichts Genaues mehr über die Einführung eines festen berechneten Kalenders wußte.

530. Text in *J. Mann*, The Jews in Egypt and in Palestine under the Fātimid Caliphs, New York 1970 (Nachdr. von 1920–22) II 41f; dazu I 52f.

531. *S. Poznanski*, Ben Meir and the Origin of the Jewish Calendar, JQR 10 (1898) 152–161; *E. Fleischer*, Literary Documents Concerning the History of the Gaonate in Erez Israel (hebr.), Zion 49 (1983f) 375–400, bietet 375–85 ein neues Fragment, dort auch Literaturhinweise.

532. So in etwa auch *S. Poznanski* 158f. Siehe auch *H. Malter*, Saadia Gaon. His Life and Works, Philadelphia 1921, 69–88.

533. Dazu ausführlich *J. Maier*, Die Sonne im religiösen Denken des antiken Judentums, ANRW II 19/1, Berlin-New York 1979, 346–412; *G. Stemberger*, Die Bedeutung des Tierkreises auf Mosaikfußböden spätantiker Synagogen, Kairos 17 (1975) 23–56 (Details würde ich heute in der konkreten Auslegung vorsichtiger formulieren); *G. Foerster*, Representations of the Zodiac in Ancient Synagogues and their Iconographic Sources (hebr.), EI 18 (1985) 380–391; *H.-P. Stähli*, Solare Elemente im Jahweglauben des Alten Testaments, Göttingen 1985.

534. *M. Dothan*, Hammath Tiberias 57.

535. Siehe *M. Schwabe*, The Letters of Libanius 102–4. *M. Stern*, Greek and Latin Authors II 596, bringt auch die Gründe gegen diese Bestimmung des Adressaten; ihm bleibt die Sache zweifelhaft.

536. *Epiphanius*, Panarion 30,7 (GCS 25,342).

537. *Eusebius*, Kommentar zu Jes 3,4 (GCS 23).

538. *Hieronymus*, Kommentar zu Jes II,3,4 (CC 73,49).

539. *Kyrill von Jerusalem*, Katechesen 12,17 (PG 33,745).

540. *M. Avi-Yonah*, Geschichte 170.
541. Schon der traditionelle zeitliche Ansatz für Jehuda III. in der 4. amoräischen Generation, zwischen 300 und 330 im Amt, ließe vermuten, daß er älter als Jirmeja war. Die Datierung von *L.I. Levine*, The Jewish Patriarch 688, der die Amtszeit von Jehuda Nesia mit etwa 275–305 ansetzt, würde die zeitlichen Probleme noch vergrößern.
542. PLRE II z. B. rechnet Gamaliel nur bis 415; *A.M. Rabello*, The Legal Condition 714 Anm. 212 (ebenso: On the Relations 167 Anm. 110), schreibt, daß Gamaliel 415 abgesetzt wurde und in den folgenden Jahren auch das Amt des Patriarchen verschwand. Aber auch das Jahr 429 (so z.B. *J. Maier*, Geschichte des Judentums im Altertum, Darmstadt 1981, 133) ist nicht belegbar und eher unwahrscheinlich; denn das Gesetz nimmt an, daß sich schon einige Zeit hindurch Beiträge der Gemeinden als Ersatz für die Patriarchensteuer angesammelt haben.
543. *Y. Dan*, The Leadership of the Jewish Community in Eretz Yisrael in the Fifth and Sixth Centuries (hebr.), 8th WCJS II (Jerusalem 1982), hebr. Teil 23–28.
544. *M. Schwabe*, A New Document 120, leitet aus Brief 1251 des Libanius ab, daß die in CTh XVI,8,29 vorausgesetzte jüdische Selbstverwaltung schon im Jahr 364 bestand; der umstrittene *archōn* von Antiochien habe vielleicht die Stellung eines „kleinen Patriarchen" innegehabt.
545. *H. Graetz*, Geschichte IV 556–8.
546. So *S. S. Miller*, Studies 119.
547. *L. I. Levine*, The Jewish Patriarch 688.
548. *K. Kahan*, Hg., Seder Tannaim we-Amoraim, Frankfurt 1935, § 2 b.3 a.
549. *K. Kahan*, Hg., Seder Tannaim we-Amoraim S. 20–22.
550. Zwei verschiedene Gamaliel, von denen der frühere der Empfänger der Briefe des Libanius sei, hat *M. Schwabe*, The Letters 104–6, zu begründen versucht.
551. *S.J.D. Cohen*, Epigraphical Rabbis, JQR 72 (1981 f) 1–17, ist vielleicht hinsichtlich der Inschriften von Bet Schearim überskeptisch; für sein wesentliches Ergebnis macht dies jedoch kaum etwas aus.
552. Die Identifikation des R. Abun der Grabinschrift von Qisrin vertritt *D. Urman*, Jewish Inscriptions 542–4; er argumentiert allerdings etwas im Kreis, wenn er zuerst den Grabstein dem älteren der beiden im Talmud ohne weitere Zunamen angeführten Abun zuschreibt und von daher den Stein datiert.
553. Der Name des Rabbi ist in verschiedenen Formen überliefert; siehe *W. Bacher*, Die Agada III 698.
554. Die Identifikation bereitet allerdings Probleme, da R. Jose nicht als Priester geführt wird, während der palästinische Talmud dies von R. Mana vorauszusetzen scheint: *S.S. Miller*, Studies 119 Anm. 328.
555. *L.I. Levine*, Caesarea under Roman Rule 86–106.
556. *E. Schürer*, Geschichte des jüdischen Volkes im Zeitalter Jesu Christi I, Leipzig 1901 (Nachdr. Hildesheim 1964) 656 f. Die von *G. Vermes, F. Millar* und *M. Black* gründlich revidierte englische Fassung des Standardwerks (Edinburgh 1973, I 524 f) hat diese Passagen unverändert beibehalten.
557. Siehe *L.I. Levine*, Caesarea under Roman Rule 102.

558. Dazu vor allem *G. Alon*, Jews, Judaism and the Classical World 374–432; *J. Neusner*, Judaism in Society 115–197.
559. Zur Stelle siehe *S.S. Miller*, Studies 43 f; *S. Lieberman*, Palestine 353.
560. So z.B. *W. Bacher*, Die Agada III 711.
561. *J. Neusner*, Judaism in Society 196.
562. Siehe *D. Sperber*, A Dictionary of Greek and Latin Legal Terms in Rabbinic Literature, Bar Ilan 1984. Für Beamtentitel siehe z.B. LevR 28,6 in einer R. Levi zugeschriebenen Predigt über das Esterbuch, daß Haman früher den *comes pantōn* (so die Pariser Handschrift; nach anderen: *comes privatarum*) zu ernennen pflegte, den *comes calator* und (so die Druckausgaben) den *magister palatii* (M. 665).
563. Auf die Teilung des Reiches im 4. Jahrhundert spielt wohl der gleich anschließende Satz des R. Jehuda an: „Als du (Gott) deine Welt richten wolltest, gabst du sie zweien wie Remus und Romulus in die Hand. Wenn einer von ihnen etwas tun will, hindert der andere daran."
564. *W. Bacher*, Die Agada III 101.
565. *J. Heinemann*, Aggadah and its Devolopment (hebr.), Jerusalem 1974, 230 Anm. 4. Hauptzielscheibe ist aber auch nach ihm das Christentum.
566. *J. Maier*, Jüdische Auseinandersetzung 194, dessen Bilanz von den methodischen Voraussetzungen her, nur das strikt Beweisbare anzunehmen, aber doch wohl zu negativ ist. Wieweit ist nicht die Häufung gewisser Aussagen, die einzeln auch anders verstanden werden können, zumindest ein starkes Indiz jüdischer Reaktion auf das Christentum?
567. Siehe *J. Maier*, Jüdische Auseinandersetzung 263 Anm. 643, gegen frühere Literatur.
568. *J. Neusner*, The Experience of the City 51.
569. *J. Maier*, Jüdische Auseinandersetzung 206.
570. *J. Neusner*, Judaism in Society 15 f.
571. *S. Lieberman*, The Talmud of Caesarea (hebr.), Jerusalem 1931; *ders.*, Siphre Zutta (The Midrash of Lydda). II. The Talmud of Caesarea (hebr.), New York 1969; *G.A. Wewers*, Probleme der Bavot-Traktate 289 ff, stellt eine Reihe kritischer Anfragen an die Thesen *Liebermans*.
572. *J. Neusner*, The Experience of the City 51.
573. Für Einzelheiten zu den rabbinischen Schriften siehe *H.L. Strack – G. Stemberger*, Einleitung in Talmud und Midrasch, München ^{7}1982.
574. *G.A. Wewers*, Probleme der Bavot-Traktate 324.
575. *G. Scholem*, Die jüdische Mystik in ihren Hauptströmungen, Zürich 1957, 47 f.78.
576. Siehe die anregende Studie von *P. Schäfer*, Gershom Scholem Reconsidered (The Twelfth Sacks Lecture), Oxford 1986.
577. *M. Avi-Yonah*, Geschichte 209.
578. *E. Demougeot*, L'Empereur Honorius et la politique antijuive, in: Hommages à L. Herrmann, Brüssel 1960, 277–291, 277 bezieht den Text auf zum Christentum konvertierte Juden, die wieder abgefallen seien; davon steht aber im Text nichts.
579. Wie *H. Langenfeld*, Christianisierungspolitik 97 ff, feststellt, ist dieses Gesetz am Montag der Karwoche erlassen und als eine Art Ostererlaß vor allem

an die Adresse der Geistlichkeit und der Gläubigen zu sehen, was auch die scharfe judenfeindliche Sprache bedingt.

580. CIJ II 132 (Nr. 920). Dazu siehe *S. Applebaum*, Jews and Service in the Roman Army, in: Roman Frontier Studies, Tel Aviv 1967, 182.

581. Text in *M. Schwabe-B. Lifshitz*, Beth Sche^carim II, Jerusalem 1967, Nr. 61.

582. *Jones*, LRE VIII und 948.

583. *F. Nau*; Revue de l'orient Chrétien 18 (1913) 272–6.379–389; 19 (1914) 113–134.278–289, bringt eine Zusammenfassung des Textes; *ders.*, Deux épisodes.

584. *F. Nau*, Deux épisodes 192 f. Zu Asklepiodotus siehe auch PLRE II 160.

585. *F. Nau*, Deux épisodes 205 f; ihm folgt z. B. *E. Demougeot*, La politique antijuive de Théodose II., Akten des XI. internationalen Byzantinistenkongresses München 1958, München 1960, 95–100, 97 f.

586. *M. Avi-Yonah*, Geschichte 227.

587. *K.G. Holum*, Theodosian Empresses. Women and Imperial Dominion in Late Antiquity, Berkeley 1982, 217.

588. *E. Honigmann*, Le couvent de Barsauma et le patriarcat jacobite d'Antioche et de Syrie, Löwen 1954 (Umschlag: 1967), 6–23. Skeptisch ist auch schon *A. Baumstark*, Geschichte der syrischen Literatur, Bonn 1922 (Nachdr. Berlin 1968) 180.

589. *W. Cramer* in: *K.H. Rengstorf – S. v. Kortzfleisch*, Hg., Kirche und Synagoge I, Stuttgart 1968, 209 Anm. 78.

590. *S. Safrai* in: *H.H. Ben-Sasson*, Hg., Geschichte des jüdischen Volkes I, München 1978, 429.

591. *Hieronymus*, Kommentar zu Jes 6,11–13 (CC 73,94).

592. *S.W. Baron*, A Social and Religious History of the Jews II, New York [2]1952, 210.

Abkürzungen

ANRW	Aufstieg und Niedergang der römischen Welt
AZ	Aboda Zara
BA	Biblical Archaeologist
BASOR	Bulletin of the American Schools of Oriental Research
BB	Baba Batra
BQ	Baba Qamma
Ber	Berakhot
Bik	Bikkurim
BJRL	Bulletin of the John Rylands Library
BSOAS	Bulletin of the School of Oriental and African Studies
CC	Corpus Christianorum
Chag	Chagiga
CIJ	Corpus Inscriptionum Judaicarum, Hg. *J.-B. Frey*, Rom, I 1936 (Nachdr. mit Prolegomenon von *B. Lifshitz* New York 1975), II 1952
CSEL	Corpus Scriptorum Ecclesiasticorum Latinorum
CTh	Codex Theodosianus
DtnR	DeuteronomiumRabba
EAE	Encyclopedia of Archaeological Excavations in the Holy Land, Hg. *M. Avi-Yonah – E. Stern*, 4 Bände, Jerusalem 1975–78.
ed	Edujot
EI	Eretz Israel
Er	Erubin
ExR	ExodusRabba
GCS	Die griechischen christlichen Schriftsteller
GenR	GenesisRabba (Th-A = *J. Theodor – Ch. Albeck*, Midrash Bereshit Rabba. Critical Edition with Notes and Commentary, Jerusalem ²1965)
HldR	Hoheslied Rabba
Hor	Horajot
HUCA	Hebrew Union College Annual
IEJ	Israel Exploration Journal
j	Jerusalemer Talmud
Jeb	Jebamot
JJS	Journal of Jewish Studies
JQR	Jewish Quarterly Review
JSS	Journal of Semitic Studies
Ket	Ketubbot
Kil	Kilajim
KlglR	KlageliederRabba (B. = *S. Buber*, Midrasch Echa Rabbati. Samm-

	lung aggadischer Auslegungen der Klagelieder, Wilna 1899, Nachdr. Hildesheim 1967)
LA	Studii Biblici Francescani Liber Annuus
LevR	LevitikusRabba (M. = *M. Margulies*, Midrash Wayyikra Rabba, 5 Bände, Jerusalem 1953–60)
LRE	*A.H.M. Jones*, The Later Roman Empire, Oxford 1964.
Meg	Megilla
MGWJ	Monatsschrift für Geschichte und Wissenschaft des Judentums
MidrPs	MidraschPsalmen (B. = *S. Buber*, Midrasch Tehillim, Wilna 1892, Nachdr. Jerusalem 1966)
MQ	Moed Qatan
MSch	Maaser Scheni
Ned	Nedarim
PEQ	Palestine Exploration Quarterly
Pes	Pesachim
PesR	Pesiqta Rabbati (F. = *M. Friedmann*, Pesikta Rabbati. Midrasch für den Fest-Cyclus und die ausgezeichneten Sabbathe, Wien 1880)
PG	Patrologia Graeca
PL	Patrologia Latina
PLRE	The Prosopography of the Later Roman Empire. Band I: Hg. *A.H.M. Jones – M.R. Martindale – J. Morris*, Cambridge 1971; Band II: Hg. *J.R. Martindale*, Cambridge 1980
PRK	Pesiqta de Rab Kahana (M. = *B. Mandelbaum*, Pesiqta de Rab Kahana, 2 Bände, New York 1962)
Qid	Qidduschin
RAC	Reallexikon für Antike und Christentum
RB	Revue Biblique
REJ	Revue des études juives
RHPR	Revue d'histoire et de philosophie religieuses
Sanh	Sanhedrin
SBLSP	Society of Biblical Literature, Seminar Papers
SC	Sources chrétiennes
Schab	Schabbat
Scheb	Schebiit
Scheq	Scheqalim
T	Tosefta
WCJS	World Congress of Jewish Studies
ZDPV	Zeitschrift des Deutschen Palästinavereins
ZNW	Zeitschrift für die neutestamentliche Wissenschaft

Bibliographie

Diese Bibliographie umfaßt nur mehrfach vorkommende Titel, die in den Anmerkungen abgekürzt zitiert werden; alle anderen Titel finden sich mit vollen bibliographischen Angaben in den Anmerkungen.

Abel, F.-M., Géographie de la Palestine, 2 Bände, Paris ³1967.

Adler, M., The Emperor Julian and the Jews, JQR 5 (1893) 591–651.

Alon, G., The Jews in Their Land in the Talmudic Age II, Jerusalem 1984.

–, Jews, Judaism and the Classical World, Jerusalem 1977.

Avigad, N., Discovering Jerusalem, Oxford 1984.

Avi-Yonah, M., Geschichte der Juden im Zeitalter des Talmud, Berlin 1962.

–, The Economics of Byzantine Palestine, IEJ 8 (1958) 39–51.

Bacharach, B. S., The Jewish Community of the Later Roman Empire as Seen in the Codex Theodosianus, in: *J. Neusner – E.S. Frerichs*, Hg., „To See Ourselves as Others See Us": Christians, Jews, „Others", in Late Antiquity, Atlanta 1985, 399–421.

Bacher, W., Die Agada der palästinensischen Amoräer III, Straßburg 1899 (Nachdr. Hildesheim 1965).

Bagatti, B., Alle origini della chiesa. I: Le comunità giudeo-cristiane, II: Le comunità gentilo-cristiane, Vatikan 1981–2.

Baras, Z., Safrai, S., Tsafrir, Y., Stern, M., Hg. Eretz Israel from the Destruction of the Second Temple to the Muslim Conquest (hebr.), I, Jerusalem 1982.

Ben-Dov, M., The Dig at the Temple Mount (hebr.), Jerusalem 1982.

Bowersock, G. W., Julian the Apostate, London 1978.

Bowman, J., Samaritanische Probleme, Stuttgart 1967.

Brock, S. P., The Rebuilding of the Temple under Julian. A New Source, PEQ 108 (1976) 103–7.

–, A Letter Attributed to Cyril of Jerusalem on the Rebuilding of the Temple, BSOAS 40 (1977) 267–286.

Broshi, M., The Population of Western Palestine in the Roman-Byzantine Period, BASOR 236 (1979) 1–10.

Browning, R., The Emperor Julian, Berkeley 1976.

Chiat, M.J. S., Handbook of Synagogue Architecture, Chico 1982.

Cohen, J., Roman Imperial Policy Toward the Jews from Constantine Until the End of the Palestinian Patriarchate, Byzantine Studies 3 (1976) 1–29.

Cohen, J. M., A Samaritan Chronicle, Leiden 1981.

Corbo, V., Il Santo Sepolcro di Gerusalemme, 3 Bände, Jerusalem 1982.

–, Cafarnao I: Gli edifici della città, Jerusalem 1975.

Coüasnon, C., The Church of the Holy Sepulchre in Jerusalem, London 1974.

Crowfoot, J. W., Early Churches in Palestine, London 1941 (Nachdr. München 1980).

Dan, Y., The City in Eretz-Israel During the Late Roman and Byzantine Periods (hebr.), Jerusalem 1984.
–, Palaestina Salutaris (Tertia) and its Capital, IEJ 32 (1982) 134–7.
Donner, H., Pilgerfahrt ins Heilige Land: Die ältesten Berichte christlicher Palästinapilger (4.–7. Jahrhundert), Stuttgart 1979.
Dothan, M., Hammath Tiberias. Early Synagogues and the Hellenistic and Roman Remains, Jerusalem 1983.
Dubnow, S., Weltgeschichte des jüdischen Volkes III, Berlin 1926.
Esbroeck, M. van, Jean II de Jérusalem et les cultes de S. Etienne, de la Sainte-Sion et de la croix, Analecta Bollandiana 102 (1984) 99–134.
Frankel, Z., Der Aufstand in Palästina zur Zeit des Gallus, MGWJ 16 (1867) 143–151.
Fuks, G., Scythopolis – a Greek City in Eretz-Israel (hebr.), Jerusalem 1983.
Geiger, J., The Last Jewish Revolt Against Rome: A Reconsideration, Scripta Classica Israelica 5 (1979 f) 250–257.
Geva, H., The Camp of the Tenth Legion in Jerusalem: An Archaeological Reconsideration, IEJ 34 (1984) 239–254.
Graetz, H., Geschichte der Juden IV, Leipzig [4]1908.
Hüttenmeister, F., Die antiken Synagogen in Israel I: Die jüdischen Synagogen, Gerichtshöfe und Lehrhäuser, Wiesbaden 1977.
Hunt, E. D., Holy Land Pilgrimage in the Later Roman Empire AD 312–460, Oxford 1982.
Jeremias, J., Heiligengräber in Jesu Umwelt, Göttingen 1958.
Jones, A.H. M., The Later Roman Empire, Oxford 1964.
Juster, J., Les juifs dans l'empire romain, 2 Bände, Paris 1914.
Kasher, M. M., Torah Shelemah XIII, New York [2]1954.
Kippenberg, H. G., Garizim und Synagoge, Berlin 1971.
Klein, S., Sefer ha-jischub I, Jerusalem 1939.
Langenfeld, H., Christianisierungspolitik und Sklavengesetzgebung der römischen Kaiser von Konstantin bis Theodosius II., Bonn 1977.
Levine, L. I., Caesarea under Roman Rule, Leiden 1975.
–, The Jewish Patriarch (Nasi) in Third Century Palestine, ANRW II 19/2, Berlin 1979, 649–688.
Lewy, Y. (H), Julian the Apostate and the Building of the Temple, The Jerusalem Cathedra 3 (1983) 70–96 (vollständig in Zion 6, 1940 f, 1–32, hebr.).
Lieberman, S., Palestine in the Third and Fourth Centuries, JQR 36 (1945 f) 329–370 (1946 f) 31–54 (Nachdr. in: *ders.*, Texts and Studies, New York 1974, 112–177).
Lifshitz, B., Donateurs et fondateurs dans les synagogues juives, Paris 1967.
Linder, A., The Roman Imperial Government and the Jews under Constantine (hebr.), Tarbiz 44 (1974 f) 95–143.
Loffreda, S., The Late Chronology of the Synagogue at Capernaum, IEJ 23 (1973) 37–42.
Lucas, L., Zur Geschichte der Juden im vierten Jahrhundert, Berlin 1910.
MacDonald, J., The Theology of the Samaritans, London 1964.
Mahler, E., Handbuch der jüdischen Chronologie, Frankfurt 1916 (Nachdr. Hildesheim 1967).

Maier, J., Jüdische Auseinandersetzung mit dem Christentum in der Antike, Darmstadt 1982.

Mantel, H., Studies in the History of the Sanhedrin, Cambridge Mass. 1961.

Maraval, Lieux saints et pélerinages d'Orient. Histoire et géographie. Des origines à la conquête arabe, Paris 1985.

Mayerson, Ph., The City of Elusa in the Literary Sources of the Fourth-Sixth Centuries, IEJ 33 (1983) 247–253.

Mazar, B., (unter Mitarbeit von *G. Cornfeld*), Der Berg des Herrn. Neue Ausgrabungen in Jerusalem, Bergisch Gladbach 1979.

Meyers, E. M. – Strange, J. F. – Meyers, C. L., Excavations at Ancient Meiron, Upper Galilee, Israel, 1971–72, 1974–75, 1977, Cambridge Mass, 1981.

Miller, S. S., Studies in the History and Traditions of Sepphoris, Leiden 1984.

Montgomery, J. A., The Samaritans, Philadelphia 1907 (Nachdr. 1968).

Nathanson, B. G., The Fourth Century Jewish „Revolt" During the Reign of Gallus, Diss. Duke Univ., Durham N. C. 1981.

Nau, F., Deux épisodes de l'histoire juive sous Théodose II (423 et 438) d'après la vie de Barsauma le Syrien, REJ (1927) 184–206.

Naveh, J., On Stone and Mosaic. The Aramaic and Hebrew Inscriptions from Ancient Synagogues (hebr.), Jerusalem 1978.

Neusner, J., Judaism in Society. The Evidence of the Yerushalmi, Chicago 1983.

–, The Experience of the City in Late Antique Judaism, in: *W.S. Green*, Hg., Approaches to Ancient Judaism V, Atlanta 1985, 37–52.

Noethlichs, K. L., Die gesetzgeberischen Maßnahmen der christlichen Kaiser des vierten Jahrhunderts gegen Häretiker, Heiden und Juden, Diss. Köln 1971.

Parkes, J., The Conflict of the Church and the Synagogue, London 1934 (Nachdr. New York 1974).

Pharr, C., The Theodosian Code and Novels, and the Sirmondian Constitutions, Princeton 1952.

Phillips, C. R., Julian's Rebuilding of the Temple. A sociological analysis of religious competition, SBLSP 2 (1979) 167–172.

Rabello, A. M., On the Relations between Diocletian and the Jews, JJS 35 (1984) 147–167.

–, The Legal Condition of the Jews in the Roman Empire, ANRW II 13, Berlin-New York (1980) 662–762.

Reeg, G., Die antiken Synagogen in Israel II: Die samaritanischen Synagogen, Wiesbaden 1977.

Russell, K. W., The Earthquake Chronology of Palestine and Northwest Arabia from the 2nd through the Mid-8th Century A. D., BASOR 260 (1985) 37–59.

Safrai, Z., Gebulot we-Schelton be-Eretz Israel be-Tequfat ha-Mischna we-ha-Talmud, Tel Aviv 1980.

Schäfer, P., Der Aufstand gegen Gallus Caesar, in: Tradition and Re-interpretation in Jewish and Early Christian Literature. Essays in Honour of J.C.H. Lebram, Leiden 1986, 184–201.

Schmid, W., Die Koexistenz von Serapiskult und Christentum im Hadriansbrief bei Vopiscus (Quadr. tyr. 8), Bonner Historia Augusta-Colloquium 1964/1965, Bonn 1966, 153–184.

Schwabe, M., The Letters of Libanius to the Patriarch of Palestine (hebr.), Tarbiz 1,2 (1930) 85–110.

–, A New Document relating to the History of the Jews in the 4th Century C. E. Libanius ep. 1251 (F) (hebr.), Tarbiz 1,3 (1930) 107–121.
–, Chapters on Hellenistic Palestine at the Time of the Redaction of Talmud Jerushalmi. I: The Hellenistic High Priest in the Days of Julian the Apostate (hebr.), Tarbiz 5 (1933 f) 358–369.
Simon, M., Verus Israel, Paris ²1964 (Nachdr. 1983).
–, Recherches d'Histoire Judéo-Chrétienne, Paris 1962.
Smallwood, E. M., The Jews under Roman Rule, Leiden 1976.
Sperber, D., Roman Palestine 200–400. Money and Prices, Ramat Gan 1974.
–, Roman Palestine 200–400. The Land. Crisis and Change in Agrarian Society as Reflected in Rabbinic Sources, Ramat Gan 1978.
Stern, M., Greek and Latin Authors on Jews and Judaism, 3 Bände, Jerusalem 1974–84.
Syme, R., Ipse ille Patriarcha, Bonner Historia Augusta Colloquium Bonn 1966/7, Bonn 1968, 119–130.
Testa, E., Il Simbolismo dei Giudeo-Cristiani, Jerusalem 1962.
–, I graffitti della Casa di S. Pietro (Cafarnao IV), Jerusalem 1972.
Urman, D., Jewish Inscriptions of the Mishna and Talmud Period from Kazrin in the Golan (hebr.), Tarbiz 53 (1983 f) 513–545.
Vogt, J., Kaiser Julian und das Judentum, Leipzig 1939.
Wewers, G. A., Probleme der Bavot-Traktate. Ein redaktionskritischer und theologischer Beitrag zum Talmud Yerushalmi, Tübingen 1984.
Wilken, R. L., John Chrysostom and the Jews. Rhetoric and Reality in Late 4th Century, Berkeley 1983.
Wilkinson, J., Christian Pilgrims in Jerusalem During the Byzantine Period, PEQ 108 (1976) 75–101.
Zucker, H., Studien zur jüdischen Selbstverwaltung im Altertum, Berlin 1936.

Stellenregister

A = Anmerkung

Sach- und Personenregister

Autorenregister

(ohne rein bibliographische Hinweise in den Anmerkungen)

Judentum und Theologie

Günter Stemberger
Der Talmud
Einführung – Texte – Erläuterungen
2., durchgesehene Auflage. 1987.
324 Seiten. Leinen

Günter Stemberger
Geschichte der jüdischen Literatur
Eine Einführung
1977. 257 Seiten. Broschiert
(Beck'sche Elementarbücher)

Epochen der jüdischen Literatur
An ausgewählten Texten erläutert von Günter Stemberger
1982. 176 Seiten. Paperback (Beck'sche Reihe Band 249)

Günter Stemberger
Das klassische Judentum
Kultur und Geschichte der rabbinischen Zeit (70 n. Chr. bis 1040 n. Chr.)
1979. 271 Seiten mit 2 Übersichtskarten. Broschiert
(Beck'sche Elementarbücher)

Klassiker der Theologie
Band I: Von Irenäus bis Martin Luther
Herausgegeben von Heinrich Fries und Georg Kretschmar.
1981. 462 Seiten mit 23 Porträtabbildungen. Leinen

Band II: Von Richard Simon bis Dietrich Bonhoeffer
1983. 486 Seiten mit 20 Porträtabbildungen. Leinen